U0605806

权威·前沿·原创

皮书系列为

"十二五""十三五""十四五"时期国家重点出版物出版专项规划项目

BLUE BOOK

智 库 成 果 出 版 与 传 播 平 台

贵州蓝皮书
BLUE BOOK OF GUIZHOU

贵州社会发展报告

（2024）

ANNUAL REPORT ON SOCIAL DEVELOPMENT OF GUIZHOU

(2024)

主　编／王兴骥　周芳苓
副主编／王晓晖　杜双燕

社会科学文献出版社
SOCIAL SCIENCES ACADEMIC PRESS（CHINA）

图书在版编目（CIP）数据

贵州社会发展报告 . 2024 / 王兴骥，周芳苓主编；王晓晖，杜双燕副主编.－－北京：社会科学文献出版社，2024. 5
（贵州蓝皮书）
ISBN 978-7-5228-3504-4

Ⅰ.①贵…　Ⅱ.①王…　②周…　③王…　④杜…　Ⅲ.①社会发展-研究报告-贵州-2024　Ⅳ.①D677.3

中国国家版本馆 CIP 数据核字（2024）第 072788 号

贵州蓝皮书
贵州社会发展报告（2024）

主　　　编 / 王兴骥　周芳苓
副 主 编 / 王晓晖　杜双燕

出 版 人 / 冀祥德
责任编辑 / 陈　颖
责任印制 / 王京美

出　　　版 / 社会科学文献出版社 · 皮书分社（010）59367127
　　　　　　地址：北京市北三环中路甲 29 号院华龙大厦　邮编：100029
　　　　　　网址：www.ssap.com.cn
发　　　行 / 社会科学文献出版社（010）59367028
印　　　装 / 三河市东方印刷有限公司

规　　　格 / 开　本：787mm×1092mm　1/16
　　　　　　印　张：28.5　字　数：428 千字
版　　　次 / 2024 年 5 月第 1 版　2024 年 5 月第 1 次印刷
书　　　号 / ISBN 978-7-5228-3504-4
定　　　价 / 168.00 元

读者服务电话：4008918866

▲▲ 版权所有 翻印必究

《贵州社会发展报告（2024）》
编撰领导小组

组　长　黄朝椿　中共贵州省社会科学院党委书记

张学立　贵州省社会科学院院长、教授

成　员　丰　莉　中共贵州省委政策研究室副主任

张绍新　贵州省政府研究中心副主任

胡书东　贵州省发展改革委党组成员、副主任

周　进　贵州省教育厅党组成员、贵州省教育厅副厅长，中共贵州省委教育工作委员会委员

龚仲明　贵州省卫生健康委员会党组成员、贵州省计生协专职副会长（正厅长级）

谢丹青　贵州省人力资源和社会保障厅一级巡视员

张吉兵　贵州省民政厅党组副书记、副厅长

袁　伟　贵州省文化和旅游厅党组成员、副厅长

谭　铮　中共贵州省委政法委员会副书记（正厅长级）

牟　勇　贵州省体育局一级巡视员

《贵州社会发展报告（2024）》
编 委 会

主　编　　王兴骥　周芳苓

副主编　　王晓晖　杜双燕

编　委　　李　照　冯文岗　张祥辉　王家志　程大莉
　　　　　叶学仕　姚媛媛　虞奇勇　高　虹　罗贤贵
　　　　　李文钢　罗艳

作　者　（以文序排列）
　　　　　王兴骥　徐梦洁　刘　悦　丁　胜　张飞飞
　　　　　张　新　王雪君　余志爽　王　博　罗　桥
　　　　　谭　进　汤皓然　刘玉连　杜双燕　周芳苓
　　　　　王武林　袁　霞　高圆圆　韩欣梅　罗贤贵
　　　　　鲁家廷　任小丫　杨　洁　潘光莉　漆雪芳
　　　　　吕艳英　杨　竹　黄爱华　李兴叶　安慧敏
　　　　　蒋正龙　龙军民　韩镇宇　陈其荣　杜浚歌
　　　　　王春明　李圳雨　高　刚　王国勇　吴昌玉
　　　　　孙　冽　贺　婕　安慧敏　王亚奇　程　华
　　　　　董亭亭　刘　洋　李文钢　张金强　张　宇
　　　　　卫　松　潘启梅　高　翔　苗　静　曾　亮

主要编撰者简介

　　王兴骥　贵州省社会科学院城市经济研究所所长、二级研究员。贵州省省管专家，贵州省宣传文化系统"四个一批"人才，获贵州省政府特殊津贴；博士生导师。中国区域经济学会副理事长、中国社会学会理事、贵州城市科学研究会副会长。主要研究方向为社会学、人口学、地方历史与文化。主持完成国家社会科学基金课题5项、省部级课题20余项；出版学术著作20余部。多项研究成果分别获省部级优秀成果一等奖、二等奖和三等奖。

　　周芳苓　贵州省社会科学院社会研究所副所长，研究员（三级）；社会学博士，硕士生导师；贵州省省管专家，贵州省宣传文化系统"四个一批"人才。国家社会科学基金同行评议专家，中国社会学会农村社会学专业委员会理事，贵州省社会学学会常务理事、副秘书长。主要研究方向为应用社会学、人口社会学。主持国家级课题2项、省部级课题15项、省领导圈示及其他各类课题20余项；独立出版学术专著2部；公开发表论文40余篇。科研成果获贵州省哲学社会科学优秀成果一等奖1项、二等奖4项；多项成果获得中央宣传部采用、省委省政府主要领导肯定性批示。

　　王晓晖　贵州民族大学社会发展研究院院长，教授，博士生导师。中国社会科学院研究生院社会学博士，美国杜克大学政治科学学院、明尼苏达大学社会学系访问学者。中国社会学会理事及社会调查研究方法专业委员会理事、贵州省社会学学会常务理事、贵州省妇儿工委性别评估专家。主要研究方向为组织社会学、经济社会学。发表学术论文 30 余篇，独著、合著、参译、参编学术著作 7 部，主持、参与贵州省社科规划办重点课题、国务院脱贫攻坚领导小组课题等各类课题 20 余项。

杜双燕　贵州省社会科学院社会研究所研究员，贵州省甲秀文化人才，博士。主要研究方向为人口社会学、人文地理学、喀斯特资源管理与区域发展等。主持完成国家社科基金项目 1 项、在研 1 项。主持完成民政部、贵州省哲学社会科学规划等省部级课题 6 项，贵州省领导圈示课题 3 项。部分研究成果获省领导肯定性批示。在《中国公共卫生》《中国艾滋病性病》《西北人口》《中国岩溶》《贵州社会科学》等 CSSCI 和 CSCD 核心期刊发表学术论文 20 余篇，出版学术专著 1 部，参编专著 4 部，曾获民政部理论征文二等奖。

摘　要

本报告是"贵州蓝皮书"社会系列 2023 年度分析报告，也是贵州省社会科学院精心打造的第 15 本《贵州社会发展报告》，由贵州省社会科学院城市经济研究所组织省内高等学校、研究机构和政府部门的专家学者撰写。本报告由 23 篇研究报告组成，分别为总报告、社会治理篇、人口发展篇、城市发展篇、乡村振兴篇、易地扶贫调研篇。

本报告指出，2023 年是全面贯彻党的二十大精神的开局之年，是三年新冠疫情防控转段后贵州省经济恢复发展的一年。全省上下认真贯彻党的二十大精神和习近平总书记视察贵州重要讲话精神，深入落实国发〔2022〕2 号文件，按照省委十三届历次全会和省委经济工作会议部署，坚持以高质量发展统揽全局，坚定不移围绕"四新"主攻"四化"、建设"四区一高地"，推动高质量发展迈出坚实步伐。

这一年，贵州省经济持续回升向好。全年地区生产总值增长 4.9%，一般公共预算收入、一般公共预算支出分别突破 2000 亿元、6000 亿元，城镇和农村常住居民人均可支配收入分别增长 4.1%、8.1%。经济实现了质的有效提升和量的合理增长，在加快转型中实现了持续健康发展。

这一年，产业发展成效明显。坚持大抓产业、主攻工业，省级主抓"六大产业基地"，明确各市（州）主导产业，指导县（市、区）选准主导产业，逐一编制"一图三清单"，宁德时代、奇瑞汽车等重大项目建成投产，规模以上工业增加值增长 5.9%，工业经济占比达 27.2%。工业发展路径更加清晰，挑起了经济增长的大梁。

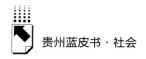
这一年，重点民生事业取得突破。4所省属高校新校区建成投用，省属高校"一校一址"布局调整基本完成，腾出的老校区继续用于办教育。新增高等教育学位6.35万个，高等教育毛入学率突破50%，进入普及化发展阶段。累计获批建设5个国家区域医疗中心，全部实现开诊运营。在财政压力加大的情况下，千方百计增收节支，基层"三保"保障有力，民生事业稳步推进，民生福祉持续提升。

本报告认为，2023年贵州省经济社会发展面临巨大的外部压力和内部困难，有些困难挑战前所未有。外部形势复杂严峻，疫情"疤痕效应"影响持久，有效需求不足，社会预期偏弱，不稳定不确定因素增多。贵州省仍处于经济恢复和转型发展的关键期，开年就遭遇疫情甩尾、旱情延续、用能紧张等因素冲击，又遇到房地产市场低迷、企业投资和居民消费意愿不足、守底线任务艰巨等困难"叠加碰头"，经济社会发展受到严重影响。主要表现有：有效需求仍然不足，稳投资压力大，民间投资信心和居民消费意愿不足，经济回升向好的基础尚不牢固；产业层次总体偏低，科技创新能力较弱，要素成本总体偏高，部分行业和企业发展仍面临不少困难；巩固拓展脱贫攻坚成果任务依然较重，稳就业、促增收压力大，教育、医疗、养老、托育等民生领域还有不少短板；财政收支矛盾较大，解决安全生产、债务、金融等领域风险隐患还需持续用力。

本报告认为，2024年是实现"十四五"规划目标任务的关键一年，做好经济社会发展工作意义重大。贵州省必须以习近平新时代中国特色社会主义思想为指导，全面贯彻落实党的二十大精神和习近平总书记视察贵州重要讲话精神，认真落实中央和省委经济工作会议部署，深入落实国发〔2022〕2号文件，坚持稳中求进工作总基调，完整、准确、全面贯彻新发展理念，服务和融入新发展格局，坚持以高质量发展统揽全局，守好发展和生态两条底线，全面深化改革开放，大力推动科技创新，统筹扩大内需和深化供给侧结构性改革，统筹新型城镇化和乡村全面振兴，统筹高质量发展和高水平安全，深入推进营商环境大改善和产业大招商，切实增强经济活力、防范化解风险、改善社会预期，巩固和增强经济回升向好态势，持续推动经济实现质的有效提升和量的合理增长，增进民生福祉，保持社会稳定，为开创经济兴、百姓富、生态美的多彩贵州新未来，谱写中国式现代化贵州实践新篇章打牢坚实基础。

关键词：　社会发展　中国式现代化　贵州省

Abstract

This report is the "Guizhou Social Development Blue Book" annual analysis report for the year 2023. It is also the 15th social development report of Guizhou Province carefully crafted by the Guizhou Provincial Academy of Social Sciences. The report is written by experts and scholars from higher education institutions, research institutions, and government departments in the province, organized by the Urban Economy Institute of the Guizhou Provincial Academy of Social Sciences. This report consists of 23 research papers, including the following sections: General Report, Talent Development, Social Governance, Urban Development, Population Development, and Special Studies.

This report points out that 2023 is the starting year for the comprehensive implementation of the spirit of the 20th National Congress of the Communist Party of China (CPC). It is also a year of economic recovery and development for Guizhou Province after the transition period of three years of COVID – 19 prevention and control. The entire province has conscientiously implemented the spirit of the 20th National Congress of the CPC and the important speech by General Secretary Xi Jinping during his inspection of Guizhou. It has deeply implemented the State Council's Document No. [2022] 2, and has followed the deployment of the 13th Plenary Session of the Provincial Party Committee and the Provincial Party Committee's Economic Work Conference. Adhering to the overall goal of high-quality development, the province is steadfastly advancing the "Four News" and focusing on the "Four Modernizations", as well as the construction of the "Four Zones and One High Ground". These efforts aim to promote solid progress in high-quality development.

In this year, the economy of Guizhou Province continued to recover and improve. The regional gross domestic product (GDP) grew by 4.9% throughout the year. Both general public budget revenue and expenditure exceeded 200 billion yuan and 600 billion yuan, respectively. The per capita disposable income of urban and rural residents increased by 4.1% and 8.1% respectively. The economy achieved a qualitative and effective improvement, as well as reasonable growth in quantity, while maintaining sustained and healthy development during the accelerated transformation.

This year, the industrial development has achieved significant results. Guizhou Province adhered to the strategy of prioritizing industries, with a focus on industrial development. At the provincial level, efforts were concentrated on the "six major industrial bases," while the leading industries were clearly identified for each city and prefecture. Guidance was provided for counties and districts to select their leading industries, and "one map and three lists" were compiled for each area. Major projects such as Ningde Times and Chery Automobile were completed and put into operation. The value added of industrial enterprises above designated size grew by 5.9%, and the industrial sector accounted for 27.2% of the overall economy. The development path of the industrial sector became clearer, shouldering the responsibility for economic growth.

In this year, breakthroughs were achieved in key livelihood projects. Four new campuses for provincial universities were completed and put into use, and the adjustment of the "one university, one location" layout for provincial universities was basically completed, allowing the old campuses to be repurposed for educational purposes. An additional 63, 500 higher education seats were created, and the gross enrollment rate in higher education exceeded 50%, entering a stage of popularization. Five national regional medical centers were approved for construction, all of which have commenced operations. Despite increased fiscal pressure, every effort was made to increase revenue and reduce expenditure. Strong measures were taken to ensure the "three guarantees" at the grassroots level. Livelihood projects steadily progressed, leading to continuous improvement in people's well-being.

This report believes that in 2023, Guizhou Province will face significant external pressures and internal difficulties in its economic and social development, some of which are unprecedented challenges. The external situation is complex and severe, with the lasting impact of the pandemic, insufficient effective demand, weak social expectations, and increased instability and uncertainty. Our province is still in a critical period of economic recovery and transformation, and at the beginning of the year, it was hit by factors such as the lingering effects of the epidemic, continued drought, and energy shortages. In addition, there are difficulties such as a sluggish real estate market, insufficient corporate investment and consumer willingness, and challenging tasks in maintaining the bottom line, which pose severe challenges to economic and social development. The main challenges are as follows: insufficient effective demand, significant pressure to stabilize investment, lack of confidence in private investment and consumer willingness, and a fragile foundation for the economic recovery; overall low industrial levels, weak technological innovation capabilities, overall high factor costs, and difficulties faced by some industries and enterprises in their development; the task of consolidating and expanding the achievements of poverty alleviation is still heavy, with significant pressure to stabilize employment and promote income growth, and there are still many shortcomings in areas such as education, healthcare, elderly care, and childcare; there is a significant contradiction between fiscal revenue and expenditure, and continuous efforts are needed to address risks and hidden dangers in areas such as safety production, debt, and finance.

This report believes that 2024 is a crucial year for achieving the goals and tasks of the "14th Five-Year Plan," and it is of great significance to do a good job in economic and social development. Guizhou Province must be guided by Xi Jinping Thought on Socialism with Chinese Characteristics for a New Era, fully implement the spirit of the 19th National Congress of the Communist Party of China and General Secretary Xi Jinping's important speech during his inspection of Guizhou. It should earnestly implement the deployments of the Central Committee and the Provincial Party Committee's economic work conference, thoroughly implement the Circular of the State Council on Comprehensively Deepening Reforms (No. 2, 2022), adhere to the general principle of pursuing progress while ensuring stability, comprehensively, accurately, and fully implement the new development concept, serve and integrate into the new development paradigm, adhere to high-quality development as the overall framework, safeguard the bottom lines of development and ecological preservation, focus on the "Four News" and implement the "Four Modernizations" strategy and the positioning of the "Four Zones and One High Ground," comprehensively deepen reform and opening up, vigorously promote scientific and technological innovation, coordinate the expansion of domestic demand and the deepening of supply-side structural reform, coordinate the new urbanization and the comprehensive revitalization of rural areas, coordinate high-quality development and high-level security, deeply promote the improvement of the business environment and industrial attraction, effectively enhance economic vitality, prevent and mitigate risks, improve social expectations, consolidate and enhance the positive trend of economic recovery, continuously promote qualitative and effective improvement and reasonable growth of the economy, enhance people's well-being, maintain social stability, lay a solid foundation for creating a colorful new future of prosperous economy, well-off people, and beautiful ecology in Guizhou, and compose a new chapter in Guizhou's practice of the Chinese-path to modernization.

Keywords: Social Development; Chinese-Path to Modernization; Guizhou

目 录 ⤵

Ⅰ 总报告

Ⅱ 社会治理篇

Ⅲ 人口发展篇

Ⅳ　城市发展篇

Ⅴ　乡村振兴篇

VI 易地扶贫调研篇

附 录

皮书数据库阅读**使用指南**

CONTENTS ⤵

I General Report

II Social Governance

Ⅲ   Population Development

Ⅳ   Urban Development

V   Talent Development

VI   Special Studies

总 报 告

B.1

中国式现代化的贵州探索：
2023~2024年贵州省社会发展
形势分析与预测

王兴骥　徐梦洁　刘悦*

摘　要： 2023年，贵州省经济持续回升向好，社会发展稳定，民生事业稳步推进，民生福祉持续提升，贵州高质量发展和现代化建设的基础更加坚实、动能更加强劲、前景更加光明。但仍存在疫情"疤痕效应"影响持久，有效需求不足，社会预期偏弱，不稳定不确定因素增多，巩固拓展脱贫攻坚成果任务依然较重，稳就业、促增收压力大，教育、医疗、养老、托育等民生领域还有不少短板等问题。2024年，贵州省将坚持以高质量发展统揽全局，守好发展和生态两条底线，坚持围绕"四新"主攻"四化"主战略和"四区一高地"主定位，切实增强经济活力、防范化解风险、改善社会预

---

* 王兴骥，贵州省社会科学院城市经济研究所所长、二级研究员，主要研究方向为社会学、人口学、地方历史与文化；徐梦洁，贵州民族大学2023级博士研究生；刘悦，贵州民族大学2023级社会学硕士研究生。

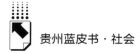
期，巩固和增强经济回升向好态势，持续推动经济实现质的有效提升和量的合理增长，增进民生福祉，保持社会稳定，为谱写中国式现代化贵州实践新篇章打牢坚实基础。

关键词： 贵州省　社会发展　中国式现代化

2023 年是全面贯彻党的二十大精神的开局之年，是三年新冠疫情防控转段后经济恢复发展的一年。贵州省认真贯彻党的二十大精神和习近平总书记视察贵州重要讲话精神，深入落实国发〔2022〕2 号文件，按照贵州省委十三届历次全会和省委经济工作会议部署，坚持以高质量发展统揽全局，坚定不移围绕"四新"① 主攻"四化"②、建设"四区一高地"③，推动高质量发展迈出坚实步伐。

一　2023年贵州省社会发展总体形势

2023 年，贵州省处于三年疫情后的经济恢复和转型发展关键期，开年就遭遇疫情甩尾、旱情延续、用能紧张等因素冲击，又遇到房地产市场低迷、企业投资和居民消费意愿不足、守底线任务艰巨等困难"叠加碰头"等新情况新问题，贵州省始终保持高质量发展战略定力，坚持一手抓恢复经济增长、一手抓防范化解风险，在推进重点工作中破解难题，加快突破重大瓶颈制约，贵州高质量发展和现代化建设取得显著成绩。

---

① "四新"即在新时代西部大开发上闯新路、在乡村振兴上开新局、在实施数字经济战略上抢新机、在生态文明建设上出新绩。
② "四化"即新型工业化、新型城镇化、农业现代化、旅游产业化。
③ 国发〔2022〕2 号文件对贵州省的战略定位："四区"是指西部大开发综合改革示范区、巩固拓展脱贫攻坚成果样板区、数字经济发展创新区、生态文明建设先行区，"一高地"是指内陆开放型经济新高地。

（一）经济持续回升向好，产业发展成效明显

2023年经济实现了质的有效提升和量的合理增长，在加快转型中保持了持续健康发展。全年地区生产总值增长4.9%，达到20913.25亿元；一般公共预算收入、一般公共预算支出分别突破2000亿元、6000亿元，城镇和农村常住居民人均可支配收入分别增长4.1%、8.1%。

产业发展成效明显。坚持大抓产业、主攻工业，省级主抓"六大产业基地"，明确各市（州）主导产业，指导县（市、区）选准主导产业，逐一编制"一图三清单"①，宁德时代、奇瑞汽车等重大项目建成投产，规模以上工业增加值增长5.9%，工业经济占比达27.2%。工业发展路径更加清晰，挑起了经济增长的大梁。

（二）巩固拓展脱贫攻坚成果和乡村振兴有效衔接

2023年聚焦"两好两上升"②的目标，认真落实最严格的调度制度、最严格的督战制度、最严厉的问责制度，全力推进巩固拓展脱贫攻坚成果和乡村振兴有效衔接的各项工作任务落细落实，牢牢守住不发生规模性返贫的底线。

加强防止返贫监测和精准帮扶。举一反三抓好国家考核评估反馈问题整改，"3+1"保障问题动态清零。持续实施脱贫人口增收行动，脱贫人口人均年纯收入超过1.5万元，提前完成人均年纯收入1万元以下脱贫人口动态清零任务，深入推进粤黔东西部协作和定点帮扶工作。

扛牢耕地保护和粮食安全责任。深入实施粮食生产、储备、加工能力提升行动，完成粮食播种面积4160.7万亩、产量1119.7万吨，建成高标准农田193万亩，均超额完成国家下达目标任务。狠抓耕地保有量、永久基本农田保护等历史遗留问题整改，大力实施补充耕地专项行动，全力完成国家下

---

① "一图三清单"分别为产业链图谱和在建项目、在谈项目、拟招企业清单。

② "两好"：全省在2023年国家后评估考核中，确保综合评价为好、东西部协作考核评价为好；"两上升"：实现综合评价排位上升、脱贫群众认可度上升。

达的耕地保护目标任务。大力发展农业特色优势产业。茶叶、蔬菜、辣椒、中药材产量分别增长 8%、3.8%、3.2%、7%，农业特色优势产业产值增长 5%。推进农业"接二连三"，农产品加工转化率达 62%。省级以上农业产业化重点龙头企业达 1200 家。

加快建设宜居宜业和美乡村。以"四在农家·和美乡村"建设为载体，深入推进乡村建设行动，新改建农村户厕 15 万户，30 户以上自然村寨生活垃圾收运处置体系覆盖率达 70%，农村生活污水治理率达 20.9%。农村人居环境整治深入推进，乡村面貌发生新变化，乡村文明焕发新气象。

（三）全面落实就业优先政策

就业是民生之本。2023 年，贵州省把稳就业提高到战略高度通盘考虑，制定出台《贵州省人民政府关于促进高质量充分就业的意见》，围绕促进高校毕业生、失业人员就业创业，以及健全完善就业公共服务体系等方面分别制定政策措施，推动实现充分就业。始终坚持把稳就业作为工作重中之重，全省城镇新增就业 61.75 万人，城镇调查失业率 5.4%。全力稳住省外务工基本盘。加强东西部劳务协作，与广东共建"一县一企（多企）"农村劳动力稳岗就业基地 181 个。在广东、浙江、福建、江苏等省初步搭建了省、市、县三级省外就业服务"一张网"。两节期间开展农民工返乡返岗专项服务，加强劳务带头人培育，劳务输出组织化程度有效提升，省外务工规模稳定在 600 万人左右。

有序推进重点群体就业创业。实施"高校毕业生留黔行动"和高校毕业生等青年就业服务攻坚行动，全年挖掘政策性岗位超 11 万个，全省 2023 届高校毕业生初次去向落实率 84.34%，人社系统实名登记离校未就业高校毕业生帮扶就业率 92.3%，将中央财政以工代赈资金安排项目劳务报酬占比提高到 30% 以上。截至 2023 年底，全省城镇、乡村公益性岗位分别在岗 4.04 万人、45.95 万人。

持续优化公共就业服务。以黔西南州、毕节市实施全国公共就业服务能力提升示范项目为引领，加强零工市场建设，全省建成零工市场 110 个、零工驿站 731 个。开展贵州首批省级优秀劳务品牌评选，评选出"都匀毛尖技工"等 20 个优秀劳务品牌。

（四）城乡居民收入和消费结构进一步改善

2023 年以来，贵州省落实落细《贵州省促进居民增收三年行动方案（2022—2024 年）》各项决策部署，在不断优化就业政策、盯紧重点群体生活保障、巩固和拓展脱贫攻坚成果、推进乡村振兴战略等方面持续发力，全力以赴实现贵州城乡居民收入持续稳步增长，其中城镇居民人均可支配收入 42772 元，同比增长 4.1%；农村居民人均可支配收入 14817 元，同比增长 8.1%。农村居民人均可支配收入增长率持续高于城镇居民，2023 年农村居民人均可支配收入增速高于城镇居民 4 个百分点。城乡收入比较上年下降 0.11，首次降低至 3.0 以下，为 2.89，城乡收入差距进一步缩小。

各项收入全面增长，城乡居民收入结构进一步优化。其中经营净收入增长较快，随着疫情防控的平稳转段，各项促消费的政策不断推出落地，旅游市场加快恢复，"村超""村 BA"持续爆火。城乡居民经营净收入分别增长 8.0% 和 9.9%，成为拉动收入增长最为活跃的力量。工资性收入保持增长，稳住了收入增长"基本盘"。

消费持续恢复向好。2023 年，随着经济社会全面恢复常态化运行，贵州省出台一系列扩内需促消费政策，积极培育壮大新型消费，稳定和扩大传统消费，不断巩固消费基础，精准促销更加有力，消费环境不断改善，电商促消费扩容，消费品牌不断提升。消费市场呈现"持续恢复、稳步向好"态势，全省社会消费品零售总额同比增长 5.9%，和上年相比，消费市场发展扭负为正，增速提升 10.4 个百分点。

（五）用心用力办好人民满意的教育

2023 年，贵州省聚焦"大党建、大基教、大职教、大高教、大开放、大监督、大保障"，深入开展习近平新时代中国特色社会主义思想主题教育，持续实施"七大提升工程"，一系列重大项目、重大工程、重大行动取

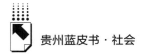

得积极进展，全省教育整体水平不断提升，人民群众对教育的获得感和满意度进一步增强。

全力推动义务教育优质均衡发展。深入推进巩固义务教育成果提升工程。云岩区等10个县域义务教育优质均衡创建县创建任务高标准高质量推进。义务教育大班额消除62%以上，超额完成年度计划任务数。深入推进"双减"，科学设计优化作业，推进校内减负提质，注重在"双减"中做好科学教育加法，组织开展"国之重器·桥梁工程"科普知识进校园等系列活动。稳步推进招生入学工作，严格执行义务教育阶段免试就近入学要求。

全力推动学前教育普及普惠发展。深入推进学前教育普及普惠发展提升工程。省级示范园总数达145所，全省示范幼儿园总数超3200所，幼儿园管理集团和教研指导责任区各500余个，农村资源中心1400余个。大力实施贵州省幼儿园"园园达标"工程，1569所县级示范以下等级的薄弱幼儿园通过达标验收。14个县（市、区）接受国家学前教育普及普惠县创建实地评估并初步认定达到国家标准。

全力推动普通高中提质增效发展。深入推进普通高中教育发展提升工程。持续实施"强县中"行动计划，以提升县中办学条件、规范招生秩序、加强教师队伍建设、开展县中托管帮扶为抓手，不断健全完善县中发展提升保障机制。推动普通高中特色示范多元发展，积极指导各地做好省级示范性、特色示范性普通高中创建和升类复评工作，新增省级示范性普通高中7所，全省示范性普通高中达134所。基本消除普通高中超大班额。

系统谋划推进贵州现代职业教育体系建设。坚持"引进来"与"走出去"双向发力，打造职业教育"开放办学"和"数字职教"高地，目前已在东南亚、南亚、中美洲等地区建立了7个海外办学机构。职业教育提质扩容迈上新台阶。职业院校在校生达49.6万人，超过普通本科在校生数。持续大力实施中职强基工程、"双优"计划和高职"双高"计划，立项建设93所中职强基校、48所省级优质中职学校、23所省级"双高"院校。全面推进"技能贵州"建设行动计划，遴选2023年"技能贵州"行动计划项目566个。产教融合实现新突破。黔南州磷化工及新型储能材料产业市域产教联合体入选国家首批市域产教联合体，全国大数据行业产教融合共同体等22个行业共同体在贵州落地建设。扎实推进职业技能学历"双提升"工程，线上教学、线下组织培训均达到阶段性学习任务40万人次，5万余名学员按照培训教学进程取得相应技能合格证书，学员通过培训提升后实现就业10万人。高职院校"订单班"毕业生就业1.77万人。

聚焦"大高教"抓服务，高等教育布局规模更加优化。召开全省高等教育高质量发展大会，出台《关于加快推动全省高等教育高质量发展的意见》。新增设立贵州体育职业学院、贵州铜仁数据职业学院，全省普通高校增至77所。国家民委与省政府签约共建凯里学院。4所高校新校区建设项目已基本完成并于2023年秋季学期搬迁入住，利用布局调整腾挪出来的老城区校区新设置2所高职院校，省属高校布局优化调整基本完成，新增学位6.35万个。高等教育教学质量得到提升。持续支持贵州大学"双一流"建设，贵州大学材料科学新增入选ESI全球前1%学科。向教育部申报新增本科专业47个、撤销本科专业24个。首次荣获研究生国家级教学成果奖和本科国家级教学成果奖一等奖。完成2023年"专升本"招录19271人。2023届高校毕业生初次毕业去向落实率为84.34%，高于上年0.68个百分点。

（六）更大力度保护人民生命安全和身体健康

2023年健康贵州建设加快推进，五级优质医疗卫生服务体系基本建成，医疗卫生服务能力持续增强，人民健康水平持续提升。三级公立医院绩效考核全国排名较2020年上升10位，首次实现3家省级龙头医院进入全国前100位，并被评为A+级；县医院综合服务能力符合推荐标准占比排全国第4，提升幅度排全国第1；县域内就诊率达92.6%，村医大专及以上学历比例高于全国26.31个百分点；孕产妇死亡率、婴儿死亡率、5岁以下儿童死亡率分别控制在12/10万、3.5‰、5‰及以下。

卫生健康整体水平实现新提升，医疗救治能力提档升级。5个国家区域医疗中心全部开诊，开展新技术409项，疑难手术占比88%；省级区域医疗中心获中央资金支持4个、开工建设5个。三甲综合医院达21家。45家县医院医疗服务能力达到国家推荐标准、79 家县医院全部达到基本标准。累计建成县域医疗次中心 100 个，增加新技术新项目 688 项，可开展三、四级手术 42 种，住院人次提高 31.2%。获批国家临床重点专科 8 个，立项省级临床重点专科 220 个。省级医学重点学科立项 25 个，贵州省卫生健康委科学技术基金项目立项 592 项。贵州省首个国家卫生健康委重点实验室（肺脏免疫性疾病诊治）通过评审验收。

重大疾病防控有力。强化见医、见药、见干部，免费发放"防疫健康包" 133 万份，较短时间实现疫情防控平稳有序转段；加强疫情防控补短提能，提前完成 5000 张标准重症病床建设，8 个市（州）传染病医院（传染病区）基本建成；严格落实"乙类乙管"措施，新冠疫苗全人群接种率达 89.65%，有力有序做好呼吸系统疾病防治和诺如病毒感染等疫情应对，医疗机构正常秩序未受到明显冲击。超额完成 65 岁以上老年人、初中及以上学生肺结核筛查任务。全省适龄儿童免疫规划疫苗接种率保持在 95% 以上，艾滋病病例抗病毒治疗比例达 95.4%。传染病监测预警与应急指挥平台建设做法获国家推广。职业病发病率长期保持在较低水平，未发生群体性职业病危害事件、较大以上急性职业性中毒事故。

妇幼健康服务提质提效。新增 1 家三甲妇幼保健院，县级二甲妇幼保健院占比达 46%，乡镇卫生院（社区卫生服务中心）妇幼健康门诊达标率达 60%。妇幼保健重点（特色）专科新增国家级 1 个、省级 17 个。建成儿童重症监护病房 41 个，新建儿童早期发展中心 43 个。全面启动宫颈癌和艾滋病、梅毒、乙肝母婴传播"两消除"行动计划，适龄妇女乳腺癌筛查 45.09 万例。孕产妇、3 岁以下儿童系统管理率均保持在 90% 以上。

老年健康服务深化拓展。全省双证齐全医养结合机构 102 个。二级及以上综合性医院设立老年医学科比例达 74%、老年友善医疗机构比例达 90%，提前完成国家 2025 年目标任务。三级中医医院全部设置康复（医学）科，204 个基层医疗卫生机构开展居家老年人医养服务。创建全国医养结合示范县 2 个、示范机构 1 个、示范性老年友好型社区 25 个，新增省级医养结合示范县 7 个。"健康敲门行动"为 12.19 万失能老年人提供免费服务。

（七）强化养老托育等服务供给

2023年全省各级民政部门紧紧围绕"中国式现代化贵州实践"，按照"常规工作抓提升、亮点工作抓引领、难点工作抓突破"的思路，高标准、严要求开展主题教育，持续落实国发〔2022〕2号文件精神，着力推进"六个体系"建设，大力实施"三大专项行动"，顶压前行、攻坚克难，民政高质量发展迈出坚实步伐。

全力抓好困难群众救助。全年实现了7项民政领域民生项目提标。全省城乡低保平均标准分别按8%、15%的增幅提高到734元/月、6086元/年。全省集中养育社会散居孤儿和事实无人抚养儿童基本生活标准每人每月提高100元，分别达到1800元、1300元；百岁老人生活补贴省级补助标准提高到每人每月300元，一级和二级重度残疾人护理补贴标准分别提高到每人每月110元、90元。

明确成年无业重度残疾人可参照"单人户"提出低保申请，持续优化低收入人口动态监测机制，全面加强常态化帮扶，适时有效比对监测14个部门23类数据，将143.2万脱贫人口和39.6万防止返贫监测对象纳入低保等兜底保障范围。2023年，全省共有保障城乡低保对象229.2万人、特困人员11.1万人，实施临时救助25.5万人次。发放重度残疾人护理补贴38.6万人、困难残疾人生活补贴34.6万人。发放价格临时补贴228.4万人次3850万元。通过开展"寒冬送温暖""救助管理机构开放日"等工作，救助管理服务水平进一步提升，流浪乞讨人员基本生活权益得到有效保障，全年救助流浪乞讨人员11501人次。

深化社会救助"放管服"改革，低保和特困审核确认权限授权下放乡镇（街道）421个，压缩审核确认时限10个工作日。探索推进"物质+服务"服务类社会救助，全省政府购买社会救助服务项目172个5964.7万元。给予4269名生活困难未就业大学毕业生和未参保失业人员一次性临时救助。

加大未成年人保护和儿童福利改善力度，持续健全农村留守儿童和困境儿童关爱服务体系，落实社会散居孤儿、事实无人抚养儿童服务保障工作指引等地方性标准，制定全省四类特殊未成年人关爱救助保护工作实施方案等政策措施，建立健全儿童福利和未成年人保护工作制度体系。推动建立了苗头性问题介入干预工作制度和倒查工作制度，加强未成年人关爱保护。下拨资金750万元，支持各地新建207个村（社区）儿童之家。

建立健全基本养老服务制度。出台《贵州省推进基本养老服务体系建设实施方案》，制定发布《贵州省基本养老服务清单（2023年版）》。建立特殊困难老年人探访关爱机制，全面启动特殊困难老年人探访关爱服务。推动基本养老服务政策落实。高龄津贴、长寿保健补贴、老年人优待等基本养老服务项目普遍落实。全年全省86.64万人享受80岁以上老年人高龄津贴，共发放老年人高龄津贴6.24亿元。推进老年人家庭居家适老化改造。采取政府补贴方式，按照自愿原则，对被纳入分散供养特困人员和经济困难的高龄、失能、残疾老年人家庭实施适老化改造，改造标准在5000元/户左右，重点为符合条件的老年人家庭做地面、门、卧室、如厕洗浴设备、厨房、物理环境改造，适当配置老年人用品。全省已完成2.3万户特殊困难老年人家庭适老化改造。

（八）丰富群众精神文化生活

2023年，贵州省文化系统围绕"三大要素"，深入推进"四大行动"，启动实施"四大文化工程"，建设多彩贵州文化强省。

启动实施"四大文化工程"，文化传承发展形成新载体。启动实施红色文化重点建设工程，推进长征国家文化公园建设，提升遵义会议会址、四渡赤水战役旧址、黎平会议会址等一批重要红色文物的保护展示水平，建成运营长征数字科技艺术馆/《伟大转折》演艺综合体；启动实施阳明文化转化运用工程，开展阳明文化遗产资源调查摸底、收集整理和研究工作，实施阳明洞保护修缮工程等项目4个，完成贵阳市阳明祠、甲秀楼（翠微园）、阳明洞差异化展陈提升方案；启动实施屯堡文化等历史文化研究推广工程，组织考古力量完成对全省范围的卫、所、屯、堡等相关历史文化遗存调查和勘探，形成《屯堡考古调查、勘探报告》；大松山墓群考古发掘成功入选"2022年度全国十大考古新发现"；启动实施民族文化传承弘扬工程，组织苗族村寨、侗族村寨、万山汞矿遗址和白酒老作坊申报世界文化遗产预备名单。

艺术创作实现新突破。京剧演员冯冠博荣获梅花奖。11个项目获得2023年度国家艺术基金932万元资助，为历史新高。创新举办多彩贵州文化艺术节、多彩贵州美术大赛、多彩贵州歌唱大赛。推出红色题材黔剧《无字丰碑》，现实题材黔剧《腊梅迎香》在国家大剧院上演。京剧《阳明悟道》成功入选第十届中国京剧艺术节，木偶剧《长征路上的小红军》入选第九届全国优秀儿童戏剧展演，舞蹈《笙·生不息》、舞蹈精品课《苗族芦笙舞》入选第十三届"桃李杯"全国青少年舞蹈教育教学成果展示活动，舞蹈《嫁》入选第十四届全国舞蹈展演，音乐剧《平箫玉笛》入选第二届全国优秀音乐剧展演。

文物保护和文博阵地建设得到改善加强。建立文物保护五项机制①。加强调度，推动落地落实。全省备案博物馆提升至157个，"贵州省博物馆纸质文物保护修复项目"被评为"2022全国优秀文物藏品修复项目"；贵州省博物馆馆藏"南宋杨粲墓志及墓碑"入选由国家文物局发布的《第一批古代名碑名刻文物名录》，黔西南州博物馆获"第二十届全国博物馆十大陈列展览精品"优胜奖，"万桥飞架——贵州桥文化展"入选2023年度"弘扬中华优秀传统文化、培育社会主义核心价值观"主题展览推荐名单。"多彩贵州·博物盛筵"镇馆之宝融媒体活动入围"2023年度中华文物新媒体传播精品"推介项目名单。

公共文化服务取得新成效。推进城乡公共文化服务体系一体化建设，创新实施文化惠民工程，建成3个新型城市公共文化空间、27个"城市主题书房"，完成100个基层综合文化站（中心）高质量发展项目。持续繁荣群众文化，广泛开展乡村村晚、大家唱、广场舞展演、全民阅读、戏曲进乡村、送

---

① "文物保护五项机制"指巡视巡察工作机制、文物督察暗访机制、日常巡查机制、包保责任机制、审计监督机制。

文化下基层等各类群众性文化活动，成功举办全国广场舞大会交流展示活动。

文旅融合业态不断涌现。正安吉他文化产业园成功创建贵州省首个国家级文化产业示范园区，仁怀市入选国家文化产业和旅游产业融合发展示范区建设单位，黔东南民族文化生态保护区入选贵州省首个国家级文化生态保护区。成功创建国家级夜间文化和旅游消费集聚区 8 家，打造省级夜间文化和旅游消费集聚区 36 家。黔南州东方记忆景区获评国家工业旅游示范基地，青岩古镇、荔波古镇入选国家级旅游休闲街区。"村超""村 BA""路边音乐会"活力四射。各类群众性文化体育活动蓬勃开展，广大人民群众精神文化生活更加丰富多彩。

（九）优化生育政策促进人口长期均衡发展

三孩生育政策及配套支持措施深入落实，制定托育机构登记备案和管理、3 岁以下婴幼儿照护专家库等政策文件，探索推进"1+N"婴幼儿照护模式，公立医疗卫生机构开展托育服务 16 家，千人口托位数达 3.79 个；3 个市（区）拟获评"全国生育友好先进单位"。关心关爱政策持续巩固，奖励扶助计生家庭成员 111.33 万人，计生特殊家庭首次全部被纳入"先诊疗、后付费"范围；失独家庭等住院护理补贴参保 10882 人，享受理赔 2360 人次。计生协群团组织作用充分发挥，7 个市（州）计生协完成换届；修文、江口获批全国第五批地方计生协综合改革试点，习水县计生协改革转型工作经验在全国推广；省人口健康基金募集资金（物资）新增 7003.9 万元；"幸福微笑"项目免费救治唇腭裂儿童 212 人，应急救助计生困难家庭 152 户。

（十）持续推动绿色低碳发展，生态环境优势进一步巩固

以高品质生态环境支撑高质量发展。9 个中心城市环境空气质量优良天数占比 98.6%，119 个地表水国考断面水质优良占比 99.2%，主要河流出境断面水质优良率 100%，县级及以上集中式饮用水水源地水质达标率 100%。

推进赤水河流域生态环境问题整改。清理退出白酒企业 632 家、改造提升 995 家、兼并整合 681 家，清理退出 180 座小水电，茅台镇 11 条重点支

流溪沟基本消除劣Ⅴ类水质。推进松桃锰污染问题整改，采用"帷幕法""抽提法""清污分流法"推动小河等9座渗漏锰渣库的渗滤液治理；提升改造保留的2家电解锰企业清洁生产工艺，全面使用无铬钝化剂；贵州三湘科技公司年处理100万吨电解锰渣项目已投料运行。

强化大气污染防治。率先在全国开展重点区域降尘考核，强化建筑施工达标排放监管。推进氮氧化物污染治理，对第一批10家水泥企业实施超低排放改造。强化挥发性有机物（VOCs）污染治理，对17家涉VOCs企业开展综合治理。加强移动源污染治理，开展"油、路、车"污染治理检查抽检，累计建成机动车道路遥感（黑烟）监测抓拍设备72个。

强化水污染防治。深化磷污染治理，督导磷化集团建成投运乌江流域黄金桥含磷废水应急处理设施等治理工程。推进入河排污口排查整治，纳入整治的933个排污口完成整治387个。开展水生态保护修复，完成草海生态系统全要素调查及精准诊断，持续推进草海水生态系统恢复与水质提升技术研发和工程示范项目。推进城市黑臭水体整治，排查发现的30处县级城市黑臭水体完成整治18处。

强化土壤污染防治。加强受污染耕地安全利用督导帮扶，全省受污染耕地安全利用率97.9%；强化土壤污染源头管控，233块暂不开发利用清单地块落实调查、管控修复措施98块，地块管控率42%，完成国家下达任务。完成485个行政村生活污水治理、17条农村黑臭水体整治。加强地下水污染防治，完成20个垃圾填埋场地下水环境状况调查评估任务。

强化固废污染防治。出台危险废物"以管促调"实施方案，采取"点对点""白名单""生态补偿"等试点做法，提高综合利用率。指导铜仁市建设国家级含汞废物利用处置中心，推动台江含铅废物利用处置中心能力提升10万吨/年。持续推进废铅蓄电池集中收集和跨区域转运试点，累计收集13.61万吨。

狠抓绿色低碳发展。出台助推经济高质量发展十条措施和助推贵安新区高质量发展八条措施，建立4158个重大项目环评服务清单，持续开展环境影响"预评估"工作，利用"三线一单"数据平台完成咨询服务4053次，审批建设项目环评文件 2235 个、总投资 3676.44 亿元、环保投资 108.75 亿元；宣威水库获生态环境部批复。深入实施碳达峰行动，坚决遏制"两高一低"项目盲目发展；完成全省 38 家发电行业企业碳排放核查与配额核算工作；探索开展"重点排放单位二氧化碳排放污染生态补偿"试点，支持各地开展低碳社区、乡村、学校等低碳试点项目 36 个。探索推进减污降碳协同创新，绥阳经济开发区获批全国第一批减污降碳协同创新试点。

狠抓生态保护修复。强化自然保护地监管，国家级自然保护区 40 个重点问题已全部整改销号，完成"绿盾 2017"至"绿盾 2022"年度整改任务。强化生态保护修复监督，完成贵州省"十三五"山水林田湖草生态保护修复工程试点区域生态环境成效自评估。推进生态保护红线监督，试点开展凤冈县生态保护红线范围监测工作。统筹推进水污染防治及水生态保护修复，构建"1521"体系，系统推进乌江、赤水河等重点流域生态保护修复和磷污染治理。推进生态文明示范创建，指导贵阳市、清镇市、荔波县创成国家生态文明建设示范区，赤水河流域茅台酒地理标志保护生态示范区、湄潭县创成国家"两山"实践创新基地。

（十一）基层社会治理能力进一步提升

市域社会治理成效不断显现。将市域社会治理现代化试点验收工作作为主题教育帮助基层发现问题、解决问题的重要抓手，强化督促指导，帮助总结经验，不断提升基层社会治理效能。2023 年 9 月，贵州省贵阳市、遵义市、六盘水市、铜仁市、黔南州、黔西南州被中央政法委命名为"全国市域社会治理试点合格城市"，铜仁市"健全群众参与机制 有效化解易地搬迁'安置后'社会风险"、贵阳市"数据融合 系统融合 促进市域矛盾风险防控力量融合"被评为"全国市域社会治理试点优秀创新经验"。

"一中心一张网十联户"基层治理机制不断完善。出台《贵州省网格化服务管理"多网合一"工作方案》，推动网格、人员、事务、服务、数据整合，强化经费保障，切实为基层赋能减负。组织开展 2023 年"最美网格员""最美联户长"评选宣传活动，评选"最美网格员"45 名、"最美联户长"89名，进一步激发广大网格工作者活力和工作积极性。

矛盾纠纷排查化解能力不断提升。坚持和发展新时代"枫桥经验"，制定《关于进一步深化基层矛盾纠纷排查化解工作的指导意见》，打造矛盾纠纷全周期治理机制，指导基层统筹推进矛盾纠纷排查化解。积极参加全国"枫桥式工作法"评选工作，六盘水市钟山区黄土坡街道、铜仁市印江县公安局、黔西南州人民检察院被评为全国新时代"枫桥经验"先进典型。

"雪亮工程"设施建设不断升级。推动各地区"平安黔哨"工程建设，将"雪亮工程"建设纳入智慧城市、智慧社区建设项目一体规划、一体推进，实现与物联网、智慧门禁等技防系统的衔接与深度融合应用，提高公共安全智能化水平，切实消除隐患、维护稳定。

二 贵州省社会发展面临的难题及挑战

2023年贵州省经济社会发展面临巨大的外部压力和内部困难，有些困难挑战前所未有。外部形势复杂严峻，疫情"疤痕效应"影响持久，有效需求不足，社会预期偏弱，不稳定不确定因素增多。贵州省仍处于经济恢复和转型发展的关键期，开年就遭遇疫情甩尾、旱情延续、用能紧张等因素冲击，又遇到房地产市场低迷、企业投资和居民消费意愿不足、守底线任务艰巨等困难"叠加碰头"，经济社会发展受到严重影响。

（一）全省就业总量压力依然很大

劳动力供给与需求矛盾依然突出，公共就业服务体系还不够完善，省外服务"一张网"和省内零工市场建设还需加强，规模性失业和返乡的风险依然存在。人力资源开发水平不高，技能人才总量不够大，劳动者文化程度和技能水平不高，技能培训的针对性、实效性不够强，围绕"四新""四化""六大产业基地"等的重点产业、重点项目、重点企业开展培训还有差距。拖欠农民工工资还时有发生。数字化赋能仍有差距，指挥平台不够完善，服务平台有待优化。

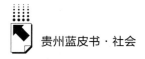
（二）农村低保标准还偏低

虽然 2023 年贵州省农村低保年人均标准提高到 6086 元①（民政部统计口径为 6477 元），但较全国平均标准 7374 元仍有 1288 元的差距。

（三）养老服务供给还不足

机构养老服务供给质量还不高、社区养老服务设施缺口较大、居家养老服务尚未真正破题，殡葬服务设施还有不少短板；养老管理服务能力还较弱。不同程度存在工作标准、工作规范和管理服务质量不高、制度机制不健全等问题。部分农村敬老院管理运营经费不足或未安排管理运营经费，管理服务人员数量不足、护理技能匮乏。

（四）卫生健康优质资源效能还需提升

贵州省国家区域医疗中心建设部门协作还需深化、政策落实还需强化、运行机制还需优化，院内制剂跨省使用、医疗服务项目价格同质同价、专业技术职称跨省互认等方面还存在堵点。引进省外优质医疗资源帮扶，共建省级区域医疗中心力度还需加大。优质医疗资源占比总体偏低，三级公立医院占比低于西部 3.11 个百分点。

（五）医疗服务能力还需加强

全省 197 家公立医院病例组合指数（CMI）大于 1 的仅 5 家、四级手术占比大于 20% 的仅 3 家。除 42 个县域医疗次中心、少数乡镇卫生院外，其余乡镇卫生院均不能开展三、四级手术，504 个乡镇卫生院甚至不能开展一级手术。村卫生室延伸服务还需加快推进。5 个县无中医院。2023 年 1~11月，贵州省参保人员省外就医高达 164.17 万人次。

---

① 贵州省民政厅：《贵州省城乡低保平均标准提高到每年 6086 元》，https://mzt.guizhou.gov.cn/xwzx/mzyw/202307/t20230721_81125019.html，2023 年 7 月 21 日。

（六）公共卫生服务还需优化

疾控机构与医疗机构间还未形成"统筹、融合一体化管理"格局。结核病人尤其是耐药结核病人发现不足，规范诊疗管理能力有待提升。艾滋病防控形势严峻，性传播干预难度大，部分病例未被发现且"晚发现"比例高。国家级慢性病防控综合示范区比例尚未达到国家要求。市县疾控中心职业病监测评估能力不足。

（七）医学专科学科建设还需突破

国家级、省级、市县级专科数量与全国水平差距较大，新技术、新项目仅占全国的 2.5%，申请专利仅占全国的 0.8%。肿瘤、呼吸系统疾病、消化系统疾病、泌尿生殖系统疾病等仍是外转主要病种。仅 25 家县医院全面建成"五大中心"。科研经费投入少，科技创新能力不足，贵州省国家卫生健康委重点实验室仅 1 个。

（八）医疗人才队伍素质还需提高

全省每千人口执业（助理）医师数低于全国和西部平均水平，卫生技术人员中正高级职称占比、研究生学历占比还不到全国平均水平的一半。高层次人才和急需紧缺人才严重缺乏。乡镇卫生院（社区卫生服务中心）中，高级职称仅占 2.71%，执业（助理）医师、注册护士、药师中级职称数量均远低于全国水平。

三　2024年贵州省社会发展形势展望与对策

2024 年是实现"十四五"规划目标任务的关键一年，做好经济社会发展工作意义重大。贵州省将切实增强经济活力、防范化解风险、改善社会预期，巩固和增强经济回升向好态势，持续推动经济实现质的有效提升和量的合理增长，增进民生福祉，保持社会稳定，为谱写中国式现代化贵州实践新篇章打牢坚实基础。

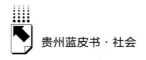

（一）确保重点群体就业稳定

更加突出就业优先导向，全力实施"六六就业稳岗计划"，确保全年实现城镇新增就业有所增长，省外务工劳动力稳定就业，城镇调查失业率控制在5.5%以内。

重点打造省外就业服务一张网。深化东西部劳务协作机制，重点在浙江、广东、福建、江苏四省及贵州省农民工较多的市县两级建实劳务协作站体系，开展网格化管理，推进所有劳务协作站都能为当地的贵州籍农民工服务。着力打造集劳务、政务、党建、金融于一体，一头连着农民工、一头连着家事服务的就业服务"一张网"。同时，积极发挥各级人社部门、劳务协作站、人力资源机构、村支两委等作用，在原有劳务带头人的基础上，在农民工中培养培训一批"头雁"，形成劳务带头人"雁阵"，提升劳务输出组织化程度。

推进省内就业服务体系向基层延伸。项目化、清单化、工程化推进黔西南州、毕节市全国公共就业服务能力提升示范项目建设。坚持"政府与市场""线上与线下"结合，全面加强省、市、县、乡、村五级零工市场（零工驿站）建设，实现全省县、乡级就业公共服务机构覆盖率100%，村级就业服务覆盖率80%。

抓实重点群体就业工作。加强与各相关部门的协同联动，紧紧围绕数字经济、绿色经济、健康经济、文旅经济等拓宽就业空间，引导转变就业观念，持续落实基层成长、青年见习等工作，着力破解高校毕业生"慢就业、不就业"问题，8月底前初次去向落实率达到80%以上，年底前实名登记离校未就业毕业生帮扶就业率达到90%以上。积极研究形成政策包，大力支持青年创业街区和夜间经济发展，促进各类群体就业和群众增收。持续关注失业人员、就业困难人员就业问题，健全就业援助制度，做好就业失业登记，筛选归集适合援助对象的岗位，统筹政策和资金，储备一批就业岗位，规范公益性岗位的开发和管理，开展好"1311"就业服务，做好兜底就业工作。

（二）提升社会保障水平

织牢社保体系，坚持以制度改革为引领，以确保发放兜住底线，以强化监管打牢基础，以优质服务作为保障，扎实推进社会保障体系建设。

持续深化社保制度改革。推进养老保险制度改革，进一步完善企业职工基本养老保险全国统筹制度，推动新就业形态劳动者参加企业职工基本养老保险，全面推开个人养老金。健全城乡居民养老保险制度，完善多渠道筹资和待遇调整机制，探索推动有条件的集体经济组织对个人缴费给予补助。稳步提高养老待遇水平。按照国家统一部署，调整企业和机关事业单位退休人员基本养老金水平，做到按时足额发放。

进一步优化提升服务。落实《社保经办条例》，完善窗口服务和内部管理制度，持续优化办事流程，加强对窗口经办人员岗位培训，不断提升服务水平。加强与银行合作，扩大"社银一体化"网点，力争 2024 年实现县级全覆盖、80%的乡镇覆盖，适度扩大网点功能，逐步增加就业政策宣传、岗位推送等服务。深入推进跨省"社保通"合作。加强基金和数据的监管及风险防范。持续推进社保基金管理巩固提升行动，建立基金异常预警机制，完善政策、经办、信息、监督"四位一体"风险防控体系。建立完善同部级信息中心和重点省份的信息比对与业务互通，推动基金协同管理。

（三）加快提升教育质量

结合人口变化趋势，精准测算、统筹推进基础教育学位供给保障，加大公办普惠性幼儿园和城镇中小学扩容建设力度，加快构建普及普惠、优质均衡的公共服务体系。推动学前教育普及普惠发展。科学规划县域区域幼儿园布局，优化普惠性资源结构，稳步增加公办学位供给。大力实施幼儿园"园园达标"工程，不断提升薄弱幼儿园办园水平。推动以县为单位完善普惠性资源布局规划，加强城镇新增人口、流动人口集中地区和乡村幼儿园建设，补齐普惠性资源短板，进一步提高普及普惠水平。

推动普通高中多样化发展。大力实施强县中计划，以提升县中办学条件、规范招生秩序、加强教师队伍建设、开展县中托管帮扶为抓手，健全县中发展提升保障机制，缩小县中与城区普通高中的教育差距。持续深化课程教学改革，完善选课走班、综合素质评价和学生生涯规划指导。大力推进示范高中和特色高中建设，组织开展示范性普通（特色）高中评估，推动普通高中教育内涵发展。积极落实普通高中"公民同招"和属地招生政策，切实规范普通高中招生秩序。

加快贵州现代职业教育体系建设，推动职业教育扩容提质发展。稳步发展本科职业教育，整合优质资源，支持以国家"双高计划"为主体的优质高职院校组建职业本科学校。支持优质中等职业学校与高职院校联合开展"3+2"和"3+3"贯通培养，与应用型本科开展"3+4"中本衔接培养。支持高职院校与应用型本科或职业本科以联合培养、贯通培养等方式共同培养高层次应用型技能型人才。深化产教融合。依托支柱产业和重点行业，打造一批市域产教联合体和行业产教融合共同体。加快推动开放型区域产教融合实践中心建设，推动教育链、人才链、产业链、创新链有机衔接。

优化高校资源布局调整，统筹推进高等学校设置工作，积极稳妥推进独立学院转设，支持民办高校加快发展，不断增加高等教育资源。推进高等教育特色发展。探索高校分类评价改革，调整资源配置方式，优化调整学科专业结构，探索通过政校企行共建等方式举办高水平应用型大学和本科层次职业大学，克服"大而全""同质化"等问题，推动高校主动融入贵州省科技、产业、经济发展大局，在不同的"赛道"上办出特色、办出水平。推进高等教育协同发展。指导推动高校深化"双一流"、"双万计划"及"三金"建设。加强与高水平大学交流合作，在联合培养研究生和教师、干部交流学习、学科建设等方面与省外高水平大学进一步深化务实合作，推动提升贵州省高校办学质量。推进高等教育创新发展。持续推进创新创业教育改革，积极组织学生参与中国国际"互联网+"大学生创新创业大赛等高水平竞赛和学术科技创新活动，着力培养更多富有创新精神、勇于投身实践的创新创业人才。推进高水平教育对外开放。加强与国外高水平大学合作开展理工农医类国际化人才培养。持续做优来黔留学，拓展来黔外国留学生国别，扩大规模，提升质量。持续鼓励和支持高校加强与东盟等共建"一带一路"国家开展教育合作。加强中外"双导师"人才联合培养。统筹做好教育系统因公出国（境）团组工作。持续推动与港澳台地区教育深度合作。

加强教师和干部队伍建设。坚持以"强师工程"为总抓手，全面推进"师资队伍建设保障提升工程"，大力实施"教师队伍能力素质强力行动"，统筹抓好教师队伍建设各项工作。坚持师德师风第一标准，持续开展新入职教师和教育从业人员的背景审查，严肃查处师德失范的教师。一体规划设计"国培计划"、"省培计划"以及职业院校教师培训，探索实施整县推进培训，通过个性化、菜单式、递进式的培训，为区域教师队伍建设和教育高质量发展提供坚实的师资保障。进一步完善名师名校长培养体系。调整优化中小学教师测试，推动教师、校长轮岗交流。

（四）持续提升卫生健康服务水平

推进优质医疗资源提质扩容，全力提升医疗救治能力。增加优质医疗资源供给。"一院一策"推进国家区域医疗中心运行管理，推动省级区域医疗中心加快运行，支持市（州）建立与省外优质医疗机构帮扶合作共建机制，积极争取华西医院帮扶遵义。

增强重点专科学科能力。坚持以病人为中心，以疾病诊疗为链条，推进"1+N"多学科融合式临床专科建设，打造在全国有一定影响力的国家临床重点专科，强化薄弱专科建设，推动提升基层儿科、全科和呼吸道感染疾病临床诊疗能力。加强医疗应急能力建设。加快院前急救信息化建设，强化院前院内急救。

筑牢公共卫生防护网络，全力提升医防协同能力。推进疾控体系高质量发展。研究制定贯彻落实推动疾控事业高质量发展指导意见的方案，推动强化疾控机构核心职能，稳妥有序推进市、县疾控机构与同级卫生监督机构整合重组。推动疾控能力项目建设，加快省统筹区域传染病监测预警与应急指挥平台建设。加强传染病综合防治。构建完善传染病疫情应急预案体系，持续做好新冠及其他重点传染病监测、预警及应对，传染病突发事件处置及时

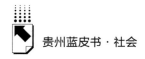

率、聚集性疫情处置率均达 100%，适龄儿童国家免疫规划疫苗接种率维持在 95% 以上。

加强妇幼健康服务，全力提升重点人群安全保障能力。夯实妇幼健康保障基础，强化母婴安全保障制度落实。深入实施母婴安全行动，强化落实母婴安全五项制度，严格母婴保健和人类辅助生殖技术准入，制定产前筛查、产前诊断技术准入现场评估标准，孕产妇、3 岁以下儿童系统管理率提高到 93% 以上。提升妇女儿童健康服务质量。实施健康儿童行动提升计划和出生缺陷防治能力提升行动计划。抓实儿童青少年近视综合防控、儿童孤独症筛查干预工作。

扩大老年健康服务供给，全力提升老年健康服务能力。聚焦对象开展健康服务。全面推进居家老年人医养服务，规范失能老年人长期护理服务，"健康敲门行动" 免费为失能老年人提供健康服务，为 65 岁以上老年人开展免费体检。积极推进长期护理保险试点、安宁疗护试点建设。强化老年痴呆防治。聚焦机构提升服务能力。开展医养结合机构服务质量提升行动，启动国家老年医学科规范化建设试点。开展社区医养结合能力提升行动，依托基层医疗卫生资源建设医养结合服务设施。

巩固健康生活方式，全力提升健康素养水平。深化爱国卫生运动。加大爱国卫生运动统筹推进力度，完善国家卫生城镇创建长效化常态化管理机制。加强医疗机构、医务人员健康教育工作绩效考核，探索开展 "健康科普专家走基层" 行动，落实县域医共体牵头医院健康教育责任，大力开展健康县（市、区）建设。

坚持以基层为重点，全力优化农村医疗服务内涵。持续推进基层综合改革示范区建设。总结推广 "1+N" 基层卫生健康综合改革经验，扩大基层卫生健康试验区示范带动效应。持续强化县医院能力建设。持续增强基层服务能力。继续实施 "优质服务基层行" 活动和社区医院建设三年行动，逐步将符合条件的公办村卫生室转为乡镇卫生院延伸举办的服务点，推进村卫生室全部纳入医保定点。

持续巩固拓展健康扶贫成果同乡村振兴有效衔接。加强预警帮扶，实现问题动态清零，坚决防止因病规模性返贫。稳步推进家庭医生签约服务高质量发展，做好老年人、残疾人等重点人群签约服务。深入开展东西部医疗卫生协作和省内三级医院对口帮扶。持续强化医疗人才"组团式"帮扶。扎实做好第三轮医疗人才"组团式"帮扶人员轮换，推动帮扶团队队长担任受援医院院长或常务副院长。

促进中医药传承创新发展，全力提升中医药服务能力。实施中医药振兴发展重大工程。加快建设国家中医疫病防治基地、国家中医特色重点医院、国家中西医"旗舰"医院。推进省级中医药综合统计平台、省级中医药综合改革示范点、省级中医药文化宣传教育基地建设。实施中医药产业高质量发展攻坚行动。切实推进产业发展，培育一批大品种、大品牌、大基地、集散地。"定制药园"稳定在40万亩以上。创建一批省级中医药健康旅游示范区（基地、项目）。

深入实施"医疗卫生援黔专家团""黔医人才计划""银龄计划"，提升卫生健康队伍整体素质。促进医保、医疗、医药协同发展和治理，合理有序调整医疗服务项目价格。

（五）织密扎牢社会保障网

突出抓好社会救助，持续巩固拓展兜底保障成果，紧盯防止返贫监测人口、低保边缘家庭人口、因病因残因学因灾因意外事故返贫等重点人群，确保"应保尽保、应兜尽兜"。推动出台加强低收入人口动态监测做好分层分类社会救助工作、政府救助与慈善援助有效衔接、社会救助尽职免责、城乡低保标准动态调整等政策文件，修订最低生活保障审核确认办法，健全各级社会救助工作责任体系。

突出抓好养老服务，不断完善养老服务制度框架。根据民政部等11部门《关于印发〈积极发展老年助餐服务行动方案〉的通知》，贵州省民政厅牵头拟制了《贵州省积极发展老年助餐服务实施方案（征求意见稿）》。持续开展养老机构等级评定、养老机构日常服务质量监测评估，进一步增强养老服务机构基本功能。做好低保家庭全失能老年人入住机构享受集中照护服务工作。对特殊困难老年人家庭实施适老化改造，对全省符合条件的民办、民营养老机构一次性给予建设奖补和一次性运营奖补及示范性居家社区养老服务站和农村互助幸福院运营奖补。抓好居家和社区基本养老服务提升专项行动，全面促进养老服务工作高质量发展。

突出抓好未成年人保护和儿童福利工作。持续推进区域性儿童福利机构优化提质。进一步建立完备翔实的孤儿、事实无人抚养儿童等困境儿童信息台账，实行动态管理。加强机构标准化、规范化、精细化、专业化建设，不断提高儿童福利服务保障水平。

（六）大力发展文化体育事业

深入实施"四大文化工程"。全力实施红色文化重点建设工程，加快完成长征国家文化公园重点项目和重点任务，重点推进"1+3+8"标志性项目体系建设。加强长征数字科技艺术馆、《伟大转折》演艺综合体的运营推广；全力实施阳明文化转化运用工程，加强阳明文化传承培训课程设计和线路推广，完成阳明文化旅游线路打造；全力实施民族文化传承弘扬工程，提升西江苗寨、肇兴侗寨管理服务水平，加强纳灰村等少数民族村寨旅游配套和服务。支持各地立足自身特色底蕴举办民族文化活动，指导开展好苗族"苗年""姊妹节"、布依族"六月六"、侗族"侗年"、彝族"火把节"、仡佬族"吃新节"等一批民俗节庆活动；全力实施屯堡文化等历史文化研究推广工程，启动屯堡文化数据库建设工作，推进云峰、天龙、旧州等屯堡项目一体化运营，加快习水土城古镇等古城古镇运营提升。

加强文物和文化遗产保护。深入推进文物和文化遗产保护五项机制，加强考古前置工作落实，推动各级文物保护单位"两线"划定公布并纳入国土空间规划。持续提升长征数字科技艺术馆（红飘带）、《伟大转折》演艺综合体的影响力、带动力。有序推进文物保护单位和博物馆开放利用。加强非遗传承发展。开展第六批省级非物质文化遗产代表性项目评审认定，搭建非遗产品合作研发推广平台，推动传统苗绣与时尚设计合作，提升市场化、国际化水平。

加强文艺精品创作。制作一台整体呈现贵州历史文化的舞台演出。推动贵阳、荔波与优强企业合作打造文旅演艺综合体等文化演艺节目场景，继续实施文艺人才培养计划，加强政策支持保障，强化文艺领军人才、骨干人才、中青年人才培养。

提升公共文化服务效能。健全公共文化服务体系，不断完善城乡公共文化服务体系建设，推动文化服务和文化机构数字化转型，推进智慧图书馆体系和公共文化云项目建设；深入实施文化惠民工程，持续做好公共图书馆、美术馆、文化馆、乡镇（街道）综合文化站等免费开放工作，组织开展"国际博物馆日"文物文化宣传活动和公共图书馆、文化馆服务宣传周和全民阅读活动；持续实施"春雨工程"文化志愿服务项目。

创新举办群众文化活动。总结"村BA"、"村超"、路边音乐会等经验，进一步支持做好群众性文体活动。做好"大地欢歌"全省乡村文化建设年系列活动，开展"歌唱祖国"主题群众歌咏活动以及"四季村晚"、广场舞大赛等示范引领性活动，继续举办"贵博假期""贵博课堂"等互动体验式社会教育活动。

健全完善全民健身公共服务体系。扎实办好民生实事，建立健全体育设施"建、管、用"工作机制，加强科学健身知识的宣传和普及，壮大社会体育指导员、志愿服务队伍，培育全民健身组织协会，不断提高全民健身公共服务水平。优化竞技项目结构，突出贵州省运动员所具备的耐力、吃苦、灵巧的特征，统筹优势与潜优势项目、传统项目与新兴项目、基础项目与重点项目协调发展。深化体教融合，促进青少年健康成长和培养竞技体育后备人才，着力构建和完善体质健康、青训、竞赛三大体系。

（七）构建完善生育支持体系，全力助推人口高质量发展

加强政策落实保障。坚持人口工作目标管理责任制，继续推动落实好党委、政府年度人口工作报告制度，把落实人口政策纳入相关考核。推动完善和落实积极生育支持措施。加强部门间数据信息共享，提高人口监测数据质量。深入实施优化生育政策服务项目，切实强化计生特殊家庭"三个全覆

盖"服务。加强照护服务保障。继续开展普惠托育服务专项行动，深入推进"医育结合"。开展省级示范性托育机构建设。组建3岁以下婴幼儿照护省级专家库。探索开展托育机构负责人和保育人员岗位培训。加强群团组织保障。深入开展"暖心行动"，继续做好失独家庭等住院护理补贴保险工作。推动优生优育指导中心、家庭服务中心建设，持续实施"向日葵亲子小屋"与婴幼儿照护服务项目。巩固拓展"健康知识进万家"等活动成果。创新推动困难家庭救助、卫生健康服务项目。

（八）以基层社会治理为重点，深入开展社会治理现代化建设

推动各级综治中心标准化建设、规范化运行。加强省级组织的"枫桥式综治中心"建设命名工作，通过以点带面、示范引领，逐步形成以综治中心为枢纽、以网格化服务管理为底座、以信息化为支撑的服务管理体系，带动基层治理工作效能整体提升。进一步完善综治中心建设标准，加大先进综治中心奖补、推广力度，加大后进综治中心帮扶指导力度，做好已命名"枫桥式综治中心"成效评估工作，深化省综治信息平台实战化应用。

提升基层矛盾纠纷预防化解法治化水平。坚持和发展新时代"枫桥经验"，牢牢把握新时代"枫桥经验"立足预防、立足调解、立足法治、立足基层的实践要求，按照"上下结合"的工作思路，总结深化各地工作中的好经验好做法，进一步健全完善政策制度，提升矛盾纠纷多元化解的针对性、实效性和法治化水平，实现"小事不出村、大事不出镇、矛盾不上交"。定期组织开展新时代"枫桥式工作法"大比武活动，整合基层力量，规范矛盾纠纷化解实体平台建设。

大力推进"多网合一"。改进网格化管理服务，依托村（社区）统一划分综合网格，明确网格管理服务事项。针对多网格各自为政等问题，组织开展检查验收工作，强化网格员、联户长激励保障，激发网格员、联户长工作积极性。

大力推进"雪亮工程"提档升级。坚持问题导向，以优化调整布局、落实运维保障、深化智能运用为核心，不断提升建设运用水平，提高对动态环境下社会治安的主动防控力。做实遗留问题整改，深入推进"平安黔哨"工程。

社会治理篇

B.2

贵州乡村治理中精神文明建设研究

丁　胜　张飞飞*

摘　要： 脱贫攻坚战取得全面胜利后，贵州乡村生产生活、基础设施和公共服务上了新台阶，为乡村治理现代化奠定了坚实的物质基础。同期，贵州坚持两个文明一起抓，组织推动、政社互动、文化驱动以及人民主动"四大动力"为乡村治理中的精神文明作用发挥注入了持久能量。但需要指出的是，物质日渐丰裕后的乡村现代转型是一场全方位、多层次的深刻变革，精神文明建设也还面临自媒体冲击、价值观多元、软约束过软、人口空心化等结构性风险挑战，亟须通过政治压台、创建平台、群众登台、贤能补台以及发展站台"五台联动"举措，持续为乡村治理现代化蓄积和贡献强大精神力量。

关键词： 乡村治理　精神文明　治理现代化　贵州省

---

* 丁胜，贵州省社会科学院研究员，博士，贵州大学公共管理学院硕士生导师，主要研究方向为政治社会学；张飞飞，贵州大学公共管理学院硕士研究生，主要研究方向为乡村治理。

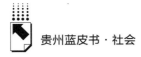
党的二十大指出，中国式现代化是物质文明和精神文明相协调的现代化。巩固拓展脱贫攻坚成果同乡村振兴有效衔接，需要物质文明建设和精神文明建设"双轮驱动"，才能确保乡村建设和乡村治理步子稳健且走得更远。党的十八大以来，贵州彻底撕掉绝对贫困标签，物质文明迈步进入新发展阶段，同期精神文明守正创新，在乡村治理中发挥越来越明显的作用。但囿于自媒体冲击等若干因素，乡村精神文明建设也还存在若干风险挑战，亟须加以重视并提升。

一 精神文明建设的理论含义

中国特色社会主义理论体系决定了乡村精神文明建设既不是简单的"物质决定论"，也不是简单的"意识决定论"，而是物质生产力和意识能动性辩证统一的结果。中国共产党成立以来就十分注重乡村精神文明建设，始终坚持物质和意识统一、党性和人民性统一、理论宣传和乡土文化统一、组织意图和群众意愿统一，为乡村发展和建设注入了强劲动力。同期，中国学者围绕精神脱贫、乡风文明以及德治制度化等进行学术探索，为乡村治理中精神文明建设更好地发挥作用提供了理论支撑。

（一）中国共产党治国理政中的乡村精神文明建设观

1.注重思想启蒙和理想信念培育，推动精神力量转化为革命力量

半殖民地半封建社会移步而来的旧中国积贫积弱，愚昧落后思想在乡村广泛存在。中国共产党成立以后，十分注重群众的思想启蒙，强调共产主义理想在乡村的宣传和与乡土精神的结合。早在1922年，《中国共产党第二次全国大会议决案》中就指出"系统的合理的宣传，在乡村是必要的。"[1] 其中可见，中国共产党早期即将理想信念宣传作为共产党人在农村开展工作的重要内容，目的在于推动群众自觉觉醒并自我组织，争取属于自己的民

---

[1] 中共中央党校党史教研室选编《中共党史参考资料（一）：党的创立时期》，人民出版社，1979。

主权利。在中国共产党启蒙、引导和动员下，乡村精神文明面貌焕然一新，开始展现出革命的、活力的、民主的特征。解放前夕，毛泽东在《纠正群众工作中错误的几个问题》中，认为党的群众工作需要充分调动群众的思想自觉性和行为主动性，而不是单纯倚靠命令主义，因为"命令主义，表面上是在积极发动群众，实际上是用少数人包办及强迫群众服从的办法，代替群众自觉的与有组织的斗争"①。隐喻的是，中国共产党十分强调宣传思想工作对群众革命意识和民主权利的启蒙，同时尊重乡村自生自发的精神文明，由此更好地推动干部群众以更加积极的态度投入革命事业。

2. 注重组织意图和乡村精神结合，推动自治、法治、德治三治结合

人民公社化运动开始以后，政社合一的全能主义治理模式持续了20余年，这一时期的乡村精神文明建设凸显为建构性革命文化精神，传统农耕文明等面临解构性风险。随着党和国家工作重心转移到经济建设上来，尤其是乡镇复建和村民自治制度的确立，融合组织意图和乡村精神的中国特色社会主义精神文明建设开始复苏。邓小平多次强调要"权力下放"和"调动积极性"，指出群众自治的目的在于突破政社合一、高度管控体制下的僵化思想。这一时期，"乡政村治"的运行模式为法治和德治的作用发挥孕育了土壤，蕴含优秀传统文化的精神文明逐渐回归乡土。邓小平指出，"没有法制不行，我们历史上的缺点就是法太少。精神文明，就是社会风尚，人民的理想、道德、精神面貌，包括讲礼貌在内，这些都很重要。"② 市场经济制度确立后，逐利性、流动性以及多元性等给乡村治理带来了观念上的冲击，对法治、德治等提出了更高要求。江泽民指出"法治属于政治建设、属于政治文明，德治属于思想建设、属于精神文明。二者范畴不同，但其地位和功能都是非常重要的"③。胡锦涛指出，只有持之以恒加强社会主义精神文明

---

① 中共中央文献研究室编《毛泽东文集：第一卷》，人民出版社，1993。
② 中共中央文献研究室编《邓小平年谱：1975—1997（下）》，中央文献出版社，2004。
③ 江泽民：《江泽民文选：第三卷》，人民出版社，2006。

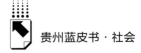

建设和引导群众思想相结合，治理才能真正牢固稳定。① 其中可见，法主德辅是这一时期乡村治理的主要特征，融合国家意志、乡村精神和群众意愿的有效治理观，为乡村精神文明建设提供了坐标参考系和目标方向。

3. 更加注重物质文明和精神文明协调发展，推动乡村振兴行稳致远

习近平多次强调实施乡村振兴战略要物质文明和精神文明一起抓，指出："改革开放之初，我们党就创造性地提出了建设社会主义精神文明的战略任务，确立了'两手抓、两手都要硬'的战略方针。"② 隐喻的是，两个文明协调发展是实现治理现代化的车之两轮，也是推动乡村振兴的鸟之双翼。党的十八大以来，脱贫攻坚和乡村振兴是中国共产党治国理政中的重大标识性行动。这一时期，全面建成小康社会为物质文明打下了坚实基础，随着生产生活条件的改善、治理任务的下移和治理资源的下沉，乡村精神文明建设同期扎实前行，重塑乡风文明和尊重群众首创等是这一时期乡村精神文明建设的主要内容。正如习近平指出，推进共同富裕，最艰巨最繁重的任务仍然在农村，缩小城乡差距的同时要加强农村精神文明建设，培育文明乡风；因为"农村精神文明建设是滋润人心、德化人心、凝聚人心的工作，要绵绵用力，下足功夫"，只有乡风文明才能"把农民群众精气神提振起来"。③ 为此，《中共中央国务院关于实施乡村振兴战略的意见》专门指出乡风文明是乡村振兴的保障，"必须坚持物质文明和精神文明一起抓，提升农民精神风貌，培育文明乡风、良好家风、淳朴民风，不断提高乡村社会文明程度。"④ 这一时期，尊重群众首创发展的新时代"枫桥经验"写入党内法规和重要文件，成为指导乡村精神文明建设的宝贵经验；与此同时，地方群众自发形成的"围炉夜话""红黑榜""积分制""一约五会"等，不断推动乡村精神文明建设焕发新活力。

---

① 胡锦涛：《胡锦涛文选：第二卷》，人民出版社，2016。
② 习近平：《习近平谈治国理政：第二卷》，外文出版社，2017。
③ 《习近平在江苏徐州市考察时强调　深入学习贯彻党的十九大精神　紧扣新时代要求推动改革发展》，《人民日报》2017年12月14日，第1版。
④ 《中共中央国务院关于实施乡村振兴战略的意见》，人民出版社，2018。

（二）乡村治理中精神文明建设的主要观点

1. 精神脱贫是乡村振兴的内生动力，也是乡村治理现代化的题中应有之义

中国的脱贫攻坚战是人类历史上和世界范围内贫困治理的伟大壮举，对于推动实现共同富裕和中国式现代化具有决定性意义。2020 年，乡村完成了消除绝对贫困和区域性整体贫困的艰巨任务，物质文明的极大提升为新时代精神文明建设奠定了坚实基础。但需要指出的是，乡村发展并非线性样态，乡村治理现代化也并非物质决定论或意识决定论，而是不同时期物质和意识辩证统一的逻辑结果。① 现实中，基于物质和意识发展的不同步性，在物质日渐丰裕后的今天，更加需要关注精神脱贫；因为精神贫困不仅影响个体对物质生活的感受，同时影响群体价值共识和集体行动的形成。正如有学者指出，受教育、能力和经历等因素影响，精神贫困表现为主观意愿落后于客观需求，不仅制约人的能动性作用，同时影响社会的全面发展，因此精神脱贫同样重要。② 亦即是说，如果精神贫困在乡村广泛存在，那么不仅会影响个体"造血"的内生动力，同时会因为群体观望、冷漠、排斥甚至抵触等情绪和行为，导致乡村治理陷入困境。因此，精神脱贫不仅是提高个体主动发展意识的需要，同时是推动乡村有效治理的需要；精神脱贫不仅是激发人们爱祖国、爱家乡的原动力，同时是转化为勤劳致富、勤俭持家、孝亲敬老的内生力，在推动乡村形成自发秩序中至关重要。③

2. 乡风文明是乡村振兴的关键要素，也是乡村治理的重要内容

党的十九大做出乡村振兴战略部署以来，乡风文明作为二十字方针之一受到理论界和实践界的高度重视。本质上看，乡风文明属于乡村精神文明建设范畴，是特定区域内人们因文化传承、风俗习惯、乡规民约等因素凝练而成的价值共识和集体行动，也是乡村自生自发秩序产生的非物质文化根源。

---

① 丁胜：《中国共产党百年来的乡村治理观及其经验启示》，《北京联合大学学报》（人文社会科学版）2023 年第 1 期。
② 王爱桂：《从精神贫困走向精神富裕》，《毛泽东邓小平理论研究》2018 年第 5 期。
③ 冉光仙：《生态和谐视阈下贫困群体精神脱贫探析》，《贵州社会科学》2019 年第 1 期。

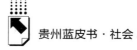
如前所述，基于物质和意识发展的不同步性，乡风文明需要在充分尊重群众主体的基础上，通过组织嵌入、利益联结和约定俗成等方式进行思想引导、行为修正和移风易俗。正如有学者认为，乡风文明建设中应当充分发挥农民群众的主体作用，增强他们的主人翁意识，让群众成为新风新规的制定者、执行者、评议者和受益者。① 需要指出的是，由于乡风文明不仅是群众私域的事情，同时涉及地方甚至国家公域的事情，因此组织的、合理的、有效的引导和规范同样重要。正如有学者指出，构建新时代乡风文明，需要从政府、社会、个人层面多管齐下、多方发力、多措并举，才能有效推进乡风文明建设。② 总的来说，乡风文明作为乡村振兴的核心检验标准之一，不仅是丰富乡村精神文明建设内容的重要方面，同时是推动产业兴旺、助力生态宜居、提升有效治理和促进生活富裕的灵魂所在，具有春风化雨般的柔性治理功能。

3. 德治制度化是乡村精神文明建设的重要路径，旨在推动社会主义核心价值观与地方文化的结合

治理现代化深入推进以来，乡村治理中一些好的实践探索与传统文化习俗相结合，形成了若干地方经验，这些经验与组织意图互嵌，上升为维系乡村熟人社会价值共识和规范集体行动的民间制度。可以说，基层治理中的经验制度化，尤其是德治制度化不仅是回应领导权、治理权与自治权多重期待，确保组织秩序与自发秩序共生共荣的基础；同时也是推动国家精神与乡村精神有机结合，促进乡村治理现代转型的必由之路。③ 以丧葬移风易俗为例，较长时间内，一些乡村受民间负面信仰影响、舶来的"新俗"影响以及公共服务设施不尽完备的制约等，丧葬表现出保守性与激进性并存的二元特征，诸如"厚葬薄养""热歌劲舞""活人墓"等现象较为突出，对于

① 韩俊：《推进移风易俗　建设文明乡风　切实增强农民群众获得感》，《旗帜》2019年第9期。
② 刘盛：《乡风文明与乡村振兴：重要意义、现实难点与关键举措》，《农林经济管理学报》2018年第5期。
③ 张莹、丁胜：《城市社区治理中的德治实践与经验启示——基于贵阳市白云区的考察》，《贵州民族研究》2021年第6期。

"慎终追远、民德归厚；厚养礼葬，民风益清"等优秀传统文化带来不良冲击和影响。"乡风文明"布局以后，随着治理力量和治理资源的下沉，一些乡村对丧葬传统中的不良风气加以正面引导和必要制止，同时对具有正向意义的习俗加以保护，诸如"红白理事会""合约食堂""红黑榜"等民间约定的制度化，形成了具有引导性、规范性和可操作性的乡村柔性治理规则。正如有学者指出，在丧仪规则调适、公共资源共享及双重权威动员等多重机制作用下，优秀传统丧葬仪式得以维系；而以丧俗为基础的风俗革新有效避免了市场化深度侵入及其带来的异化风险，为乡风文明建设开辟了道路。①

二 贵州乡村治理中精神文明建设的主要做法

如果将乡村治理体系比喻为一个有机体，那么物质文明是躯体，精神文明则是灵魂，两个文明不同步，就会魂不附体。一直以来，贵州将精神文明建设作为吹响脱贫攻坚"冲锋号"的"前置哨"，也将其作为乡村振兴"大联欢"的"重头戏"，通过打造党领导下的多元协同格局不断发挥其作用，为乡村治理现代化提供了精神坐标。

（一）组织推动，党政统筹确保行稳致远

1. 重视精神文明建设有章可循

安顺市探索建立市县乡共抓乡风文明工作领导体制，出台《安顺市推进乡风文明建设五年行动方案》《安顺市深化"推进移风易俗树立文明乡风"专项行动实施方案》等文件，有序推进乡村精神文明建设工作；同时成立工作专班，将精神文明建设纳入高质量发展绩效考核、意识形态专项督查内容，作为领导班子以及领导干部选拔任用、评先奖优、问责追责的重要依据，高位推动确保精神文明在乡村治理中的作用发挥落地落实。

---

① 邱婷：《乡村振兴背景下的风俗治理与乡风文明建设——以豫、鲁、赣、苏、黔五省农村丧葬仪俗的调查为基础》，《云南行政学院学报》2021年第6期。

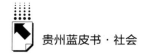

2. 强化基层党组织引领功能

毕节市通过换届等举措提升基层党组织对乡村精神文明建设的统合能力，大方县 289 名村（社区）党组织书记平均年龄较换届前下降 2.68 岁，中专及以上学历较换届前增加 36 人；金沙县 242 个村（社区）党组织书记大专及以上学历占比 49.17%，35 岁及以下占比 27.27%，①年龄结构和知识结构的优化为精神文明建设更好发挥作用奠定了组织基础。此外，七星关区的"七个起来"、百里杜鹃管理区的"支部联建共管"、黔西市的"三个围绕"、大方县的"蹲苗计划"等，将精神文明建设和乡村治理成效扭成"一股绳"进行"捆绑"考核，不断推进组织优势转化为治理效能。

3. 推动新时代文明实践凝心聚力

凯里市充分利用新时代文明实践中心（所、站）阵地，将"党建+"模式有效融入培育乡风文明、引领基层治理和志愿服务等工作中，很好地确保了国家意志、乡村精神和群众意愿同向而行，形成了创建高水平全国文明城市的强大合力。万山县通过融媒体中心与新时代文明实践中心一体化建设，"两心"融合双向赋能夯实精神文明建设成果，引领基层善治。

4. 注重党员先锋模范作用发挥

织金县把乡风文明建设融入组织生活，大力实施"两优一先"评选活动，选树一批先进基层党组织、优秀共产党员等典型，激励引导广大群众对标先进、自觉看齐、共倡新风；同时推动"新雁引领"工程激活"头雁效应"，培育选优既有治理能力又有人民情怀的村组织负责人，"点亮一盏灯，照亮一个村"。

（二）政社互动，多元协同打造治理共同体

1. 推动组织意图融入乡村治理

安顺市推行积分引导机制，按季度开展评分活动，为积分较高的村民现

---

① 丁胜、张飞飞：《"四治五力"：乡村治理现代化的毕节做法与启示》，《当代贵州》2023 年第 50 期。

场颁发"示范户"挂牌，获得积分的村民可前往"文明超市"兑换物品，实现"德""得"益彰。赫章县集中资源在全县推行"党建+积分"治理模式，成效明显。平坝区通过构建"党员积分册""黑名单"等制度，将乡风文明工作列入村规民约执行重点，并与补贴发放、合作社分红等福利待遇挂钩，引导群众形成崇德向善的价值共识和集体行动。金沙县重点打造"一约五会一站"推进乡村治理，德治制度化为乡风文明、村容村貌改善贡献了力量。

2. 注重村民自治组织作用发挥

平坝区塘约村村民自发制定了"红九条"，规定全村禁止操办红白事以外的其他酒席，红白喜事则由"红白理事会"备案和操办；实行"红喜"八菜一汤无大菜，"白喜"盆盆菜"一锅香"，不上"瓶子酒"，不发包包烟、不发纪念品，礼金100元；另外，还组建了10支服务队，由村委会统一为村民免费提供餐具、餐桌、厨师团队等一条龙服务，[①] "红九条"有效提振了村俗民风。此外，百里杜鹃管理区各乡组建了由村民参与的治理滥办酒席专班，黔西市丘林村约定的"铁十条"等，推动实现了群众自己"说事、议事、主事"的基层全过程人民民主，乡风文明呈现新面貌。

3. 赋权民间组织参与治理

纳雍县骔岭镇小屯村自发探索创建的"七人议事"自治机制，2020年在全镇推广以来，共开展议事816场次，纠正不良行为2546例，很好地发挥了民间力量的柔性治理功能。此外，水城区的"片管委"以及湄潭县的"寨管家"等，通过"小整合"撬动乡风文明"大格局"，实现了群众精神食粮"由散到聚"、乡村治理"由弱到强"的转变。

（三）文化驱动，示范带动形塑新时代新风尚

1. 特色文化赋能精神文明建设

万山县的"鼟锣"文化守正创新，通过山歌、快板、说唱等方式宣讲

---

① 丁胜、张飞飞：《"四治五力"：乡村治理现代化的毕节做法与启示》，《当代贵州》2023年第50期。

党的创新理论，2023年开展"鬒锣竞赛"等文明实践活动500余场次，让文化走进百姓，让百姓参与文化；"云上鬒锣"则通过抖音、视频号、电视等辖区媒体平台"小屏+大屏"的方式，对党的理论创新、移风易俗等精神文明建设内容实现线上全覆盖宣讲。此外，赫章县通过山歌传唱方式弘扬社会主义核心价值观；册亨县通过布依八音展演讲好礼仪传家、家国情怀；荔波县洪江村探索设立"艺术家联户长"，通过艺术家送服务，联户带动艺术工匠、民间艺人、非遗传承人等群体蓬勃发展，乡风文明氛围浓厚。

2. 发挥传统习俗治理功能

据调研了解，绝大部分乡村利用大小节气，尤其是个性化习俗或民族节日引导和推动精神文明建设。黔东南州的"吃新节""六月六""卯节"等已然成为村民们记得住的"乡愁"和回得到的"过去"，"共同记忆"为传承"规矩"养成"风尚"涵养了土壤。以台江县长滩村为例，该村依托本土厚重的苗族文化底蕴，用银饰、刺绣、苗族古歌等表达积淀千百年来灿烂的民族生活史、发展史，以歌传情、以舞为媒，多元精致的特色苗族服饰被誉为"穿在身上的史书"，对于增强家国情怀和民族认同发挥了积极作用。此外，长滩村合理利用传承下来的正月探母节、二月敬桥节、三月姊妹节、四月敬牛节、五月独木龙舟节、七月吼呗节、十月非遗节、十一月苗年节等重大节庆活动，开发了苗乡大舞台表演、非遗体验、百牛闹春耕、老庚摸鱼等文化项目，进一步丰富了精神文明内涵。

3. 注重培育精神文明建设载体

都匀市深入推进文明村镇、文明家庭、文明个人创建行动，通过树起"模范旗"，引领积极向上的文明氛围。台江县开展"道德模范""文明家庭""好儿媳""好公婆"等评选活动，可见、可学、可亲、可仿的先进典型和鲜活事迹，为乡风文明提供坐标参考系。

（四）人民主动，基层创举迸发生机活力

1. 让渡乡村自发秩序空间

贵州乡村精神文明建设的独到之处，就是不仅"主抓主管主推"，同时

为"长出来"的智慧和文明让渡空间和创设环境。贵阳市通过政策设计、引导激励等举措孕育乡村自发秩序,推动乡风文明由"为民做主"向"由民做主"再向"共商共建共享"转变。毕节市乡村自发创建的"一约五会一站"发挥着自治功能。截至2022年底,3716个村(居)修订完善了村规民约(居民公约),共计备案村(社区)红白理事会2386个。大方县乡村(社区)自发组建的移风易俗村民小组,2023年开展封建迷信问题治理专项行动,共发现了207例封建迷信问题(算命、迷拉、倒水饭等),通过村委会下达整改通知书11份,在推进乡风文明建设中作用明显。

2. 注重乡村贤能的带头示范

自然权威是引领乡村道德新风尚的重要力量。毕节市尚贤文化浓郁,先贤能人赋予了乡村治理人间烟火味,礼仪教化通过可亲、可敬、可见、可学等形式进入寻常百姓家,为价值共识和自发秩序注入了内生动力。织金县以中兴名臣丁宝桢为典范塑造的文化标识,很好地引导家族治理融入国家治理之中。纳雍县农民吴儒文通过传唱方式宣传好政策和好人好事,带出150多名农民讲师,为乡风文明贡献了智慧。[①] 赫章县积极推动乡贤能人"上讲台",通过"身边人讲身边事,身边事教身边人"引领道德风尚,2023年开展文明实践活动1551场次,为乡村精神文明建设注入了源头活水。册亨县秧佑村的"秧佑籍协会"会聚了村籍乡贤,推动该村乡风文明声名远播。

3. 注重群众创举的应用推广

威宁县检验贫困标准的"四看法"朴实无华,获得行业普遍认可,习近平总书记在不同场合多次提及,成为展示贵州群众智慧的一大亮点。金沙县群众自创的脱贫攻坚应知应会"猜拳""一达标两不愁三保障"响彻乡间,很好地将党的政策融入了传统习俗。此外,"红九条""合约食堂"等经验也是群众智慧以民间约定的方式呈现的结果,为乡村精神文明建设提供了经验借鉴。

---

① 丁胜、张飞飞:《"四治五力":乡村治理现代化的毕节做法与启示》,《当代贵州》2023年第50期。

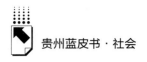
三　贵州乡村治理中精神文明建设面临的挑战

对比过往，贵州乡村精神文明建设成效明显，凸显在"四个转变"上，即从因循守旧到治理理念现代化转变、从陈规陋习泛滥到新时代新风尚转变、从等待观望到主动寻求创新转变以及从碎片化举措到系统性建设转变。但需要指出的是，物质日渐丰裕后的乡村现代转型是一场全方位、多层次的深刻变革，带来的不只是发展与进步，同时也还伴随精神文明领域的若干风险，需要警惕。

（一）重视度不均的风险

一方面，地区重视度参差不齐。一些市州没有将两个文明同部署、同落实、同考核、同奖惩，导致精神文明建设与物质文明建设不同步。另一方面，领导重视度存在差异。一些领导认为精神文明建设是无关大局的"软任务"，存在应付抓、被动抓的现象，尤其是乡镇一级没有专门编制，导致精神文明建设存在"说起来重要，干起来次要，忙起来不要"的现象。

（二）价值观混乱的风险

乡村快速发展中的部分群众存在"五心"不稳的问题："心散"，"不入党不入团，不争先进不结怨"，消极思想导致人心不齐；"心乱"，"各人自扫门前雪，莫管他人瓦上霜"，想法较多导致坐立难安；"心慌"，精神空虚无所适从，缺文化口粮导致人心趋利；"心急"，"一口想吃个胖娃娃"，缺精神支柱导致行为短视；"心窄"，"不患寡而患不均"，主观感受的相对剥夺感引发个人主义和不信任抬头。

（三）自媒体冲击的风险

据六盘水市乡村调研了解，抖音等短视频的兴起填补了村民大量的闲暇时间，但由于辨别力弱等原因，因此在短视频使用中更易受到负面影响。突出表现为，一些老年人和留守群体沉溺于以感官刺激为基础的各种虚拟图景和审丑视频中，出现手机依赖、刷视频上瘾、价值观混乱等问题。与此同时，自媒体推高网络欺诈、网络暴力的在地化，导致主流价值观式微、家庭关系破裂等社会问题。

（四）软约束过软的风险

据调研了解，全省村规民约等软约束作用发挥参差不齐，较多地方的村规民约嵌入太多的职能部门职责，繁文缛节难以一一兑现，犹如欠钱，账多不愁人，执行效果大打折扣。不少乡村的村规民约更是浮于面上，演变成为应付检查的官样文本、"挂墙公约"，没有群众参与和认同，也没有与地方实际相结合，既不被遵守也不能发挥实际作用，"民约"失效导致一些乡村重彩礼让人"娶不起"、多酒席让人"还不起"的问题也还存在。

（五）农村结构空心化的风险

人口流动性、意识多元性、市场趋利性等特征，使得村民对传统的熟人关系结构产生了信任动摇，进而出现认同困境和治理危机。据调研了解，中青年劳动力进城务工现象凸显导致乡村空壳化，留守群体以老人和小孩为主，"两头大中间小"的人口结构，使得精神文明建设的接续和传承出现断档。空壳化伴随的空巢老人、留守儿童、农村光棍、逃跑妈妈等社会问题，给精神文明建设蒙上了阴影。

（六）宣传脱离群众兴趣点的风险

据调研了解，一些乡村的主流价值观宣传引导缺少针对性、实效性和吸引力，一些乡村干部的群众工作方法缺乏创新，说教式的政策宣传落实没有趣味性和穿透力。此外，一些乡村的文化阵地作用仍有待充分发挥，部分边远村寨的传统礼仪较为陈旧落后，缺乏健康积极的文化生活。

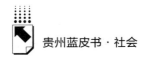
四 贵州推动精神文明助力乡村有效治理的建议

贵州若干乡村具有典型的农耕文明特质，汇聚了多彩绚烂的民族习俗、家国情怀的村规民约、诚信朴实的民风民俗以及各具特色的村落景致。中国特色社会主义制度背景下，贵州乡村同时具备政治文明特质。两种文明在乡村的交融互鉴，需要围绕政治引领等做好文章，以此确保精神文明建设根脉稳健并在乡村治理中发挥主导作用。

（一）政治压台，"四个机制"保障精神文明落地落实

确保乡村精神文明建设不走偏、不变样并提升治理效能，需要高位推动打造党领导下的协同共治。一是坚持党建引领机制。建议党委将精神文明建设与意识形态工作同安排同部署，纳入年度绩效考核和机关党建综合考核指标体系。组织机关党支部与乡村党支部结对共建，进一步提升党建创新引领成效。二是坚持责任落实机制。建议精神文明建设工作领导小组在市县推开，乡镇一级比照执行，将精神文明建设与地方重点工作同安排同部署，有条件的地方乡镇宣传委员单列。三是坚持示范带动机制。统合名目繁多的先进称号，打造与地方特色相结合的标识性典范，提升称号权威值和推进典型人物的价值变现。四是坚持检查评比机制。地方根据实际情况制定乡风文明检查细则及评比办法，营造精神文明建设争先创优的浓厚氛围。

（二）创建平台，推进软约束在治理中的权重

精神文明建设并非空中楼阁，其作用发挥需要平台和载体支撑。一是村规民约瘦身增效。村规民约应结合地方特色并注重执行实效，建议政策法律或党政部门职责有明文规定的不写入村规民约，避免村规民约演变成为"百家讲坛"或"文字游戏"，建议部门职责嵌入村规民约需要市州级主管精神文明的常委签字同意。二是群众组织扩容聚能。"五会一站"是精神文明作用发挥的重要载体，建议全省层面推动部署，同时扩大群众参与面、事

务涵括面和激励服务面，以群众喜闻乐见的形式倡导和推动移风易俗新风尚。三是信息技术赋能提质。针对村民沉溺抖音、使用微信和关注公众号等现状，建议组建乡村"信息引导和创作服务队"，重点宣传诈骗信息、虚假广告、信仰虚无等带来的线下问题，同时培育、制作和传播乡村正能量视频信息等，为乡村治理注入文明力量。四是重构乡村公共文化场所。整合现有公共文化空间和提供多样化文化服务，鼓励和支持文化艺术能人为乡风文明进行创作和展演。

（三）群众登台，提升内生动力注入治理活力

精神文明建设是一场久久为功、绵绵用力的"接力赛"，其作用发挥只有依托群众内生动力才能走得久走得远。一是提升信任存量。面对一些群众价值观的混乱和自媒体的冲击，精神文明作用发挥需要在深耕主流价值观建设基础上，重塑基层党政、村支两委、民间组织和群众之间的信任关系。建议最大限度避免政策资金扶持中"你有我没有"引发的相对剥夺感，同时在非普惠性政策实施中加强基层全过程人民民主，提升乡村治理的信任资本存量。二是关注重点群体和弱势群体。针对调研情况，建议对两个群体进行关注：其一是搬迁至市县的"新市民"，生产生活方式的变化导致若干不适应，需要通过情景再造和流程优化等重塑精神原乡；其二是空壳化乡村的留守老人、儿童和鳏寡孤独病人，需要完善技术关照、帮扶关怀和福利关注制度。三是深挖本土优秀文化。重点为挖掘文明乡风、良好家风、淳朴民风提供引导激励，重塑地方文化和精神标识，为乡村组织秩序和自发秩序的深度融合涵养土壤。

（四）贤能补台，发挥乡贤能人示范带动作用

贵州若干乡村尚贤文化浓郁，乡贤能人不断赋予乡村治理人间烟火味，需要进一步强化带动。一是选优配强村负责人。有序推进全省村支书村主任"一肩挑"和"头雁工程"，合理配置村支两委班子，不搞知识化、年轻化的"一刀切"，选配品质好、情况熟、威信高、有公心、能力强的"老人"，

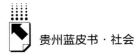

面对乡村不良现象时"能骂能喧、能打能帮"。二是搭建乡贤能人治理平台。据调研了解，贤能在乡村治理中的作用发挥比较明显，"经验""关系""面子"等发挥着治理功能，他们也是村里各种"社"的主要成员。但外出乡贤虽然对家乡有着深厚的情感，一些乡村却没有建立常态化联系机制。建议拓展乡贤含义并组建"村籍协会"，筑巢引凤，汇聚乡贤力量形成治理合力。三是注重志愿服务力量。乡村振兴背景下，各种资源不断下沉乡村，社会热心人士对于乡村的支持也纷至沓来，建议在盘活乡村志愿服务队伍基础上，为非政府组织、社会热心人士等的帮扶创设环境。

（五）发展站台，蓄积乡村治理现代化支撑能量

精神文明作用发挥需要物质文明作为基础，只有让群众生产好、生活好，治理才具有积极意义。一是多措并举推动乡村发展。纵向比，贵州经济社会发展取得了巨大成就，但横向比仍然存在底子薄、基数小、增长慢等问题，因此只有聚焦农村三块地和特色优势做大"蛋糕"，才能为乡村精神文明建设蓄积能量。二是不断推进共同富裕。实践表明，只重视经济发展而忽略公平正义，则经济发展"动力源"可能演化为社会"动乱源"。乡村因此还要提升分好"蛋糕"的能力，建议探索资源配置、资产流通、多次分配等举措推进共同富裕。三是推进城市文明下乡。贵州乡村富集的自然资源、文化资源等为越来越多的城里人所向往。探索"乡情牌""乡愁牌""文化牌""环境牌"吸引城市资源和文明入乡，对于推动乡风文明等具有积极意义。

B.3
参与式治理视角下赤水市社会治理现代化实践路径研究

张 新 王雪君 余志爽 王 博*

摘 要： 参与式治理是近些年讨论研究热度较高的议题，作为一种基层治理模式，同协同治理、嵌入治理、网络治理、社区自治等相辅相成，在提升政策透明性、增强公民参与和实现治理创新方面具有不可替代的作用。研究旨在参与式治理视角下，以组织赋权、社会认同、骨干动员和技术赋能作为参与式治理的分析框架，分析发现赤水市治理现代化进程中还面临组织参与机制不完善、居民参与能力不匹配、骨干参与动能不聚焦、技术参与效能不充分的挑战，提出深化组织参与机制、推进基层民主自治、优化骨干队伍建设、强化技术资源利用的优化策略，推动治理能力和治理体系现代化。

关键词： 参与式社会治理 现代化 赤水市

一 问题的提出

党的二十大报告指出："完善社会治理体系，健全共建共治共享的社会治理制度，提升社会治理效能，畅通和规范群众诉求表达、利益协调、权益保障通道，建设人人有责、人人尽责、人人享有的社会治理共同体。"①

---

* 张新，遵义师范学院管理学院院长，教授，主要研究方向为民族法治与脱贫攻坚；王雪君，赤水市财政局一级主任科员，经济师，主要研究方向为社会治理与社会服务；余志爽、王博，遵义师范学院管理学院本科生。

① 《高举中国特色社会主义伟大旗帜 为全面建设社会主义现代化国家而团结奋斗——在中国共产党第二十次全国代表大会上的报告》，中华人民共和国中央人民政府网，https://www.gov.cn/xinwen/2022-10/25/content_ 5721685.htm，2022年10月25日。

习近平总书记就正确认识和把握中长期经济社会发展重大问题时强调，"要加强和创新基层社会治理，使每个社会细胞都健康活跃，将矛盾纠纷化解在基层，将和谐稳定创建在基层"①。这一重要论断再次强调社会治理理论研究、规划编制、体制创新、力量部署、资源保障要以基层为方向，为社会治理实践提供充足的秩序保障。《中华人民共和国国民经济和社会发展第十四个五年规划和2035年远景目标纲要》提到："加强基层群众自治机制建设，完善村（居）民议事会、理事会、监督委员会等自治载体，健全村（居）民参与社会治理的组织形式和制度化渠道。"②《"十四五"新型城镇化实施方案》中提到："健全党组织领导、社区居委会主导、人民群众为主体，各类组织积极参与，自治、法治、德治相结合的城市基层社会治理体系。"③《中共贵州省委关于制定贵州省国民经济和社会发展第十四个五年规划和二〇三五年远景目标的建议》明确指出："大力提升城镇社会治理品质，健全党组织领导、村（居）委会主导、人民群众为主体的新型基层社会治理框架，构建基层社会治理信息综合、指挥调度、联动处置体系。到2035年，基本实现治理体系和治理能力现代化。"④参与是治理目标达成的必要条件，也是提高治理能力的重要途径。参与式治理是治理能力现代化过程中的基础组成部分，直接关系社会政策的有效实施和社会治理体系建设的质量。

从学术研究角度而言，参与式治理是一项复合型命题，最早来源于西方

---

① 《中华人民共和国国民经济和社会发展第十四个五年规划和2035年远景目标纲要》，中华人民共和国中央人民政府网，https：//www.gov.cn/xinwen/2021-03/13/content_5592681.htm？eqid=a14468700001730f000000026480655e，2021年3月13日。

② 《中华人民共和国国民经济和社会发展第十四个五年规划和2035年远景目标纲要》，中华人民共和国中央人民政府网，https：//www.gov.cn/xinwen/2021-03/13/content_5592681.htm？eqid=a14468700001730f000000026480655e，2021年3月13日。

③ 《"十四五"新型城镇化实施方案》，中华人民共和国中央人民政府网，https：//www.gov.cn/zhengce/zhengceku/2022-07/12/5700632/files/7e5eda0268744bebb5c1d4638e86f744.pdf，2022年7月12日。

④ 《中共贵州省委关于制定贵州省国民经济和社会发展第十四个五年规划和二〇三五年远景目标的建议》，贵州省人民政府网，https：//www.guizhou.gov.cn/ztzl/gzsswgh/hot/202208/t20220829_76275464.html，2022年8月29日。

应对经济快速发展给政府管理带来的压力以及民众对平等、公正的需求，其理论渊源于参与式民主和治理理论，强调各方力量的公民参与和合作治理，最终目标是探索政府、社会组织、公民协同参与的模式，打造多元化社会治理新机制。① 参与治理结合理论也称"赋权参与式治理"，是社会治理创新的一种可行性路径，将一定的权力赋予参与治理的个人和组织，激励和引导他们积极主动地参与公共事务的规划，政府虚心听取参与主体的心声，结合"网络结构"的治理体系，不断地推动参与式治理思维下的公民自治。② 唐有财、王天夫在 CLEAR 模型上建构了理想的社区参与式治理分析框架，包含社区认同、骨干动员和组织赋权。③ 王芳、李宁构建以赋权培育居民的主体意识与参与自信、以认同强化居民生态意识和绿色价值理念、以合作构建生态治理协同共治的伙伴关系的参与式治理模式。④ 张华、黄宇馨也认为参与社区治理的逻辑是组织赋权、利益共享和认同驱动。⑤ 尽管这些成果为参与式治理提供了理论框架和策略建议，极大丰富了参与式治理的理论视角并提供了重要启示，但不可回避的是，学者们对参与式治理较为丰富的探讨主要集中在沿海发达地区，认为参与式治理分析框架要素包括认同、动员和赋权等方面，但对西部地区的研究较少，且主要集中在宏观和微观两个层面对理论进行探索或是对社区进行研究，对中观层面以城市为对象的研究较少，有关参与式治理的研究仍有不足之处尚需完善。

随着经济的快速发展，社会流动和社会分工的速度加快，城镇化进程中的参与式治理进程面临着前所未有的挑战和机遇。赤水市在中央政策的指导

① 赵孟健：《东营市广饶县基层网格化社会治理问题及对策研究》，山东财经大学硕士学位论文，2023。
② 陈杰：《参与式治理视角下乡村治理现代化问题研究——以德庆县为例》，《甘肃农业》2022 年第 6 期。
③ 唐有财、王天夫：《社区认同、骨干动员和组织赋权：社区参与式治理的实现路径》，《中国行政管理》2017 年第 2 期。
④ 王芳、李宁：《赋权·认同·合作：农村生态环境参与式治理实现策略——基于计划行为理论的研究》，《广西社会科学》2021 年第 2 期。
⑤ 张华、黄宇馨：《多元主体参与社区治理的逻辑与实践：组织赋权、利益共享和认同驱动》，《决策科学》2023 年第 3 期。

下，积极推进乡村振兴和农业农村现代化建设，自 2017 年以来，先后获全国法治先进县（市）、全国信访工作"三无县"等荣誉，其"法治扶贫"经验获全省推广，被省、市内多家媒体宣传和报道，市域现代化水平较高，人民群众安全感、满意度位居贵州省前列，治理能力和治理体系现代化建设的典型代表性日益凸显。本文在参与式治理视角下，结合学者们的研究和赤水市治理实践情况，以组织赋权、社会认同、骨干动员和技术赋能作为参与式治理的分析框架，剖析赤水市治理现代化进程中面临的挑战，并尝试提出优化策略，推动治理能力和治理体系现代化。

二 赤水市参与式治理及实践成效

基层治理是多元主体不断建构的过程，赤水市参与式治理坚持以人民为中心的发展理念，纵深推进市域社会治理现代化试点建设，以党建引领基层治理，通过组织赋权、社会认同、骨干动员和技术赋能，收集群众诉求，不断完善社会协同体制，深化基层民主自治建设。社会认同的对象是社会公众，是参与社会事务的原动力，与参与能力和参与意愿密不可分。骨干动员是基层治理"最后一公里"的政策执行者，骨干的参与意愿和参与能力高于普通的社会公众，具备一定的组织能力和领导能力。组织赋权是将权力赋予基层治理的利益相关方，使之强化和具备参与治理的意愿和能力。技术赋能是提高参与式治理主体可行能力的重要手段。

（一）组织赋权

组织赋权是指通过赋权给那些与政策具有利害关系的组织或机构，扩大其参与公共政策的决策过程，使之具备参与治理的能力和资格①，主要包括参与式治理的社会组织的制度化建设和组织化建设。一是完善党领导社会组

---

① 唐有财、王天夫：《社区认同、骨干动员和组织赋权：社区参与式治理的实现路径》，《中国行政管理》2017 年第 2 期。

织制度，将党建工作作为社会组织审批登记注册的必要条件，实行同申报、同审批、同考核，完善自治制度和章程，理顺党组织隶属关系，通过年度检查、"双随机一公开"、专项抽查等方式，督促指导社会组织完善内部管理制度，加强自身建设和诚信自律，确保社会组织活动在党的领导下规范运行。二是积极培育社会组织，坚持把社会组织参与基层社会治理作为共建共治共享的重要手段，孵化培育社区社会组织 801 个、会员 20000 余人，涉及社区管理、公益志愿服务、扶老助幼等诸多领域，开展疫情防控、创文、巡河、防诈骗、走访关爱困难群众等志愿服务活动。三是创新"五社"联动机制。以社区阵地建设为抓手、社区社会组织为载体、社会工作专业人才培育为支撑、社区志愿服务队伍为依托、社会慈善资源为驱动，广泛开展社会救助、养老服务、环境保护、公益慈善捐赠等志愿互助服务，逐步形成政府治理同社会调节、居民自治良性互动。

（二）社会认同

社会公众的社会认同是在共同居住中形成了地域性的生活共同体，在利益相关程度、社会意识、社会资本的综合作用下，搭建党和政府领导下的社会公众的自治框架。良好的生活环境和高度的情感文化认同，会衍生成为一种自发的意愿，转化为社会公共领域实际参与的行动。参与式治理的关键在于公民赋权以确立公民参与主体资格，核心在于民主协商以保障公民在场表达利益，基础在于自主治理以建构公民主体性社会①。一是开展民主协商。全面聚焦群众关心的民生实事和重要事项，通过村（居）民会议、村（居）民代表会议、座谈会、议事会等方式，依法厘清村级权责事项，以"法治+文化+N"模式创建"民主法治村（社区）"，规范村级议事协商决策程序，实现社会公众的广泛参与。二是加强精神文明建设。开展村规民约（居民公约）规范化建设，7 个村（社区）荣获"省级村规民约示范村（社区）"称号。全市 127 个村（社区）均建立完善村民议事

---

① 李波、于水：《参与式治理：一种新的治理模式》，《理论与改革》2016 年第 6 期。

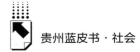

会、红白理事会、道德评议会、禁毒禁赌会等社区社会组织，实施宴席申报监管制度和红黑榜公开制度，免费发放鲜花用于群众"春节"期间文明平安祭扫。三是创新实施"文明提调官"志愿服务。通过"两推一审"（支部推荐、群众推荐和支委审议）流程，培育发展"文明提调官"620 余人，打造新时代"文明提调官"志愿服务品牌，纳入文明积分管理，定期开展优秀"文明提调官"评比，激发"文明提调官"工作积极性。四是积极发展壮大社区集体经济。每年按"127"模式对居民进行奖励性分配，其中 10% 用于奖励社区居民遵规守约情况，并通过"四议两公开"程序对死亡群众、高龄老人、接受高等教育学生等发放补助，向居民发放福利 10 余万元，提高公众参与的积极性。

（三）骨干动员

作为参与式治理的核心力量，骨干动员是个体化层面提高社会认同的手段，即以政府工作人员、社区工作人员、社区领袖、专业人才等为中坚力量进行领导、引导和组织社会公众参与治理。一是开展干部培训。聚焦干部能力短板、岗位实际等要求，落实专项培训经费，围绕思想政治、党的建设、党风廉政、集体经济发展、城乡社区治理、矛盾纠纷调解、意识形态管理等10 个方面设置特色专题课程，不断提升骨干参与的能力，为奋力开创现代化城乡社区治理新格局贡献力量。二是打造优秀干部队伍。全市 127 个村（社区）"两委"一次性换届成功，选举产生新一届村级党组织成员 520 人、村（居）民委员会成员 682 人，实现学历、年龄结构"一升一降"目标，支书、主任"一肩挑"占比 100%，强化了干部队伍建设，同时在村级干部中实行领军人才、村级正职、副职、职员"4 岗 20 级"等级序列制度，根据权责统一和激励干劲的原则，额外落实业绩考核补助，提高干部考核绩效。三是打造人才培养平台。组织实施"三区"社会工作专业人才支持计划，与高校和专业社会工作服务机构合作，引导和鼓励社会各界参与社会工作者职业水平考试，大力培养社会工作专业人才。目前，共有社会工作服务中心 1 家、镇级社工站 17 家、社工人才 1116 人，社区、社会组织、社会工作者、社区志愿者、社会慈善资源"五社联动"机制不断健全，为骨干动员储备力量。四是形成以骨干为中心的参与式治理网络。探索"党建+""红色+""社会+"模式，将"一老一小"关爱帮扶融入基层党的建设，以"一中心一张网十联户""万名党员进万家"为契机，组织党员"流动"服务队和社会工作者、志愿者为特殊群体宣讲党的政策、讲述红色故事等活动。

（四）技术赋能

在数字化时代的背景下，技术能够从资源、信息等方面进行宏观整合与再分配，通过分配促进参与式治理主体重塑。有学者研究认为通过赋能组织并对其中的人、信息和资源进行调控以及赋能个体提升其参与和协同能力来实现乡村治理场域中的主体重塑[①]。一是技术运用优化基层管理网格。按照"一中心一张网十联户"工作机制，落实网格长、联户长、楼栋长挂片包户责任，定期围绕群众所需开展入户走访，及时反馈问题，分类建立台账，联合业务部门、驻区单位、入驻企业、物业公司等开展共治共建，构建完善网格化管理服务体系，通过网格化管理实现"资源共享、优势互补、共同发展"目标，解决老旧小区无物业、安置点健身器材维护、困难群众帮扶救助、矛盾纠纷调处化解等问题200余起。二是技术运用创新社区智慧治理模式。推广运用集约化信息系统，依托贵州省集约化综合信息服务平台载体，录入村（居）务公开、村（居）民会议、村（居）民代表会议等数据信息，不断拓展民政业务应用服务场景，为村（居）民提供"实时在线"智能化和精准性服务。积极推动赤水市智慧城市建设项目，通过社区治理与服务领域"邻里守望"智能AI平台建设，搭建数字化便民利民服务平台，畅通与村（居）民的直接联系渠道，推动部门数据共享、多方利用，着力打造智能化治理平台。将互联网、大数据等信息技术

---

① 牛磊、原璐璐、丁忠民、赵一夫：《制度赋权与技术赋能：乡村内生性治理主体何以重塑——基于参与式治理视角的双案例分析》，《电子政务》（网络首发）2023年12月20日。

应用到社会治理中，可以有效突破时间、空间的限制，促使各参与主体之间信息共享、相互联动①。

三 赤水市社会治理现代化面临的挑战

（一）组织参与机制不完善

参与式治理作为一种新型的治理模式，在诸多基层治理的相关实践中具体应用时涉及面较广泛，对政策的执行、机制的健全、部门联动、力量下沉等方面要求较高，涵盖基层各类中心工作、重大问题和主要事项，体制机制的不完善从源头上将会模糊治理目标和阻碍治理成效。一是组织参与机制不能满足治理需求。面对新情况、新问题和新趋势，赤水市虽然建立了"制度化"的组织领导机制、工作落实机制和制度保障机制，但主要集中在村规民约建设各项工作任务领域，常态化地以固定的模式开展"标准化"治理工作。无论是村、社区还是街道，在"减负"的背景和语境下，其治理力量得到充实，但承担的繁重的工作任务，导致出现工作应接不暇甚至疲于应付的现象。虽然对参与式治理机制的完善和实践的探索有积极促进作用，但明确的制度导向更能与居民需求对接，促进参与有效。二是组织主动参与治理意识薄弱。社会组织对政府依附式发展长期得不到改变，将固化为社会组织与政府之间的一种常态化关系，最终导致社会组织在无意识中丧失社会性和自主性，成为政府的"好帮手"而非专业的"好组织"②。在基层治理的过程中，社会组织和社区自组织的招募、培训、评价等日常工作更多地仍然依靠行政手段推动，存在一定的依附思想，部门间协同联动不强，激励机制尚未成熟完善，参与治理的效果不佳。

① 赵孟健：《东营市广饶县基层网格化社会治理问题及对策研究》，山东财经大学硕士学位论文，2023。
② 刘帅顺、张汝立：《嵌入式治理：社会组织参与社区治理的一个解释框架》，《理论月刊》2020 年第 5 期。

（二）居民参与能力不匹配

基层本身就是治理的"最后一公里"，全面推进乡村振兴中的基层治理更要以参与为中心，以完善的参与式治理运行机制为治理工作提供充足的保障，才能达到"善治"的目标。社会信任是参与式治理的基础，参与式治理强调以直接参与的方式实现自我管理，强化社区居民的认同感和归属感，提升参与的自主性，提高社会信任水平。一是居民主动参与意识缺乏。目前，居民对社区治理比较冷漠，利益诉求表达渠道不畅通，且缺乏对话沟通平台，继而导致矛盾的积累和激化①，普遍处于响应号召、被动员的"弱参与"或"低度参与"的状态。赤水市大力实施市级示范点工程，积极推进镇级示范点建设，精心选树经验典型案例等方面目前还处于行政化推动居民"被动式参与"的阶段，更多地是靠某个部门或者组织动员，居民主观能动参与治理的意愿不强，示范带动效应未能充分发挥。二是居民素质和治理能力有限。基层是公众工作、生活和社交高度互嵌的场域和单位形态，参与式治理需要社区居民有较高的热情和责任感，但由于赤水市居民存在文化程度普遍偏低的情况，能力和素质参差不齐，对参与治理知识、方式等认识了解不足，参与社会治理的主动性较差。

（三）骨干参与动能不聚焦

社区主导参与强调社区成员在基层治理和发展过程中扮演主导角色，以居委会和社区骨干为中心，倡导社区内部的个体、家庭、团体和组织积极参与到社区事务的决策、执行和评估过程中，让居民参与到社区治理的同时共享治理成果。一是骨干领袖作用发挥不明显。骨干和领袖作用在治理中具体可分为两类人员，单位中的业务骨干、党员等具备专业知识技能的精英和社区（村）内有威望、有资源的"能人"。赤水市利用院坝会、微信、村村通、宣传栏等载体和"文明提调官""茶馆嗑子匠""网格管理员""驻村驻组干部"等四类"能人"作用，对参与并未引起高度重视，部门协调运

---

① 朱健刚、王瀚：《秩序视角下社区矛盾化解机制研究》，《理论探讨》2018 年第 5 期。

行不力，在基层参与式治理中缺乏主动性，逐渐成为"旁观者"。二是骨干参与治理监督机制不健全。在城市基层治理过程中，包含社区（村）工作人员在内的参与式治理成员本身掌握着一定的行政性权力，但目前仍缺乏具体的监督制约和考核机制。主要表现在监督渠道，无法实现全民参与监督或者覆盖绝大部分公众的参与监督，通过代表大会、院坝会议等方式参与治理工作时，因其本身的条件限制和人数限制，不能及时收集居民对参与式治理的需求和诉求，日常监督渠道有待完善。

（四）技术参与效能不充分

在基层治理实践过程中，更需要借助信息技术等智能手段实现参与式治理，从而使治理要素能够更加紧密结合构建成系统、高效的治理体系，提升政策透明度、增加民众参与度以及提高决策效率。一是数据共享机制不健全。赤水市虽然创新城乡社区智慧治理，推广运用集约化信息系统，但是对信息化系统的利用率不高，社会公众对此种信息化平台获取知识和参与基层治理的方式了解不充分，在基层治理的过程中治理主体间还存在数字鸿沟与信息不对称现象，信息技术在不同人群中的普及程度不均衡。目前，群众反映问题大多仍然依靠前往政务服务中心、院坝会议或是拨打服务热线电话等，利用系统平台线上反映渠道较少。二是数据管理与分析能力不足。高效的数据处理技术是智能治理的核心，无论是在数据的收集、存储还是分析处理方面，由于专业技术人员短缺和实用工具不足，智能治理手段无法进行持续的更新升级以适应新的需求和挑战。政府主管部门因分工不同，对信息数据的侧重不同，缺少部门间系统数据共享机制，整合难度大，实时获取的有效信息较少。

四　赤水市社会治理现代化实践路径

（一）深化组织参与机制，加大治理保障力度

完善居民参与的制度化渠道，需要政府有意识、分步骤地向社会放权、

授权，并培育社区参与的组织化力量[①]。参与式治理机制对提升治理有效性至关重要。尤其是在新型农村社区，居民的主动参与成为推动社区治理创新的关键动力。在制定相关制度和机制时，应当考虑长期目标与短期需要的平衡，确保政策的完整性、针对性和稳定性。一是创新探索参与式治理机制。基于当下基层治理的复杂性和动态性特征，采用参与评估作为治理运行机制的支持工具，秉承认同支持、主体赋权、协商合作、自治共享的参与式治理理念[②]，以居委会需求发掘、居民积极分子联络、需求优先性排序和多元化的组织保障[③]，制定更加明智和可持续的策略，明确参与式治理机制的目标和范围，与乡村振兴建设内容紧密结合，借鉴其他地区优秀的实践经验，探索符合当地规范的治理机制。二是鼓励现有组织向治理型组织转变。通过培育发展社区自治组织，化解社会公众参与碎片化与偶发性的问题，实现"个体自发参与"向"组织化参与"转型，制定共享的助力基层治理目标和价值观，培育参与式治理的组织需要的组织文化、结构和流程，引导成员的行为和决策，通过社区活动和项目来增进成员间的互动与合作，强化组织内领袖和领导者的角色，建立有效的冲突解决机制，提高组织参与的积极性。

（二）推进基层民主自治，培育治理主体信任

嵌入式治理实质上是党和政府秉承人民至上理念培育居民自主参与的中国之治的一个缩影[④]。在参与式治理模式中，社区居民的参与不仅是加快决策过程和提升治理效率的重要条件，也是实现社区治理民主化和法治化的关键因素。以人为本的社区空间、发育良好的社区组织以及完善的社区治理结

①　唐有财、王天夫：《社区认同、骨干动员和组织赋权：社区参与式治理的实现路径》，《中国行政管理》2017 年第 2 期。

②　何得桂、吉李敏：《国内学界的乡村治理积分制研究：回顾、反思与展望》，《社会科学论坛》2022 年第 5 期。

③　郑姗姗：《参与式社区治理的实践路径与建构机制——基于互动仪式理论的多案例研究》，《中国地质大学学报》（社会科学版）2021 年第 2 期。

④　张刚生、彭阳：《引导式参与和基层治理现代化——以北京市 J 街道社区治理实践为例》，《广西大学学报》（哲学社会科学版）2022 年第 6 期。

构则是社区交往行动所需的结构性条件①。为了促进居民的有效参与，培育居民间以及居民与管理机构间的相互信任至关重要。一是建立能力提升机制。实施知识共享和文化嵌入策略，通过张贴标语、科普知识等方式加强对优良品德的宣传，提高公众的文化素质和知识水平。例如，可以通过组织"公开课""知识沙龙"等活动，将自我教育与文化拓展结合起来，增强公众的公共事务处理能力和法律意识。二是建立透明参与流程。运用信息公示栏和"信息化平台"，通过发布会议纪要、在线咨询或社区调查问卷等形式，收集居民意见，开展治理透明化管理，为居民提供充足的参与途径和反馈渠道，赋予公众决策权、参与权、执行权与监督权，充分维护其主体地位。三是落实参与治理激励措施。通过社区微信公众号、社区宣传栏与社区微新闻等载体宣传和鼓励公众积极参与基层治理，以通报表扬、予以称赞、评优评先与事迹宣传等精神嘉奖和鼓励，提升参与治理的成就感与获得感，培养居民的共治精神和协作意识，营造信任文化氛围。

（三）优化骨干队伍建设，打造治理专业团队

参与式治理不单是政治和管理活动的过程，也深深根植于社会结构、文化和交往模式之中。参与式治理注重团队成员的广泛参与、合作决策和共享权力，打造高水平的治理团队是确保组织有效运作和长期成功的关键。一是强化骨干的责任意识。通过集中培训、社区宣传和媒体传播等形式，实施"参与式治理能力提升计划"，对参与式治理的相关制度、价值理念等内容开展知识普及工作，提升骨干对参与式治理相关内容的了解和把握，不断增强居委会成员和社区骨干的专业知识与实践技能。二是加强对骨干的制约和监督。通过社区治理信息公开平台发布决策过程和相关工作进度等信息，实施期中自评和年度互评，收集居民对参与式治理实践的看法，确保组织的行为与治理需求保持一致，围绕参与式治理进行合理的问责。三是积极培育骨干力量。推动年轻群体参与治理，激励年轻人通过青年志愿者、社区实习生

---

① 方亚琴、夏建中：《社区治理中的社会资本培育》，《中国社会科学》2019 年第 7 期。

等方式参与治理，充分挖掘社区内部有领导风范或能为社会治理带来促进作用的居民骨干，打造参与式治理专业团队。

（四）强化技术资源利用，搭建治理数字平台

参与式治理模式强调了居民参与和社区自主性，在这一过程中，资源利用的优化和技术平台的搭建至关重要，数字赋能主要在于从技术和制度两重维度推动基层治理现代化[①]，"德清实践"正是通过搭建"一图感知、一图指挥、一图预警、一图响应"的智慧指挥平台，达到弹性化治理目标，社会公众的多元化诉求经由系统的网络化、即时化的数据平台得以迅速传递与反馈。一是加强信息共享机制建设。定期对社区的人力、财力、物力进行识别和评估，促进不同利益主体互动，确保相关资源的实时性和准确性，制定满足各方需求的资源利用策略，确保资源利用的协同性和平衡性，通过资源的统整和数据分析识别资源需求高峰，实现按需配置。二是提升信息平台数据管理分析能力。在现有的管理信息系统上整合各部分数据和资源，建立相辅相成的信息技术管理体系，定期邀请居民、政府机构、企业和非营利组织参与信息平台的评估、更新和优化，确保数据的有序流通，增加资源的可达性和透明度，提升服务的响应速度和处理能力。开发"用户友好型"在线平台和移动应用，使治理对象能够轻易地访问信息、提交建议和反馈问题。三是培育基层数字治理共识。按照普遍性和特殊性相结合的原则，在党建引领下，加大对参与治理主体信息技术教育和资源管理培训教育的力度，充分利用新闻媒体提升公众的综合素养，及时关注数字技术应用过程中出现的新情况、新问题。

---

① 盖宏伟、张明欣：《基层治理现代化的数字赋能机制——以技术赋能和制度赋能为分析框架》，《学术交流》2023 年第 6 期。

B.4

乡镇社工站建设的本土化探索*

—— 以贵州省 B 市 P 乡镇社工站为例

罗桥 谭进**

摘 要： 乡镇社工站建设工作在政府的强力推动下，各地通过"可复制、可推广"标准化建设模式使得站点覆盖率快速提升。但在标准化的建设实践中，忽略了塑造已有指导性建设知识的社会环境，缺乏对其合理性背后的社会人文条件、经济条件、制度结构相关因素的对比思考。通过"知识—社会"分析范式对贵州省 B 市 P 乡镇社工站的建设情况进行研究发现，社会工作专业知识和建设经验具有条件性、情境性，且在当前的建设过程中脱离了知识与社会的双向构建，导致无法做到专业知识适应乡镇地区动态、复杂、多样的实践情景。贵州乡镇社工站的建设，需要考虑地方政府的经济差异性、居民需求的差异性、专业人才队伍与站点建设需求间的空缺、站点服务内容的必要性等建设条件。将乡镇地区的社工站建设与当地的社会现状相结合，做到建设策略的适用性；在专业实践过程中促进专业知识与社会的互构，构建情景化的社会工作实践知识体系。从制度结构的调整和社会工作本土化两个方面，促进社工站的高质量发展，提升社工站在促进基层治理中的效能。

关键词： 乡镇社工站 社会工作本土化 知识社会学 贵州省

* 本文系中国社会工作学会乡镇（街道）社会工作站建设研究课题"乡镇（街道）社会工作站社会作者的生命故事"（项目编号：XTJH222415）的阶段性研究成果。
** 罗桥，贵州财经大学公共管理学院副教授，贵州社会建设研究院研究员，博士，主要研究方向为环境社会学、环境社会工作、社会政策与社会治理；谭进，贵州财经大学公共管理学院硕士研究生，主要研究方向为社区治理与社区社会工作。

新时代新征程，面对新的发展阶段和发展需求，中国特色社会主义在党的领导下开始了中国式现代化的探索与推进。2021年4月民政部下发《民政部办公厅关于加快乡镇（街道）社工站建设的通知》，要求在"十四五"末完成乡镇（街道）社工站全覆盖的建设目标，以此打通为民服务的"最后一米"①。当前，以社会组织承接政府购买服务为主要形式的社工站建设方式，成为我国基层社会治理中的重要内容，联结了国家治理与社会建设②。政府通过购买社会组织服务的方式将社会服务与治理下沉到基层，站点建设聚焦在社会救助、养老服务、儿童关爱等民政重点服务对象，发挥社会工作的专业优势，进一步提升基层民政的服务能力。各地在广东"双百计划"和湖南"禾计划"两种代表性站点建设模式中借鉴并形成各自的建设标准，快速铺开站点建设工作。贵州省采用项目制"外包式"的方式，快速推进各乡镇（街道）社会工作志愿服务站的建设。全省站点建设按照"市（州）指导中心—县（区）社工总站—乡镇（街道）社工站—村（社区）志愿服务站/社工室"四级服务体系进行推动，截至2023年5月底，贵州省已建成乡镇（街道）社工站1094个，上千名社会工作者和1583名志愿者驻站开展服务，全省覆盖率已达72.45%，其中2个市（州）和44个县（市、区）已实现乡镇（街道）全覆盖③。

社工站是中国社会工作发展历程中出现的新生事物，是新时期中国特有的基层社会建设与民生服务保障的新模式④。站点的建设为社会工作本土化、专业化、职业化奠定了基础，也是社会工作参与基层治理的重要途径⑤。在乡

---

① 中华人民共和国民政部，2023年6月11日，https：//xxgk.mca.gov.cn：8445/gdnps/pc/content.jsp？id=116795&mtype=。

② 徐盈艳：《协同整合：乡镇（街道）社工站的角色与功能探索》，《华东理工大学学报》（社会科学版）2023年第3期。

③ 贵州省民政厅，2023年6月13日，https：//mzt.guizhou.gov.cn/xwzx/mzyw/202306/t20230601_79992623.html。

④ 李鸿、张鹏飞：《乡镇（街道）社会工作站建设依据与路径探索》，《济南大学学报》（社会科学版）2022年第3期。

⑤ 黄红：《专业化高质量推动社工站建设为基层社会治理现代化赋能》，《中国社会工作》2021年第31期。

镇社工站建设的相关研究中，从功能上王思斌认为其工作内容与基层民政系统工作呈现出较强的关联性，因而乡镇社工站必然承担着乡村基础建设和再生产的功能；应当在完成基本民生保障和基本社会服务的同时，脱离服务部门的单一性，转向乡村振兴的更高站位寻求发展①。在发展过程中，公共服务外包的主要实践是在基层、在社会治理的末梢，社工站是政府购买公共服务带来的产物，其发展与政府紧紧联系在一起②。作为科层治理体系末端的乡镇社工站，在市场化服务供给和新公共管理主义带来的绩效压力下，市场逻辑会推动社工站产生以突击行为体现服务成效和服务"活动化""指标化"等现象，未建立起长效的扎根服务机制③④。因而在乡镇社工站建设中要让社会工作更具有专业性，能够让专业的人才做专业的事，建设成一个参与基层治理服务的专业机构，而不是变成完成行政任务的"科室"⑤。在当前各地尚不均衡的发展格局下，乡镇社工站的发展还需要坚持政策创新与立足实际相结合、本土优势与专业力量相整合、党政力量与社会力量相补充等原则，探求适合不同区域特质的乡镇社工站高质量发展模式⑥。在人才队伍培养方面，乡镇社工站在建设过程中可以通过"在地化"的人才发展理念，让社工先入岗再到实践中去学，同时也将基层的民政干部纳入乡镇社工的培养范畴，改善社会工作专业人才的晋升机制，提升社工人才的发展空间⑦。针对社工站从业人员服务能力和专业水平的问题，社工在提供服务时应该推

---

① 王思斌：《乡村振兴中乡村社会基础再生产与乡镇社会工作站的促进功能》，《东岳论丛》2022 年第 1 期。

② 李永娜、袁校卫：《新时代城市社区治理共同体的建构逻辑与实现路径》，《云南社会科学》2020 年第 1 期。

③ 黄晓星、熊慧玲：《过渡治理情境下的中国社会服务困境 基于 Z 市社会工作服务的研究》，《社会》2018 年第 4 期。

④ 徐东涛、汪真诚：《常规扎根与动态回应：外包式社工站参与基层治理的多重逻辑与运作机制》，《浙江社会科学》2023 年第 7 期。

⑤ 王思斌：《坚持乡镇社工站建设的专业化和本地化》，《中国社会工作》2021 年第 34 期。

⑥ 徐选国：《政社联结：发达县域乡镇（街道）社工站的整合模式》，《中国社会工作》2021 年第 31 期。

⑦ 刘战旗、史铁尔、赵兰、胡建新、毕文强：《湖南乡镇社工站建设实践经验与启示》，《中国社会工作》2021 年第 25 期。

行"做中学、学中做""实践出真知""实践与理论相结合"的成人继续教育模式，在实践中不断提升自身专业服务水平，才能在参与治理的过程中体现其服务的专业性①。已有的建设研究中，学者们对乡镇社工站建设整体展现出来的结构性问题都做了大量的思考和讨论，并通过不同的视角探讨了社工站建设未来的发展方向，但缺少了对各地乡镇场域中社工站建设的条件性思考，缺乏了标准化、理想化建站规划与现实建站差距背后的原因探讨。本文通过访谈法和观察法对贵州省 B 市 P 乡镇社工站进行调查研究，以知识社会学的视角探讨乡镇场域中的社工站服务实践体现出的差异性，以"知识—社会"的视角探讨服务实践中的困境，并探寻如何建立乡镇社工站的实践服务体系，提升乡镇社工站的专业服务质量和推动社会工作本土化发展。

一　知识社会学与乡镇社工站建设

（一）知识社会学理论视角

曼海姆将人的思想产生过程作为研究对象，提出"把知识社会学当作一种关于现实思想的社会决定或存在决定的理论"②。其提出的"关联主义"认为与社会存在相关联的知识，需要同社会存在联系起来考察才能正确理解；思想和某种特殊的存在在这样的关联下揭示了"一种思想只有在某种社会环境或社会存在的特殊范围内才是真理"③。在人的认知性知识与社会的关系研究中，曼海姆的知识社会学进一步阐释了社会知识的形成与社会条件的强烈关联性，提出了知识的范围有效性和知识产生的条件性。社会建构主义认为，人受到社会文化情景的影响，在人与人的社会情景沟通交互中建

---

① 张和清、廖其能：《乡镇（街道）社工站建设的核心议题》，《中国社会工作》2021 年第 31 期。
② 〔德〕卡尔·曼海姆：《意识形态与乌托邦》，姚仁权译，中国社会科学出版社，2009。
③ 林建成：《曼海姆的知识社会学》，河南人民出版社，2011。

构了自己的认知①。伯格和卢克曼的社会建构主义知识论指出，人的成长发展是与特定的社会环境、特殊的文化和社会秩序相联系的，由"社会—文化"的构造决定人要被塑造成何种独特的、文化性的自我②，人与社会互为产物是社会世界的根本特征③。知识社会学的理论角度为社工站建设提供了两种理论分析视角，一个是社工站建设和服务能够达到高质量的思想认知，其背后的社会条件关联性和情境性；另一个是在普遍性的建设过程中，建设模式与专业方法的普适性，把握"知识—社会"的视角分析专业实践与理论和专业服务与社会需求的双向性。

（二）知识社会学下的乡镇社工站建设

从知识社会学的视角出发，以对社会整体的思想认知作为切入点，中国需要提升基层治理能力、完善基层治理体系、增强基层民政服务能力的认知，来源于中国新时代特色社会主义主要矛盾的变化和中国式现代化发展要求的总体环境。从建构主义知识社会学的角度来看社工站的建设，其是当前中国社会所处阶段的需求建构起来的产物，需要通过社会工作者的专业化服务回应社会的整体需求和促进社会福利水平的提升。从社工站建设的各主体之间的认知来看，在总体的制度结构和国家战略发展上，社工站的建设能够在发展不平衡不充分的社会现状中从民政领域发挥专业能力。在基层政府视野中，站点建设是民政的补充性力量，助力民生兜底工作，提升基层政府的服务治理能力。在服务对象的理论认知中，站点是参与社区治理获得社会工作专业服务的平台。这是在整体的理论认知水平和理想的社工站建设服务环境下，对社工站建设可推广和铺开的现实依据。以"双百计划"和"禾计划"两种模式为主，各地在已有经验的支持下快速全面推动社工站建设。

---

① 钟启泉：《知识建构与教学创新——社会建构主义知识论及其启示》，《全球教育展望》2006 年第 8 期。

② 〔美〕彼得·L. 伯格、托马斯·卢克曼：《现实的社会建构：知识社会学论纲》，吴肃然译，北京大学出版社，2019。

③ 〔美〕彼得·L. 伯格、托马斯·卢克曼：《现实的社会建构：知识社会学论纲》，吴肃然译，北京大学出版社，2019。

已有的建设研究中，困境聚焦在其建设路径、人才培养方式、结构性实践等方面。以知识社会学的角度来看待各地发展中所遇到的困境，应当对社工站成功经验背后的社会经济发展、政府制度结构、社会环境、人文环境等条件进行正确的认知把握，从而辨析当前建设困境的主要原因并探寻解决路径。

二 标准的范围有效性：乡镇社工站建设差异性

（一）B市P乡镇社工站的条件性差异与成效

P乡是彝族、苗族、白族民族乡，位于百里杜鹃国家5A级旅游景区中心腹地，2022年6月22日，由B市TX社会工作发展中心承接的P乡社会工作和志愿服务站项目正式启动。该站点配备两名社会工作者，项目人员架构为"项目经理—项目督导—社工站站长——一线社工"的四级项目制管理模式，项目周期为一年。在对该站点的调查研究中发现社工站运行效果和服务质量需要三个方面的条件，即最基础的站点建设资金、最重要的专业社会工作人才队伍、最核心的社工站建设管理制度结构设计。我国分税制改革、地方财政增长需要、市场经济发展客观要求、政府公共产品提供和公共服务的事业要求、技术理性才能保证在绩效合法性的社会思维状况下，以项目的方式进行国家治理被运用到各个领域①。社工站的建设由国家进行号召，地方进行响应建设，由地方财政出资、福彩资金购买社工机构的服务或者购买岗位直聘专业社工，贵州地区基本以政府购买服务的方式进行站点的全覆盖工作。由于地方财政与中央是"分灶吃饭"，地方经济的发展状况决定了政府在社工站建设上可用资金的投入量，站点建设的资金投入量影响了站点服务的质量。以同样为政府购买服务的"禾计划"所在地区湖南省为例，其每年安排资金3.1亿元（福彩基金8000多万元），2020年在全省13个地级市、1个自治州，68个县（其中7个自治县）、18个县级市、36个市辖区，

---

① 渠敬东：《项目制：一种新的国家治理体制》，《中国社会科学》2012年第5期。

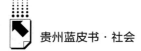

1525 个乡镇、415 个街道①，共建设社工站 2069 个，实现市县乡三级全覆盖，配备专业社工近 4000 名②。在贵州地区，2022 年福彩基金用于社会工作和志愿服务类项目共计 483 万元，支持贵阳市等 9 个市（州）打造社区志愿服务示范站（点）90 万元③，资金投入比例小，示范性站点平均只有 10 万元的建设经费。项目制下的站点建设，在以政府服务购买为多数机构资金来源的贵州地区，站点社工的工资待遇与项目的资金具有强烈的相关性，也影响了社会工作人才队伍的建设。

> 我觉得社工行业的工资普遍太低了，特别是在这种大家都在摸鱼的状态下，我们所接触的很多部门，特别是乡里面或者是街道里面，很多干部他其实是一个摸鱼的存在。那相较于我们累死累苦地干，就会影响到我们对这个行业的热情。我们很多人就会选择去考公，因为那个人就在我面前摆起（出现），他一天就只上两个小时的班，很潇洒很快活，工资还比我们高，我心里面就不平衡了，那我为什么不去做他那个行业。这样人的宁愿花时间去备考，做社工的时候就没有把全心思放在社工上。宁愿去做那些轻松点、摸鱼的工作，然后社工行业人才流失就会越来越多、人员变动会越来越大，这是我们机构现在出现较大的问题。基本上越偏远的乡镇社工站，留人的难度就越高。（访谈资料：LLT20230515）

因而在社工站建设过程中，同为政府购买服务的湖南站点建设实践能够基本达到两个社工一个站点的配置，但在贵州地区当前只能做到一个站点平均一个专业社工的配备。其基本原因就是站点建设资金带来的建设效果差

---

① 湖南省民政厅，2023 年 6 月 20 日，http：//mzt. hunan. gov. cn/mzt/xxgk/tjsj/202101/t20210111_14136813. html。

② 中华人民共和国民政部，2023 年 6 月 20 日，https：//www. mca. gov. cn/zt/n259/n285/c1660918512190418945/content. html。

③ 贵州省民政厅，2023 年 6 月 20 日，https：//mzt. guizhou. gov. cn/xwzx/tzgg/202306/t20230621_80413273. html。

异，站点工作待遇差，专业人才留不住，从而导致服务效果差。标准化的站点资金配比和专款专用在复杂的乡镇地区，无法为站点的良性运行提供保障，同时也无法全面回应乡镇地区居民的具体服务需求。

> 比如说前一个项目是 5 万元一个站点，现在这个站点的项目经费是 10 多万元，那么这些项目经费里面规定好了哪些用于小组活动，哪些用于个案和社区，但是有时候我们去走访发现，有的人确实需要帮助，但是我们又没有这项资金，就帮不了他。还有就是项目资金固定了用途，有时候我们要去到不同的村组里面开展活动，这些村组有的很远、有的很近，方便程度不一样，花的资金就不一样，但项目的钱是固定的，我们的活动就很难开展。（GJ20230515）

站点标准化建设一定程度上对快速铺开社工站建设起到了推动作用，但基于这个标准所参考的地区发展条件或理想运行条件与实际情况具有较大差异。社会是动态发展的，尤其是中国乡镇地区呈现原子化、地区差异性等特征，需要把握站点良性运行背后的社会环境和相关条件。

社会工作的发展和社工站的建设多是采用嵌入性发展方式[1]，社工需要嵌入原有的乡镇行政体系中，并受到来自乡镇基层政府工作人员行政压力的影响，各级主管部门对社工站的正确认知决定了乡镇社工站在运行过程中是否能够有效发挥专业作用。

> 我们之前在另外的站点待过，那边乡镇的领导对社工站和社会工作不太了解，对服务开展的内容也不感兴趣，就觉得你是上级安排在这里来的，你只要不给我添麻烦就行了，但是这样我们就不好开展实务，因为领导们不太重视。我们在现在这个站点时，这里的领导觉得确实需要我们的服务，因为这个项目是第二次购买的，上一个项目在这里的时候

---

[1] 王思斌：《中国社会工作的嵌入性发展》，《社会科学战线》2011 年第 2 期。

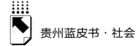
领导们觉得做得还行就又购买了我们的服务。平常我们的工作也会得到基层政府工作人员的帮忙，我们在开展实务的时候就会很轻松，他们也会尊重我们社工，不会有太多的行政事务干预，我们做起来也会更加有专业性。（访谈资料：GJ20230515）

在调查研究中发现，各乡镇基层政府对社会工作的了解存在较大的差异，这样的差异性认知源自社会工作在贵州地区发展较晚，社会了解程度和认可程度较低。乡镇社工站在建设过程中，吸引基层政府领导的联动型注意力对站点专业服务具有推动作用，这就对两个主体提出了要求，一是相关领导对社会工作和社工站的认知要提升，二是社会工作者服务实践要有专业性和实效性①。

（二）差异性下的标准范围可调适

明确由省级到地方的站点建设标准有效地加快了社工站建设的速度，为了推动贵州省的社工站建设，2023 年省民政厅出台了《贵州省社会工作和志愿服务站操作指南》。该指南中所规定的站点资金投入、人员配比、阵地建设、制度建设等标准，有效促进了站点建设的规范化，也适合普遍性的适用。但在项目制当前的管理模式下，项目关于指标体系的建立却不具有普遍适用性。

因为合同规定了个案、小组活动、社区活动的数量，但在实际的服务过程中，每一个的需求量根本就是不固定的，有的社区并没有那么多的个案服务需求数量。（访谈资料：GJ20230515）

我觉得自己不专业了，是因为在开展活动的过程中我不能保证所有参加活动的人都有对应的服务需求，我是为了完成合同的活动指标数量

---

① 万江红：《乡镇社工站建设中的领导注意力分析》，《华中农业大学学报》（社会科学版）2023 年第 4 期。

而去开展活动。这几年来我们服务的重点个案都是比较少的，因为重点个案所要花的时间比较长，所以在指标里不能占大多数。造成了从整体的指标体系来看，其他的社区活动、小组活动都是几十场、几十个，但看到重点个案只有几个的时候，大部分社工都不会在意这个指标，没有把重点个案服务当回事。（访谈资料：LLT20230515）

对于服务需求的认知，站点的标准不是建立在与社会的互构过程中，这造成了服务与需求存在差异性，因而不能有效回应社会需求。社工站建设的必要性认知来源于我国社会发展的现实需要，在站点服务功能和服务定位以及服务设计上，都应该与乡镇的实际需要作出调适。包括服务目标、服务范围、站点功能定位，都应该在特定的场域实践中建立需求认知，不断进行调适，从而符合乡镇地区的发展需要。

三　建构专业实践与认知的双向性

社会工作发源于工业社会下的城市社区，其专业实务技能和价值理念产生的社会基础与中国社会具有较大的差异性，因而需要适应性的本土化发展。社工站位于血缘、地缘关系浓厚的乡镇地区，作为"外来人"的社工在乡镇场域中与服务对象建立专业关系时，需要社工在实践中做到人文社会的融入和专业理论在民族文化中的变通。首先是在社交规则上的情境性要求，社工需要主动适应乡镇场域中的沟通交流方式，例如地方性语言、民族风俗习惯、社会关系网络等。遵从"烟桥酒路"式的市井沟通方法，能使驻站社工更快融入乡镇社会中，从单一的专业关系建立转变为人文关系中的专业关系建立，更适合乡镇场域中的专业实践和服务的高效开展。基于中国多样化的乡镇地区状况，社工站的建设面对的是具有本土化属性的民众需求，专业社工从理论到实践仍需要不断地在实践中去寻找融合发展之道①。

---

① 赵军雷：《新时期乡镇（街道）社工站建设策略初探》，《社会与公益》2020年第12期。

社会工作的功能在于了解服务对象所处的日常生活世界与解决人们日常生活中所遇困难，助其日常生活正常化。当前中国社会工作专业人才的培养模式来自西方语境下的理论支撑，发源于城市社会问题的治理，乡镇社工站是新时代中国特色社会主义发展阶段的现实需要，成熟的理论指导和实务模式应该来自西方理论的本土化与情景化的专业实践融合。社会工作者的专业实践与知识应该是一个互构的过程，理论知识为实务提供系统指导，但在实务过程中形成的经验性知识却未对理论知识体系进行反思和本土化，从而导致实践性知识停留在实践者个人层面，整体的实践知识与理论体系互构关系断裂，出现实务与理论"水土不服"的现状。当前实践性知识体系的构建仅停留在各地实务案例的交流层面，并未有在与服务对象日常生活世界交互过程中的实践知识，这类知识是社工在该场域实务中所必需的经验性知识，但专业人才培养体系中缺少了这一部分实践知识体系的形成机制与培养机制。中国式现代化要求社会工作者的能力培养应当回应社会的现实需要，在拥有基本实务能力的情况下，还应当具备情境性实践知识来面对多样化的中国社会。"专家思维"和督导的权威性对一线社工的实务开展是单向性的知识输出，督导无法长期参与到服务对象的日常生活世界中，因而只能周期性地提供单向的指导性意见。

> 因为我们第一个主管不是这个专业的，他懂的还不一定有我们多，他只是有一点这种党委、村干部的基层工作经验，所以他擅长和领导们沟通，但是对于执行项目来讲他是完全没有经验的。现在他从一个执行人员变成一个管理人员之后，眼光就会更多地放在它的发展上，不管是人员的发展还是项目的发展。（访谈资料：LLT20230515）

社工站的项目中，对一线社工服务开展指导较多的是该项目的项目经理，项目经理在对专业服务进行指导时虽然有一定的经验性知识，但在角色定位上需要更多考虑该项目对机构的影响，从而忽略实务的专业性。专业的理论知识体系与生活情景的互动产生断裂，专业社会工作者的实践未与周围环境发生交互和构建新的认识，从而无法认识到实践知识的条件性和范围有效性。

知识是由社会决定的，它带给中国社会工作本土化两种提示，一是西方社会科学知识与其社会整体背景的紧密联系性，社会能为知识提供因果解释；二是特定背景下所产生的知识不具有普遍适用性，不同的社会背景会带来知识的脱离①。社会工作职业化源自西方城市社会发展的需要，专业化实践技术以及理论知识体系建立于工业化过程中的资本主义社会，这与中国的社会背景、制度结构具有较大的差异性。无法把握知识的条件性，就不能将社会工作的实践知识体系进行简单地套用，需要基于中国情景进行反思和重构，成为中国本土的知识②。例如西方社会具有契约精神，社会工作专业关系建立在专业化服务的契约法则上，因而更强调对专业伦理和专业技术科学性的恪守。但在以血缘、地缘为关系纽带形成的"差序格局"的中国，尤其是在中国的乡镇地区，社会工作面临的是服务群体的日常生活，而日常生活世界更多是需要感性的交往关系，因而乡镇社工站的驻站社工需要回应该场域中的社会人文关系，才能更好地进行服务融入和服务提供。中国乡镇社会工作实践不同于城市，因而实务模式不完全适用于人文主义色彩浓厚的中国乡镇社会，这不仅是西方社会工作理论和实务本土化的问题，也是社工站从中国中东部城市场域到西部乡镇地区的适应性发展问题。人口结构、专业的社会认同、地域文化经济差异、地方政府对社工站的认同与支持等背景都存在差异，因而建设的经验需要做到满足基本发展条件的可借鉴性推广。

基于当前贵州地区的建设实践，乡镇社工站的建设仍然依托于项目制的形式开展，社工通过机构的派遣进入站点进行服务。由于项目的指标体系和行政化事务的影响，社工所服务的对象从社会弱势群体变成了政府，迎评和迎检成为实务实践的主要考量，服务主体发生了改变。

① 吴肃然：《社会学本土化：知识社会学的合理"悖论"》，《清华社会科学》2022年第1期。

② 赵超越：《"本土化热"背景下的社会学理论观：学理探讨、建构困境和方法图景》，《上海大学学报》（社会科学版）2020年第4期。

我觉得行政方面的东西占了太大多数，不管是各个部门的检查也好还是评估也好，他们的力量和决定大部分取决于你的资料，但是社会工作是一项在社工站里面需要实务偏多的一个工作、职业。我觉得在评估的这一个关键点上，因为评估老师永远不一样，他的标准永远不一样，然后告诉他一个标准之后，你到底要的是项目资料还是社会成效？你要从什么地方得到这个成效？像之前疫情的时候，项目完全没有实地走访，完全是资料，怎么能看得出项目成效呢？就凭资料吗？那会做事不会写资料的人不就吃大亏了。（访谈资料：LLT20230515）

专业实践能力回应了政府主体的需要，而没有回应社会实践情景的具体需求。因而各主体在乡镇社工站互动过程中，社工的专业能力应当突出回应作为服务主体的社会弱势群体的需要，培养社工应对实践动态性、复杂性的能力。当前的本土化理论知识体系对社工专业人才的培养是一种基本实践能力的塑造，社会工作者的专业实践能力应该符合不平衡不充分发展的现实需要，在拥有专业知识基础上在地化、情景化发展。将地区行业协会、地方机构作为能力培育主体，主导构建一线社工地域化的实践知识生产体系，一线社工在实践过程中所积累的实践经验形成知识体系，并将情景化的知识体系运用到相应地区内站点社工的实务能力培养过程中和评估标准的建立中。

四　总结与探讨

中国的乡镇场域所展现的差异性对社工站的专业化服务提出了更高的要求，专业服务实践需要符合动态变迁的社会环境。当前制度性标准化的乡镇站点建设，受到地方经济发展、地域需求差异、社会制度和人文环境差异等影响，并不完全满足一个社工站良性运行背后的条件，需要基于新的社会环境认识作出可适性调整。专业服务实践需要回应具体的社会需求，对需求的认知和站点建设的认知应该在具体的实践场域中进行互构，从而做到站点专业服务高质量的提供。此外在具体的乡镇场域中，社会工作者的实践能力还需要与日常生活场域互动再构建，从普遍的中国本土化知识到地域化、情景化的适应性的实践能力再塑造。但本文的研究只将一个站点作为研究对象具有一定的局限性，B 市所在省份各地社工站发展情况以及地域经济、文化、社会状况存在差异，各地社工站建设实践也有所不同，不具有整体的代表性。社会工作发展已经开始由人才队伍制度建设转向社会工作服务制度建设①，社工站的建设是当前社会工作参与社会治理提供专业服务的主要平台，应在回应社会服务需求的同时与制度结构结合，以高质量的专业化服务融入中国式现代化社会建设中。

---

① 陈涛、蒋斌：《论以社工站为基石的中国本土社会工作服务制度建设》，《华东理工大学学报》（社会科学版）2023 年第 3 期。

B.5
社会工作者参与环境社会治理的
路径选择*

汤皓然　刘玉连**

摘　要：　"制度—生活"视角给社会工作者参与环境社会治理提供了拓展性思路。面对这一更迭，社会工作者理应在反思传统经验基模之上，试图成为一类秉持"环境—社会"复合型正义，服务于社会、环境双重弱势群体，且试图将对生态的感性共情转换为对人与人之间生态赋能目标的专业性群体。但受制于环境社会工作的产生与发展并非线性趋势，社会工作者在具有一定环境资本和独特地方性知识的贵州省参与环境社会治理时，呈现四种路径选择，分别为制度影响下的感性行为、生活场域中的感性行为、生活场域中的理性行动，以及制度影响下的理性行动。而面对人与自然和谐共生现代化的结构性需要，环境维度的社会工作者在服务方式上应尝试走向整合性的环境社会治理实践。

关键词：　"制度—生活"视角　环境社会治理　环境社会工作

一　引言

随着环境问题逐步成为一类需要社会力量解决的公共议题后，自然科学领域的学者们将"人口论"和"技术论"的相关观点作为其主要的解释范

* 本文系国家社会科学基金西部项目"高原湿地环境治理共同体构建及其实践路径研究"（项目编号为20XSH014）的阶段性成果。
** 汤皓然，贵州民族大学社会学院博士研究生，主要研究方向为环境社会学、环境社会工作、非遗传承与保护；刘玉连，贵州民族大学社会学院教授、硕士生导师，主要研究方向为经济社会学、城市社会学。

式，即前者认为随着社会现代化的发展，人口的增加在一定程度上助力了人类社会与自然环境的关系走向"失衡"状态，而后者则更愿意相信人类生产生活后的污染扩散程度远远快于人口增长的速度，且科学技术的滞后才是环境问题恶化的主要原因①。而作为社会科学领域的环境社会学家们更习惯于将当今社会出现的公共议题放入具有复杂性的现实背景中加以分析，而非将其独立于社会系统去思考其成因或问题的应对策略。目前，其从学科范式层面出发，形成了三种主要的解释性话语。其一是"生产跑步机论"，即认为生产与消费的平衡直接关乎社会的发展，若要保证生产资料的持续性供应就需从自然环境中获取资源，而过度的索取自然会导致环境的恶化②；其二是"生态现代化论"，即认为环境保护和社会发展之间不存在所谓的对立性，人类可以通过社会制度和文化机制的调和来实现两者的共赢③；其三是"生活环境主义论"，其最早的提出者鸟越皓之认为环境问题在多数情况下起于人类自身，所以改善这一问题更重要的是从人类的日常生活经验中提取弱化污染的智慧④。可以看出，上述范式给当今社会应对环境问题提出了一定的学理性思路，但在本土语境下，应对环境问题还需要社会参与主体的实践过程符合社会制度的结构性要求，且回应社会生活的现实需要。一方面，党的十九届六中全会提出"人与自然的生命共同体"⑤ 和党的二十大报告提出"人与自然和谐共生的现代化"⑥；另一方面，针对贵州省的环境现状也

① Dunlap R. E., The Nature and Causes of Environmental Problems：A Socio-ecological Perspective ［J］，*Environmental and Development：A Sociological Understanding for the BetterHuman Conditions*，Seoul，1994：45-84.
② Jorgenson A. K., Dietz T. Economic Growth Does Not Reduce the Ecological Intensity of Human Well-being ［J］，*Sustainability Science*，2015，10（1）：149-156.
③ Mol A. P. J., Sonnenfeld D. A., Ecological Modernisation Around the World：An Introduction ［J］，*Environmental Politics*，2000：1-14.
④ Torigoe H., Life Environmentalism：A Model Developed under Environmental Degradation ［J］，*International Journal of Japanese Sociology*，2014，23（1）：21-31.
⑤ 孙金龙：《深入学习贯彻习近平生态文明思想　努力建设人与自然和谐共生的现代化》，《中国环保产业》2022 年第 12 期。
⑥ 张云飞：《人与自然和谐共生：中国式现代化的生态维度和本质要求》，《南京工业大学学报》（社会科学版）2023 年第 1 期。

相应提出了构建现代环境治理体系等。从某种意义上看，现代环境治理体系的构建是在尝试对"环境"做拓展性认知，并试图理解社会环境与自然环境之间的主体关系。同时，制度性倡导在一定程度上也是呼吁社会多元主体参与社会治理，甚至是环境社会治理。

环境社会工作作为社会工作的一个重要分支①，其实践理念自然需要包括"差别化关怀"，并主动参与环境治理的日常实践。但作为该学科分支的身体力行对象——环境社会工作者，其面对环境维度经验基模的尚未成熟时，在一定程度上需要辩证地看待传统社会工作者的服务方法等。换句话说，环境社会工作者需要通过融入服务对象的日常生活，与其共同经历，以此产生环境层面的同理心，才能使其服务不表现出高高在上的姿态，或不脱离于服务目标，又或不疏离于已经建立起来的信任关系②。同时，环境社会工作者为了使自身实践在一定程度上区别于自然科学领域就显性环境问题展开事后性治理，也不同于以往社会工作者服务个体、群体等所形成的传统实践思维，其更需要将人人有责、人人尽责、人人享有的社会治理共同体理念与环境实践的全过程紧密结合，促使基于环境维度的社会行动转向对于"环境社会治理"的目标追求。除此之外，在具有一定环境资本和独特地方性知识的贵州省，其场域内的社会工作者参与环境社会治理一方面需借助政府购买服务的方式，使项目制的运行逻辑和实际作用逐步嵌入实践过程中；另一方面也需借助具有一定"生态情怀"的返乡青年等加入社会工作的服务队伍中，使其在社会工作机构的支持下，尝试在贵州省内探寻本土性实践的可行路径。

鉴于此，本文需要探讨三个问题：第一，在环境议题不断受到关注的现代社会，环境维度的社会工作者应该如何定义，且其与传统的社会工作者存在哪些不同之处？第二，环境社会治理的理念给社会工作者的具体实践提供了怎样的理论基础？第三，在制度层面和生活场域中，社会工作者参与贵州省的环境社会治理实践存在哪几种路径选择？

---

① 罗桥：《环境社会工作：概念、价值观与实践路径》，《学习与探索》2020 年第 2 期。
② 童敏：《社会工作理论：历史环境下社会服务实践者的声音和智慧》，社会科学文献出版社，2019。

二　环境社会工作者的概念辨析

环境社会工作者的出现在某种程度上反映了环境问题的解决不仅需要自然科学领域的技术革新手段，还需要从个体的角度出发，对其认知层面和行为层面展开一定程度的拓展性培养，逐步实现新的转变。该转变的呈现同样也体现了环境社会工作作为新兴学科分支的"独特魅力"，以及人类行为与自然环境之间主体互动对环境问题改善的价值贡献。正像卡尔·马克思（Karl Heinrich Marx）所说，人是社会的人，社会是以共同的物质生产活动为基础而相互联系的人们的共同体①。可以看出，社会系统的运行需要人类日常生产活动的参与，而生产生活过程中无疑会产生一定的残余物质。当排放的残余物超出环境自身的承载能力时，自然会衍生出环境污染。这样一来，人类的社会行为和环境污染之间存在的互动关系就显而易见了。这时，社会工作者作为一位善于协调人与环境关系的"艺术家"，自然需要积极参与到这场"社会行动"之中，发挥其自身的主体能动性。从贵州省的环境实践现状来看，一部分实践者会选择在稳定自身的生存与发展后，尝试思考现代社会的环境议题；而另一部分实践者便选择在已有的社会资源网络中逐步达到对于现代环境治理体系，甚至是环境社会治理的"知行合一"状态。但需要注意的是，由于社会工作者在上述场域中协调的"环境"并非只涉及社会环境的范畴，还需对自然环境展开现实观照，我们暂且用"环境社会工作者"将其区别。

（一）环境社会工作者、环保主义者与环保志愿者

由于环境社会工作的产生与发展并非线性趋势，而是社会工作界不同流派集体反思的产物，由此在同一研究截面上出现了绿色社会工作、环境社会

---

① 马克思、恩格斯：《马克思恩格斯选集》，中共中央翻译局译，人民出版社，1995。

工作、生态社会工作等概念①，其研究与实践的不统一性也牵绊了环境社会工作者的定义一直以来呈现模糊的状态。换句话说，环境社会工作者的群体特征与"环保主义者""环保志愿者"存在一定的分野。

就环保主义者而言，其是受到环保主义观念浸染的一类群体，他们所秉持的价值观也自然离不开"绿"的影响，其理念与消费主义的期待存在一些不同。前者认为，人类不应该过度热衷于现代大生产、大消费给生活带来的物质需求，应尝试关注精神层面的追求；而后者则强调用物质财富充满精神生活，使社会个体过上想要的生活②。从其可知，环保主义的观念是引导人们将目光转移到自然环境的主体上来，让人们感受自然带给人的一种精神回应，我们可以将其视为一种高阶需求的体验。但当我们将环保主义者和消费主义者的观念做一些求同存异的类比后，可以发现两者都带有较为明显的人类中心主义色彩。

就"环保志愿者"一词来说，它的出现明显是从志愿者的身份发展起来的，只因关注的重点转向环境维度而被分门别类。它和社会工作者之区别在以往的研究中有过回应。例如陈涛等学者认为，社会工作者是基于系统的职业化培训之后，为有需要的群体、社区等提供专业救助的群体，而志愿者则指长期自愿为有需要帮助的人提供无偿服务的一类人③。由此可知，环境志愿者不同于环境社会工作者的地方在于前者侧重提供非正式的经验性服务，而后者更侧重提供正式的职业性服务。

（二）概念形成：环境社会工作者

从上述的比较可知，环境社会工作者与环保主义者和环保志愿者存在一定的张力。环境社会工作者之所以对环境问题的改善有着不同于自然科学研

① 罗桥：《环境社会工作研究：范式转换、多元呈现及实践取向》，《社会建设》2022 年第 4 期。
② 卢风：《论环保理性的建立——对消费主义与环保主义两种心愿的分析》，《社会科学研究》2003 年第 4 期。
③ 陈涛、巫磊、何志宇等：《中国社会工作与志愿服务的发展》，《广东工业大学学报》（社会科学版）2012 年第 4 期。

究者乃至传统社会工作者的理解，是因为其更关注环境危机背后所显现的"社会"元素。这致使他们在价值观念、服务群体以及行动模式等层面有其自身的独树。

首先，从价值观的层面来看，环境社会工作者不仅关注传统社会工作所追求的"社会正义"目标，还试图将环境的范畴扩大到自然环境的维度[①]，同时将其追求的正义观从社会正义向环境正义、生态正义进行转变，并逐步引导自己的服务过程。这样的转变在某种程度上也可视为一种对自然环境主体的关注。但随着近年来自然环境逐渐被多个领域关注且受到热议后，其主体的价值观念呈现一种极点化的转变。换句话说，这样的偏离牵引着环境社会工作者的观念从"人类中心主义"向"生态中心主义"靠近，这无疑是使自身的认知从一种极端走向另一种极端，同时也会使其忽视环境问题的社会成因包含一定的结构性因素。因此，为了调和"人类中心主义"与"生态中心主义"之间的认知二元性，环境社会工作者可以尝试向"环境—社会"复合型正义进行观念更迭。简单来说，"环境—社会"复合型正义的提出，一方面是试图说明环境正义和社会正义不仅有各自的边界，同时两者也存在交叉的可能性；另一方面也预示着人类福祉的实现在一定程度上与美好生态环境存在关联性。其次，从服务群体来看，环境社会工作者不仅需要关注社会弱势群体，还应该关注环境弱势群体，甚至是两者重叠的这类群体。因为对于处在社会结构底层的群体来说，他们不仅会受到社会影响，也很有可能会受到环境影响，毕竟财富分层的结果也会在一定程度上影响群体抵抗风险的能力[②]。最后，从行动模式来看，环境社会工作者不能只停留于从微观层面为群体提供具象化服务，还应该从中观、宏观的层面为服务对象争取社会福利，引导其在环境实践中逐步具备一定维护自身环境权益的意识，并将完整的实践经验传递给环境政策的制定者，以期在一定程度上影响未来制

---

① 罗桥、汤皓然：《社会工作介入环境治理的理论基础与路径选择》，《中央民族大学学报》（哲学社会科学版）2022年第1期。

② 〔德〕乌尔里希·贝克：《风险社会：新的现代性之路》，张文杰、何博闻译，译林出版社，2018。

度的制定或改善，且达到政策实践的社会工作专业方法创新①。正如一番ク瀬康子所说，福利的谋取不单单是主观因素的调适，更是使个体拥有主动追求幸福生活权利的基础、机会等②。其中，这个行为的引导和激发需要环境社会工作者的努力和帮助，促使社会行动影响社会结构发生的可能。从这个逻辑出发，环境社会工作者则是需要在服务实践中试图将自身所获感性积累逐步转变成一定的理性反思，其中，感性积累需要以自身与自然环境建立的共同情感作为基础，而理性反思则需建立在环境社会工作者对于服务对象生态赋能的基础之上③。具体来看，生态共情可以理解成一种人类社会与自然环境长期互动所形成的主体关系。在互动之初，生态环境为了满足人类社会的持续发展，不断向人类社会输送能量，而这种能量也可被称作自然资源。但当资源的输送量超过生态环境自身的安全度时，原来较为平衡的互动杠杆自然会出现倾斜，甚至产生失衡极点。这时，为了恢复原有互动关系的平衡，自然需要人类社会反向对生态环境回馈"能量"，这种"能量"的产生之源暂且看作是人类社会对自然环境主体的同理心，亦是一种生态共情的过程。而生态赋能是以生态共情的实现作为重要前提，其在一定程度上是通过感性情感的积累和转化来试图激发生态环境结构下个体与个体、个体与群体以及群体与群体之间的赋能图景。换句话说，该目标是建立人类社会与生态环境之间的主体间性，且弱化人类社会或生态环境的主体性。

总而言之，环境社会工作者是一类秉持"环境—社会"复合型正义，服务于社会、环境双重弱势群体，且试图将对生态的感性共情转换为实现对人与人之间生态赋能目标的专业性群体。

---

① 罗桥、汤皓然：《价值重构、场景塑造与行动赋权：社会工作参与社区环境治理共同体构建的三个基础》，《社会工作与管理》2022年第5期。

② 〔日〕一番ク瀬康子：《社会福利基础理论》，沈洁、赵军译，华中师范大学出版社，1998。

③ 罗桥：《生态共情与生态赋能：环境社会工作者的感性积累与理性反思》，《学习与探索》2023年第6期。

三　路径选择：社会工作者的环境社会治理实践

环境社会工作者与传统社会工作者存在一定的分野。但单单以概念辨析为解释话语，论述其参与环境社会治理的不同路径选择是远远不够的，还需进一步探索其实践需要适应怎样的现实目标。同时，还需要以省为分析单位，探索其参与环境社会治理的路径选择。这在一定程度上也是推动本土环境社会工作实践体系构建的重要内容。

（一）环境社会治理：社会工作者参与实践的理论基础

社会治理有别于党的十八届三中全会以前提出的社会管理，其较为突出的目标是对单一主体主导解决社会公共事务的传统方式进行思路更迭，其在一定程度上呼吁社会勾勒一种共建共治共享的治理图景①。可以说，共建共治共享的理念一方面是对社会系统的各组成部分提出切实要求，即社会公共事务的解决需要多元主体发挥各自的独特功能参与到治理的这场社会行动中；另一方面也是对社会治理的全过程提出不同的要求。简单来说就是，社会治理需要多元主体通过相互之间的协同合作，形成"共同体"，且通过共同的努力去实现同一个制度性目标。其中，要求各主体间产生协同合作行为的原因可借助西美尔（Georg Simmel）对于个人与社会关系的相关分析加以理解，其认为所有具有实质性特征的社会现象或问题都应回归到社会主体的行为方式上去理解，且这种方式不能只是一种社会现象的个体回归②。从西美尔的论述逻辑来看，社会问题的解决在一定程度上需要多元主体之间建立相关关系，且应将环境结构纳入关系建立的过程中去，以逐步满足人类对于美好生活的现实追求。但需要注意的是，社会治理给人类带来的美好生活图

---

① 中国共产党第十八届中央委员会：《中共中央关于全面深化改革若干重大问题的决定》，http：//www.gov.cn/jrzg/2013-11/15/content_ 2528179.htm。
② 〔德〕盖奥尔格·西美尔：《社会学：关于社会化形式的研究》，林荣远译，华夏出版社，2002。

景一方面是建立在多元主体活动于社会环境的互动结果；另一方面还需要自然环境作为另一参与主体的作用发挥。这在某种意义上也体现了环境治理属于社会治理的一个重要组成部分。与此同时，正如邓拉普（Knight Dunlap）的"新生态范式"（New Ecological Paradigm）所阐述的那样，社会生活是由相互依存的生物群落组成，人类只是其中一种，若在自然之网中长期脱离各主体与自然环境之间的复杂关系展开有目的的社会行动，无疑会产生预料不到的后果①。基于此，在社会治理的大结构背景下，提出了构建党委领导、政府主导、企业主体、社会组织和公众共同参与的现代环境治理体系②的宏观性实践目标，这在一定程度上也是将"多主体共治"的重要理念拓展到环境维度，并强调社会力量，如社会工作者的价值体现。

而环境社会治理并不是简单地将社会治理和环境治理的实践目标合并或累加，其在一定程度上是一种对于"环境"与"社会"两者关系的重新理解。换句话说，环境社会治理在一定程度上是对环境概念做拓展性分类，强调其不仅涉及社会环境，还包括自然环境的部分，且两类环境系统中都离不开人与人之间建立起来的社会关系。在理论层面，环境社会治理包含三层主要的内部逻辑。具体而言，第一，环境社会治理是一种"环境—社会"复合体的治理③。其中，复合体的构建可谓是一种治理共同体的营造思路，其一方面展现自然环境、社会生活与人类之间是不可分割的整体，另一方面也凸显现代社会的形成不会脱离物理环境单独存在，且自然环境的嬗变过程一直存在人类社会的参与迹象。第二，环境社会治理是一种在环境结构影响下的治理④。社会学界常常将学科关注的重心之一放在"结构与行动"之间关

---

① Catton W. R. Jr., Dunlap R. E.. Environmental Sociology: A New Paradigm [J], *The American Sociologist*, 1978, 13（1）：41-49.

② 中共中央办公厅、国务院办公厅：《关于构建现代环境治理体系的指导意见》，http://www.gov.cn/zhengce/2020-03/03/content_ 5486380. htm，2020-03/03/2023-10-10。

③ 洪大用：《关于环境社会治理的若干思考》，《中央民族大学学报》（哲学社会科学版）2022年第1期。

④ 洪大用：《关于环境社会治理的若干思考》，《中央民族大学学报》（哲学社会科学版）2022年第1期。

系上①，其中，结构是一种被现有制度所继替的社会结构，其在一定程度上依赖于社会系统中各要素之间的相对持久互动和相互影响②；而行动则是人们日常生活中形成的互动或沟通行为，且行为的呈现过程在多数情况下受制于社会结构的规训。但需要注意的是，基于人与人之间互动所形成的社会结构同样无法脱嵌于自然环境这一较大结构的影响，而使自然环境、社会与人类之间形成的基本三角结构保持持续的稳定在某种意义上才能有利于治理策略的效度发挥。第三，环境社会治理在多数情况下需要借助社会的力量促进自然环境的生态复原③，其中，社会力量的参与可谓是一种"管理"向"治理"的基础性转变。其也是通过这一思路转变逐渐改善行政力量单一主导社会公共事务可能出现的某些弊端，亦预示着社会问题的解决需要弱化任意一个参与力量的主体性。从环境社会治理的理论性逻辑出发可以看出，环境社会治理的概念从主体认识、角色形塑以及未来的实践视野三个层面给环境维度的社会工作者提出了一定的实践目标。

（二）社会工作者参与环境社会治理的四种路径选择

环境社会治理的提出一方面包含了结构层面对于国家治理体系和治理能力的现代化要求；另一方面也预示着多元主体的社会行动不仅需要符合社会良性运作和协调发展的基本规律，还应将对自然环境的关注纳入具体实践，实现两类元素对微观实践的有效补充。从这一逻辑出发，我们可以明显地感受到现代社会中，社会主体对于公共事务的处理已不再单单借助"国家与社会"的理论观点做出同质性回应，其开始尝试转向进入一种"制度—生活"的视角中，对一些风险性事实和现代性后果展开集体反思。具体而言，"国家与社会"的分析视角在社会工业化发展和社会思想演化的过程中体现

---

① 文军：《西方社会学理论：当代转向》，北京大学出版社，2017。
② 〔英〕杰西·洛佩兹、〔英〕约翰·斯科特：《社会结构》，允春喜译，吉林人民出版社，2007。
③ 洪大用：《关于环境社会治理的若干思考》，《中央民族大学学报》（哲学社会科学版）2022年第1期。

了其解释层面的敏锐性。但随着社会发展的万千变化，其嬗变历程中孕育出一系列具有不确定性或反身性的社会问题，这也致使上述分析视角呈现一种"边际效应递减"的态势①。而作为"国家与社会"的替代性视角——"制度—生活"视角，可谓为社会公共事务的处理提供了不同的解释范式。其中，"制度—生活"形塑的是两种不同的社会秩序观，即前者包含一系列以国家名义发出的相关正式文本，其在一定程度上体现的是正式组织内相关文本代理人的职能行使过程；后者则与前者存在明显区别，是日常生活场域中社会人对生产生活利益、权力、权益等方面的追求，亦是生活层面一系列社会性规则的呈现过程②。面对上述不同场域的实践逻辑，社会工作者的环境社会治理实践自然会呈现一定的张力。这在一定程度上为分析其路径选择提供了两个场域维度的分类指标，即制度和生活。与此同时，结合上文提到环境社会工作者不仅要通过多次的环境实践来完善自身在服务中的经验基模，以此形成一定的感性积累，还需要结合现实的社会条件展开理性反思，尝试实现服务对象个体之间，以及同质性服务群体之间的生态赋能这一重要目标。其中，现实的社会条件在一定程度上可体现在地域特征的分野之中，而地域内部所展现的环境性能量也能不断增强社会工作者参与环境社会治理的实际效果。基于此，我们可以姑且借助"制度""生活""感性""理性"这四个指标综合性地分析社会工作者在贵州省内参与环境社会治理的路径选择，分别是制度影响下的感性行为、生活场域中的感性行为、生活场域中的理性行动，以及制度影响下的理性行动。

1. 制度影响下的感性行为

案例 1

社工甲（化名），已扎根于贵州省环境社会治理实践三年，其一直借助

---

① 侯利文：《国家与社会：缘起、纷争与整合——兼论肖瑛〈从"国家与社会"到"制度与生活"〉》，《社会学评论》2018 年第 2 期。
② 肖瑛：《从"国家与社会"到"制度与生活"：中国社会变迁研究的视角转换》，《中国社会科学》2014 年第 9 期。

在职机构的环境保护项目帮助服务对象建立相关意识，以及习得一定的环境治理，甚至是环境社会治理实践方法。具体而言，他主要的实践模式有两种，其一是在周边社区、小学等场所开设环境类的知识讲座。一方面，他会在每次讲座中，借助自己日常拍摄的影像资料，逐渐让服务对象更为直观地感受到近年来贵州省生态环境的变化情况；另一方面，他会邀请相关领域的专家讲授环境社会治理的知识，以此保障服务群体对科学知识的持续性输入。其二是带领服务对象去城市生态博物馆或村寨生态基地，借助每一次解说员和设计的环境类小组活动激发服务对象参与环境治理和环境社会治理的主动性。但不得不说的是，在服务案主的同时，社会工作者在多数情况下也想通过对服务对象的知识性输入，完成自身对于环保事业的内在价值追求。

由此可以看出，社工甲在演绎上述实践时，常常将自身参与的贵州省环境社会治理实践放入理想的美好生活环境之下或是对环保事业的情怀之中，其一方面通过相关学者的知识性输入，来激发服务对象对于环境社会治理的关注和兴趣；另一方面通过自身收集的环保影像资料帮助服务对象逐渐形成环境社会治理的直观认知。而上述两方面的实践思路都具有一定的"行为传输"色彩，同时其最终的目标都是借助相关学者或社会工作者的"专业性"改变服务对象的过往行为，并逐步通过地方性知识的更迭，帮助服务对象获得一定的习得性能力。具体来说，前者通过专家力量的参与在一定程度上能给服务对象传递初次的知识内容，但也会或多或少地固化其未来在环境社会治理中的实践行为，其过程借助哈贝马斯（Jürgen Habermas）的相关观点可理解为一种专家系统在专业知识层面对于服务对象行为的殖民或对服务对象生活世界的影响[1]。而后者通过社会工作者收集的影像资料逐渐帮助服务对象的方式在一定程度上更关注于实践的成效而弱化了环境维度的社会工作者对于"差别化服务"的现实追求。

与此同时，结合社工甲的省内环境社会治理实践过程可以看出，这一路

① 杨善华、谢立中主编《西方社会学理论·下卷》，北京大学出版社，2006。

径选择存在三类特殊表现：第一，实践的发生后于环境问题的出现，具有滞后性。第二，实践的目标限于具体事件的完成。第三，实践的过程缺乏与公众的关系建立和环境维度的社会工作者对于自身行动的结构性反思，而更多表现出的是借助服务对象按期完成任务，具有一定的"简单行为"色彩，而忽视了服务对象的主体感受和意义理解。

2. 制度影响下的理性行动

案例 2

社工乙（化名），是一名在贵州省 A 市 Y 服务中心①从事多年环境类服务的一线社工。她所工作的中心主要是承接政府相关部门的环境保护项目。一般情况下，她为了按期完成机构分配的项目指标，常常会将"巡河活动"作为主要的实践形式。她不仅会将巡河活动融入自己的日常生活，还会定期通过微信公众号发布巡河信息，以此组织公众参与治理实践。当形成了巡河的实践小队后，她首先会教队内人员使用巡河行程的步数记录软件，以此方便活动结束后，对参与人员的实践过程进行保存。其次，在已经设计好的巡河行程中，她会带领参与者对垃圾乱扔的现象或垃圾堆积失范点进行拍照。再次，在巡河结束后，她会组织所有队内人员分享参与感受并将相关内容整理成册。最后，社工乙会把整个巡河过程中，参与者收集的失范情况进行归类和描述并形成问题清单，以此将阶段性成果反馈给政府相关部门。

结合上述案例来看，社工乙在贵州省参与的环境社会治理实践可谓是一个受社会制度背景影响，并遵循项目制运行规则的环境社会行动链条。其中，包括了环境维度的社会工作者与服务对象建立互动关系、服务对象与服务对象之间形成的互动行为，以及社会工作者与政府相关部门的互动网络。

从"省内巡河活动"这一重要事件的四个步骤来看，服务对象的实践

① 注：该处已对贵州省 A 市 Y 服务中心的相关信息做了一些必要的技术处理，以遵循保密原则。

行为在一定程度上后于环境维度的社会工作者所设计的活动方案。从舒茨（Alfred Schutz）对于主体互动和社会行为的理解出发，我们可以将后者的实践视作其已然行动的再现，甚至是通过环境事件展现其经验基模的过程①。但这一过程从某种程度上说，服务对象扮演了环境社会治理实践的"参演者"角色，共同完成项目的量化指标，而环境社会治理的其中一个目标，即社会力量参与自然环境的生态复原，却沦为了一类副产品。与此同时，环境维度的社会工作者在制度场域下，更愿意将服务对象视为一类"问题者"，欲借助一定的矫治工具或手段为服务对象展开治疗。除此之外，这一路径选择所传递的目标就失去了一定的柔性味道。具体而言，第一，实践的目的理性色彩逐渐掩盖住了环境维度的价值理性色彩；第二，实践过程更具有程序化特点，表现出规范性特征；第三，实践过程中，参与主体间的关系建立更有利于任务的完成，而非行为的持续性培养。

3. 生活场域中的感性行为

案例3

社工丙（化名），在 2019 年的夏天，与三个同样有社区工作经历的小伙伴在贵州省内建立了一家环境社会工作机构。她主要的服务场域是省内的一些城市社区，其在环境实践中的最终目的是借助环境社会治理行动来提升社区居民的公共服务意识，以此形成在地的社区营造经验模式。在 XC 社区②的服务期间，她借助社区周边的一座小山为实践场所，定期通过业主微信群组织登山小队，陪同居民感受自然风光。在组织的初期，她没有直接要求居民参与环境类的活动，而是以身作则捡拾乱扔的垃圾，并在登山的过程中了解居民对于环境社会治理实践的相关认知和看法。经过数次的登山经历，居民开始主动尝试和社工丙一同改善山体的环境失范行为，并乐意与她交流相关经验。随后，社工丙并没有继续组织这类活动，但由于居民已经形

---

① 〔奥〕阿尔弗雷德·舒茨：《社会世界的意义构成》，游宗祺译，商务印书馆，2012。
② 注：XC 社区位于贵州省内，是社工丙开展环境社会治理实践的社区，此处以化名的形式对相关信息进行保密。

成了登山的习惯，他们便开始自主展开实践，而社工丙自然退至实践的"后台"，更多的是为居民提供知识上和方法层面的建议。

从上述案例可以看出，社会工作者在贵州省内参与环境社会治理时，一方面关照了特定空间内的自然环境在具体实践中的作用发挥；另一方面也试图将省内的一定环境要素转化成实践资本，以帮助其满足服务之需。可以说，其实践不仅可以借助制度层面的力量推进环境类社会行为的养成，而且在一定程度上还可以将对服务场域的追求转至对于日常生活的观照，以此逐步培养服务对象对于环境社会治理的感性行为。而这种感性行为一方面需要特定结构空间作为基础性支撑，但相较于制度场域的空间设置而言，以生活场域为其服务的空间选择更具有柔性色彩，我们可以将其视为一种"软性结构"，而非如制度场域般的那么刚烈；另一方面也需要环境维度的社会工作者自身对自然环境的情愫具有一定的感性积累，以此帮助自身在与服务对象互动过程中，建立彼此之间的同理心。换句话说，同理心的建立也是一个社会工作者进入服务对象的生活世界，感受和理解他们的前提，即使无法完全理解其对于社会公共事务如环境社会治理的主体意义，但该过程的重要性是不容忽视的。从上述逻辑来看，任一社会行为的生发同样无法脱离某些特定的社会结构而独立存在，之所以如此，是因为我们无时不徘徊于被社会规则笼罩的全景社会中，且行为在多数情况下需要受到结构的规训①。只是说，我们可以对结构的所属性质进行适当选择或逐步调适。在此背景的渲染下，环境维度的社会工作者不需要通过环境教育、环境宣传等单一方式培养公众的环境保护意识和环境社会治理行为。其源于传统的行为模式会在一定程度上使服务对象对新的社会行为要求产生被动或排斥感，也不利于环境社会治理的可持续性。更重要的是当社会基本矛盾转变后，较多人的物质需求得到了基本满足，这时较高层次的精神追求就自然会

---

① 〔法〕米歇尔·福柯：《规训与惩罚》，刘北成、杨远婴译，生活·读书·新知三联书店，2007。

被"点燃"，使环境维度的社会工作者在实践思路上随之更替。此时他们会通过引领公众亲近大自然、体验自然的魅力，从而启发公众自主地关注身边环境。

可以说，社会工作者借助这种实践路径来参与贵州省的环境社会治理存在四点不同之处。其一，实践的初衷有利于限制未来环境问题的蔓延范围。其二，实践路径的变迁更加激发环境维度的社会工作者思考其专业价值所在。其三，实践的重心从"关注制度"向"关注人"进行转变。其四，环境社会治理实践的最终目标是帮助服务对象对日常生活中接触的自然环境产生关注，并逐渐形成生活场域内环境社会治理的惯习。

4. 生活场域中的理性行动

案例 4

社工丁（化名），是一名从小生活于贵州省 K 市①，并在北京、上海、广东等地从事一线社工多年，最后决定回到家乡创办生态社会工作机构的返乡青年。她在异乡工作期间，除了完成机构的工作任务外，坚持通过社会学、社会工作的相关书籍提升自己的专业能力，并借助每一次外出学习的机会结识了一些相关领域的研究者和实务工作者。她的环境社会治理实践过程大致包含四个步骤。首先，她会通过自媒体发布贵州美好的生态环境，以及录制家乡回忆，以此逐渐积累潜在的服务对象。其次，在获取到志同道合的服务对象后，她会邀请他们来到自己生活的村庄（也是生态社会工作机构的所在地），通过工作坊的形式，谈谈彼此对于环境实践的向往和对环境社会治理的理解。再次，基于服务对象的需求，社工丁会陪同服务对象到村内的小溪里、山林中体验环境实践的乐趣，也会给服务对象分享村庄的生态变化。最后，随着生态体验的结束，社工丁会邀请相关领域的学者与服务对象展开深度交流。而在互动的过程中，一方面帮助服务对象在轻松的氛围下主

① 注：K 市位于贵州省内，是社工丁的家乡，也是机构的所在地和其开展环境社会治理实践的地点，此处以化名的形式对相关信息进行保密。

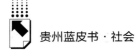
动学习到一些治理知识；另一方面也使服务对象理解环境维度上经验性知识和规范性知识的区别。除此之外，社工丁会在生态体验过程中发掘对环境社会治理实践存在天然兴趣的一小部分群体，鼓励其在自己生活的地方开展相关实践，以此强化其环境保护的意识和习得的环境社会治理行为。与此同时，社工丁也会对这类群体展开定期回访，以此对自己的服务方式进行持续性的思路更迭。

基于上述案例来看，社工丁在家乡开展的环境社会治理实践始于其对贵州省美好生态环境的眷恋，我们也可视其为一种"生态依恋"，而该类情愫的形成是建立在其过往的工作经历与相关主体互动所形成的经验基模积累。在情愫积累的支撑下，其所演绎的理性行动过程会更贴近生活场域对于社会工作者环境社会治理实践的目标追求。

具体而言，其之所以会在服务实践的开始，选择通过自媒体向潜在的服务对象分享其对于家乡的生态回忆，其一方面是为后期彼此间的专业关系建立搭建浅层次的互动桥梁；另一方面也是激发潜在服务对象对于环境领域的主动关心。而其在拥有正式的服务对象后，主动与服务对象展开互动交流，也可视为一个认知彼此需求，弱化社会工作者在服务设计中对于"他者视角"的过分强调，并使其更加充分地了解服务对象对于环境社会治理实践的"自者意义"表达过程，其在一定程度上也是沟通交往行为[1]的体现。但在社会工作者陪同服务对象体现环境社会治理实践的过程中，其不论是借助相关学者的力量还是自身对于家乡生态环境变化的分享并没有以强调某一主体的话语作用为目的，而是给服务对象营造较为轻松的互动交流氛围，这在一定程度上会使环境社会治理实践中的各参与主体形成良好的主体间性[2]，也能扩增习得行为的可持续性。除此之外，在整个实践过程中，

---

① 〔德〕尤尔根·哈贝马斯：《交往行为理论（第一卷）》，曹卫东译，上海人民出版社，2018。

② 梁彦隆：《主体间性与环境问题——兼谈生态伦理与可持续发展》，《科学技术与辩证法》2004年第2期。

环境维度的社会工作者更侧重于给服务对象提供经验性知识，其目的也是弱化"教育性知识输入"给服务对象带来的心理排斥感，使其具备环境社会治理的能力，并鼓励其在自身的生活场域实现环境维度的持续赋能效果。

可以看出，这一实践路径不同于上述三种类型，其存在三个特点。第一，环境社会治理实践的目的不在于解决现存的问题，而是使其具备应对潜在环境风险的能力。第二，实践的运用场所在多数情况下集中在服务对象日常生活的场域。第三，社会工作者的环境社会治理实践不仅停留在微观层面的效果表达，其在一定程度上还会影响未来环境政策制定的方向。

四　结论与讨论

在人与自然和谐共生现代化的结构性要求下，环境社会治理需要社会工作者的主动参与，也需要其结合特定场域，特别是其服务的社会空间，展开反映性实践。环境维度的社会工作者不能只将其实践目标定格在具体服务的执行上，还需要逐步建立行动反思的能力。本文一方面对环境维度的社会工作者进行了较为详细的群体辨析，对其需秉持的价值理念、服务的目标群体，以及需尝试的行动模式提出了新的要求；另一方面对"环境社会治理"这一概念做了理论层面的梳理。同时，结合贵州省的环境资本或省内地方性知识的现实性支持，且从"制度—生活"的理论视角出发，对社会工作者参与环境社会治理的路径选择展开了四种类型的行动分析，并形塑了各自的实践特点。需要注意的是，虽然目前社会工作者参与环境社会治理的路径选择层出不穷，但环境社会治理实践的发展图景不能只强调结构或行动单一层面的作用发挥，还需要结合制度场域和生活场域的秩序规则，逐步使贵州省的环境社会治理形成整合性的实践路径，以期推动环境维度的现代化发展。

人口发展篇

B.6
不婚不育：当代青年婚育观的时代之殇*

杜双燕　周芳苓**

摘　要： 　近年来，我国单身成年人口不断增多，婚育的积极性和主动性普遍较低，多元化的婚育观不断涌现。不婚不育对个体、家庭、社会、经济、文化等都会产生不同程度的影响，包括对婚姻制度的质疑和冲击，家庭功能的弱化和消解，对新时代人口发展产生阻滞效应，对社会保障、社会福利及社会支持体系的依赖性增强，中国传统的婚恋观、家庭观、家国文化、社会结构等也都受到强烈的冲击。不婚不育现象的增多不仅受宏观社会经济环境的影响，也与婚姻的伦理性危机、负面示范效应、性别对立、门当户对、家庭捆绑、个人认知、情感经历、个人发展与婚育的现实矛盾等因素有关。为此，未来应当正视不婚不育的现实，加强积极婚育观的宣传引导，构建反内

---

* 基金项目：国家社科基金项目"不婚现实的社会风险防范研究"（批准号：23BRK038）的阶段性成果。

** 杜双燕，贵州省社会科学院社会研究所研究员，博士，主要研究方向为人口与社会发展，人文地理；周芳苓，贵州省社会科学院社会研究所研究员，硕士生导师，主要研究方向为应用社会学。

卷、积极向上的婚育环境，加强社会支持系统构建。倡导主流文化，加强婚育教育；减缓两性对立，促进两性平衡；赋予婚姻新时代的价值内涵，两性共情共同成长。改变认知，家庭包容，促进青年不婚不育群体的"自洽"发展。

关键词： 不婚不育　婚育观　社会支持

"男大当婚，女大当嫁"是千百年来国人对于婚姻的固定认知，"成家立业"是人生大事，是具有重大转折意义的成人标识。"传宗接代"是传统社会对实现生育功能如延续香火、继承家业等的社会规制，也是实现人类再生产的必要条件。然而，随着社会经济的发展，"男大不婚，女大不嫁"，"人间清醒，不婚不育"等思潮越发泛滥且愈演愈烈。2022 年，我国未婚人口总数由 2016 年的 2.18 亿增加到 2.31 亿，单身人口总数从 2016 年的 2.4 亿增长到 2.6 亿。[①] 2013～2019 年，国人结婚率普遍下降，离婚率加速上升（见图 1），婚姻观念已经发生了变化，对于很多"80 后""90 后"而言，晚婚、不婚等现象越来越常见。尽管"普婚普育"始终是我国人口婚育状况的突出特点，[②] 但是，从日益变动和升高的终身不婚率和终身不育率来看，不婚不育趋势仍然较为明显。中国人口终身不婚率在 2% 以下，其中，男性终身不婚率是女性的 10 倍左右。[③] 2020 年中国 49 岁女性的终身不育率为 5.16%，受教育程度高以及居住在城市、东北地区、极低生育水平省份的女性，终身不育率均在 6% 以上。[④] 随着未来城镇化加速推进、高等教育继续普及、婚育推迟程度持续深化，终身不育水平将会进一步上升。

[①] 资料来源：《中国统计年鉴》（2017、2023）。

[②] 翟振武、刘雯莉：《中国人真的都不结婚了吗——从队列的视角看中国人的结婚和不婚》，《探索与争鸣》2020 年第 2 期。

[③] 王磊、陈银虎：《中国终身不婚率的变动、影响与对策》，《青年探索》2021 年第 1 期。

[④] 张翠玲、姜玉、庄亚儿等：《中国女性终身不育水平估计——基于第七次全国人口普查数据的分析》，《人口研究》2023 年第 3 期。

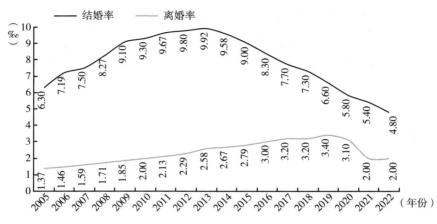

图1　近年来中国结婚率与离婚率的变化

资料来源：历年中国民政事业发展统计公报。

　　贵州省作为西部省份，与一二线城市相比，不婚不育的表现相对较缓但趋势一致。从登记结婚对数来看，由2016年的45.32万对下降到2023年的29.46万对，初婚人数从2016年的86.7万人减少到2022年的45.53万人。[①]从结婚率来看，贵州近十年都在持续走低，从2012年的11.74‰下降到2022年的7.62‰。从离婚率来看，贵州与全国走向一样逐步上升，从2012年的2.28‰上升到2019年的4.33‰，后有所波动，2022年为3.12‰，但是贵州省的离婚率在全国各省区市中居前列，2020年居全国第三（4.31‰），2022年更是以3.12‰的离婚率居全国第一。生育方面，贵州与全国少子化趋势基本相似，但转变速度相对缓慢。2020年全省妇女总和生育率还维持在2.1的世代更替水平。2022年，在全国20个省市都呈人口负增长的态势下，贵州仍为人口出生率超过10‰的4个省份之一，仍然属于全国比较"喜生"和"敢生"的省份。人口负增长背景下，不婚不育对中国出生人口数量和生育水平的负向抑制作用将更加强烈，并将对适度生育水平的实现产生长远且深刻的影响。因此不婚不育的青年婚育观亟须全社会高度关注和重视。

　　① 资料来源：《贵州统计年鉴2023》。

一　当代青年不婚不育的趋势表现

众多媒体调查、学术研究等显示，当代青年群体中"恐婚恐育，不婚不育"的思潮愈演愈烈，婚姻已经不再是人生的"必选项"，这种趋势正在逐步蔓延且影响深远。

（一）当前青年普遍秉持"单身万岁"的态度

2021 年的极光调研显示，适婚年龄人群（20~40 岁）中有 55.5%处于单身状态，其中从未谈过恋爱的人占比 34.6%，即 1/3 的人属于"母胎单身"。[①] 对于结婚的态度而言，贵州省《中长期青年发展规划（2019—2025年）中期评估问卷调查》（以下简称问卷调查）结果显示，完全接受不结婚、接受不结婚、对结婚与否无所谓的青年比例累计高达 76.61%，"婚姻不是必需品"已深入当代青年人心，其中男性和高线城市人群单身比例高于低线城市，一线城市单身人群比例高达 62%。《贵州青年发展报告（2023）问卷调查》统计数据也显示："完全接受不婚行为和自己有意向不结婚"的占比为 13.96%，对结不结婚持无所谓态度，并表示结婚是个人权利态度的青年占比高达 37.86%。[②] 也就是说，半数以上的青年都认为结婚与否是一种顺其自然的"悦己"抉择，而非必需品。

（二）当代青年对于婚育的积极性和主动性普遍较低，多处于纠结矛盾状态

当代青年的婚育积极性和主动性普遍降低，呈现一种"向往爱情，恐惧婚姻"，"喜欢孩子，恐惧责任"的纠结状态。"儿孙自有儿孙福，不生儿孙我享福"的调侃充分体现了当代青年平衡个人自由幸福与生育之间、

---

① 《2021 当代青年婚恋状态研究报告》，《极光》2021 年 7 月。
② 吴大华、史麒麟主编《贵州青年发展报告（2023）》，社会科学文献出版社，2023。

个人需求与社会责任之间的理想选择。问卷调查也显示，当代青年在生育观方面，对于孩次要求、性别偏好等都不再显著。生育的目的以"满足生活乐趣，增加夫妻感情"为主，占比共计83.92%。81.52%的青年没有明显的性别偏好。婚与不婚、生与不生，生男生女都是顺其自然的"佛系"状态。

（三）两性关系开始有所反转，多元化的婚育观不断涌现

传统社会婚恋市场潜规则是"男色女慕"，"慕强"心理占主导，而今基于社会经济重压下，"男强女弱"的传统择偶模式逐步被打破，男性择偶也更加看重对方的家境、资源和能力等。随着女性受教育程度的提高，社会参与度和社会地位等都不断上升，经济独立、思想解放的女性在两性关系中更占据优势，在婚恋市场上具有更多的主动权和话语权。信息时代的到来使得线上交友成为普遍的婚恋途径，志趣相投的灵魂社交远远胜于面对面相处。青年人普遍排斥亲友介绍，恋爱模式上以"自由"来对抗"内卷"，非恋爱伴侣、挂名式开放式关系、同性恋人、周末夫妻、两头婚、纸性恋等多元化婚恋模式不断涌现，同时单身生育、代孕等也在萌芽和发展。"本科学历及以上，生活在一线城市或新一线城市，具备自给自足的社会资本，经济独立且良好的事业型女性"成为单身生育的主体。

（四）婚育观的地域差异、群体差异较为明显

婚育观在不同户籍与居住地、不同性别、不同受教育程度、不同地区的青年群体之间有所差异，不同人口特征人群其婚育观差距较大。然而在"男高女低""男强女弱"的择偶梯度文化影响下，"丁男"即底层男性和"甲女"即高层次女性客观上受到最严重的婚姻市场挤压，其终身不婚风险较大。无论如何，当代青年在婚育观上的开放度和多元化更强，为了应对恐婚焦虑和高生育成本的去婚育化，即"不婚不育保平安"的思想越演越烈。

二　不婚不育的影响

不婚不育不仅对于不婚不育的个体本身有影响，更多地会形成一种群体效应和示范效应，相应地对经济、社会、文化、婚姻制度等产生深远的影响。

（一）个体影响

不婚不育对个体的可能影响体现在个人自由与责任、个体心理自我认同、孤独感与幸福感的感知、经济与生活质量影响、社会认可与压力等方面。

1. 自由自我，责任淡化

不婚不育为个人自由提供了极大空间，但也会导致个体责任淡化和缺失。基于中国传统代际传承的文化理念，人们习惯性地将婚姻与责任紧密挂钩，所谓先成家后立业，结婚也被视为一个个体开始走向成熟和成长的标志，肩负责任的开端。这种潜移默化的制度效应会激发个体成长的动力，为婚姻存续、家庭和谐等提供强有力的支持。而不婚不育意味着个体不必承担婚姻和育儿所带来的责任，可以更多地追求个人发展和兴趣爱好，享受更多自由，但同时也会极大弱化其对父辈、对家庭的责任意识，导致代际传承的终止。

2. 自我认同，社会压力

结婚在某种程度上被视为社会角色的一部分，不婚者可能会面临对自我价值或身份的质疑。在我国"普婚"制度文化下，不婚不育个体一般会被视为"异类"，与主流群体显得格格不入，不婚可能会面对社会压力或质疑，也可能导致不安或自我怀疑，中国式"催婚""催生"就是父辈面对子代选择与传统规制矛盾的现实表现。不婚不育个体的自我认同则与所在国家、社会及场域密切相关。目前在我国普婚文化下，虽然社会包容度已较高，但主流文化仍然将不婚不育视为"非正常"现象，因此个体仍需面对一定程度的家庭及社会压力。

3. 孤独幸福，冷暖自知

不婚者可能会感到孤独，特别是在社交活动或家庭聚会中，可能会感到与结婚者的不同或被排斥。早期美国人口学者对不婚独居者的研究表明其寿命通常要比结婚同居人口短①②。但最近的研究认为，不婚独居者并不一定存在孤独感，其心理健康水平和未婚在家居住者并没有显著差异③。艾里克·克里南伯格在其《单身社会》中也认为"独居"并不意味着"孤独"，因为就算是结婚，有伴侣，"身在咫尺，心隔万里"的婚姻让人更加孤独。单身独居也并非在社交上孤立化和边缘化，社交生活反而因为没有了束缚变得更加丰富多彩。④ 尽管存在个体差异，但事实表明，不婚与孤独感、幸福感之间并无必然联系，不婚者对幸福的感知和体验因人而异，同时也与其所处的生命周期有关，不婚不育者年轻时孤独感不强，但在老年时期，没有子女会导致家庭支持与陪伴的缺乏，需要更多的社会支持网络来应对生活中的挑战。

4. 经济储备，生活质量

在经济方面，不婚不育者无须为伴侣提供经济支持也不需要抚养子女，意味着在经济上具有较大的话语权、主导权，可以自由支配、更加灵活，过自己想要的生活，实现自由主义与享乐主义。但同时也可能意味着将来需要面临更多养老和照顾问题，在我国社会保障支撑不足之时必然要求其在积累与消费之间找到平衡，未雨绸缪应对未来将面临的困难和问题。在生活质量方面，不婚者需要独自承担生活中的所有决策和责任，可能会带来额外的压力和焦虑。在东亚文化圈，大众普遍通过婚姻和育儿获得幸福感和满足感，而不婚者则需通过追求其他形式的人际关系或事业成功来实现生活满足感。总之，不婚不育对个体的影响是复杂多样的，取决于个体的价值观、社会环境、个人情况等。个体在做出这种选择时需要考虑自身的需求和价值观，并对可能出现的影响有清晰的认知和准备。

---

① N. Goldman, The Perils of Single Life In Contemporary Japan, *Journal of Marriage and the Family*, 1993. 55（1）：191-204.

② N. Goldman & Hu Yuanreng, Excess Mortality Among The Unmarried：A Case Study of Japan, *Social Science and Medicine*, 1993. 36（4）：533-546.

③ Jeong-hwo Ho, The Problem Group？Psychological Wellbeing of Unmarried People Living Alone In The Republic of Korea, *Demographic Research*, 2018. 32（1）：1299-1328.

④ 〔美〕艾里克·克里南伯格：《单身社会》，沈开喜译，人民文学出版社，2017。

（二）社会影响

不婚不育是长期存在的社会现象，无论是自愿不婚的先锋模式还是被迫不婚的传统模式，不婚不育不仅对个体的身心健康和幸福产生影响，也会影响家庭数量、家庭结构、子女数量与生育水平等。不婚率的提高会加大独居概率，提高不婚者的健康、安全、养老等风险，由个体不婚不育集聚形成群体现象之后会在社会层面带来一系列影响，涉及家庭结构、人口发展、经济与社会支持体系等方面，这也是最为深刻及深远的不可逆转影响，亟须高度重视和关注。

1. 少子化与老龄化程度加剧

不婚会加剧当前的人口低生育风险。中国的妇女总和生育率从"一普"时期的 6.05 降至"七普"的 1.3（见图 2），总和生育率曲线是明显的下降趋势。尽管其中有很大的人口计划生育政策效应，但是从 2.3 降至 1.3 用时不到十年，更多的是国人生育观内化改变的结果。中国人口自然增长率从1978 年的 12‰快速下降到 2023 年的 −1.48‰，人口负增长发展趋势越来越快。

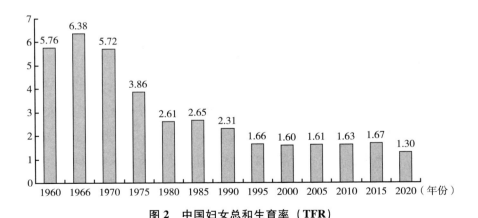

图 2　中国妇女总和生育率（TFR）

资料来源：历次人口普查及相关年份《中国统计年鉴》。

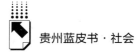

有研究表明：育龄妇女未婚比例的不断上升是促使生育率不断走低的重要因素，且生育水平越高时作用越明显。[①] 而近年来中国各年龄段女性未婚比例的上升则直接加剧了中国的低生育风险。因此，当前的少子化态势不仅仅是由严厉的生育政策所导致，更多的是一种经济社会和文化发展的结果，因此单靠调整生育政策来提高生育率是难以奏效的。中国女性1970年之后出生队列初婚率达到峰值的年龄逐步推后，也即初婚年龄不断推迟，初婚延迟和队列初婚年龄模式使1970年之后出生的女性终身未婚比例上升，1980年出生队列达1.48%~6.39%，其后出生的队列趋势变动加快，中国女性普婚传统或将被打破。[②] 此外也有研究表明，日本女性日趋严重的晚婚不婚现象是导致日本少子化社会形成的重要原因。[③] 可见，中国不断增多的不婚人数、不婚比例的上升将会对生育率下降有重要的影响。少子化与老龄化紧密相关，出生人口的减少必然会加剧当前已较为严重的人口老龄化态势，导致人口结构失衡，不仅会加剧劳动力短缺，降低经济活力，对社会福利体系造成影响，还会增大我国未来应对人口老龄化挑战的压力。

2. 对家庭功能的弱化和消解

不婚不育会对传统家庭结构产生影响，家庭的定义可能变得更加多样化，可能出现更多的单身家庭、无子女家庭和单亲家庭等，对家庭功能、家庭观念和社会价值体系等都会产生诸多影响。一是家庭结构多样化，家庭观念面临诸多挑战。传统的核心家庭逐渐减少，单身独居、单身同居、单亲家庭、无子女家庭等逐步增多。例如当前高线城市单身生育及单亲母亲逐渐增加，女性主动离婚比例剧增等。以"利他"主义为核心的"孝、悌、忠、义"等仁礼文化，长幼尊卑、孝悌等传统的家庭观念都将受到严峻的挑战。二是家庭功能弱化或消解。家庭形式的多样化颠覆了传统家庭观念，对于家庭功能和文化传承产生极大的弱化消解作用。传统家庭的情感支持、身份认

① 郭志刚：《中国低生育进程的主要特征——2015年1%人口抽样调查结果的启示》，《中国人口科学》2017年第4期。

② 封婷：《中国女性初婚年龄与不婚比例的参数模型估计》，《中国人口科学》2019年第6期。

③ 李晨媚：《日本女性晚婚不婚原因探析》，《重庆科技学院学报》（社会科学版）2012年第9期。

同、照料功能、传承功能等都受到前所未有的冲击。不婚不育使得家庭无后可继，代际关系中断，家庭成员的健康、安全照料功能、经济支持功能、教育功能、传承功能等丧失，家族历史、传统和价值观、家族文化等都难以延续。同时传统家庭功能的丧失必然要求外化为社会支持系统支撑，给社会带来极大的压力和重负。三是家庭关系失衡。家庭内部横向"夫妻轴"和纵向"亲子轴"关系是构成其他亲缘关系和社会关系的基础，不婚不育使得新世代群体丧失了最基本的夫妻关系和亲子关系，也就不存在任何的血缘亲缘关系，则一切关系都是外部社会关系，其稳定性和支撑力都相对薄弱，社会正常运转的基石受到动摇。"反馈模式"作为中国解决抚幼养老和世代继替问题的代内均衡模式，每一代人都有赡养父母和抚养子女的责任义务，是取予之间的均衡。[1] 不婚不育导致的"断代"则打破了这种均衡，只取不予，子代"养儿方知父母恩"的体验缺失，子代与父代之间支持与反馈的双向关系变成单向，权威的代际更替及反馈机制的功能都会减弱，家庭代际关系严重失衡，且在不同的生命周期具有异质性。例如已进入中年期的"80后"一代不婚不育，如今父辈已进入老年期，当父母离开这个世界后自身则孤独寂寞苍老，与社会脱轨，没有坚强的子代后盾。

3. 对社会支持体系的依赖性增强

不婚不育导致家庭功能的弱化必然要求社会支持体系来填补。比如无子女个体在老年时期可能面临更多照顾问题，需要依赖社会支持体系来解决养老和照顾需求，对于原本老龄化进程快速发展的中国来说无异于雪上加霜。即使在网络时代、AI时代部分家庭功能已经实现向社会的转移，也为未来解决养老问题提供可供选择的路径，但是其他诸如情感支持、心理健康、临时救助等都需要更多更专业的社会服务机构来提供。特别是单身独居者的生活困难、意外防范等都需要强有力的社会支持系统。例如日本社会频发的"孤独死"问题就配备有一系列的制度和机构来进行应对，而中国道阻且

---

① 刘汶蓉：《反馈模式的延续与变迁：一项对当代家庭代际支持失衡的再研究》，上海社会科学院出版社，2012。

长。随着不婚不育人群的增多，社会保障体系也需要作出相应的调整，以适应不同家庭形态带来的需求变化。社会关系方面，传统中国"血缘—亲缘—地缘—业缘—趣缘"差序格局，以"己"为中心的传统"多重同心圆"结构被打破，亲属关系不再是社会关系的主轴，个体可能更依赖于朋友、社区和其他社会支持网络，当前流动中国背景下诸多青年的"断亲"选择即是一种苗头。因此，不婚不育会加大社会负担，增强对社会支持系统的依赖性。

4. 对婚姻制度的质疑和冲击

婚姻对个人需求的满足类似于马斯洛需求层次理论。在满足生理需求的第一阶段和满足情感和归宿需求的第二阶段之后，当代婚姻更多的是一种满足自我实现的需求。[①] 即在不同时代的婚姻满足着人们不同层次的需求，婚姻中人格的自由度和选择性逐步增强。基于择偶梯度效应，大量农村大龄未婚男性（D 男）属于被迫不婚，而诸多城市大龄未婚女性（A 女）则是一种主动选择，是对自我价值的肯定和对自由生活方式的向往。新的婚姻方式例如"半糖"夫妻、[②] 周末夫妻、"两头婚"、"拼婚"等也成为一种自洽选择。持续降低的结婚率和持续攀升的离婚率都在向世人昭示着婚姻价值在现代性冲击下的崩溃，正如性社会学家李银河所说："现代社会，婚姻家庭的形成不像过去基于传宗接代或者经济互助，婚姻越来越以感情、追求浪漫爱情为基础，于是婚姻就成了一种约束，其他什么都不是了。"[③] 当代不婚族都认为事业发展更重要，"搞钱"更重要，当他们看到婚姻对于个人发展的限制时，多为追求个人发展而选择不婚。可见，如果婚姻制度是对个人发展、个人价值实现的一种制度性约束，那么就会有越来越多的人选择不婚或者离婚，从而对现有婚姻制度造成巨大冲击和影响，"婚姻制度终将消亡"或许会变为现实。

---

① 王炳钰、山永久、覃宽：《不婚现象：中国社会的现实与可能影响》，《青年探索》2018 年第 5 期。

② "半糖"夫妻是指夫妻选择同城分居的形式，工作日分开过，周末团聚，且认为这种模式有助于维护个人空间，保持婚姻的新鲜感。

③ 参见王惜琴《新报称中国年轻人掀"不婚独居潮"：婚姻似乎没好处》，参考消息网，2016 年 12 月 12 日，www.cankaoxiaoxi.com/china/2016/1212/1509223.shtml。

（三）经济文化影响

不婚不育的影响不仅直接作用于不婚族个体和群体本身，同时对人口发展、婚姻制度、社会经济文化等都会产生一系列连锁效应。

1. 激发单身经济活力但养老负担更严重

不婚虽然不等同于单身，但以单身状态为主。不育意味着无须负担育儿支出，经济自由度较大。不婚不育对经济的影响与其生命周期密切相关，既有正向的也有消极的。首先，不婚不育极大地激发单身经济发展，提高经济活力和消费能力。不再被房子、孩子、家庭等问题束缚，对房地产市场、教育培训等领域的需求程度很低，只需考虑自己的单身群体，"一人吃饱，全家不饿"，具有更强的消费能力。"注重生活质量，崇尚高消费生活"的单身人群带来了无限商机，除单身餐饮、单身套餐、单身公寓、单身旅游、单身养老等"一人经济"持续红火外，还催生出诸如健康美容、交友服务、迷你经济、宠物托管、AI 相亲、虚拟经济、懒人经济、培训机构等消费业态，既改变了消费观又激发了经济活力。其次，不婚不育群体在财务规划方面可能会更加谨慎，以备养老之需。由于不婚不育群体缺乏伴侣和子代支撑，会更加审慎地管理个人收入和支出，以确保财务稳健，以便满足其生活以及购买服务所需，还需额外考虑如何弥补与已婚者享受的社会保障和福利之间的差距。同时也会更多关注个人储蓄和投资，确保在退休时有足够的资金支持，在积累和消费之间找到平衡点，因此也不是所有不婚不育者都能随心所欲地高消费，还不乏有较多"啃老族"存在。最后，不婚不育群体在遗产规划上的超前性。结婚通常会影响遗产规划，而不婚者需要更仔细地考虑如何规划自己的遗产，以确保遗产能够按照自己的意愿分配。《2021 中华遗嘱库白皮书》数据显示：2017 年至今，"80 后"立遗嘱人数增长近 13 倍，"90 后"群体增长近 10 倍。"00 后"已有 119 人于 2021 年在中华遗嘱库订立遗嘱。① 尽管这些

---

① 《立遗嘱的"80 后"、"90 后"和"00 后"逐渐增多，活明白的他们已被压垮》，网易，https：//www.163.com/dy/article/HFF1HMU40548GV84_ pdya1，2022 年 8 月 23 日。

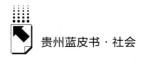

遗嘱中除涉及房产、存款外还有虚拟财产，与法律意义上的遗产有所不同，但足以表明这些群体淡然的生死观和超前意识。

2. 促进文化观念的反思改变和更新

不婚不育现象的增加，会对婚姻文化、家庭文化、宗族家族文化、代际传承文化、性别文化、育儿文化、人口文化等产生影响和冲击。人们会对婚姻和家庭的定义、功能、价值等产生新的思考，对如何调适婚姻与个人发展之间的冲突矛盾深度解读，对传统社会性别分工在婚姻中对女性的禁锢加以改善，对婚姻和育儿的定义和期望可能会有所调整，不再"鸡娃"，不再"内卷"，社会对多样化家庭形式的接受程度可能会提高，促使社会更广泛地接受不同的生活选择和家庭结构。如果不婚不育能增加个人幸福感和满意度，也是一种负责任的态度。

综上所述，不婚不育无论在个体还是在社会经济文化层面都可能会引发一系列变化和挑战，婚姻文化的多元化凸显，尽管其发展趋势取决于特定文化背景下的社会观念、价值观和政策环境，在地区间存在较大异质性，但仍需对这一现象带来的一切可能性进行反思，需个人、家庭、社会和政府通过不同方式来回应和调适不婚不育现象带来的综合影响。

三 不婚不育的原因

当代青年的恐婚恐育、不婚不育归根结底是一种系统失衡，是人口、经济、社会、文化等各个系统之间的严重失衡所导致的时代之殇，是传统与现代性之间的博弈，是婚育价值在现代性冲击下弱化和消解的表征，是个人需求与社会责任之间的撕扯，是各种宏观、中观和微观致因共同作用的结果。随着社会多元化发展，人口流动造就了地缘、亲缘的脱嵌，婚育模式的选择变得更加开放和包容，使得个体可以更加宽松自由地选择适合自己的生活方式。

（一）宏观社会经济环境的影响

人类社会是一个集经济、政治、文化等系统于一体的循环系统，作为提供物质利益、优化资源配置的经济系统最具决定性作用，政治、文化、社会、生态等系统都应与经济系统协同演进才能保持系统平衡性。

1. 经济与文化系统的失衡

改革开放以来，我国经济飞速发展提高了物质供给水平，国人生活从"有没有"转向"好不好"，实现了从量到质的转变，个人需求由"空间"转向"时间"的满足，聚焦于对美好生活的向往。与此同时，中国的优秀文化受到市场经济的严重冲击，"一切向钱看"、"笑贫不笑娼"、高额彩礼、利益交换等负面效应将婚姻中的物质利益无限放大，超越了婚姻最纯真美好的爱情基础，使婚姻变得功利、现实，相应婚姻的价值也不断被物化和异化，优秀传统文化的精神动力和道德凝聚力不断被稀释和消解。

2. 经济与社会系统的失衡

我国在经济高速快速发展阶段社会发展是相对滞后的，面对经济对社会文化的冲击没能及时调适，从而导致经济增长与社会均衡之间未能取得应有的平衡。在剧烈的社会变迁下，原本作为经济契约的婚姻制度逐渐失去了其男耕女织、相依为命、相互合作、养儿防老的基础功能，现代工业和信息社会，企业的雇佣制度、合伙人制度效率远远要高于婚姻制度所带来的效率，各种各样丰富的社会服务替代诸多家庭原有功能，比如外卖、家政，情感需求也能被玩游戏、听音乐、刷短视频、养猫养狗、社交网络等替代，两性之间经济越来越独立，生活中越来越没有彼此需求，婚姻制度的作用也就越来越低，无法维系。传统社会生育后代是一种期货投资行为，现代社会却成了一种亏本"买卖"。生育功能已经脱离了"养儿防老"的社会经济基础，"生育成本过高，收益极小"，家庭功能的社会化转移、养老保障的社会化等使得父代对子代的依赖度降低，代际反哺的可及性很小，"啃老""子女不孝"等加剧了这种导向，所以婚育存续的经济社会基础都受到了严重的冲击。

3. 促进婚育的社会支持系统薄弱

婚育作为私域行为，国家政策和公权力无法直接干预，但有利的社会支持系统构建是必需的，然而当前我国的婚育支持系统十分薄弱，即使有调控房价、抑制天价彩礼、生育支持政策等，但仍然不能从根本上突破根深蒂固的社会性别分工，不能弥合传统与现代性之间的鸿沟，很多支持政策在落实中面临诸多制约而难以实现，因此现代"社会人"面临的巨大婚育压力仍然局限在个人和家庭内部。

4. 婚育的"公私"边界矛盾

婚育从传统社会由一种家庭、家族利益社会规制型的"公事"变成一种个体追求幸福的"私事"。而作为建立社会结构中稳定三角结构的婚姻意义，不仅必须具备夫妻关系，还必须有亲子关系，从而保持结构的稳定，因而婚和育是密不可分的。不同于中国传统婚姻要获得的集体认同，如今家族意识和传宗接代观念弱化、亲情感和归宿感弱化、离亲化趋势明显，婚姻的自主浪漫性增强，婚育选择都是以个人幸福为中心，婚姻由"公事"变"私事"，而生育行为则一直与国家政策紧密相连，两者之间的拉扯和撕裂感较强，导致当代青年对生育政策的"抵制"和反感。

5. 频发变局及风险降低婚育预期

当今社会是一个高风险社会，近年来世界频发的战争、疾病等对人类社会的生存、生活空间造成较大挤压，甚至是摧毁性风险。作为厌恶风险的人类本身，当面对不可控的安全风险、生活风险、婚姻风险、家庭风险、养育风险等时都会缺乏应对的信心，对未来美好生活的向往或者是对下一代健康自由成长的预期都会有所下降，从而造成一种"顺其自然"的疲软状态。一旦国人对婚育的预期是消极的、否定的，则会开启"自动避险"机制，从而导致不婚不育的扩散。正如学者对日本"少子化"的研究表明：当孩子从"生产性财产"向"消费性财产"转变后，东亚文化圈的父母不同于欧美国家父母能够享受到育儿本身的愉悦和乐趣，而更多关注的是孩子是否有"高价值感"，在传统社会评价体系里能否独占鳌头。基于东亚人的"体面"，不幸福的婚姻生活或是较差的育儿水平都会带来很强的耻辱感，[1] 因此，在对婚育没有足够的幸福预期的前提下，不婚不育确实成为一种负责任的表现。

---

[1] 潘轩：《日本年轻人不爱不婚不生子，是为了"体面"？》，《南方周末》2023 年 11 月 17 日。

（二）中观层面婚姻的伦理性危机、负面示范效应、性别对立

婚姻制度从产生至今，其价值、功能和意义在不同社会时期表现不同。在《礼记正义》中指出："婚礼者，将合两姓之好，上以事宗庙，下以继后世也，故君子重之。"[1] 古代婚姻是两个家族之间的关系，是涉及祖宗和后代之事，婚姻具有不可替代的传宗接代和联姻的功能，本质上是一种公共事务；而今，原本以感情为基础的经济契约关系发生了转变，经济基础和物质要素成为维系婚姻稳定的核心要素，婚姻不再是传宗接代和双系抚育的必要手段，而是人们追求个人幸福的重要途径，成为个体化生活体验的重要场域。

1. 婚姻的伦理性危机

一是婚姻与物质的捆绑加剧。"现在的婚姻都是谈钱"，所谓的"丈母娘经济"催生房价猛涨，找对象要求"高富帅、白富美"，然而对于婚姻的义务却避重就轻，既要享受婚姻带来的好处，又要逃避婚姻必需的责任和义务。高房价、高彩礼、高要求等对婚姻的缔结产生较大的挤压效应。二是两性维系婚姻最基本的"忠诚"底线受到大肆挑战。混乱的男女关系不断突破社会道德底线，给青年人极差的示范效应。三是婚姻伦理不断受到现实利益的挑战。传统社会人伦秩序规制着诸多社会行为，而今的婚姻自由成为诸多人谋取私利的一种常用手段。假结婚、假离婚，"洗房女""捞女"，"渣男"骗婚、骗保等比比皆是，将神圣的婚姻视为儿戏，利益至上。

2. 婚姻的负面示范效应

一是家庭示范。家庭是孩子成长的第一个社会化场所，孩子社会角色的培养极大地依赖于原生家庭。从心理学上，原生家庭对孩子的伤害需要用一生去治愈，婚姻同样如此。父辈出轨、家暴、抛妻弃子等行为都会严重阻碍子代进入婚姻。例如访谈中一位近 50 岁的女士就谈道，自己之所以终身不

---

[1] 《礼记正义》卷 61，见《十三经注疏》（下），中华书局影印，1980。

婚，其原因就是当年姥爷抛弃了姥姥举家迁移，给妈妈造成了极大的心理阴影，然后父母也离婚了，导致自己童年辗转多地生活，从小就体会寄人篱下的艰辛、父母分离的伤痛，因而对于婚姻的价值和意义严重质疑，没有任何信心建立一段亲密关系，所以选择终身不婚。从此案例中可以看出，原生家庭父辈婚姻的忠诚度、幸福感往往具有代际传递性，一般意义上都是正正传递、负负传递，较少出现负正传递的正向案例。曾几何时，"愿长大不要成为我妈妈那样的人，也不要嫁给像我爸爸那样的人"已成为诸多青年人的共识，父母对"结婚有什么好处？"这一问题的无言以对等都树立了不良的家庭示范。二是群体示范。传统社会血缘、亲缘、地缘等关系对青年观念影响力越来越弱，甚至表现为明显的离亲化趋势，反之业缘、趣缘群体的示范效应特别是同伴效应越来越强大。无论婚姻还是生育，同队列人群、闺蜜、朋友等对个体的影响往往大于父母和亲属等初级社会群体，近距离社交网络群体的婚姻是否成功、生育态度是否积极、都对个体婚育观起到较大的决定作用，所谓的"闺蜜""兄弟"的婚育观会极大地影响自身的婚育观。三是社会示范。在现代社会婚姻伦理危机下，各种各样的负面新闻、案例给青年人造成了极大恐婚恐育情绪。例如杭州杀妻碎尸案为婚姻树立了一种危险、猜疑、虐杀的恐怖气息。泰国孕妇坠崖案、重庆父亲杀害亲生儿女案等都让原本夫妻、亲子这种亲密关系的信任度、安全感、归宿感受到质疑，亲密关系变成危险关系。例如网友调侃2023年院线上映的电影《消失的她》《我爱你》《八角笼中》等都是主打"不婚不育"主题，说明我们的社会、青年群体对婚育秉持的是一种悲观、消极的态度。加上现今为博取眼球、吸取流量而大肆宣扬"不婚不育保平安"的各种媒体负能量视频的传播及精准推送，将婚姻关系和男女关系肆意污名化和极端化，产生巨大的负面示范效应。

3. 性别对立

性别对立可以分为社会性别对立和两性关系对立。一是社会性别对立。中国传统的社会性别分工"男主外、女主内"是基于生产力水平与两性性别特征适应性而产生的，女性社会参与率低，对男性具有较强烈的经济依赖。而今女性受教育程度不断提高，社会参与率大幅提升，经济独立，对男性的经济依赖逐步下降，女性经济社会地位日益提高，两性关系不断趋于平等。除少数群体之外，"男人负责赚钱养家、女人负责貌美如花"的家庭分工在如今高房价、高物价、高养育成本背景下是不可能存在的，那么女性在传统性别分工基础上要提供更多更大的经济支持，必然面临家庭与事业的剧烈冲突。在依赖性不复存在的前提下社会性别分工并未发生改变，导致在婚育过程中，传统社会性别分工与现代性之间形成剧烈冲突，婚姻成为"男性获利、女性失利"的选择。无数女性在兼顾家庭和事业发展过程中都要面对诸多的角色纠结，所谓"一个女人活成了千军万马"，家务面面俱到，敬老抚幼；工作业绩突出，升迁提拔；人际交往得心应手，关系和谐；身材容貌保持良好，赏心悦目，总之就是既能主内，又能主外，所向披靡。反之女性从婚姻中获得的经济价值、情感支持越来越少，女性无偿承担的生育、抚育、家务劳动的社会价值并未得到应有的肯定和支持。因此，女性在择偶方面变得更加苛刻，如果找不到符合条件的婚配对象，则宁缺毋滥。二是两性关系对立。传统性别分工的制约以及社会舆论的影响造成了较为激烈的两性关系对立。男女两性对婚姻的态度：男性是"我该结婚了"，女性是"我想结婚了"，两性对于婚姻的态度和期待完全不同。男性往往不承认自己在婚姻中获利，反而认为婚姻使其失去自由和尊重，媒体为博取眼球围绕"天价彩礼""丈母娘推高房价"等的极端报道让婚姻的物质性和功利性增强。女性将婚姻视为爱情的升华及延续，男性则将其作为爱情的终结，导致婚姻在爱情与责任之间失衡，让婚姻成为"盛装出席奔赴苦难"的开始。男性抱怨赚钱养家的辛劳，女性难承家庭与事业兼顾的不易，如果缺乏有效的沟通和理解，必然导致婚姻关系的终结。生育对女性时间成本、机会成本、价值成本的剥夺与"丧偶式育儿"形成鲜明对比，女性职场遭受严重的"母职惩罚"，一边抑郁一边养育，一边崩溃一边自愈，这都是男性所不能感同身受的，大多得到的是冷漠的回应。诸多保姆式婚姻、丧偶式育儿以及有名无实的"兄弟式"中年夫妻关系让人望而却步。此外，诸多商业资本的介入，媒体、自媒体为了博眼球、引流量的操作将两性对立无限夸大，引发个人主义、女权主义、消费主义、享乐主义的叠加，两性相互凝视、相互贬损，对立更加严重。

（三）微观视角的门当户对、家庭捆绑，个人认知、情感经历、自我发展与现实的矛盾等因素

传统社会"门当户对"的择偶条件与现代"择偶自由"之间存在撕裂。当今社会无论在法律上还是文化上都赋予了青年人择偶自由的权利，然而中国国情下择偶自由≠自由择偶，"门当户对"仍然是择偶的潜在规则。① 双方家庭背景、是否门当户对都会影响青年的婚育选择。首先，"门当户对"思想及原生家庭对青年婚育有重大影响。中国作为传统儒家文化圈，在婚姻缔结上向来强调"门当户对"，这在一定历史条件下有其合理性和必要性。但是当代青年处于一种"追求个人自由"与"依赖家庭发展"的纠结状态中，无论婚育都需要双方家庭父辈的支持和帮助才能完成，这就导致父代"付出与焦虑并存"、子代"依赖与嫌弃并存"的代际矛盾，从而影响婚育决策。婚姻中追求"夫妻感情为核心"的夫妻关系被纵向代际关系（婆媳关系、翁婿关系、亲戚关系、亲子关系等）裹挟，边界感不清，越界行为等形成了青年群体的婚姻枷锁，与青年个人幸福、个人主义、女性主义、消费主义等都有巨大鸿沟。其次，个体认知积极与否决定婚育态度。对爱情、婚姻、生育的价值认知会直接影响行为选择，特别是对于没有任何经历的"母胎单身"族来说，外界传输的间接经验往往会误导自身判断和识别。而对于具有恋爱经历的青年来说，也许一段失败的恋情就会导致其对爱情、婚姻、家庭失去信心。最后，自我发展与现实的矛盾撕扯。在整个社会环境"内卷"状态下，个人要满足生存、生活、发展需要，实现阶层的跃升，要付出的提升成本极大。青年受教育时间不断延长，受教育程度不断提高，在公认的适婚适育年龄还在读研、读博、拼事业，从而错过甚至放弃婚育，关键

---

① 王炳钰、山永久、覃宽：《不婚现象：中国社会的现实与可能影响》，《青年探索》2018年第5期。

是"搞钱拼事业"能让当代青年获得比婚育更多的满足感、安全感和归宿感。价值感和安全感是人类生存生活的两大诉求，如果婚姻给不了甚至是剥夺了这种价值感和安全感的时候，人们自然会拒绝婚姻。从不婚族的择偶观来看，由于拥有更多自主自由权利，其择偶观更加趋于理想化，择偶梯度偏好依然存在，仍然遵循"门当户对"的逻辑和标准，因此"择偶自由"逻辑下的恋爱关系要走进婚姻并非"完全自由"，匹配度显得至关重要。

总之，在当前宏观经济下行、社会发展滞后、公共服务体系严重不足的前提下，婚育的公私边界不清，成本收益严重失衡，曾经的"多子多福"变成了"没有儿子我享福"，"再苦不能苦孩子"变成了"再苦不能苦自己"；曾经结婚是生育的前提条件，今天结婚与生育可以分离，总体上婚育的价值和功能大打折扣。女性经济的独立，意识的崛起，个人主义、女性主义、消费主义等叠加使婚育效益折损严重，貌似一种"亏本"、丧失自我的投资，因此"人间清醒，不婚不育""不婚不育保平安"成为部分当代青年对婚育的认知。

四　不婚不育的应对之策

在中国国情下，婚始终是育的前提，不婚必然导致不育，人口负增长在未来二三十年带来的是消费力、创新力和劳动力的不足，不婚则更是影响社会稳定的基石，多样化的婚育方式会带来一系列社会问题。如何解决？生孩子需要激励，而婚姻必须在原来的经济功能之外赋予其他新的定义和价值，构建全社会支持的良好婚育环境才能继续支持婚姻的存续和发展。

（一）宏观层面：正视现实，宣传引导，社会支持

社会经济环境变化对婚育基础的冲击是无法避免的，正如世界人口负增长一旦形成就很难逆转一样，婚育观念也具有同质性。因此全社会只能积极延缓和应对这种负面效应的影响，抢抓机遇建立起新的适于经济基础的社会结构，增强社会系统的自我调适能力。

1. 正视不婚不育的婚恋观现实

"不婚不育"势头迅猛，但是相较于中国几千年的儒家传统文化、"普婚普育"的文化基础而言，短期内还有时间和空间进行应对。我国"单身社会"的形成实质上更多是婚育的推迟，并非终身不婚不育。但同时必须高度关注和重视这种趋向，时刻关注终身不婚率和终身不育率的变动，及时掌握其发展趋势以便应对。

2. 加强积极婚育观的宣传引导

各种负面效应、婚姻危机的爆发很大程度是基于信息发达，"精准推送"加剧这种负面信息的累积效应。因此舆情部门应加强对积极婚育观的宣传引导，同时加大对积极向上的婚育新风、模范婚姻典型案例的正向示范，加大婚育精神价值、内涵的宣扬力度，减缓其物化和异化程度。对某些自媒体宣传内容给予一定的限制和引导，避免更多不良的社会示范效应。构建反内卷、积极向上的婚育环境，加强社会支持系统构建。在全社会倡导个人价值实现的正确途径和通道，构建反内卷的积极向上的婚育环境。充分挖掘传统文化中的精髓，倡导婚育价值中的情感归宿。继续重点解决制约婚育的难点和痛点问题，将结婚支持系统构建上升到生育支持政策相同层面，积极破解诸如高房价、高额彩礼、0~3岁婴幼儿托育、女性权益保障等难题，构建婚育友好型社会。

（二）中观层面：婚恋教育，两性平衡，共情成长

1. 倡导主流文化，加强婚育教育

家庭仍然是维系社会稳定的最基础单元，仍需加强主流文化、主流价值观中重视婚姻家庭的家国文化的宣传，发挥其积极效应，尽量减少单身人口数量。加大对国人的婚育教育力度，将其作为人生必修课，开设"沟通课程""亲密关系课程""亲子教育课程"等，采用"婚姻模拟""生育模拟"的授课形式，逐步提高国人和青年群体的社交意愿、社交能力和对待婚姻的态度，特别是改变中国男性对传统女性分工的固化思维，促进男性自知和责任共担。支持"婚姻家庭指导师""亲密关系学"等各种形式的专业婚姻咨

询辅助机构发展，提高婚姻质量，打造健康向上的社会环境。加强对生育带来的个人幸福感、家庭归宿感、社会责任感的宣扬，尽可能促进个人幸福与价值实现的双赢。

2. 减缓两性对立，促进两性平衡

加强对相关媒体、社交账号，特别是对某些商业资本运作机构的监督，把握舆论导向度；适度限制和降低网络社会对国人生活方式的不利影响，多多开发和拓展线下面对面的交流方式，满足更加温情和直接的心灵诉求。构建促进两性交流的平台和机制，化解两性对立，引导两性关系和谐共进。

3. 赋予婚姻新时代的价值内涵即情绪价值，两性共情共同成长

根据婚姻成长不同的生命周期，提供力所能及的外力支持，赋予婚姻新时代的价值内涵即情绪价值，可将婚育危机家庭纳入社工服务的范畴，同时辅以"全职妈妈读书会""两性倾诉吐槽会"等发泄渠道，将现代社会习惯的互联网、社交媒体等远距离交流变成人与人之间最基本的情感交流，缓解两性不平衡、生育不平等等负面情绪。激发和引导男女两性在婚育共情上的体验，例如当前"男性分娩体验"就很适用，可加强相关领域和内容的拓展，才能"换位思考"，互相感知对方的不易，共情共同成长。适度倡导多元化的婚恋方式。婚后的相互适应和调整至关重要，"自由"和"尊重"是维系婚姻的保鲜剂。在共同责任履行的基础之上也可以在婚内保留自己的心灵空间，采用诸如"法式婚姻""半糖夫妻""同城而居但非同室而居"等多样化方式，在很大程度上可以克服婚姻恐惧症并逐渐适应婚姻生活。

（三）微观层面：改变认知，家庭包容，个体自洽

1. 父代家庭对子代提供力所能及的帮助和支持

基于男性在婚姻市场面临巨大竞争压力、女性面临严酷时间窗口限制的现实，一味地"催婚催生"是不明智的。青年群体不是不愿意结婚、不愿生孩子，而是"不敢结""不敢生"，这不是单纯的个人问题，而是一个社会问题。在当前社会支持系统薄弱的前提下，父辈的宽容、理解和支持显得至关重要。首先是提升和解放认知。换位思考，设身处地加强对子代所处的

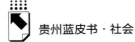

婚育环境制约的体验和理解，增强代际交流、对话，疏解代际矛盾。其次是父代家庭对子代提供力所能及的帮助和支持，无论是在经济上还是情感上。最后是父代应高度重视婚姻家庭质量，为子代提供正向积极的婚育示范，提升子代的积极婚育心态。

2. 客观认知，促进青年不婚不育群体的"自洽"状态

正如生育政策并不能改变生育意愿一样，各种社会制度和政策只能起到引导作用，并非决定作用。在多元化婚恋关系下，青年群体本身有其固有的判断和社会认知，只要不违反人伦道德，不侵犯他人利益，自身选择什么样的生活方式，是否婚育，什么时候婚育都是一个自我成长、自我选择的过程，会形成一种自洽状态，通过社会文化的自我调控，逐步构建一个更加协同和谐的社会婚育形态。

总之，不婚不育的趋势已然形成，效应开始显现。全社会应以"全生命周期"的视角去看待和认知这一现象，反思当前宏观经济社会环境对婚育造成的挤压、现行婚育制度与个人发展之间的冲突矛盾、性别角色分工对婚育的影响等问题，提升对婚育价值的认知，充分肯定和补偿女性的生育价值，重塑婚育新的伦理价值，使婚育更加有利于实现自我、促进自我发展，构建友好、和谐、积极的婚育环境，促使国人"想婚，能婚，想生、敢生、生好"。

B.7
贵州省婴幼儿机构照护现状及
影响因素研究*

王武林　袁霞**

摘　要：　婴幼儿照护服务是保障和改善民生的重要内容，是提升人口素质的关键。本文采用问卷调查法获取贵州省婴幼儿机构照护资料，分析贵州婴幼儿机构照护服务现状及影响因素。分析发现：当前，贵州省入托率整体较低，主要为独生子女家庭；入托家庭收入高、重视科学养育，以核心家庭为主；高学历且职业处于上升期的父母是选择机构照护的主要群体；家长对机构照护的期待高，需求呈多元化；在政府角色期待上，家长期待政府能提供更多的支持以使用机构照护服务；贵州省机构照护支持政策已初成体系，机构数量持续增长，主要集中在经济发达地区。贵州省婴幼儿家庭机构照护方式的选择，受到婴幼儿特征、父母特征、父母态度以及家庭特征不同因素的影响；目前贵州省婴幼儿以家庭照护为主，母亲是婴幼儿的主要照护者；机构照护是家庭照护的重要补充，在未来贵州省机构照护服务需求将不断提升。为此，应有效协同多元主体力量，因地施策，提升婴幼儿照护服务综合发展水平，完善普惠托育服务体系，逐步满足贵州省婴幼儿家庭机构照护服务需求，对进一步助推贵州省人口高质量发展具有重要意义。

关键词：　机构照护　婴幼儿照护　婴幼儿　贵州省

---

* 基金项目：贵州省社会科学界联合会 2024 年贵州省理论创新课题（招标课题）："贵州加快发展普惠托育服务研究"（项目编号：GZLCZB-2024-20）。

** 王武林，博士，贵州财经大学公共管理学院教授，博士生导师，主要研究方向为老年社会保障；袁霞，贵州财经大学公共管理学院硕士研究生，主要研究方向为老年社会保障、老年社会工作。

一 引言

人生百年，立于幼学。0~3岁婴幼儿（以下简称婴幼儿）照护服务是生命全周期服务管理的重要内容①，是着力提升人口素质的基石。党的十九大报告首次将"幼有所育"作为保障和改善民生的重要内容，国务院于2019年出台的《关于促进3岁以下婴幼儿照护服务发展的指导意见》，顺利开启了我国婴幼儿照护服务发展元年②。"三孩"政策的落地，更加凸显了婴幼儿照护服务这一迫切需要关注的前沿重点。为推动贵州省婴幼儿机构照护服务的发展，满足民众的需求，贵州省相继发布《贵州省0~3岁儿童早期综合发展指导意见》《关于促进3岁以下婴幼儿照护服务发展的实施意见》等政策意见，在婴幼儿机构照护服务方面进行了有益的探索。当前，正处于"十四五"发展的重要阶段，国家经济社会发展进入全面深化改革的新时期，贵州省应如何把握好婴幼儿照护服务的发展方向并建构适应经济社会发展需求的婴幼儿照护服务体系成为亟待探索的重要议题。

自"全面二孩"生育政策实施以来，有关婴幼儿照护服务的研究逐渐进入研究者的视野。最近几年，国内对婴幼儿照护服务以及照护政策的研究主要体现在以下四个方面：一是从历史角度梳理婴幼儿照护服务发展和照护政策演变，新中国成立以来我国婴幼儿照护服务的制度变迁，可划分为福利性、市场化、普惠性婴幼儿照护服务三个阶段③。因经济供给模式的影响，婴幼儿照护服务供给模式表现为从"去家庭化"到"隐性家庭化"以及

---

① 洪秀敏、陶鑫萌：《改革开放40年我国0~3岁早期教育服务的政策与实践》，《学前教育研究》2019年第2期。
② 陈偲、陆继锋：《公共托育服务：框架、进展与未来》，《行政管理改革》2020年第6期。
③ 胡马琳：《我国0~3岁婴幼儿照护服务制度变迁轨迹、逻辑与趋势》，《理论月刊》2022年第6期。

"选择性家庭主义"的取向①。二是研究城市照护机构供需状况,石智雷等对我国婴幼儿机构照护的供给和需求状况进行描述和测度,目前我国城市婴幼儿照护服务存在供需缺口巨大、照护机构模式单一、师资力量不足、行业标准和政府监管缺失等问题②。三是对我国婴幼儿机构照护服务现状进行研究,如蔡全玲等以湖北省109家3岁以下婴幼儿照护机构调查数据为基础,对不同类型城市的婴幼儿照护服务机构发展状况及存在的问题进行了深入分析③,也有针对发达地区照护服务现状的介绍分析:如南京逐渐发展出一种以"计生主管、联席审查、市场运作、奖励取代补贴"为特征的独特模式④。四是对婴幼儿机构照护服务发展进行宏观构想,如杨菊华主张婴幼儿托育服务体系应向多元模式发展,应构建多主体格局托育服务系统⑤。总体来看,国内关于婴幼儿照护服务的研究较少,集中在国内发达城市照护服务和体系建设方面,这与国内机构照护服务发展实践滞后密切相关。

目前,贵州省婴幼儿机构照护服务尚在起步阶段,随着贵州省人口老龄化加剧及家庭结构不断核心化,婴幼儿家庭将对机构照护呈现更大的需求。基于此,本文将以贵州省婴幼儿照护服务问题调查问卷数据为基础,结合云贵川渝四省(市)人口统计年鉴数据,研判贵州省机构照护服务的现状,探究影响机构照护的因素,进一步探讨优化贵州省婴幼儿照护服务发展的政策建议,以期丰富我国婴幼儿照护服务相关研究,为婴幼儿照护服务发展提供借鉴,助推贵州省人口素质高质量发展。

---

① 蔡迎旗、陈志其:《家庭视域下我国婴幼儿照护服务的发展脉络及其政策重构》,《中国教育学刊》2021年第2期。

② 石智雷、刘思辰:《我国城镇3岁以下婴幼儿机构照护供需状况研究》,《人口与社会》2019年第5期。

③ 蔡全玲、周冬霞、詹书航:《城市0~3岁婴幼儿托育机构发展现状研究——以湖北省为例》,《荆楚学刊》2020年第4期。

④ 李沛霖、王晖、丁小平、傅晓红、刘鸿雁:《对发达地区0~3岁儿童托育服务市场的调查与思考——以南京市为例》,《南方人口》2017年第2期。

⑤ 杨菊华:《新时代"幼有所育"何以实现》,《江苏行政学院学报》2019年第1期。

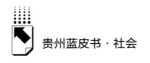

二 资料来源与样本信息

（一）资料来源

为便捷有效地掌握贵州省婴幼儿机构照护服务的现实情况，本文采用了问卷调查法，就婴幼儿照护问题于 2023 年 7~8 月对贵州省 9 个地市州开展随机抽样调查，此次调查问卷分别从基本情况、婴幼儿照护需求、婴幼儿机构照护需求、婴幼儿照护服务现状评价 4 个板块展开，以了解贵州省照护服务可获性、可负担性以及服务期待等方面的问题。

（二）样本信息

本文重点关注婴幼儿机构照护服务现状及其影响因素。本次调查共获取有效样本 10917 份，其中城市占 35.9%、农村占 64.1%；男性占 27.9%，女性占 72.1%；一孩家庭占 61.8%，二孩家庭占 32.1%，三孩家庭占 6.1%；家庭年收入：低于等于 5 万元占 42.1%，6 万~10 万元占 39.8%，11 万元及以上占 18.1%；婴幼儿照护月支出低于等于 1000 元的占 16.4%，1001~3000 元占 69.3%，3001 元及以上占 14.3%；样本各地区分布为：贵阳市占 19.9%，六盘水市占 20.4%，遵义市占 9.3%，安顺市占 4.6%，毕节市占 7.3%，铜仁市占 6.8%，黔西南州占 5.3%，黔东南州占 20.4%，黔南州占 6.0%（见图 1）；其中选择机构照护的样本量为 659 份，占比为 6.0%。本文利用选择机构照护的样本（659 份）分析贵州省机构照护服务发展现状，利用全样本（10917 份）分析不同特征因素对婴幼儿机构照护方式选择产生的影响。

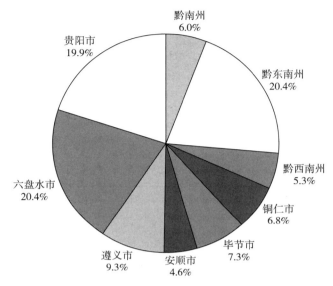

图1　调查对象分布

三　描述性分析：贵州省婴幼儿机构照护服务现状

（一）贵州省机构照护服务使用现状

1.新生儿较少入托，独生子女入托率高

婴幼儿入托月龄集中在25~36月。贵州省婴幼儿入托率整体表现为随着月龄的增长不断上升，24个月以上入托率显著高于24个月以下的入托率。调查数据显示，一半以上家庭选择在孩子24个月以后入托（占67.0%），其次选择在19~24个月入托的家庭占10.6%（见表1）。可见，新生儿家庭较少选择机构照护，这可能是因为家长受传统育儿观念的影响，认为孩子太小不能离开父母，或是对机构服务质量有所疑虑，不放心将月龄过小的孩子送入照护机构。

表1　婴幼儿机构照护月龄（N＝659）

单位：个，%

月龄	数量	百分比
0～6月	59	9.0
7～12月	34	5.2
13～18月	54	8.2
19～24月	70	10.6
25～30月	132	20.0
31～36月	310	47.0

资料来源：贵州省婴幼儿照护问题调查问卷。

与多子女家庭相比，独生子女入托率高。一孩（男）入托率为34.4%，一孩（女）入托率为32.0%，二孩（一男一女）入托率为16.8%，二孩（两男）入托率为8.3%，二孩（两女）入托率为5.3%，三孩家庭入托率仅为3.2%（见表2）。可见，独生子女家庭入托率显著高于非独生子女家庭。这可能与家庭照护成本及家庭照护资源相关。同时养育和看管两个孩子需消耗更多的人力资源和经济成本，依赖祖辈支持或是女性退出劳动力市场将精力投入家庭照护中。

表2　婴幼儿数量及性别情况（N＝659）

单位：个，%

孩子数量及性别	数量	百分比
一孩（男）	227	34.4
一孩（女）	210	32.0
二孩（一男一女）	111	16.8
二孩（两男）	55	8.3
二孩（两女）	35	5.3
三孩	21	3.2

资料来源：贵州省婴幼儿照护问题调查问卷。

2. 使用机构照护的婴幼儿父母特征存在差异

有工作且处于职业上升期的父母是使用机构照护服务的主要群体。首先，从父母就业情况来看，有工作的父母使用机构照护服务占比高达90.1%、87.7%，可见当家庭和事业发生冲突时，婴幼儿父母对机构照护的需求更大（见表3）；其次，从父母年龄来看，对机构照护服务的使用率呈"倒U形"，不管是男性还是女性，在30~34岁这个阶段普遍处于事业的上升期，由于职业压力和照护压力的双向挤压，婴幼儿父母在这个阶段会更偏向选择机构照护，以缓解家庭和事业之间的矛盾（见图2）。

表3 父母就业情况（N=659）

单位：个，%

父母就业状况	有	无
父亲	594（90.1）	65（9.9）
母亲	578（87.7）	81（12.3）

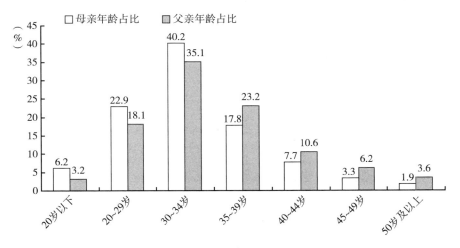

图2 父母年龄情况（N=659）

从学历来看，父母的学历越高，婴幼儿机构照护的使用率越高，其中初中及以下学历选择机构照护的占比分别为 13.2%、11.8%，父母是大专及以上学历选择机构照护的占比分别为 68.4%、74.1%，分别是初中及以下学历的 5.18 倍、6.28 倍（见图 3）。由此可见，当父母的受教育程度越高，对机构照护的需求也会随之提升。

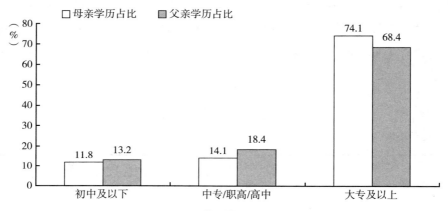

图 3　父母学历情况（N=659）

资料来源：贵州省婴幼儿照护问题调查问卷。

3. 入托家庭收入较高，以核心家庭为主

家庭收入越高，家长选择机构照护的概率越高。具体来看，年收入在 5 万元及以下的家庭选择机构照护的占比较低（占 27.3%），6 万~10 万元的家庭选择机构照护的占比居中（占 35.4%），10 万元以上的家庭选择机构照护的占比最高（占 37.3%）。可见，经济收入对家庭是否选择机构照护具有重要影响，收入越高，对机构照护的可支付能力越强，对机构照护的接受度就越高；从选择机构照护的家庭类型来看，以小型化的核心家庭为主（占 58.6%），占据了总人数的一半以上（见表 4）。可能是因为核心化家庭，婴幼儿父母都需工作，育儿时间有限，因此偏向选择照护更为完善的机构照护。

表 4   不同家庭年收入与家庭类型机构照护情况（N＝659）

单位：个，%

家庭分类	类别	数量	百分比
家庭年收入	5 万及以下	180	27.3
	6 万~10 万	233	35.4
	10 万以上	246	37.3
家庭类型	核心家庭	386	58.6
	主干家庭	152	23.0
	其他类型	121	18.4

资料来源：贵州省婴幼儿照护问题调查问卷。

4. 入托家庭重视科学的养育方式，释放家庭育儿压力

家长对机构照护服务内容"育"多于"托"，选择机构照护的目的在于为婴幼儿提供科学的养育，同时释放家庭育儿压力。家长选择机构照护的原因是照护服务机构拥有更专业的照护知识和照护技巧（占 52.7%）；可以得到科学的早期教育，开发智力（占 59.3%）；可以与其他婴幼儿玩耍，培养交往能力（占 59.5%）。另外的原因还有家里没人照顾孩子（占 46.3%）、释放母亲的时间（占 31.3%）、释放祖辈的时间（占 24.0%）（见表 5）。由此可见，科学育儿观念的萌发让婴幼儿家庭更加关注婴幼儿的早期教育，同时释放家长的时间也是家长偏向机构照护的重要原因。

表 5   选择机构照护主要原因分析（N＝659）

单位：个，%

类　　别	数量	百分比
照护服务机构拥有更专业的照护知识和照护技巧	347	52.7
可以得到科学的早期教育,开发智力	391	59.3
与其他婴幼儿玩耍,培养交往能力	392	59.5
家里没人照顾孩子	305	46.3
释放母亲的时间	206	31.3
释放祖辈的时间	158	24.0
其他	5	0.8

资料来源：贵州省婴幼儿照护问题调查问卷。

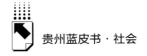

（二）贵州省机构照护服务需求现状

1. 家长对机构照护期待高，照护需求呈多元化

对于照护机构的选择，家长对照护机构的服务质量、服务内容、收费价格、送托距离等方面存在较高预期。调查发现，家长期望婴幼儿送托照护机构的月龄集中在 25～36 个月（占 46.1%），其次是 13～24 个月（占 38.0%）；最受欢迎的婴幼儿照护服务是日间托（7～10 小时/天），占比达到 71.6%；能够接受的照护费用集中于每月 1500 元及以下（占 61.0%）；最期望的送托机构类型为幼儿园开设托班（占 37.2%），社区或单位托育（占 24.3%）；69.7%的家长期望照护机构距家不超过 1 公里，可方便接送（见表6）。可见，家长不仅在意照护机构形式和时间上的多样性，还对照护机构存在经济上的需求。

表 6　婴幼儿家庭对照护机构的期待（N=659）

单位：个，%

类别	最高期望	数量	百分比
入托月龄	25~36 个月	304	46.1
服务类型	日间托（7~10 小时/天）	472	71.6
照护费用	1500 元及以下	402	61.0
机构类型	幼儿园开设托班	245	37.2
距离	≤1 公里	459	69.7

资料来源：贵州省婴幼儿照护问题调查问卷。

2. 适龄婴幼儿增加，机构照护服务需求大

2017～2021 年间，贵州省新生儿出生率整体呈下降趋势，但与周边其他省（市）相比仍处于较高的水平（见图4）。据"七普"数据，2020 年贵州省新生儿总数为 52.53 万人，其中男婴 27.88 万人（占 53.07%），女婴 24.65 万人（占 46.93%）；婴幼儿总数为 240.23 万人，在未来，贵州省婴幼儿家庭将对机构照护服务呈现更大的需求。截至 2022 年 9 月，贵州共有托育机构 2099 家，3 岁以下婴幼儿托位数 97067 个，每千人口 2.56 个。因此，无论从机构的数量还是从托位数量来看，贵州省婴幼儿照护资源配置仍存在一定缺口，与到 2025 年每千人口拥有 3 岁以下婴幼儿托位数 4.5 个的目标存在一定差距。

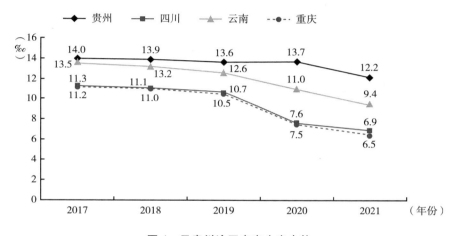

图 4　云贵川渝四省出生率走势

资料来源：云贵川渝四省（市）人口统计年鉴。

3. 机构照护方式，家庭对政府支持存在需求

政府作为推动婴幼儿照护机构发展的执行主体和活动主体，婴幼儿家长对其配套支持存在明显需求。选择机构照护的家庭希望政府加强对机构进行审核和监督（占 57.4%），其次是为家庭提供育儿指导（占 48.9%）、给予家庭经济支持（占 41.6%）；对于婴幼儿照护产生的费用，31.5% 的家长认为在育儿支出上，政府应与家庭"五五"分担为家庭提供支持，26.3% 的家长期待政府能与家庭"六四分担"支持家庭（见表 7）。可见，婴幼儿家长对政府支持期待较高，在政策支持和财政支持方面均存在显著需求。

表 7　婴幼儿家庭对政府需求情况（N＝659）

单位：个，%

需求内容	类别	数量	百分比
政府在婴幼儿照护服务中发挥的作用	为家庭提供育儿指导	322	48.9
	对机构进行审核和监督	378	57.4
	给予家庭经济支持	274	41.6
婴幼儿照护补贴，您希望国家帮扶与家庭自主的比例	8∶2	159	24.1
	6∶4	173	26.3
	7∶3	112	17.0
	5∶5	208	31.5
	其他	7	1.1

资料来源：贵州省婴幼儿照护问题调查问卷。

（三）贵州省机构照护服务供给现状

1. 照护机构数量增加，主要集中在经济发达地区

贵州省婴幼儿照护机构的数量持续增加，地区间机构照护资源分布差异较大。贵州省婴幼儿照护机构蓬勃发展，婴幼儿托位数稳步上升，每千人口托位数超过 2 个。各市（州）婴幼儿照护机构数超过 300 家的有贵阳市、毕节市和黔西南州，婴幼儿托位数超过 2 万个的仅有毕节市、贵阳市，最高达到 24030 个（见表 8）。地区间照护资源分布不均衡，与全国发展特征一致。截至 2023 年 9 月，贵州省注册备案通过的婴幼儿照护机构总共 480 家，以营利性机构为主，其中性质为事业单位的有 23 家，非营利性质的有 46 家，营利性质的有 411 家。营利性机构最多的是遵义市（97 家），非营利性机构最多的是贵阳市（12 家）、遵义市（9 家）及黔东南州（8 家），事业单位性质最多的是遵义市（11 家）①。贵州省婴幼儿机构照护服务发展呈现"两极化"趋势，照护机构主要集中在城镇以及经济相对发达地区。

---

① 贵州省卫生健康委员会：《截至 2023 年 9 月 26 日备案通过的托育机构情况表》，guizhou. gov. cn，2023 年 11 月 25 日。

表8　贵州省婴幼儿照护机构数及托位情况

地　区	照护机构数量(家)	托位数(个)	托位使用率(%)
贵阳市	513	21767	16.2
遵义市	251	18600	—
铜仁市	117	10900	50.0
黔南州	222	13499	42.3
黔东南州	192	11799	38.0
毕节市	490	24030	19.4
安顺市	152	8517	33.8
黔西南州	301	11896	39.2
六盘水市	—	—	—
合　计	—	—	—

资料来源：2022年贵州省市（州）报送数据。

2.制度供给先行，机构照护支持政策初成体系

贵州省高度重视婴幼儿照护问题。早在2017年，国家相关政策尚未出台，贵州省人民政府就颁布了《贵州省儿童发展规划（2016—2020）》，首次将婴幼儿服务纳入重点工作范畴。2020年，贵州省印发《省人民政府办公厅关于促进3岁以下婴幼儿照护服务发展的实施意见》，为贵州省婴幼儿照护发展指明了方向。2021年，中共贵州省委、贵州省人民政府印发《关于优化生育政策促进人口长期均衡发展的实施方案》，再次强调大力发展婴幼儿照护服务，强化监管与支持。2022年，《贵州省促进养老托育服务高质量发展实施方案》为解决"一老一小"问题提出系统性方案，明确了健全婴幼儿照护服务体系过程中的重点任务。2023年，贵州省卫生健康委出台《关于探索"1+N"婴幼儿照护模式的指导意见》，就与婴幼儿照护相关的照护指导、精准服务、行业融合、医育结合等领域提出8种"1+N"探索模式，为婴幼儿照护模式的体系化建设提供了行动指南。近五年来，贵州省关于婴幼儿照护服务的文件密集出台，顶层设计逐步清晰，政策体系初步形成，有力地促进了婴幼儿照护服务发展（见表9）。

表9 贵州省婴幼儿照护服务相关政策

颁布年份	文件名称	主要内容
2017	《贵州省儿童发展规划（2016—2020年）》	提升婴幼儿及5岁以下儿童健康水平,完善适度普惠儿童福利体系,明显提升儿童福利水平
2020	《省人民政府办公厅关于促进3岁以下婴幼儿照护服务发展的实施意见》	婴幼儿照护服务的政策体系和标准规范体系初步建立,建成一批具有示范效应的婴幼儿照护服务机构
2021	《关于优化生育政策促进人口长期均衡发展的实施方案》	多举措强化政策支持,多渠道发展托育服务,多形式完善监管机制
2022	《贵州省促进养老托育服务高质量发展实施方案》	城镇婴幼儿照护服务机构基本实现全覆盖,政策法规体系和标准规范体系基本健全,婴幼儿照护服务水平明显提升
2023	《关于探索"1+N"婴幼儿照护模式的指导意见》	到2025年,建成一批具有示范效应的婴幼儿照护服务机构,人民群众的婴幼儿照护服务需求得到初步满足

四 贵州省婴幼儿机构照护影响因素分析

（一）变量设置与研究设计

1.变量设置

本文的被解释变量为婴幼儿家庭是否选择机构照护。选取问卷中"目前您孩子的照护方式是?"进行测量,家庭照护赋值为0,机构照护赋值为1。

婴幼儿照护方式的选择,会受到不同主体内外、远近端等复杂因素的影响,因此本文选取了婴幼儿自身的特征变量、父母特征变量、父母态度变量、家庭特征变量四方面作为解释变量,考察不同因素的作用下对婴幼儿机构照护方式的选择所产生的影响（见表10）。

表10 变量设置与描述

变量类别	变量名称	取值	平均值	标准差	最小值	最大值
被解释变量	机构照护方式	否=0;是=1	0.06	0.238	0	1
婴儿特征变量	月龄	25~36月=0;0~24月=1	0.577	0.494	0	1
母亲特征	年龄	35岁以下=0;35~49岁=1;50岁及以上=2	0.271	0.469	0	2
	民族	汉族=0;苗族=1;其他=2	0.655	0.854	0	2
	受教育水平	初中及以下=0;高中/中专=1;大专及以上=2	1.329	0.831	0	2
	职业	无业或其他=0;个体=1;企业/服务业一般职工=2;专业技术人员/教师/国企事业单位=3	1.566	1.115	0	3
父亲特征	年龄	35岁以下=0;35~49岁=1;50岁及以上=2	0.393	0.53	0	2
	民族	汉族=0;苗族=1;其他=2	0.623	0.846	0	2
	受教育水平	初中及以下=0;高中/中专=1;大专及以上=2	1.283	0.844	0	2
	职业	无业或其他=0;个体=1;企业/服务业一般职工=2;专业技术人员/教师/国企事业单位=3	1.608	1.058	0	3
父母态度	入托月龄	25~36个月=0;0~24个月=1	0.46	0.498	0	1
	机构类型选择	半日托=0;日间托=1;全日托=2;临时托=3	1.287	0.974	0	3
	开办主体选择	小区或是单位=0;医疗机构开办=1;幼儿园托班=2;早教机构=3;其他=4	1.432	1.213	0	4
家庭特征	家庭类型	核心家庭=0;主干家庭=1;其他=2	0.576	0.711	0	2
	主要照护者	母亲=0;父亲=1;祖辈=2;其他亲属3	1.192	0.611	0	3
	育儿开销	1500元及以下=0;1501~3000元=1;3000元以上=2	0.743	0.691	0	2
	家庭年收入	5万元及以下=0;6万~10万元=1;10万元以上=2	0.76	0.738	0	2

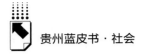
2. 研究设计

被解释变量为一个二分类变量,因此本文采用 Logit 模型,将婴幼儿自身的特征变量、父母特征变量、父母态度变量、家庭特征变量逐步引入模型中,探究不同特征变量对婴幼儿机构照护方式选择的影响。因此本文基准回归模型表示为:

$$Logit(P) = \ln[P/(1-P)] = \beta_0 + \beta_1 X_1 + \cdots + \beta_m X_m$$

P 表示事件发生的概率,即选择机构照护的概率,1-P 为事件不发生的概率,即选择家庭照护的概率,X_m 表示对婴幼儿机构照护方式的选择有影响的解释变量,β_m 是各解释变量的回归系数,即解释变量对婴幼儿机构照护方式选择的影响程度,β_0 为常数项值,即其他一些可能对婴幼儿机构照护方式的选择产生影响的因素。

(二)实证结果分析

为充分了解远近端因素对婴幼儿机构照护选择的影响,本文采用逐步回归的方式进行分析。模型 1 纳入了婴幼儿特征变量,模型 2 纳入了父母特征变量,模型 3 纳入了父母态度变量,模型 4 纳入了家庭特征变量。模型 5 采用 Probit 模型对回归结果进行稳健性检验。表 11 呈现了模型 1~5 的回归结果。

表 11　婴幼儿机构照护影响因素 (N=10917)

特征	分类	模型 1	模型 2	模型 3	模型 4	模型 5
婴儿特征	月龄	-1.087 *** (-12.74)	-1.126 *** (-12.60)	-1.164 *** (-12.50)	-1.225 *** (-12.69)	-0.596 *** (-12.73)
母亲特征	年龄		-0.0590 (-0.51)	-0.0462 (-0.39)	-0.0479 (-0.40)	-0.0163 (-0.27)
	民族(汉族)					
	苗族		0.104 (0.78)	0.0830 (0.61)	0.0682 (0.49)	0.0557 (0.80)

续表

特征	分类	模型 1	模型 2	模型 3	模型 4	模型 5
母亲特征	其他民族		0.0956 (0.90)	0.0623 (0.57)	0.0454 (0.41)	0.0138 (0.25)
	受教育水平		0.297*** (3.73)	0.295*** (3.58)	0.202** (2.40)	0.0706* (1.79)
	职业（无业）					
	个体		0.251 (1.42)	0.259 (1.44)	0.233 (1.27)	0.104 (1.19)
	企业/服务业一般职工		0.377** (2.37)	0.392** (2.43)	0.397** (2.41)	0.182** (2.31)
	专业技术人员/教师/ 国企事业单位		0.787*** (4.95)	0.797*** (4.90)	0.648*** (3.86)	0.318*** (3.91)
父亲特征	年龄		0.184* (1.76)	0.156 (1.47)	0.0672 (0.62)	0.0359 (0.66)
	民族（汉族）					
	苗族		-0.146 (-1.02)	-0.158 (-1.09)	-0.106 (-0.71)	-0.0683 (-0.93)
	其他民族		0.0876 (0.82)	0.0400 (0.37)	0.0593 (0.53)	0.0288 (0.51)
	受教育水平		0.163** (2.13)	0.145* (1.84)	0.0250 (0.31)	0.0189 (0.48)
	职业（无业）					
	个体		0.398** (2.20)	0.367** (1.99)	0.381** (2.02)	0.189** (2.09)
	企业/服务业一般职工		0.319* (1.84)	0.286 (1.62)	0.321* (1.78)	0.160* (1.85)
	专业技术人员/教师/ 国企事业单位		0.252 (1.41)	0.223 (1.22)	0.198 (1.06)	0.0986 (1.09)
父母态度	入托月龄			0.594*** (6.79)	0.558*** (6.16)	0.279*** (6.16)
	入托类型（半日托）					
	日间托			0.955*** (6.64)	0.835*** (5.72)	0.369*** (5.58)

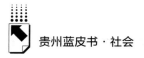

续表

特征	分类	模型 1	模型 2	模型 3	模型 4	模型 5
父母态度	全日托			1.109*** (6.38)	0.959*** (5.38)	0.433*** (5.15)
	临时托			-0.657*** (-2.89)	-0.727*** (-3.16)	-0.330*** (-3.36)
	开办主体倾向(小区或单位)					
	医疗机构开办			0.153 (1.12)	0.0886 (0.63)	0.0347 (0.51)
	幼儿园托班			0.497*** (4.57)	0.502*** (4.48)	0.246*** (4.52)
	早教机构			1.070*** (8.34)	1.014*** (7.62)	0.476*** (6.97)
	其他主体			-0.00668 (-0.03)	-0.168 (-0.68)	-0.0902 (-0.77)
家庭特征	家庭类型(核心)					
	主干家庭				-0.385*** (-3.48)	-0.193*** (-3.59)
	其他家庭类型				0.241** (1.99)	0.132** (2.18)
	主要照护者(母亲)					
	父亲				-0.269* (-1.80)	-0.169** (-2.29)
	祖辈				-0.568*** (-3.21)	-0.300*** (-3.45)
	其他亲属				1.544*** (7.92)	0.823*** (7.91)
	育儿开销				0.369*** (5.69)	0.184*** (5.71)
	家庭年收入				0.350*** (5.50)	0.162*** (5.12)
—	_cons	-2.246*** (-44.91)	-3.698*** (-21.25)	-4.927*** (-20.98)	-4.768*** (-17.39)	-2.406*** (-19.20)
	N	10917	10917	10917	10917	10917

注：* $p<0.10$，** $p<0.05$，*** $p<0.01$。

模型 1 结果显示，婴幼儿月龄对机构照护选择在 1%统计水平上显著，且呈负向影响，即婴幼儿的月龄越大，家长选择机构照护的意愿将会提升。一方面，婴幼儿月龄越小，生理和心理都较为脆弱，喂养和生活照料更加依赖父母，因此孩子月龄越小，家长越倾向选择家庭照料；另一方面，目前贵州省婴幼儿照护机构质量参差不齐，对市场中机构的信任度成为影响家长送孩子入托的重要因素，孩子月龄太小不放心将孩子送入照护机构。随着月龄的增加和父母回归职场需求，家长对机构照护的接受度会有所上升，促进婴幼儿父母选择机构照护。

模型 2 结果显示，婴幼儿父母的受教育水平、职业及父亲年龄对是否选择机构照护具有显著影响。母亲特征方面，受教育水平越高，越倾向于选择机构照护。母亲的学历提高，其就业机会和就业需求也会随之提升，机构照护成为缓解女性育儿和工作矛盾的重要工具，因此，学历越高对机构照护需求越高。有工作的母亲较无业的母亲，选择机构照护的可能性更大。无业的母亲具备时间上的优势，可时刻照料到婴儿起居饮食，具备家庭照护的条件。父亲特征方面，父亲的年龄对机构照护方式在 10%统计水平上显著，父亲的年龄越大越倾向于选择机构照护。一方面，受"男主外、女主内"传统观念的影响，贵州省的男性主要承担家庭中的经济压力，因此更倾向于将照护责任转移到照护机构；另一方面，男性的经济收入一般随着年龄增长而增加，随着男性年龄的增长，其机构照护支付能力有所提升，因此会提升选择机构照护的意愿。父亲的受教育水平越高，越易接受机构照护的育儿方式，因此学历越高，选择机构照护的概率越大。学历一般与经济条件挂钩，学历越高其收入可能越高，对科学完善的育儿需求越高。此外，与无业的父亲相比，一般有工作的父亲更倾向选择机构照护，可能是由于职业缘故，照护幼儿的时间少且不稳定，因而更愿意选择照护时间稳定的机构照护。可见，父母高学历、有工作是选择机构照护的重要影响因素。

模型 3 结果显示，父母对入托月龄、入托类型、开办主体的态度对婴幼儿机构照护方式的选择具有统计学意义。从父母对入托月龄的态度来看，月龄与机构照护呈正向关系，即父母期待孩子能尽早地送入照护机构。一是因为释放了照护者的照护压力，尤其是母亲；二是随着科学育儿观念的萌发，越来越多的年轻父母期待孩子能尽早在机构中得到科学的照护和教育。从父母对入托类型的态度来看，与半日托相比，日间托、全日托类型机构与选择机构照护方式呈正相关，日间托、全日托类型的机构会提升父母选择机构照护的意愿，可能是因为日间托、全日托类型的机构照护刚好覆盖父母无法照护孩子的工作时间段，并且具有连续性的特征，婴幼儿会更加熟悉机构的照护、课程、环境等，符合家长的托育需求。临时托与半日托相比，家长更倾向选择家庭照护。临时性的托育需求可寻求亲友的帮助，且临时托机构可能导致婴幼儿不熟悉环境产生不良反应，因此临时的托育需求下家长更愿意选择家庭照护。机构开办主体方面，相较于小区或单位开办的照护机构，早教机构和幼儿园开办的托班照护机构会提升家长选择照护机构的意愿，早教机构和幼儿园具备开办的师资、设备、场地，会提升家长选择机构照护的信任度。可见，父母对婴幼儿入托月龄有向小月龄方向发展的态度趋势，且偏向选择稳定并具有专业资质的机构照护。

模型4结果显示，家庭类型、主要照护者、育儿开销、家庭年收入对机构照护影响存在显著差异。与核心家庭相比，主干家庭更愿意选择家庭照护，祖辈参与照料降低了育儿压力，因此降低了家庭对机构照护的需求，但其他家庭类型的照料将会提升家长选择机构照护的意愿。从照护者来看，相较于母亲，父亲和祖辈作为主要照护者，将较少选择机构照护，其他亲属作为主要照护者，则会促进家长选择机构照护。可见，目前贵州省主要的照护模式依然为家庭照护，机构照护多是辅助无暇照料孩子的家庭。育儿开销方面，育儿开销越大选择机构照护的可能性越高。此外，家庭年收入越高，家长选择机构照护的意愿也更高。育儿开销和家庭年收入与家长的支付能力成正比，育儿开销和家庭年收入越高，越会降低父母对机构照护费用产生的经济压力，从而提升对机构照护的可接受度。由此可见，祖辈是家庭照护的重要支持者，选择机构照护意愿与育儿开销及家庭收入关系密切。

为增强研究结论的稳健性，本文采用了Probit模型对回归结果进行稳健性检验。模型 5 结果显示：婴幼儿月龄对机构照护选择的影响效应保持不变。父母特征方面，母亲职业与父亲职业的影响效应保持不变，母亲的受教育水平影响效应降低，回归系数在 10% 的水平上显著。父母态度方面，孩子理想入托月龄、入托类型、机构开办主体的影响效应保持不变。家庭特征方面，家庭类型、育儿开销、家庭年收入的影响效应保持不变，主要照护者变量中父亲作为主要照护者的影响效应增强，回归系数在 5% 的水平上显著，其余照护者影响效应保持不变。总体而言，本文研究结论具有稳健性。

五　结论和讨论

（一）结论

本文使用贵州省婴幼儿照护服务问题调查问卷数据，分析了贵州省婴幼儿机构照护服务现状，采用 Logit 模型分析机构照护的影响因素，并验证了研究结果的稳定性，具体研究结论如下。

第一，婴幼儿机构照护的选择具有异质性，受到婴幼儿特征、父母特征、父母态度及家庭特征的影响。当婴幼儿年龄越小，父母受教育水平低且无正式工作，机构类型为临时托，主要照护者为祖辈或是父亲的家庭更倾向于选择家庭照护，父母有正式工作且学历水平越高，入托机构类型是日间托和全日托，开办机构为幼儿园或是早教机构，主要照护者为其他亲属，家庭年收入和育儿开销高，会更偏向于选择机构照护。

第二，目前贵州省婴幼儿照护以家庭照护为主，母亲是婴幼儿的主要照护者。从婴幼儿照护主体来看，由父母照护的占 67.8%，其中 60.4% 的婴幼儿由母亲照护，母亲每天照护时间超过 5 个小时的比例远远超过父亲；当母亲有工作、照护时间不足时，近 1/4（24.8%）的婴幼儿由祖辈照护。主要照护者为祖辈而形成的主干家庭更倾向于选择家庭照护。

第三，机构照护是家庭照护的重要补充，未来贵州省机构照护需求将不断提升。目前贵州的托育率为 6.0%，与发达国家和地区还存在较大差距。机构照护重点服务于父母无暇照护、祖辈未提供支持的家庭。随着贵州省家庭结构向小型化、核心化转变以及育儿观念的转变，对照护质量要求的提高，越来越多的父母期待孩子在 2 岁前入托。因此在未来，贵州省婴幼儿机构照护服务需求会不断提升，可见贵州省急需一批照护质量有保障、照护费用能负担、家长信任的照护机构。

（二）讨论

二十届中央财经委员会第一次会议强调，人口发展是关系中华民族伟大复兴的大事，必须着力提高人口整体素质，以人口高质量发展支撑中国式现代化。推动婴幼儿照护服务发展，是实现"幼有所育"、提高人口综合素质的重要途径。为此，应有效协同多元主体力量，因地施策，完善普惠托育服务，逐步满足贵州省婴幼儿家庭机构照护服务的需求。首先是强化政府的政策导向作用。从政策上响应民众对育儿经济压力大、照护难的关切，促进婴幼儿照护服务的供给侧改革，完善相关法规和标准，加大行业监管力度；加大对育儿的财政投入，实现适度普惠的家庭友好政策，构建财政资助、家庭共担和社会补充相结合的成本分摊机制，以减轻家庭的育儿负担。其次是多措并举地支持家庭照护，缓解家庭育儿压力，尤其是女性的育儿压力。完善生育休假制度，但过长的孕产假期会影响女性的就业和职业机会[①]，因此要积极探索带薪产假、带薪育儿假制度，产假的保护对象不仅以女性为主，也应包含男性，照护性质的假期享受主体由女性单方变为父母双方，引导父母双方共担育儿责任；营造性别平等与就业平等的友好环境，多途径支持育儿女性就业，减少生育对女性职业发展的限制。最后，激发市场的活力，增加普惠托育有效供给。规范机构照护服务，提升机构照护服务质量，细化行业准入标准、从业人员标准，健全照

---

① Claudia Olivetti, Barbara Petrongolo. The Economic Consequences of Family Policies: Lessons from a Century of Legislation in High-Income Countries [J], *Journal of Economic Perspectives*, 2017, 31 (1): 205-230.

护机构注册、备案登记、信息公示等制度，规范照护机构运营，确保机构照护服务质量水平；加强扶持，推动婴幼儿照护机构试点建设，吸引社会力量注入，增加服务有效供给，在贵州省内建设一批质量有保证、价格可承受、方便可及的婴幼儿照护机构。

B.8
贵州失能老人家庭照护质量研究*

高圆圆　韩欣梅**

摘　要： 随着人口老龄化的加剧，贵州省失能老人的数量逐渐增加。家庭照护成为失能老人的主要照护方式，提高失能老人家庭照护质量已成为一个重大的社会问题。通过对 2018 年中国老年社会追踪调查数据的统计分析，辅之以贵州个别县市失能老人家庭访谈为补充，探究了贵州省失能老人家庭照护质量现状及问题。研究发现，贵州失能老人家庭照护质量在整体上处于中等水平。当前许多失能老人处于生活照护需求大、心理不稳定、社会参与度低的状态，由于家庭照护资源和功能衰退，家庭照护内容单一且缺乏专业性。此外，失能老年人居住环境、适老化设备的不完善也给失能老人家庭照护带来不便。为进一步提高贵州失能老人家庭照护质量，下一步可考虑推进失能老人家庭照护补贴制度、普及和拓展照护知识和技能培训、加强社会互助网络的构建等以切实缓解家庭照护者经济压力和心理压力。同时，不断提升失能老人家庭适老化水平，改善失能老年人居住环境。

关键词： 失能老人　家庭照护　照护质量　贵州省

一　引言

随着全球人口老龄化趋势的加剧，失能老人家庭照护问题逐渐成为社会

---

* 本文系国家社科基金项目"多元协同治理下农村失能老人家庭照护支持体系构建研究"（批准号：21BSH106）的阶段性成果。

** 高圆圆，贵州大学公共管理学院教授，硕士生导师，主要研究方向为老年人社会福利理论与实务；韩欣梅，贵州大学公共管理学院硕士研究生。

关注的焦点[①]。根据贵州省第七次全国人口普查数据，贵州省 60 岁及以上老年人口有 593.14 万人[②]，与 2010 年相比增长了 2.54%。贵州省 65 岁以上老人中有超过 60% 的人患高血压、糖尿病等慢性病，高龄、失能和半失能老人达到 120 万人以上。可见，贵州省的老龄化问题较为严重，失能老人数量庞大。在此背景下，贵州省政府积极应对人口老龄化趋势，致力于进一步健全贵州省养老服务体系，不断加强顶层设计，为老年人口提供更为完善的服务和保障。2010~2020 年，贵州省的人口失能率和失能老人规模均有所下降，其中贵州省失能老人规模降幅最大，减少了 3.93 万人[③]。由此看出，贵州省大力推进各项涉老惠老利老政策措施，老龄事业发展和养老服务体系建设取得了明显成效。2021 年起，贵州省陆续出台《贵州省养老服务条例》《"十四五"贵州省老龄事业发展和养老服务体系规划》《贵州省基本养老服务清单》等 12 个方面重要法规、政策和规划。2023 年 11 月，贵州省政府发布《贵州省推进基本养老服务体系建设实施方案》（黔府办发〔2023〕21 号），指出"确保到 2025 年，全省基本养老服务制度体系基本健全，基本养老服务清单更加完善，服务对象、内容、标准等更加清晰明确，服务供给、保障、监管等机制不断健全，基本养老服务体系覆盖全体老年人"[④]。方案进一步明确了健全贵州省基本养老服务制度体系的重点任务，压实主体责任到单位。

尽管近年来推出多项养老服务政策和方案，考虑到贵州当前经济水平较低，养老服务体系依然不够完善，许多失能老人家庭照护面临经济、心理、生理等复杂问题，这些问题均影响着家庭照护质量。随着经济社会发展水平

---

① 付思佳、张良文、方亚：《国内外长期护理保险筹资机制研究进展》，《中国公共卫生》 2021 年第 11 期。

② 国家统计局：第七次人口普查主要数据，https://www.stats.gov.cn/sj/pcsj/rkpc/d7c/ 202303/P020230301403217959330.pdf。

③ 谭睿：《中国老年人口失能状况及变化分析——基于第六次、第七次全国人口普查数据》，《卫生经济研究》2023 年第 3 期。

④ 《省人民政府办公厅关于印发〈贵州省推进基本养老服务体系建设实施方案〉的通知》（黔府办发〔2023〕21 号），https://www.guizhou.gov.cn/zwgk/zcfg/szfwj/qfbf/202312/t20231211_83336205.html。

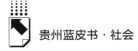
的提高、社会文明的进步，失能老人家庭照护的需求也在逐步提升。贵州失能老人家庭照护质量的好坏也决定了贵州社会整体发展水平的高低。只有了解家庭照护者所面临的具体问题和困难，才能更好地破解贵州人口老龄化、失能化的问题。本文通过统计分析 2018 年的中国老年社会追踪调查数据（以下简称"CLASS 2018"），以贵州某些县、乡失能老人家庭的访谈资料作为补充，深入了解贵州省失能老人家庭照护质量现状及问题，并提出针对性的对策建议。

二 数据与变量

（一）资料来源

本文基于 CLASS 2018 数据展开定量分析。该调查范围覆盖中国大陆的 28 个省（自治区、直辖市），收集了中国 60 周岁及以上的老年人在健康、家庭状况、社会背景以及经济状况等方面的信息。本文运用 SPSS 27.0 软件对数据进行处理，在对关键变量缺失的样本进行剔除和多重插补后，共得到失能老人有效样本 1404 个。在此基础上，本文通过整理对贵州省的部分县乡地区失能老人家庭的入户访谈资料，试图从家庭照顾者的角度分析影响失能老人家庭照护的因素。

（二）研究对象

本研究关注的是失能老人的家庭照护质量，采用卡茨（Katz）日常生活功能指数量表来衡量老人的失能程度。定量研究选取年龄 ≥ 60 周岁，将在日常生活活动能力量表的穿衣、洗澡、吃饭、控制大小便、上厕所和室内活动六项指标中，有一项及以上需要帮助的老人认定为失能老人。为了更好地了解失能老人的基本情况，本文将从失能老人的性别、年龄、婚姻状况、文化程度、居住地和养老保险等多个方面展开全面的分析和探讨（见表 1、表 2）。

表 1　失能老人的性别、年龄和婚姻状况

单位：人，%

项目	性别		年龄				婚姻状况			
组别	男	女	60～69岁	70～79岁	80～89岁	90岁及以上	已婚有配偶	丧偶	离婚	未婚
人数	596	808	378	543	414	69	789	593	9	13
百分比	42.5	57.5	26.9	38.7	29.5	4.9	56.2	42.3	0.6	0.9

资料来源：2018 年中国老年社会追踪调查数据。

表 2　失能老人的文化程度、居住地和养老保险情况

单位：人，%

项目	文化程度					居住地		养老保险	
组别	小学及以下	初中	高中/中专	大专	本科及以上	农村	城镇	无	有
人数	1068	262	56	15	3	570	834	133	1271
百分比	76.1	18.7	4.0	1.0	0.2	40.6	59.4	9.5	90.5

资料来源：2018 年中国老年社会追踪调查数据。

一是女性老年人的失能比例较高。在失能老人的样本中，男性失能老人有 596 例，女性失能老人有 808 例，女性老年人的失能比例往往高于男性老年人。这可能与女性平均寿命较长有关。女性在生理构造上的特殊性可能在老年时期会对女性的身体造成一定的影响。例如，女性在更年期后，卵巢功能逐渐减退，雌激素水平下降，可能导致骨质疏松、心血管疾病等健康问题的风险增加。这些健康问题可能进一步导致女性老年人失能的风险增加。

二是失能老人的年龄范围广。失能老人的年龄范围在 60～104 岁，年龄最小的失能老人为 60 岁，年龄最大的失能老人为 104 岁。其中，60～69 岁378 例（26.9%），70～79 岁 543 例（38.7%），80～89 岁 414 例（29.5%），90 岁及以上 69 例（4.9%）。

三是失能老人的婚姻状况多样。其中，已婚有配偶和丧偶的失能老人占

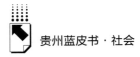

绝大部分。在失能老人样本中，已婚有配偶的失能老人有789例（56.2%），丧偶的失能老人有593例（42.3%），离婚的失能老人有9例（0.6%），未婚的失能老人有13例（0.9%）。

四是失能老人文化程度普遍较低。样本中的小学及以下失能老年人1068例（76.1%），初中262例（18.7%），高中/中专56例（4.0%），大专15例（1.0%），本科及以上3例（0.2%）。

五是失能人口比例为城镇高于农村。该样本中农村失能老人有570例（40.6%），城镇失能老人有834例（59.4%）。可见，城镇的失能老人比例高于农村地区。

六是养老保险覆盖广。在该样本中，有养老保险的失能老人为1271例（90.5%），有133例失能老人没有养老保险（9.5%）。

（三）变量测量

本文的关键变量是"家庭照护质量"。为了多维度评价失能老人家庭照护质量，本文在参考了SF-36健康调查量表、日常生活活动能力量表（ADL）和家庭照护质量评价量表的基础上，决定从居住环境、总体健康、活动能力、心理健康、跌倒疼痛、家庭支持、社会参与和满意度等8个维度来构建衡量指标，并据此计算出失能老人家庭照护质量评分，本次研究量表的Cronbach's α与KMO值均大于0.5，信度和效度达标，变量及测量指标见表3。

表3 变量及测量指标

维度	测量指标	维度	测量指标
居住环境	室内设备及光照	跌倒疼痛	身体疼痛和摔倒次数
总体健康	身体健康状况及变化	家庭支持	家庭互动网络、亲密关系、可利用资源
活动能力	ADL指标		
心理健康	饮食状况、睡眠状况、情绪状况、自我感觉	社会参与	劳动参与、志愿参与、娱乐参与
		满意度	生活质量、家庭照护

资料来源：2018年中国老年社会追踪调查数据。

三 失能老人家庭照护质量评价

（一）失能老人家庭照护整体质量

从整体上看，贵州失能老人家庭照护质量的平均得分为 65.85±6.60 分，处于中等水平。这表明，在失能老人的家庭环境中，一些基本的照护活动得到了较好的执行。家庭照护者能够在一定程度上满足失能老人的基本照护需求，为其提供必要的日常生活照顾。然而，家庭照护质量的平均得分距离满分还有较大的差距，需要进一步改进和提升。在失能老人家庭照护质量各维度中，社会参与维度中的劳动参与、志愿参与和娱乐参与三个条目得分最低，表明在鼓励和促进失能老人参与社会活动方面存在明显的不足。劳动频率、照护频率和照护满意度三个条目得分最高，家庭照护者在这些方面做得相对较好。这表明家庭照护者对失能老人的日常生活照顾比较周到，能够满足其基本的日常生活需求。

（二）各维度失能老人家庭照护质量

以上所得失能老人家庭照护质量评分是综合评估结果，涵盖了失能老人的居住环境、总体健康、活动能力、心理健康、跌倒疼痛、家庭支持、社会参与和满意度等多个维度。通过全面了解具体维度的情况，可以更好地了解失能老人照护质量，并提供更加精准和个性化的家庭照护服务。

1. 居住环境

居住环境维度主要评估失能老人居住环境的安全性、舒适性和便利性，这包括房屋设施的配备和光照等。在失能老人家庭照护质量中，居住环境是一个重要的方面。根据调查数据，失能老人居住环境的平均分为 6.26±1.06 分。这表明失能老人的居住环境质量有待提高。在居住环境方面，一些关键设施的配备率较低，如紧急呼叫装置的配备率仅为 10.3%，这可能会给失能老人的安全带来隐患，使他们在紧急情况下难以得到帮助。浴室及厕所的配备率分别为58.9%和69.3%。此外，有13.4%的失能老人居住的房屋存在光线昏暗问题，这不仅会影响失能老人的日常生活，还可能对其心理健康造成负面的影响。在访谈中，也有一些失能老人反映居住条件差，环境适老化条件有待改善。这进一步印证了居住环境质量对失能老人家庭照护质量的影响。

2. 总体健康

总体健康维度关注失能老人目前的健康状况与家庭照护对健康状况的改变。在失能老人家庭照护质量中，失能老人总体健康的平均分为2.90±1.03分，失能老人的健康状况一般。失能老人在对自己目前的健康状况进行自我评价时，大部分（40.2%）失能老人表示自己目前不健康，35.9%的失能老人健康状况一般，只有少数（23.9%）失能老人认为自己目前身体健康。这表明失能老人普遍存在健康问题。受照护者缺乏专业的照护技能和经验的影响[1]，失能老人在与上年的健康状况比较时，多数失能老人的健康状况并没有明显改善，甚至有恶化的趋势，1404个失能老人样本中仅有55位失能老人表示自己与上年相比健康状况变好了（见表4）。

表4 不同失能程度老人的健康状况

单位：人，%

项 目	目前健康状况			和上年相比健康状况			人数	百分比
失能程度	不健康	一般	健康	变差了	差不多	变好了		
轻度失能	344	419	284	417	579	51	1047	74.6
中度失能	91	51	30	103	68	1	172	12.2
重度失能	129	34	22	128	54	3	185	13.2
人数	564	504	336	648	701	55	1404	100.0
百分比	40.2	35.9	23.9	46.2	49.9	3.9	100.0	—

资料来源：2018年中国老年社会追踪调查数据。

3. 活动能力

活动能力维度主要评估失能老人的日常活动能力，包括穿衣、洗澡、吃

---

[1] 毛智慧、李魏、孙晓婷：《"喘息服务"对失能老人及其照护者生活质量和照护负担的影响》，《护理研究》2018年第19期。

饭、控制大小便、上厕所和室内活动六项指标。在失能老人家庭照护质量中，失能老人的活动能力平均分为 17.07±3.10 分，这表明失能老人的活动能力整体水平较低。同时，绝大多数失能老人的失能程度并不高。表 4 显示，轻度失能的人数最多（1047 人，74.6%），远远超过半数，中度失能（172 人，12.2%）和重度失能（185 人，13.2%）的老人较少。这些数据表明，对于失能老人来说，维持或提高其活动能力是非常重要的。

4. 心理健康

心理健康维度主要关注失能老人在饮食、睡眠、情绪和自我感觉上的状态。在失能老人家庭照护质量中，失能老人心理健康的平均分为 12.46±2.54 分，整体水平较低。这表明失能老人在饮食、睡眠、情绪和自我感觉方面存在一定的问题。具体来说，有 270 位（19.2%）失能老人在过去一周觉得自己的心情不好，这可能是因为他们面临了一些生活上的困难或者身体上的不适，需要更多的关心和陪伴。有 614 位（43.7%）失能老人觉得孤独，这可能与失能老人缺乏社交活动或者亲密关系有关。有 544 位（38.7%）失能老人食欲低，不想吃东西。有 414 位（29.5%）失能老人睡眠不好，这可能是因为他们面临一些生活上的压力或者身体上的不适。有 419 位（29.8%）失能老人认为自己不中用了，这可能是因为他们感到自己失去了独立性和自尊心，需要更多的支持和鼓励。有 508 位（36.2%）失能老人觉得生活无聊，无事可做，这可能是因为他们缺乏有趣的活动和娱乐方式。

5. 跌倒疼痛

跌倒疼痛维度主要评估失能老人是否有跌倒后身体疼痛的行为和风险。在失能老人家庭照护质量中，失能老人跌倒疼痛的平均分为 2.92±0.74 分。同时，有相当一部分（861 人，61.3%）失能老人在一个月内感觉到身体疼痛，有近 1/3（412 人，29.3%）的失能老人在一年内摔倒过，其中 7.6% 的失能老人摔倒过两次及以上。这些数据表明，失能老人在家庭照护中面临跌倒和身体疼痛的问题，这可能会对他们的家庭照护质量产生负面影响（见图 1）。

6. 家庭支持

家庭支持维度主要评估失能老人的家庭成员或照护者对失能老人的支持

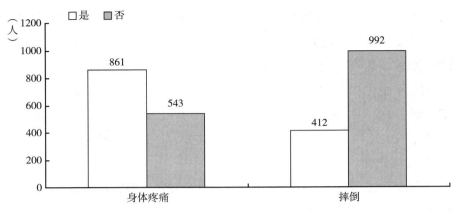

图1 失能老人跌倒疼痛人数

程度。在失能老人家庭照护质量中，失能老人家庭支持的平均分为14.47±3.80分。这个结果表明，家庭成员或照护者对失能老人的支持程度有待提高。家庭支持是失能老人在家庭照护中非常重要的一个方面。家庭成员或照护者的支持不仅包括提供日常生活的照顾，还包括情感上的支持和交流。良好的家庭支持可以帮助失能老人更好地应对生活中的挑战，提高他们的生活质量。

在失能老人的家庭结构方面我们发现，与失能老人同吃住的人数平均值为2.84，这意味着每一位失能老人都与2~3个人同吃住。其中与配偶、伴侣同吃住的人数最多（67.9%），其次是与子女及其配偶同吃住（52.8%）和与孙辈同吃住（40.9%），与曾孙辈同吃住的失能老人最少，仅有29人（2.1%）。在失能老人的家庭结构中，与失能老人居住的家庭成员往往就是家庭照顾者，承担着主要的生活起居照料功能（见表5）。

表5 失能老人同吃住的家庭成员

单位：人，%

同吃住家庭成员	人数	百分比
配偶、伴侣	954	67.9
子女及其配偶	741	52.8
父辈	156	11.1
兄弟姐妹	143	10.2

续表

同吃住家庭成员	人数	百分比
孙辈	574	40.9
曾孙辈	29	2.1
保姆	165	11.8
旁系亲戚	138	9.8

资料来源：2018 年中国老年社会追踪调查数据。

在 1404 个失能老人样本中，有 404 位失能老人有日常生活起居照料的需求，其中有 390 位失能老人的生活起居照料需求得到满足，还有 14 位失能老人无人照料。失能老人的生活起居照顾者主要是其直系家庭成员，其中大部分失能老人的配偶、子女和儿媳能够提供每周一次及以上的帮助，承担了主要的生活起居照料责任；其次是其他亲属、女婿、（外）孙子女及其配偶也会提供少量的帮助（见图 2）。

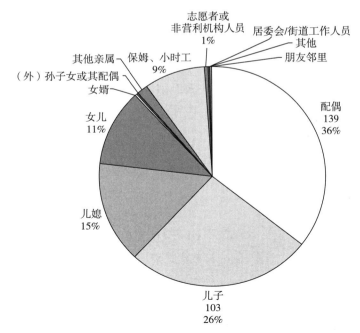

图 2 失能老人主要家庭照顾者

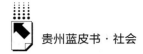

数据显示，该样本中有 620 位失能老人在一定程度上需要别人帮助做家务，但只有 580 位失能老人得到了家务帮助，家务帮助的供给未能完全满足失能老人的需求。在 580 位获得家务服务的失能老人中，超过半数的失能老人需要 3 个帮忙做家务的照顾者。由此发现失能老人对帮忙做家务的照顾需求比较大。失能老人配偶、子女及其配偶是家务的主要承担者，其中大多数的失能老人配偶和儿媳能够提供几乎天天的家务帮助。这可能是因为在传统"养儿防老"的养老观念和家庭男女分工的意识下，更多老人选择与儿子的家庭一起生活，而女性在家庭中又常常被视为家务的承担者。除此之外，家庭经济状况较好的家庭也会由保姆和小时工负责照顾，提供家务帮助的频率也很高。在失能老人对家务帮助的满意度方面，满意度最高的是（外）孙子女或其配偶，其次是女儿和志愿者。

在家庭互动方面，绝大多数失能老人平均一个月可以与 3 个家人和亲戚见面或联系，和 2 个家人和亲戚放心地谈自己的私事。当老人需要帮助时，有 2~3 个家人和亲戚可以为其提供帮助，有 7% 左右的失能老人缺少家人和亲戚的支持。另外，有 195 位失能老人表示其家庭照顾者存在照料不周的行为。其中，有 76 位失能老人表示其家人长期不来探望、问候，不和老人说话；有 51 位失能老人表示其家人不提供基本生活费，私自挪用老人的钱款；有 110 位失能老人表示在需要时得不到家人的照顾；有 27 位失能老人表示遭受过家人的侮辱、谩骂、恐吓，甚至是殴打；有 16 位失能老人表示家人没有为其提供固定的住所；有 24 位失能老人表示其家人提供的餐食吃不饱，又或者是吃得很差。

7. 社会参与

社会参与维度主要评估失能老人参与社会活动的程度，包括劳动参与、志愿参与和娱乐参与。在失能老人家庭照护质量中，失能老人社会参与的平均分为 0.93±0.86 分，在各维度中得分最低。尽管有一部分失能老人仍在参与劳动工作、志愿活动和娱乐活动，但整体而言，失能老人的社会参与程度较低。在失能老人样本中，有 221 位（15.7%）失能老人仍在参与劳动工作，有 492 位（35.0%）失能老人参与过志愿活动，有 1186 位（84.5%）

失能老人参与过娱乐活动。社会参与对失能老人的心理健康和生活质量具有重要意义①。通过参与社会活动，失能老人可以保持与社会的联系，增加社交互动，提高自尊心和自信心。同时，社会参与也可以为失能老人提供更多的机会来发挥自己的能力和特长，增加生活的乐趣和意义。

8. 满意度

满意度维度旨在了解失能老人的总体满意度，主要包括对生活质量、家庭照护等方面的评价。在失能老人家庭照护质量中，失能老人满意度的平均分为 8.84±2.78 分。这个结果表明，失能老人的总体满意度有待提高。

（1）失能老人生活质量满意度

从总体上看，失能老人的生活质量满意度较高。在失能老人样本中，有 238 位（17%）失能老人对目前的生活很满意，有 583 位（41.5%）失能老人比较满意，有 387 位（27.6%）失能老人表示目前生活满意度一般，有 165 位（11.7%）失能老人比较不满意，有 31 位（2.2%）失能老人很不满意。这说明还有一部分失能老人的生活质量有待提高。当问及失能老人对目前生活最不满意的方面时，有 633 位失能老人表示"没有不满意"。在 771 位对生活不满意的方面中，身体健康状况不好是主要因素（428 人，55.5%），其次是钱不够用（152 人，19.7%），最后是生活太寂寞（59 人，7.7%）。

（2）失能老人家庭照护质量满意度

总体来说，失能老人对居家照料的满意度较高，但对不同家庭成员的照护满意度有所不同。从数据来看（见表 6），大部分失能老人对家庭照护质量是比较满意或很满意的，其中很满意的比例达到了 42.3%。同时，比较满意的比例也高达 41.1%。然而，也有一部分失能老人对家庭照护质量感到不太满意，其中比较不满意和很不满意的比例分别为 4.2% 和 2.0%。这表明在家庭照护中仍存在一些问题需要改进，以提升失能老人的生活质量。

在 1404 位失能老人样本中，仅有 404 位失能老人需要起居照顾，有 390

---

① 戴诗：《运用增能理论视角探析城市社区失能老人的居家养老模式》，《社会福利》（理论版）2014 年第 2 期。

位失能老人有人照护。下面，本文以有人照护的 390 位失能老人为基数，通过统计分析失能老人的主要照护者，比对失能老人对其"比较满意"和"很满意"的满意度。我们发现，失能老人对志愿者（90%）的照料最为满意，其次是其他亲属（88.3%）和（外）孙子女及其配偶（86.9%）。相比之下，失能老人对女婿的满意度最低（74%），这可能与家庭关系、沟通方式等方面的问题有关。具体如下。

表 6　失能老人家庭照护质量满意度

单位：人

主要照护者	满意度					总计
	很不满意	比较不满意	一般	比较满意	很满意	
配　偶	5(3.0%)	9(5.4%)	11(6.6%)	49(29.5%)	92(55.4%)	166
儿　子	4(1.6%)	11(4.5%)	26(10.6%)	113(45.9%)	92(37.4%)	246
儿　媳	1(0.5%)	9(4.7%)	21(11.1%)	79(41.6%)	80(42.1%)	190
女　儿	5(3.7%)	4(2.9%)	15(11.0%)	55(40.4%)	57(41.9%)	136
女　婿	3(11.1%)	0	4(14.8%)	11(40.7%)	9(33.3%)	27
（外）孙子女或其配偶	0	2(4.3%)	4(8.7%)	22(47.8%)	18(39.1%)	46
其他亲属	0	0	2(11.8%)	7(41.2%)	8(47.1%)	17
朋　友	0	0	1(16.7%)	1(16.7%)	4(66.7%)	6
保　姆	0	2(4.4%)	8(17.8%)	24(53.3%)	11(24.4%)	45
志愿者	0	1(10.0%)	0	5(50.0%)	4(40.0%)	10
居委会	0	0	1(16.7%)	2(33.3%)	3(50.0%)	6
其他人	0	0	0	0	1(100.0%)	1
总　计	18(2.0%)	38(4.2%)	93(10.4%)	368(41.1%)	379(42.3%)	896

资料来源：2018 年中国老年社会追踪调查数据。

在 390 个有家庭照护的失能老人样本中，有 166 位失能老人由其配偶照料，大部分失能老人对其配偶提供的家庭照护表示很满意和比较满意。具体来说，超过半数（55.4%）的失能老人对其配偶提供的家庭照护表示很满意。此外，29.5%的失能老人比较满意，6.6%的失能老人表示其配偶提供的家庭照护一般，5.4%的失能老人比较不满意，而很不满意的失能老人占 3.0%。这些数据表明，大部分失能老人在家庭中得到了良好的照护和支持，这可能与配偶的积极付出、良好的沟通和理解以及专业的照顾服务有关。然而，也有一部分失能老人对家庭照护表示不太满意，这可能需要进一步关注和改进。

有 246 位失能老人由儿子照料，大多数失能老人对儿子的照护表示比较满意（45.9%）和很满意（37.4%），这表明儿子在家庭照护中扮演着重要的角色，并且他们的照护得到了失能老人的认可。然而，也有一部分失能老人对儿子提供的家庭照护表示不太满意，其中 4.5% 的失能老人表示比较不满意，1.6% 的失能老人表示很不满意。

有 190 位失能老人由儿媳照料，大多数失能老人对儿媳的照护表示比较满意（41.6%）和很满意（42.1%），然而，也有一部分失能老人对儿媳提供的家庭照护表示不太满意，其中 4.7% 的失能老人表示比较不满意，0.5% 的失能老人表示很不满意。此外，值得注意的是，与儿子相比，老人对儿媳在家庭照护中的满意度略高一些。

有 136 位失能老人由女儿照料，大多数失能老人对女儿的照护表示比较满意（40.4%）和很满意（41.9%），这表明女儿在家庭照护中也有着重要的作用，并且她们的照护质量得到了失能老人的认可。然而，也有一部分失能老人对女儿提供的家庭照护表示不太满意，其中 2.9% 的失能老人表示比较不满意，3.7% 的失能老人表示很不满意。

有 27 位失能老人由女婿照料。大多数失能老人对女婿的照护表示比较满意（40.7%）和很满意（33.3%），然而，有 11.1% 的失能老人对女婿提供的家庭照护表示很不满意，这表明在女婿提供的家庭照护中存在一些问题或挑战。此外，值得注意的是，与儿子、儿媳和女儿相比，女婿在家庭照护中的满意度较低。这可能与女婿在家庭中的角色和责任有关，也可能与女婿在照护过程中的表现和与失能老人的互动方式有关。

有 46 位失能老人由（外）孙子女或其配偶照料。大多数失能老人对（外）孙子女或其配偶的照护表示比较满意（47.8%）和很满意（39.1%）。然而，也有 4.3% 的失能老人对（外）孙子女或其配偶提供的家庭照护表示比较不满意。

有 17 位失能老人由其他亲属照料。大多数失能老人对其他亲属的照护表示比较满意（41.2%）和很满意（47.1%），这表明其他亲属在家庭照护中也有着一定的作用。

（三）不同失能程度的照护质量差异

1.不同失能程度的家庭照护质量评分差异

不同失能程度的老人之间存在显著的照护质量评分差异。轻度失能老人的家庭照护质量评分均值最高，为67.321分；中度失能老人的家庭照护质量评分均值为66.418分；重度失能老人的家庭照护质量评分均值最低，为62.792分。由于方差分析结果显著，这表明不同失能程度的老人在家庭照护质量评分上存在显著差异。轻度失能老人的家庭照护质量评分明显高于中度失能和重度失能老人。这种差异可能是不同失能程度老人的需求和状况不同所导致的。轻度失能老人可能更容易适应和接受家庭照护，而中度失能和重度失能老人可能需要更多的专业护理和关注（见表7）。

表7　失能老人家庭照护质量评分差异

单位：分

变量名	变量值	样本量（人）	平均值	标准差	方差检验
家庭照护质量评分	轻度失能	285	67.321	6.232	$F = 27.268$ $P = 0.000$ ***
	中度失能	133	66.418	5.898	
	重度失能	162	62.792	6.774	
总计		580	65.849	6.595	

*** 表示 P<0.001。

资料来源：2018年中国老年社会追踪调查数据。

2.不同失能程度上各维度对家庭照护质量的影响

不同失能程度的老人家庭照护质量产生差异的原因是多方面的。通过分析失能老人在各维度评分上的差异，可探究造成家庭照护质量差异的原因。从总体上看，各维度都在一定程度上影响了失能老人的家庭照护质量，但在对不同失能程度老人的影响上具有一些差异（见表8）。

表 8　失能老人各维度对家庭照护质量的影响

失能程度	居住环境	总体健康	活动能力	精神健康	跌倒疼痛	满意度	家庭支持	社会参与
轻度失能	0.280**	0.168**	0.008	0.426**	0.256**	0.604**	0.749**	0.176**
中度失能	0.265**	0.150	0.156	0.295**	0.176**	0.498**	0.738**	0.066
重度失能	0.315**	0.209**	0.580*	0.30**	0.061	0.564**	0.655**	0.103

注：** 表示 P<0.01，* 表示 P<0.05。满意度是个人生活满意度和照护质量满意度的总和。

资料来源：2018 年中国老年社会追踪调查数据。

（1）轻度失能老人各维度对家庭照护质量的影响

在轻度失能老人群体中，除了活动能力对轻度失能老人家庭照护质量的影响并不显著之外，其他 7 个维度均对轻度失能老人家庭照护质量具有显著影响。这可能是因为轻度失能老人的活动能力相对较好，对家庭照护的需求和依赖程度较低。相比之下，其他因素可能对轻度失能老人的家庭照护质量产生更大的影响。

家庭支持对轻度失能老人家庭照护质量的影响程度最大，影响系数为0.749。这意味着家庭支持对轻度失能老人的家庭照护质量起着至关重要的作用。家庭成员提供的支持和照顾能够满足老人的基本需求，帮助他们应对生活中的挑战和困难，提高他们的生活质量和幸福感。满意度对轻度失能老人家庭照护质量的影响程度次之，影响系数为0.604。满意度反映了老人对照护服务的质量和效果的认可程度。提高满意度可以增强老人对家庭照护的信任和依赖，促使他们更加积极地参与家庭照护活动，从而提高照护质量。精神健康对轻度失能老人家庭照护质量的影响系数为0.426，影响程度排在第三位。这表明关注轻度失能老人的精神健康对于提高家庭照护质量非常重要。精神健康问题可能会影响老人的心理状态和生活质量，进而影响家庭照护的效果。

总体健康对轻度失能老人家庭照护质量的影响程度最小，影响系数为0.168。尽管总体健康对家庭照护质量的影响相对较小，但保持轻度失能老人的总体健康仍然是重要的。

（2）中度失能老人各维度对家庭照护质量的影响

在中度失能老人群体中，居住环境、精神健康、跌倒疼痛、满意度、家

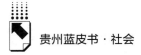

庭支持5个因素对中度失能老人家庭照护质量影响显著，而总体健康、活动能力和社会参与对中度失能老人家庭照护质量的影响并不显著。

在影响中度失能老人家庭照护质量的各维度中，家庭支持的影响程度最大，影响系数为0.738。这表明家庭成员提供的支持和照顾对中度失能老人的生活质量起着至关重要的作用。家庭支持可以帮助老人应对生活中的挑战和困难，满足他们的基本需求，提高他们的生活质量和幸福感。满意度对中度失能老人家庭照护质量的影响程度次之，影响系数为0.498。提高满意度可以增强老人对家庭照护的信任和依赖，促使他们更加积极地参与家庭照护活动，从而提高照护质量。精神健康对中度失能老人家庭照护质量的影响系数为0.295，影响程度排在第三位。关注中度失能老人的精神健康对于提高家庭照护质量非常重要。精神健康问题可能会影响老人的心理状态和生活质量，进而影响家庭照护的效果。因此，提供必要的心理支持和关怀可以帮助老人保持良好的精神状态，提高家庭照护质量。

在5个因素中跌倒疼痛的影响系数为0.176，影响程度最小。虽然跌倒疼痛对中度失能老人家庭照护质量的影响较小，但仍然需要关注和预防跌倒事件的发生。跌倒可能会给老人带来身体上的伤害和心理上的负担，影响他们的生活质量和家庭照护效果。

（3）重度失能老人各维度对家庭照护质量的影响

在重度失能老人群体中，跌倒疼痛和社会参与对重度失能老人家庭照护质量的影响并不显著，其他6个因素则较为显著。这可能是因为重度失能老人受身体状况和健康状况的限制，容易发生跌倒，同时也影响了他们参与社会活动的能力。家庭照护者可能会将更多的精力和资源投入老人的身体健康和日常生活的基本需求中，而忽略了重度失能老人社会参与，导致社会参与在家庭照护中的地位相对较低。

在影响重度失能老人家庭照护质量的各维度中，家庭支持的影响系数最大，为0.655。这表明家庭支持在提高家庭照护质量方面起着至关重要的作用。在重度失能老人的家庭照护中，由于重度失能老人几乎完全丧失生活自理能力，其家庭照护者提供的支持和照顾对于满足老人的基本需求、解决生活中的问题和困难具有决定性的影响。活动能力的影响系数为 0.580，位列第二。保持和恢复一定的活动能力对于提高家庭照护质量至关重要。在重度失能老人中，由于身体功能的严重受损，许多老人可能面临肌肉萎缩、关节僵硬等问题，出现活动能力受限。通过适当的康复训练和活动能力训练，可以帮助老人增强肌肉力量、提高平衡能力、改善生活质量等。满意度的影响系数为 0.564，排名第三。满意度是评价家庭照护质量的重要指标之一。提高满意度可以增强老人对家庭照护的信任和依赖，促使他们更加积极地参与家庭照护活动。

四　失能老人家庭照护质量的主要问题

（一）失能老人照护需求大，照护内容单一

失能老人由于身体机能的衰退和活动能力的下降，往往需要更多的日常生活照护。然而，在现实中，许多家庭在满足失能老人的照护需求时面临着一些困境。其中，照护需求大与照护内容单一的问题尤为突出。

1. 失能老人的总体家庭照护需求大

失能老人的失能程度和活动能力关系失能老人的家庭照护质量。失能老人的自理能力越弱，其对家庭照护的需求也就越大，在家庭照护的服务内容和专业技能方面的要求也比轻度失能的老人要求高，家庭照顾者的工作量随之增加。访谈对象表示"平时照料的少，但有时候天气变化了容易发病，需要接回家贴身照料"（ZP20231010）。失能老人家庭照护需求主要体现在以下几个方面。一是生理需求。失能老人的身体机能下降，日常生活能力受限，需要更多的照顾和帮助。如洗澡、穿衣、进食等基本生活需求都需要他人的协助。二是心理需求。失能老人可能会感到焦虑、不安和孤独，需要更多的关心和陪伴。他们可能因为无法自理而感到自卑和无助，需要得到他人的鼓励和支持。三是医疗需求。失能老人往往需要更多的医疗照顾和治疗，包括定期检查、药物治疗、康复训练等。需要定期联系医生，安排就诊时

间，以及监督药物的服用等。四是社会交往需求。失能老人需要更多的社交互动和交流，以保持社交联系和心理满足。他们可能无法外出参加社交活动，需要家庭成员或照顾者的陪伴和关注。

2. 女性老年人面临的失能问题较为严重

在本次调查的失能老人样本中，有57.5%的失能老人是女性，42.5%的失能老人是男性。我国社会老龄化进程的加快以及家庭结构变化等，导致许多高龄女性老年人面临失能状态。通常情况下，女性的平均寿命比男性更长，这也导致女性的丧偶率相对于男性更高。许多年轻女性不仅要负责家庭琐事，还需要进行各种体力劳动，这无疑给她们在老年阶段的身体和心理健康方面带来了潜在的风险。在生理和心理方面，女性老年人更有可能遭遇各种问题。然而，在现实生活中，女性失能老人作为老年群体中的一个易受伤害的群体，却常常被忽略。

3. 家庭照护内容和服务单一

失能老人家庭照护内容不够全面、服务缺乏多样性的困境主要表现在以下几个方面。

一是日常生活照顾占据主导。目前，家庭照护服务集中在对老人日常生活的照顾，如饮食、洗浴、穿衣等，而对于失能老人的其他需求，如心理疏导、康复训练等关注不足。

二是缺乏专业医疗服务。一些失能老人需要专业的医疗服务，如定期检查、药物治疗等，但家庭照护服务提供者往往缺乏相关的医疗知识和技能，难以满足这些需求。

三是忽视精神关怀。目前的家庭照护对于精神层面的关注相对较少。除了物质层面的照护，失能老人也需要精神关怀，如心理疏导、亲情陪伴等。然而，目前家庭照护服务在这方面的关注度明显不足。

四是个性化需求难以满足。每个失能老人的情况都是不同的，他们可能有特殊的照护需求。然而，家庭成员或照顾者可能因为缺乏专业知识，而无法为失能老人提供多元化的照护服务，很难满足他们的个性化需求。

总之，失能老人的照护需求是一个复杂的问题，需要多方面的努力与合作来解决。通过专业的照护服务、加强对照护者的培训和教育以及利用社会支持网络等措施，可以更好地满足失能老人的照护需求，提高他们的生活质量和社会福祉。

（二）失能老人心理状态不稳定

失能老人由于身体上的限制和健康状况的恶化，往往面临许多挑战和困难，这些困难不仅包括日常生活照护，还包括精神健康和情绪管理等方面。失能老人的精神健康和负面情绪也会对失能老人的家庭照护质量产生影响。

1. 失能老人情绪波动大

由于长期受到身体上的限制和社交活动的减少，失能老人可能会经历如焦虑、抑郁、孤独等负面情绪的困扰。同时，失能老人常常觉得自己"年老无用"，甚至自认为陷入家人负担重自己却又无能为力的两难处境。失能老人也可能会因为自己无法满足自己的基本需求而感到内疚和自责。但在家庭照护的过程中，家庭照顾者往往很难理解老人在精神和情绪上的变化[1]。不少访谈对象在被问及"家庭照护过程中您遇到最大的困境"时，认为"老人不听话、不配合""老人有时候会产生抱怨情绪"等等。长此以往，失能老人容易患上如抑郁症、焦虑症、老年痴呆症等精神疾病。这些精神疾病可能导致老人情绪低落、焦虑不安、易怒暴躁等表现。老人的情绪波动可能给家庭照护带来很大的压力，甚至导致家庭关系紧张。

2. 失能老人精神健康欠佳

失能老人可能面临如记忆力减退、思维混乱、语言障碍等认知障碍。这些认知障碍可能导致老人在日常生活中难以做出决策、完成简单的任务，甚至出现人格和行为的改变。认知障碍还可能使老人变得固执己见，难以接受他人的意见和帮助，这些问题可能会使老人变得固执、易怒、不配合家庭照护等，增加了家庭照护的难度。此外，失能老人还可能出现睡眠障碍、食欲

---

① 孟丽娜、陈丹、康成等：《失能老人家庭照顾者心理健康状况及影响因素分析》，《黑龙江科学》2019 年第 5 期。

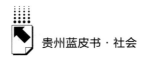

不振、生活无趣等问题。这些问题可能使老人身体状况恶化、免疫力下降，增加患其他疾病的风险。同时，失能老人可能感到自己无用和拖累家庭，产生负罪感和自卑心理，影响其心理健康。

（三）失能老人社会参与度低

失能老人社会参与度低表现为，许多失能老人受身体条件的限制，难以参与正常的社交活动和社区事务。他们可能面临出行困难、行动不便等问题，难以自主地参与到社会生活中。这导致他们缺乏与他人的交流和互动，生活变得单调和乏味。

失能老人社会参与度低的原因是多方面的，其中自身社会参与意愿低是一个重要的因素。失能老人由于身体上的限制和健康状况的下降，可能感到难以参与社会活动，或者缺乏参与社会活动的动力和资源。此外，一些失能老人可能感到孤独和无助，缺乏社交支持和交流，导致他们不愿意参与社会活动。

家庭成员及照护者对失能老人的态度直接影响失能老人的社会参与度。家庭成员可能对失能老人存在偏见或忽视，导致他们受到歧视和排斥。这种态度可能使失能老人感到无助和自卑，进一步降低他们的社会参与意愿。家庭照护者在照顾失能老人的过程中，常常面临精力和安全方面的挑战。为了减少照顾老人付出的精力并确保失能老人的安全，家庭照顾者可能会采取限制老人外出活动的措施。这种限制可能是出于对老人身体状况的担忧，以及对安全风险的评估。在调查样本中，有58位失能老人表示其家人会限制其活动范围和空间，不允许其出家门。然而，这种限制可能会对失能老人的社会参与度产生负面影响。长期限制外出活动可能导致失能老人缺乏社交互动和参与社区事务的机会，从而降低他们的生活质量和社会福祉。

社会对失能老人的支持和包容度有限，也制约了失能老人的社会参与。社会提供的针对失能老人的活动和资源有限，缺乏专门针对他们的社交平台和机会。这使得失能老人难以找到适合自己的社交活动，无法满足他们的社交需求。

总体而言，失能老人在社会参与方面面临多重困境。他们不仅受到身体条件的限制，还可能遭受社会的忽视和家庭的排斥。这导致他们难以融入社会，享受应有的社交生活。

（四）居住环境较差，适老化设备不完善

失能老人居住环境较差，适老化设备不完善，这是一个亟待解决的问题。许多失能老人的居住环境并不理想，可能存在设施陈旧、空间狭小、缺乏适老化设备等问题。这不仅影响了他们的生活质量，还可能对他们的健康和安全造成威胁。

针对失能老人的特殊需求，如卫生间、卧室等设施的适老化改造，以及辅助器具的配备等，都显得尤为重要。然而，由于各种原因，如经济条件、政策支持不足等，许多失能老人可能无法获得必要的适老化设备。这导致他们在日常生活中面临诸多不便，如上下楼梯、洗澡、如厕等。尽管政府已经采取措施帮助和推动适老化设备的建设和配备，但目前部分设施的建设仍未完成，且存在正常有效使用的问题。这表明政府在适老化设备建设和配备方面仍需加大力度，确保设施的建设质量和有效使用。访谈对象就曾反映过"老人居住环境的无障碍设施改造，比如这个台阶的围栏啊，厕所那些，虽然有厕所改造的项目，但只是修了外面的样子，没有化粪池，人在里面上厕所，外面的牛圈淹水了"（BS20231011）。

此外，家庭和社会对失能老人的支持和关注不足也是导致居住环境较差的原因之一。家庭成员或照顾者可能缺乏对适老化设备的了解和重视，没有为老人提供必要的改造和支持。同时，社会对失能老人的关注度有限，制约了适老化设备的普及和应用。

（五）家庭照护资源和功能衰退，负担过重

1. 家庭照护人员不足

由于我国早些年实行的计划生育政策，以及生育观念的变化，中国的家庭规模逐渐变小，家庭成员数量减少。这种家庭小规模化的趋势导致了一个严重的问题：当老年人需要照顾时，照护任务繁重而集中，因为家庭照护人

员严重不足，他们的子女往往难以承担照护责任。在我们的调查中，与配偶、伴侣同吃住的人数最多（67.9%），其次是与子女及其配偶同吃住（52.8%）和与孙辈同吃住（40.9%），与曾孙辈同吃住的失能老人最少，仅有29人（2.1%）。这表明，家庭成员在失能老人的照料中扮演着重要的角色。然而，随着城市化进程的加速，越来越多的年轻人为了生计离开家庭和亲人前往城市工作，无法长期陪伴在失能老人身边，这一方面减少了家庭成员为失能老人提供照护服务的机会，另一方面又导致家庭照护资源不足。

2. 家庭照顾者面临多重压力

家庭照护者常常需要长时间从事高强度的照护工作，同时还要承担家务劳动。这种持续的照护工作会给照护者的生理和心理健康带来压力。

一是照料任务重。家庭照顾者作为照顾失能老人的主要力量，他们不仅要负责照顾失能老人的基本生活需求，还需要承担家庭琐事的管理工作，这使得部分家庭照顾者面临着"上有老，下有小"的双重压力。在照顾失能老人的过程中，他们还必须关心自己的孩子，这无疑增加了家庭照护的负担，使得照护工作变得更为繁重。由于缺乏合适的护理服务和专业指导，许多失能老人不能及时得到有效的照料，从而影响了其生命质量和生活质量。此外，处于中到重度失能状态的老年人对于长期护理的需求更为迫切，同时对家庭照护的要求也更为严格。

二是经济负担重。调查结果显示，失能老人大多已经退休并有养老保险金，但这笔费用往往很难用来维持基本生活。因此家庭的经济水平对于老人的照护费用来说有很大的影响，其主要原因之一是大多数失能老人自身患有一定的慢性疾病，照顾老人需耗费巨额医疗护理费用及各项生活费用。另外，家庭照顾者居家照料失能老人挤压着照顾者个人的活动空间和时间，在一定程度上减少了家庭的劳动力，限制了照顾者的工作选择，从而也减少了家庭收入。这种现象在男性照顾者中表现得更为突出，究其原因可能是男性在家庭结构与分工中承担着更多的劳动工作。访谈对象Z先生说"照料老人影响自己出门务工、外出上班，赚不了多少钱"（YZ20231011）。"因为我要照顾老人，不能走远去打工，就只能在家附近做一些零工，现在经济收入也不是很好"（BS20231011）。然而，家庭照护对女性照顾者在劳动与家庭收入方面的影响并不大，访谈的照顾者表示"我反正就算不照顾特困人员也会在家照顾小孩，对我来说影响不大，我也在附近打零工，基本上说没得什么影响的"（YS20231011）。但长时间和高强度的照护工作会影响照顾者与失能老人的家庭情感，同时会使照顾者产生负面情绪，有访谈对象表示在日常照顾中"有时会产生抱怨情绪"（YS20231011）。

三是身心负担沉重。由于家庭照护老人的工作一般由某位家庭成员主要负责，长时间连续的照料直接影响到照顾者生理和心理的健康。从生理上来说，会出现睡眠质量差、体力受损的情况。部分失能老人家庭照料者原本健康基础较差，更无法支持对失能老人的照料。与此同时，因受各种因素的影响，家庭照顾者在照顾过程中还会因生活习惯不同不时与老人发生冲突，照顾者内心会出现焦虑和忧虑情绪。这是因为家庭照顾者在照顾失能老人的过程中，常常要面临照顾和经济压力的双重挑战，这使得他们很难抽出时间和精力与亲友交流，社交圈子也受到影响。此外，由于照顾工作繁忙，他们往往没有太多闲暇时间。这也导致一些消极情绪的滋生。另外，家庭照护者长期照料老人未得到有效理解与肯定。家庭照护者常年照料老人，与其他亲属不尽照护责任形成反差，内心委曲求全的感受无处诉说。这些复杂情感加剧了照顾者的身心负担。

（六）家庭照护缺乏专业性

失能老人的家庭照顾者缺乏专业照护和技能是一个普遍存在的困境，这给失能老人的生活质量和健康状况带来了严重的影响。失能老人尤其是中重度失能、失智老人的家庭照护必须具备较高的专业化要求，但是大多数家庭照顾人员受教育程度不高，护理经验也相对缺乏。因此，在照护老人的时候，家庭照顾者往往需要花费更多的时间和精力，而不能够有效利用一些技巧来减少不必要的体力消耗，这会加重家庭照顾者的负担。另外，不正确的照护操作还可能增加失能老人的安全风险，如发生意外跌倒、烫伤等。调查显示，许多家庭照顾者在照护失能老人时，往往仅限于基本的日常生活照料，如做饭、洗衣、打扫卫生等。虽然这些基本的生活照料对于失能老人的生活非常重要，但并不能满足失能老人的全部需求。

除了日常生活照料外，失能老人可能还需要更为专业和个性化的照护服务。对于一些失去部分活动能力的失能老人，他们可能需要进行康复训练，以恢复部分生活自理能力。家庭照顾者需要了解康复训练的方法和技巧，才能有效地协助老人进行康复。对于一些失去部分生活自理能力的失能老人，他们可能需要重新学习一些基本的生活技能，如穿衣、洗漱等。家庭照顾者需要耐心地教导老人，帮助他们逐步恢复这些生活技能。对于重度失能的老年人，他们可能需要定期接受医疗护理，如更换导尿管、胃管等。家庭照顾者往往缺乏相关的医疗知识和技能，难以提供专业的医疗护理服务。

家庭照顾者作为非正式照顾人员，多缺少必要的照护技能，也未曾接受过专业照护知识的培训。在面对失能老人的病情变化时，往往只能根据自身的生活经验来处理，这导致他们无法做出及时的预测，也无法为失能老人的康复训练提供有效的指导，这些因素都在很大程度上影响了照顾者提供的家庭照护质量[1]。

五　提升失能老人家庭照护质量的对策建议

为了进一步提高失能老人家庭照护质量，破解家庭照护中面临的诸多困境和难题，构建失能老人家庭照护支持体系，应进一步保障家庭照顾者的合法权益，加强对家庭照顾者的知识和技能培训，以家庭为核心吸引更多社会支持力量的参与。

（一）建立失能老人家庭照护补贴制度

针对失能老人家庭照护者繁重的经济负担，政府可以通过建立完善的补

---

① 蒋楠楠、谢晖、徐淑秀等：《失能老人家庭照护质量影响因素的研究》，《齐齐哈尔医学院学报》2015年第23期。

贴制度，为失能老人家庭提供必要的经济支持，减轻家庭照护负担，同时提高家庭照护人员的积极性和服务质量。政府应通过建立科学评估体系、多渠道筹资机制、动态调整机制，以及加强监管和评估，探索福利政策衔接等，为失能老人家庭提供更好的经济支持和服务保障，从而提高失能老人家庭照护质量。

一要建立科学的评估体系，确定补贴的对象和标准，确保补贴制度公平与合理。补贴对象应包括失能老人家庭照护者或专业照护人员等，根据失能老人的失能程度、照护需求、家庭照护结构、照护时间及工作量等因素确定补贴标准。同时应该考虑不同地区的生活成本差异，制定合理的补贴金额。

二要建立多渠道筹资机制。建立多渠道筹资机制，为失能老人家庭照护补贴提供充足的资金来源。可以通过政府财政拨款、社会捐赠、福利彩票等多种渠道筹集资金，确保补贴制度的可持续性和稳定性。

三要建立动态调整机制[①]。失能老人的照护需求是随着年龄、健康状况等因素的变化而变化的。因此，补贴制度应建立动态调整机制，根据失能老人的照护需求和家庭经济状况等因素，及时调整补贴金额。这样可以更好地满足失能老人家庭的实际需求，提高补贴的针对性和有效性。

四要加强监管和评估。政府应加强对失能老人家庭照护补贴制度的监管和评估，确保制度的有效实施和资金使用的合规性。可以建立专门的监管机构或委托第三方机构进行监督，定期对补贴的使用情况进行审计和评估。

五要探索与其他福利政策的衔接。探索失能老人家庭照护补贴制度与其他相关福利政策的衔接，如医疗保险、养老保险等。通过政策之间的衔接和配合，形成政策合力，更好地保障失能老人家庭的基本生活需求。

（二）增加家庭照护知识和技能培训

增加家庭照护知识和技能培训是提高失能老人家庭照护质量的重要措施

---

① 王群、丁心蕊、刘弘毅等：《我国长期护理保险制度试点方案分析》，《卫生经济研究》2018 年第 6 期。

之一，对于提高家庭照护的质量具有重要意义。通过培训，家庭照护者可以更好地了解失能老人的需求和特点，掌握专业的照护知识和技能，更好地应对日常照护中的挑战和问题。

一是制订培训计划，增加培训内容。医疗机构应建立完善的家庭照护知识和技能培训计划，为家庭成员或照顾者提供专业的培训服务。针对失能老人的特点和家庭照护者的需求，制订个性化的培训计划。培训内容应涵盖失能老人的生理和心理特点、基本照护技能、常见疾病的预防和护理、紧急处理和营养与饮食等方面的知识。同时，应根据失能老人的不同需求和情况，提供个性化的培训服务，满足不同家庭的需求。

二是创新"线上+线下"的培训方式。专业的培训机构或医护人员可以组织到失能老人家中进行实地培训。通过现场演示和实践操作，让照护者更好地掌握照护技巧和方法。实地培训还可以针对照护者的具体情况进行个性化指导。除了传统的面对面授课方式，还可以利用互联网技术，开展线上培训。通过视频教程、在线讲座、模拟操作等多样化的培训形式，为家庭照护者提供灵活的学习方式。线上培训可以随时随地学习，方便照护者安排时间。同时，可以结合实际案例进行分析和讲解，提高培训的实用性和针对性。

三是建立激励—反馈机制。激励—反馈机制一方面可以通过定期组织评估和考核，对优秀的家庭照护者和培训课程进行表彰和奖励，激励更多的人参与培训和学习；另一方面可以收集家庭成员或照顾者对培训服务的意见和建议，根据反馈意见，及时调整培训计划和内容，提高培训的针对性和有效性。

（三）疏导和缓解家庭照护者的心理压力

家庭照护者往往面临巨大的心理压力，如焦虑、抑郁、疲惫等，这会影响他们的身心健康和照护质量。因此，提供心理支持和疏导至关重要。疏导和缓解家庭照护者的心理压力需要多方面的支持和关爱。通过提供心理咨询服务、建立支持小组、增加心理教育和改善社会环境等方法，我们可以帮助家庭照护者应对心理压力，提高他们的身心健康水平和家庭照护能力。

一是要为家庭照护者提供心理咨询服务。政府、社区和医疗机构应提供专业的心理咨询服务，为家庭照护者提供心理支持和疏导。可以通过线上咨询、电话热线、面对面咨询等方式，让家庭照护者有机会倾诉心声、排解压力。

二是建立支持小组。鼓励建立家庭照护者的支持小组，让他们有机会相互交流、分享经验和感受。这样可以相互帮助、共同应对困难和挑战，减轻心理压力。

三是增加心理教育。通过开展心理教育活动，帮助家庭照护者了解常见的心理问题和应对方法。可以邀请专业人士进行授课，传授心理调适技巧和应对策略，提高家庭照护者的心理素质。

四是改善社会环境。社会各界应共同努力，改善家庭照护者的社会环境，提高社会对他们的关注和支持。可以制定相关政策，提供优惠措施，如带薪休假、税收减免等，减轻家庭照护者的经济负担。

（四）建立互助支持网络，鼓励失能老人参与社会活动

建立互助支持网络和鼓励失能老人参与社会活动是提高失能老人生活质量的重要措施。通过建立互助支持网络，失能老人家庭可以相互帮助、分享经验，共同应对生活中的挑战。同时，通过建立社区互助小组、组织社会活动、提供便利设施、建立志愿者队伍和宣传与教育等措施，鼓励有一定出行能力的失能老人参与社会活动，可以增强他们的社会融入感，提高生活质量和心理健康水平。

一是建立社区互助小组。鼓励在社区建立失能老人互助小组，让他们有机会相互交流、分享经验和提供帮助。可以组织定期的活动，如交流会、义工活动、集体出游等，增进彼此的了解和友谊，以帮助失能老人家庭更好地应对生活中的挑战。

二是组织社会活动。鼓励社区、社会组织等机构为失能老人组织各种社会活动，如文化娱乐、健身运动、志愿服务等。通过参与社会活动，失能老

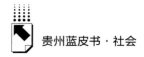

人可以扩大社交圈子，增强社会融入感，同时也可以丰富他们的生活内容，提高生活质量。

三是提供便利设施。为方便失能老人参与社会活动，应提供相关的便利设施。如增设无障碍设施、提供便利交通工具等，以降低失能老人的出行难度和障碍。

四是建立志愿者队伍。鼓励志愿者为失能老人提供帮助和支持，如陪伴出行、购物、家政服务等。通过建立志愿者队伍，可以为失能老人提供更多的人性化服务，提高他们的生活质量和幸福感。

五是宣传与教育。加强宣传和教育，提高社会对失能老人的关注度和关爱意识。通过媒体宣传、公益广告等形式，传播关爱失能老人的理念和价值观，促进社会共同参与和提高失能老人的生活质量与幸福感。

（五）改善居住环境，加强适老化改造

改善失能老人的居住环境，加强适老化改造，对于提高他们的生活质量和社会融入感具有重要意义。适老化改造的目的是创造一个安全、舒适、便利的生活环境，以适应失能老人的身体和心理需求。通过环境评估和规划、无障碍设计、智能化改造、室内环境优化、心理关怀和长期跟进等措施的实施，为失能老人打造一个更加适宜的居住环境，从而提高其家庭照护质量。

一是评估和规划。对失能老人的居住环境进行全面评估，了解他们的具体需求和存在的问题。评估应包括居住空间的布局、设施的完善程度、安全隐患等方面。基于评估结果，制定个性化的改造方案，明确改造的目标和重点。

二是无障碍设计。在改造过程中，注重无障碍设计原则的运用。确保居住环境中的通道、门廊、卫生间等区域宽敞、平整，方便轮椅和其他助行器具的通行。同时，增设扶手、抓杆等辅助设施，提供安全支撑，降低意外跌倒的风险。

三是智能化改造。利用现代科技手段对居住环境进行智能化改造，提升生活的便利性。例如，安装智能家居系统，实现灯光、空调、窗帘等设备的

远程控制和语音操作。还可以配备智能护理床、智能监测设备等，实时监测老人的健康状况，为紧急救助提供支持。

四是室内环境优化。改善室内空气质量，定期开窗通风，确保空气流通。调整室内温度和湿度，使其保持在适宜的范围内。合理布置室内照明，避免眩光和阴影，提高视觉舒适度。同时，注重室内清洁和卫生，保持环境的整洁。

五是心理关怀。除了物质上对失能老人的居住环境进行改善外，还要关注其心理需求。可以布置一些温馨的装饰品、摆放绿植等，增加生活气息，创造一个温馨、舒适、有归属感的居住氛围，减少他们的孤独感和焦虑感。

六是长期跟进。改造完成后，定期跟进失能老人的居住情况，了解他们的反馈和需求变化。针对存在的问题进行持续改进和优化，确保改造效果符合老人的期望和生活需求。

参考文献

陈卫民、邱程程：《OECD 国家老年照护质量控制研究》，《西北人口》2017 年第 5 期。

Donabedian A. Evaluating the quality of medical care［J］，*The Milbank Quarterly*，2005，83（4）：691-729.

Phillips LR，Morrison EF，Chae YM. The QUALCARE Scale：testing of a measurement instrument for clinical practice［J］，*University of Arizona College of Nursing*，1990，27（1）：77-91.

Phillips LR，Morrison EF. The QUALCARE Scale：developing an instrument to measure quality of home care［J］，*University of Arizona College of Nursing*，1990，27（1）：61-75.

Melissa O，Connor，Joan K D. The Outcome and Assessment Information Set（OASIS）：A Review of Validity and Rellability［J］，*Home Health Care*，2012，31（04）267-301.

蒋楠楠、翟春晓、谢晖：《失能老人家庭照护质量研究进展》，《牡丹江医学院学报》2018 年第 2 期。

林秀纯、徐亚瑛、姚开屏、吴淑琼：《台湾北部地区失能老人家庭照顾品质及相关因素之探讨》，《护理研究》1999 年第 1 期。

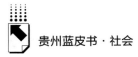
Seiichi Takemasa，Masahito Murakami，Masayuki Uesugi，Yuri Inoue，Yoshihumi Nanba，Tatsuya Yasukawa，Tomoaki Shimada，Factors Affecting Burden of Family Caregivers of the Home-bound Elderly Disabled，Journal of Physical Therapy Science，2012，24（7），557-560.

刘晓慧、杨玉岩、薛喜娟等：《失能老人家庭照护质量与照顾者负担的相关性》，《中国老年学杂志》2019 年第 16 期。

Sivley，Janet Pearson；Fiegener，Janice J.（1984）．Family Caregivers of the Elderly. Journal of Gerontological Social Work，8（1-2），23-34.

赵怀娟：《城市失能老人的资源禀赋与家庭照护质量的关系》，《中国卫生事业管理》2013 年第 9 期。

周佳、王玉环、马文娟等：《新疆牧业地区失能老年人居家非正式照护质量的影响因素分析》，《现代预防医学》2019 年第 6 期。

B.9
健康中国背景下社区养老服务研究

——以贵阳市南明区为分析基础

罗贤贵　鲁家廷　任小丫　杨洁[*]

摘　要： 党的二十大强调全面推进健康中国建设，实施积极应对人口老龄化国家战略，老年健康养老成为题中应有之义。本文通过对贵州省贵阳市南明区进行实地考察发现，社区养老服务依然存在供需匹配、服务水平、服务站点生存以及养老观念等现实问题和困难。健康中国背景下社区养老应立足现实，从积极老龄化维度审视养老处遇、识别老年群体的真实需求、共建敬老文化环境、拓宽资金渠道、加强专业化服务路径、健全养老服务体系等多方入手，探索健康养老的可持续发展路径。

关键词： 健康中国　社区养老　积极老龄化　贵阳市南明区

一　引言

2002 年 WHO 将积极老龄化（active aging）定义为："人在老年时为了提高生活质量，使健康、参与、保障的机会和机制尽可能获得最佳机会的过程"，这是国际社会应对 21 世纪老龄化问题的新的理论、政策和发展战略。[1][2]

---

[*]　罗贤贵，贵州民族大学社会学院副教授，硕士生导师，主要研究方向为社会治理；鲁家廷、任小丫、杨洁，贵州民族大学硕士研究生。
[1]　World Health Organization, "The Bangkok Charter for Health Promotion in A Globalized World", *Health Promot J. Austr*, 2005, 16 (3): 168-171.
[2]　刘文、焦佩：《国际视野中的积极老龄化研究》，《中山大学学报》（社会科学版）2015 年第 1 期。

21世纪以来，我国快速进入人口老年化发展阶段。第七次全国人口普查结果显示：全国人口中，60岁及以上人口为2.64亿人，占比18.70%，其中65岁及以上人口为1.91亿人，占13.50%。与2010年相比，60岁及以上人口的比重上升5.44个百分点，65岁及以上人口的比重上升4.63个百分点，[①] 如何积极面对人口老年化问题已经成为政府和学界关注的热门话题。党的二十大报告强调要推进健康中国建设，实施积极应对人口老龄化国家战略，发展养老事业和养老产业，优化孤寡老人服务，推动实现全体老年人享有基本养老服务。2023年5月，中共中央办公厅、国务院办公厅联合印发了《关于推进基本养老服务体系建设的意见》，推进基本养老服务体系是实施积极应对人口老龄化国家战略。[②] 贵州作为康养大省，全省60岁及以上老年人口593.14万人、占比15.38%，65岁及以上老年人口445.65万人、占比11.56%。其中，贵阳市60岁及以上人口为796225人，占比13.30%，65岁及以上人口为566932人，占9.47%，与2010年相比，全市60岁及以上人口的比重上升1.40个百分点，65岁及以上人口的比重上升1.42个百分点；10个区（市、县）中，除白云区外，9个区（市、县）的60岁及以上老年人口比重均超过10%；65岁及以上老年人口比重均超过7%。[③] 2023年，南明区正处于轻度老龄化向中度老龄化的过渡阶段，全区有60岁及以上人口15.38万人，占全区总人口的14.68%，老龄化率超20%（中度老龄化）的街道共计8个。预计到2035年，全区60岁及以上老年人口占比将超过25%。2023年5月，南明区人民政府办公室印发《贵阳市南明区养老服务体系建设"十四五"规划》，要坚持党委领导、政府主导、家庭尽责、社会参与、全民行动，建立健全居家、机构、社区相协调与医养康养相结合的养老服务体系，在做好"保基本、兜底线"的基础上，大力发展

---

① 国家统计局：《第七次全国人口普查公报（第五号）》，https：//www.stats.gov.cn/zt_18555/zdtjgz/zgrkpc/dqcrkpc/ggl/202302/t20230215_1904001.html，2024年1月24日。

② 国家统计局：《第七次全国人口普查公报（第五号）》，https：//www.stats.gov.cn/zt_18555/zdtjgz/zgrkpc/dqcrkpc/ggl/202302/t20230215_1904001.html，2024年1月24日。

③ 资料来源：贵阳市统计局、贵阳市第七次全国人口普查公报（第四号）。

普惠型和互助性养老，推动老龄事业和产业协同发展，加快构建养老、孝老、敬老的政策体系和社会环境，提升老年人的获得感和幸福感。健全基本养老服务体系是实施健康中国战略建设的重要组成内容，也是应对我国人口老龄化即将从轻度向中度演变的趋势而做出的重大战略决策，意味着在我国将进入全面应对人口老龄化的新阶段之际，妥善解决养老问题成为题中应有之义。①

二 社区养老服务体系建设概况

2003 年世界卫生组织提出"积极老龄化的目的在于使所有进入老年阶段的人，包括那些虚弱、残疾和需要照料的人，都能提高健康的预期寿命和生活质量"。② 2021 年，为响应实施积极应对人口老龄化国家战略，国务院印发《"十四五"国家老龄事业发展和养老服务体系规划》，提出"把积极老龄观、健康老龄化理念融入经济社会发展全过程"。南明区作为贵阳市主城区之一，人口老龄化程度与其他区域相比，其增长趋势明显，其老年人群集中在低龄老年人群体，并在性别上呈现女性多于男性的特点，且老龄化程度开始从轻度老龄化向中度老龄化过渡，从养老现实来看，目前以居家养老为主，但正朝着"居家+社区"的第三条养老道路发展。

（一）机构带站，探索公建民营运营模式

目前，我国主要的养老模式有三类，即家庭养老、机构养老和社区养老。③ 由于社区养老服务具有成本低、覆盖面广、服务方式灵活④等优点，近年来各地都进行了大量的探索和实践。2021 年，国务院在《"十四五"国家老龄事业发展和养老服务体系规划》中提出要进一步发展社区养老服务

① 刘天亮：《实施积极应对人口老龄化国家战略》，《人民日报》2023 年 4 月 27 日，第 5 版。
② 世界卫生组织：《积极老年化政策框架》，华龄出版社，2003。
③ 王丽：《人口老龄化背景下我国养老模式的思考》，《当代经济管理》2012 年第 4 期。
④ 黄少宽：《我国城市社区养老服务模式创新研究综述》，《城市观察》2018 年第 4 期。

机构，强化居家社区养老服务能力。2022年以来，南明区推进了44个养老服务站提质改造和购买服务。同时为响应健康中国战略提出优化多元格局、发展健康产业、加大政府购买医疗和养老服务力度、深化体制机制改革等要求，南明区目前已建成17个街道级养老服务中心，共成立68个社区养老服务站，全区现有床位共计2430张，两年内增加各类养老服务设施65个。为解决以往养老服务供给单一，服务机构各自为营、标准混乱、运营粗放等问题，南明区在"共建共享，全民健康"战略主题的指导下，探索多元化养老服务模式，提高养老服务规范化水平，更好地满足更多老年群体个性化需求，达到节约成本、规范运营、提升品质的效果。一是探索"国企领衔"。鼓励贵阳市工商康养公司盘活企业闲置资产，支持企业对养老产业实行重资产投入，提高自身抗风险能力，不仅可以解决养老产业融资难、融资贵问题，促进养老产业可持续发展，还可以充分发挥国企人才优势和技术优势。2022年以来，工商康养公司投入资金6235万元，用于装修改造基础设施，打造大中小型机构5处，分片联网，开设医养结合护理型机构与失智照护专区，建设社区养老服务站。二是探索"民营带动"。针对部分中心城区的社区养老设施"散、弱、小"现状，南明区提出构建"机构+中心+站点"的养老服务联动机制，进一步完善社区养老服务设施布局问题、扩大养老服务供给、激发养老市场活力、提升养老服务质量，引进幸福里、福贵康、华润康养等养老领域实力较强的民营企业，共开设品牌化养老服务机构3处，并根据各企业经营管理能力，将城区部分社区养老服务站点交由企业养老机构统一运营。如南明区将1个机构、3个中心、31个站整体打包给幸福里公司，实施一体化联网运营管理，实现了运营管理、品牌形象、信息平台、服务标准、监管考核的"五个统一"。三是探索"社区托底"。对目前难以实现赢利的养老服务站点，采取"政府出资、街道统筹、社区托底"的模式解决投入、管理、服务难题，如花果园4个站点委托居委会运营，联动社区卫生服务中心等辖区的为老服务资源开展活动，部分站点采取联动社工组织开展精神慰藉服务，联动家政公司开展"家政养老"服务，联动餐饮企业开展社区食堂。重点打造邻里中心、社区食堂、爱心驿站、日托小屋、健康之家五种特色功能板块。2024 年底"一圈两场三改"收官时，南明区各类养老服务设施预计达到 90 个，基本实现 15 分钟生活圈全覆盖。

（二）丰富业态，培育"养老+"产业群

近年来，"智慧化养老"助力养老产业创新发展，2019 年，规模以上居民服务、修理和其他服务业，卫生和社会工作营业收入较快增长，同比分别增长 9.8% 和 9.7%，养老产业利用互联网、大数据等信息技术手段，近三年复合增长率超过 18%。[①] 但目前老龄产业的种类依旧单调。向甜提出社会上对养老产业有着较为普遍的认识偏差，行业主要分布在老年居住业和老年用品业。[②] 张新生等提出养老产业优化和转型是应对人口快速老龄化的需要、推动社会经济可持续发展的需要，是提高养老服务产业效率与层次的需要。[③] 为鼓励和引导社会力量参与养老服务，积极促进健康与养老融合，催生健康新产业、新业态、新模式，南明区积极推动养老产业建设。一是创新"养老+食堂"模式，采取"中央厨房+社区厨房+站点配餐+送餐上门"模式，引入为老年人提供预制菜品和成品菜的中央厨房 1 家。目前，引入省级公司电商平台云试点，以此提升打造南明区社区食堂，并逐步推广到城区范围内的 15 个社区食堂和助餐点。二是创新"养老+医养"模式，该模式重点在符合助医条件的社区中，利用现有的养老服务设施打造"社区护理站"，探索将"社区护理站"纳入医保定点，为残疾、术后康复、失能半失能与失智的老年人提供基础护理、专科护理、营养指导与干预的社区居家康复护理治疗。目前南明区的八公里社区护理站获批全省首家社区护理站，全区医养结合嵌入式社区机构达到 15 家，形成"医中带养、养中有医"的特色。例如，国际城铁建医养中心属于典型的"医中有养"社区嵌入式医养融合机构，福贵康养护院属于"养中有医"医康养一体化综合机构。三是

---

① 资料来源：国家统计局。

② 向甜：《我国人口老龄化对养老产业发展的影响》，《劳动保障世界》（理论版）2012 年第 6 期。

③ 张新生、王剑锋、张静：《我国养老产业转型和优化发展的思考》，《湖南科技大学学报》（社会科学版）2015 年第 3 期。

创新"养老+家政"模式，探索建设家政型社区养老服务设施。贵阳市家政行业协会联合贵阳嘉安月嫂公司在南明区试点开展"养老+家政"服务，并在各社区举办宣传"养老与家政进社区"行动。目前，贵阳市家政行业协会承接的位于南明区河滨街道的3个社区养老服务站点与贵阳嘉安月嫂公司承接的位于公园南路的社区养老服务站，已试点开展"养老与家政进社区"服务活动4场，活动共计服务800人次。四是打造"养老+旅居"模式。南明区围绕"探索打造康养旅居示范区"的目标建立了集酒店公寓、娱乐旅游、医疗康复、养老机构等多种功能于一体的"康乐文娱旅"养老服务综合体，推广建设"社区+机构+旅居康养"的养老模式。目前正与中铁生态城洽谈"养老+旅居"项目合作，并在完善《中铁生态城太阳谷康养旅居示范区建设工作推进方案》。同时，南明区全力推进康养综合体建设，已有5个项目被纳入"十四五"养老重大项目规划，形成"东南西北中"的健康养老全域布局（东有幸福里老年公寓二期项目、南有贵阳六医安宁疗护中心项目、西有铁建城森林康养项目、北有贵州电网与华润健康医康养综合体项目、中有贵阳工商康养综合体项目）。

（三）树立品牌，打造养老综合服务样板

养老综合服务体系是近年来提出的一个符合中国国情的概念，它是基于中国人口老龄化加剧、养老服务现状严峻的现实，结合外国养老经验为老年人提供综合养老服务而提出的概念。它以家庭为基础，积极发挥政府在社区养老服务中的统领性作用，以社区为平台整合各种养老服务资源，为老年人提供包括家政服务、生活照料、文化娱乐、精神慰藉、心理健康等综合而全面的服务。[①] 潘屹提出"综合"囊括三个方面，一是养老服务内容综合，满足老人全方面的需求。二是各种资源有效融合。三是应用不同的服务管理和生产方式。[②] 2016年《"健康中国2030"规划纲要》提出"发展健康服务新

---

① 景天魁：《创建和发展社区综合养老服务体系》，《苏州大学学报》（哲学社会科学版）2015年第1期。
② 潘屹：《社区综合养老服务体系建设：挑战、问题与对策》，《探索》2015年第4期。

业态，要打造一批知名品牌和良性循环的健康服务产业集群，扶持一大批中小微企业配套发展。"① 贵阳市南明区结合本区域实际情况，根据老年人口规模、社区和居家养老设施建设情况及养老服务发展水平等，率先在全省提出建设居家社区养老服务创新示范区，力求树立养老服务专业品牌，打造一个养老综合服务示范区样板。在树立品牌、打造样板的过程中，南明区从2022 年年底开始向省、市进行申报，截至 2023 年 8 月向国家、省、市申请试点和绩效奖励资金 1978 万元，目前已筹集到位资金 778 万元。并且以"甲秀·幸福里"为养老服务品牌标杆进行形象推广，打造具有影响力和竞争力的养老服务商标品牌。通过"甲秀·幸福里"标识设置，推动形象标识在门头设计、室内装饰、公益广告等的应用，目前新华街道养老服务中心等门面已完成改造。同时制定了"养老进社区"宣传策划和任务清单，以加强对社区养老相关信息的宣传推广。主要采取政策发布、融媒探店、广告投屏、氛围营造等方式进行宣传报道，区融媒体中心推送信息 50 余条，被省市官媒采用 7 条。2023 年以来，省内外党政考察团多次到南明区考察调研，多个市（州）和县（区）与南明区养老企业洽谈合作事宜。

（四）试点先行，完善居家养老补贴

2016 年国务院印发《"健康中国 2030"规划纲要》提出"为促进健康老龄化，要全面建立经济困难的高龄、失能老人补贴制度，建立多层次长期护理保障制度。进一步完善政策，使老年人更便捷获得基本药物。"② 南明区遵循健康中国战略指导原则，促进公平公正，保障重点老年人群体健康养老。一方面制定《南明区社区居家养老服务补贴制度实施办法（试行）》，采取试点两类补贴，一类是对 60 周岁以上的，属于经济情况困难的失能、半失能的老人提供每人每月 300 元的社区居家基本养老服务补贴。另一类是

---

① 中华人民共和国中央人民政府、中共中央、国务院印发《"健康中国 2030"规划纲要》，https：//www.gov.cn/zhengce/2016-10-25/content_ 5124174.htm，2024 年 1 月 24 日。
② 中华人民共和国中央人民政府、中共中央、国务院印发《"健康中国 2030"规划纲要》，https：//www.gov.cn/zhengce/2016-10-25/content_ 5124174.htm，2024 年 1 月 24 日。

对属于失能、半失能的 80 周岁以上老人在原有的补贴基础上再提供每人每月 60 元的社区居家基本养老服务补贴。这两类补贴规定已在中华南路、新华路、西湖路 3 个人口老龄化率较高的街道先行先试，通过上门扫楼的方式全面地采集并掌握 3 个街道老年人的基本信息，共计采集 15344 名老年人，此次上门摸清了 3 个街道老年人的基本需求并完成初筛评估，其中重点关注的 80 岁以上的失能和失智老年人共计 461 人。另一方面制定四张养老清单：政府购买养老服务清单、社会化养老服务清单、基本养老服务清单、养老服务负面清单，以实现对不同老年人群的分类，尤其是为特殊困难老年人提供养老服务。目前，南明区在全市率先试点开展服务，南明区全区共计 890 名经济困难老年人，活动累计服务达 9192 人次，目前重点推广和开展护理、康复、助浴、助行等一批特色养老服务。

（五）强化保障，建立养老行业规范

2016 年国务院印发《"健康中国 2030"规划纲要》提出要"加强各部门各行业的沟通协作，形成促进健康的合力。全面建立健康影响评价评估制度，健全监督机制。畅通公众参与渠道，加强社会监督。"[①] 南明区坚持以创新工作机制破解体系建设难题，探索建立养老专班调度机制、养老配套设施移交机制、服务对象识别机制、政府购买服务补贴机制、运营监管考核机制、人才队伍保障机制等 6 项改革工作机制，着力破解工作力量不均衡、分类服务不到位、运营管理不规范、专业人才有短缺等难题。一是建立指导标准，针对市级平台存在的养老信息录入不完善、未植入一键呼服务终端、未对政府补助的养老项目和补助对象进行服务质量和养老需求评估等缺项问题，筹建区级养老服务指导中心，打造南明区养老数据大脑响应中心、产业孵化中心、适老化展示中心和实训交流中心，实现信息统一调度、数据统一填报、监管统一进行、产业统一规划，目前正在与北京熙诚紫光公司洽谈合作事宜。

---

① 中华人民共和国中央人民政府、中共中央、国务院印发《"健康中国 2030"规划纲要》，https：//www.gov.cn/zhengce/2016-10/25/content_ 5124174.htm，2024 年 1 月 24 日。

二是建立验收标准，编制完成《街道养老服务中心建设与验收标准（试行）》和《社区养老服务站建设与验收标准（试行）》，将试点经验升级为地方标准。三是建立服务标准，编制完成《南明区社区养老服务设施建设运营管理办法（试行）》和《南明区社区居家养老服务监管与绩效评价办法（试行）》等，进一步规范服务内容，建立准入和退出机制。同时，聘请第三方评估机构，定期对各养老机构开展服务评价，提出优化服务建议。

三　社区养老服务体系建设现实问题

要应对我国当前严峻的老龄化问题，推动老龄事业和产业协同发展，构建完善的社区养老服务体系是其中的重要一环，也是健康中国战略中的重要一步。为推进健康中国建设，提高人民健康水平，建成与社会主义现代化国家相适应的健康国家，社区养老服务体系建设是其中的应有之义。社区养老服务体系的良好运作有利于民生、有利于社会和谐、有利于经济可持续发展。健全社区养老服务体系同时也符合积极老龄化理念，它可以为老年人提供更好的养老环境、更健全的体制保障，尊重老年人自身的主体意义，积极促进我国的养老工作。目前在建设社区养老服务体系的过程中还存在养老服务体系供需失衡、养老服务人员业务水平有限、养老服务站点生存困难、社区居民养老观念陈旧等问题。

（一）养老服务体系供需失衡

随着人口老龄化加剧，民众对于社区和居家养老服务存在较大的需求，但养老服务的供给与需求存在明显的偏差。一方面，社区养老服务供给增加并未使老年人从中获得充分的需求服务；另一方面，老年人不断接受居家和养老服务，但未能获得切实满足感。[①] 南明区由于养老服务供给主体单一，

---

① 章甜甜、王斗斗、张贺新等：《社区老年人居家养老服务需求的影响因素分析——基于安徽省合肥市四辖区 261 户居民的调查》，《云南农业大学学报（社会科学）》2020 年第 6 期。

无法满足南明区老年人的养老服务需求，供给利用率低，导致供需失衡。李放、王云云提出社区老年人主要接受的社区养老服务为助餐、助洁和精神慰藉。① 根据10029份问卷调查结果来看，在南明区养老服务需求中，社区食堂、卫生护理、应急援助、心理疏导服务需求靠前，社区居家老年人的养老需求呈多样化、个性化趋向。② 但在目前参与居家上门服务的5家企业的第三方首次测评中，发现其能力水平参差不齐。例如，弘瑞康医养中心因服务及时性不够，满意度测评仅为83分。一方面，政府兜底购买的居家和社区养老服务内容不多，资金较少，仅能购买助洁等基础生活照料服务，无法有效满足老年人多元化需求。尤其是社区老年人在心理精神方面的需求较高，但目前养老机构的工作人员和服务人员中并没有能提供这类专业服务的人员，老人有精神心理慰藉的需求，但是供给与需求并不匹配，缺乏相关专业的人才。另一方面，部分老年人购买能力弱，不能支付服务。居家社区养老服务体系的建立健全逐渐成为破解中心城区养老服务困境的新路径。

（二）养老服务人员业务水平有限

当今老年人养老需求逐步多样化、个性化发展。《"十四五"国家老龄事业发展和养老服务体系规划》提出"坚持满足老年人需求和解决人口老龄化问题相结合，老年健康服务资源供给不断增加，配置更加合理，人才队伍不断扩大，努力满足老年人多层次多样化需求"。③ 养老服务包括专业社会工作者和护理人员，④ 目前我国社区养老服务人员存在数量不足、年龄结构老化、受教育程度不足、缺乏专业人才和人员队伍不稳定等问题。⑤ 南明

① 李放、王云云：《社区居家养老服务利用现状及影响因素——基于南京市鼓楼区的调查》，《人口与社会》2016年第1期。
② 资料来源：贵阳市南明区民政局。
③ 中华人民共和国中央人民政府、中共中央、国务院印发《"健康中国2030"规划纲要》，https：//www.gov.cn/zhengce/2016-10/25/content_ 5124174.htm，2024年1月24日。
④ 潘屹：《社区综合养老服务体系建设：挑战、问题与对策》，《探索》2015年第4期。
⑤ 肖云、杨光辉：《我国社区居家养老服务人员队伍结构优化研究——以564名社区居家养老服务人员为例》，《西北人口》2013年第6期。

区居家社区养老服务因为人员尤其专业人员短缺，而进一步导致其提供的服务出现质量低、专业化水平不高、服务不及时等问题。南明区辖区内需要辐射的老年群体与辖区内工作人员的数量不成正比，差距较大，并且工作人员包含辖区内网格员、社工站的社会工作者以及养老服务站的工作人员，其中主要依托的还是网格员。服务人员数量少就意味着，首先不能提供及时、覆盖面广的服务，其次是专业人员不足，不能为老年人提供专业性的服务。目前仅能做到例如日常的陪同出门买菜、上门打扫清洁等一些简单的服务。专业性的服务水平有待增强，例如对老人的心理关怀、心理疏导、失能及半失能老人的专业照护等。

（三）养老服务站点生存困难

受老城区设施条件限制，前期选点不科学，小型站点居多，服务站点发展受限。并且养老服务站点服务运营资金主要是依靠世界银行的资金支持，资金来源单一，世界银行贷款项目实行省市集中采购政策，限制较多，必要的康复设施等无法快速到位，影响站点功能发挥。且后续投资不稳定，站点可持续性动力不足。如全区 4 个中心和 41 个站有适老化桌椅板凳、空调、饮水机、麻将桌、监控等相关设施，涉及资金预计 1200 余万元，由于上级采购程序复杂、进度滞后，至今未到位投用，影响部分中心和站点正常运营，运营机构和群众有意见。[①] 目前投资方向主要集中在老年人的基本养老需求上，例如：养老床位、适老化改造等，而针对老年人的心理慰藉、健康养生等需求的投资较少，且少有提供个性化的定制服务等。由于政府对运营社区养老服务设施尚未出台补贴政策，服务对象不愿购买服务，使用意愿不高，加之运营机构缺少盈利点，难以为居家失能老人提供及时周到的相应服务，且存在上门交通和入户风险，运营机构参与社区养老服务站点运营的积极性不高，提供的养老服务难以满足老年人的养老需求。

---

① 资料来源：贵阳市南明区民政局。

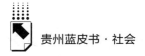
（四）社区居民养老观念陈旧

健康中国战略强调要宣传好健康养老建设，营造良好的健康中国建设社会氛围。南明区社区居民的养老观念滞后问题影响政府兜底购买居家和社区养老服务的推行。中国人传统观念上讲究"孝道"和"养儿防老"，社区养老对于老年人来说，是由社区承担了部分本该由儿女承担的养老责任，对于部分养老观念较为传统的老年人来说，有悖传统的道德观念，① 或者有些老人认可并需要这类服务，但是儿女不同意，儿女认为自己的父母接受了这类型的服务，就是儿女对父母不孝的表现。学者基于城市老年人调查数据分析，认为老年人的养老服务需求受"节俭、不拖累子女"传统文化现状和自身的健康状况影响。② 目前南明区在社区养老服务体系建设的过程中就存在护理人员上门为老人服务难的情况，同时也缺乏针对该类群体的宣传和补贴政策，老年人对于社区养老存在来自社会文化氛围影响的排斥观念，把家庭养老和社区养老作为两个完全相悖的方式，导致一是老人不愿意工作人员进家门，排斥上门服务；二是受居民收入影响，除了一些价格低廉的、就近的服务项目部分老人愿意购买以外，其他项目几乎很难让居民自掏腰包进行购买。

四　推进社区养老服务体系建设思考

在 2002 年第二届老龄化大会上，世界卫生组织正式提出积极老龄化理念，强调老年人在身体、心理和社会方面的积极状态，以实现持续发展，奉献社会。它强调老年人的主体意义，认为社会应该提供环境和资源促使老年人实现自我发展，积极参与社会活动，其深层次目的在于从优势视角出发，重新审视传统的老人无用论，更积极乐观地看待老年人的生活、社会处遇，

---

① 孙碧竹：《我国社会养老服务体系发展研究》，吉林大学博士学位论文，2019。
② 王琼：《城市社区居家养老服务需求及其影响因素——基于全国性的城市老年人口调查数据》，《人口研究》2016 年第 1 期。

使老年人成为充满价值的、有人格尊严的、能够自由参与社会活动的独立个体。简而言之，该理念旨在重新构建老龄化在健康、参与和保障三方面的内涵。基于南明区养老服务体系的实际状况以及现实问题，本文提出以下几点路径思考。

（一）定位居民需求，深化服务内容

1. 精准定位问题和需求

以需求为导向去提供养老服务才是确保服务真正能满足服务对象需求的途径，如果无法精准识别老年人的真实问题、无法定位到老年人的真实需求，那么提供的服务可能不仅是无效的、低效的，甚至有时候是适得其反的。王莉莉认为，中国社区养老服务供需失衡的根本原因在于需求、供给与利用之间的非均衡状态。[①] 所以如果养老服务是依据服务对象的真实需求提供的，而且服务对象获得服务的机会被充分满足，那么需求、供给与使用之间就不会出现失衡。因此专业社会工作者首先需要明确问题及需求。社工在评估服务对象需求时，可从以下方面思考和借鉴。第一，以人为本，求真务实。需要明晰是谁的问题或需求，服务对象是谁，这是我们开展老年人服务的基础和前提。社会工作"以人为本"的理念与开展社区养老服务"以老人为本"的理念相契合。[②] 社区养老服务始终围绕服务对象（即老年人）来开展，需要解决的是服务对象的问题或需求，而非工作者、专家学者所认为的问题与需求。因此，需要具有高水平理论和实践能力的专业人才评估老年人的问题和需求，避免主观地、自以为是地定义问题与需求。第二，扎根老年群体，及时有效回应。社区老年人的问题或需求有些是隐藏的，需要专业的社会工作者在日常的与老年人的交往和工作中通过田野调查和调研等方法去认真观察、细致识别，考察其深层次的、复杂的、本质的真问题与需求。第三，全面评估、链接资源。老年人的需求和问题涉及生理的、心理的、社

---

① 王莉莉：《基于"服务链"理论的居家养老服务需求、供给与利用研究》，《人口学刊》2013 年第 2 期。

② 江苏民康老年服务中心：《养老机构服务与管理实务》，东南大学出版社，2017。

会的等诸多方面。一项被称为好的成功的养老服务需要跨专业、跨行业的综合介入。社会工作者需要在全面评估老年人需求的情况下，寻求和策划多方的合作服务，全面满足老年人养老需求。社会工作者要明晰自身局限性，警惕专业万能论。第四，运用好社工专业理念和方法。在需求评估中，社工的专业理念如服务、尊重、接纳等关注弱势群体的职业使命要求其为老年人群提供专业服务；其扎根基层、服务基层的工作特点和实证调查的工作方法赋予社工能迅速、精准地发现、分析、定位居民的真实问题和需求，同时加以有效回应；社工的工作理论如"人在情境中""需求理论"等帮助为老工作者更好地理解老年群体的问题与需要。

2. 建立多层次的系统服务理念和网络体系

健康、参与、保障是积极老龄化和健康养老的重要内涵，同时，这也应该成为我们开展老年人工作、提供优质服务的重要指南。第一，健康是积极老龄化的重要前提。身体健康是老年人参与社会生活和实现自我价值的重要基础。我们必须承认，虽然我们的传统文化中不乏"黄发垂髫，怡然自乐"的理想社会中对老年人精神健康的叙述、向往，但现代社会更多的是关注老年人生物医学的健康状态。第二，参与是积极老龄化的重要途径与核心。在该理念视角下，老年人应该可以根据自身的兴趣爱好和需要自由地、公平地选择和参与各类社会活动，发挥自己的人生价值，实现老有所乐、老有所为。第三，保障是积极老龄化的底线。社会（社区）应该为老年人提供经济、医疗卫生、生活照顾等方面的保障，最大可能实现老年人的社会福利，践行老有所医、老有所养。社区养老作为当下普遍实施的养老途径，应当充分考虑到老年人的最大福利性。因此，在服务理念上，可以将社会工作的理念进行扩散，对老年人健康的关注和服务不应该局限于传统意义的身体安全，即小健康的状态，更要突破至心理、精神和社会层面的广泛安全，即大健康的状态。在服务实践上，整合社会资源，尝试引入老年医学、心理学、老年学、社会工作等多学科的专业力量，探索构建涵盖身、心、灵、社等的多元层次老年人服务体系，满足多样化的老年需求。

（二）提高服务质量，建立专业队伍

专业的人做专业的事，这是提高服务质量的重要路径。提高为老服务质量，第一是要解决谁来提供服务的问题。首先，增加养老服务人员的基数。量变引起质变。鼓励社会力量参与养老服务，支持银发经济发展，引导养老机构吸纳困难群体就业。其次，《"十四五"国家老龄事业发展和养老服务体系规划》提出"拓宽人才培养途径。优化养老服务专业设置，结合行业发展新业态，动态调整增设相关专业并完善教学标准体系，引导普通高校、职业院校、开放大学、成人高校等加大养老服务人才培养力度"[①]。要提升养老服务人员的质量，省内高等院校和中等职业学校身负重任，需要在结合本校特色学科与当地特殊人才需求的基础上，创新推动养老服务相关专业建设和完善，加大社会工作、老年医学、护理康复、心理咨询等专业人才培养力度；引导养老服务机构积极吸纳高校专业人才，对内部员工进行专业培训，建立健全督导机制，建立不断进步的学习机制；深入落实省民政厅和人社厅共同推进养老服务职业培训和技能鉴定工作，逐步实现持证上岗；引入如社工、心理咨询师等为老服务专业人才，积极推动养老服务公益性岗位的开发和完善，加强志愿者队伍的专业化培育和训练，建构专业引领、志愿联动的工作机制。最后，让养老服务人员的心留下。适度提高养老服务从业人员薪酬待遇，提供学习机会，积极稳妥地推进"1+X"证书制度，推进社会工作、老年护理等职业技能等级培训及考核工作，畅通晋升渠道；加强对养老服务从业人员的社会关怀，提升其认同感、获得感。提高为老服务质量，第二是要解决提供什么服务和怎么提供服务的问题。在众多的为老工作者中，社工凭借其特有的工作理念和实务方法脱颖而出。首先，他们发挥着服务传递者的角色优势，分类分级精准提供为老服务；通过参与老人需求和问题评估，社工提供涵盖身、心、灵、社的老年服务，重点关注独居、空巢、

---

① 中华人民共和国民政部：《"十四五"国家老龄事业发展和养老服务体系规划》，https：//www.mca.gov.cn/n152/n166/c45259/content.html，2024 年 1 月 24 日。

留守、失能失智、残疾等老年人，提供心理支持、上门慰问等服务，使用生命回顾、缅怀治疗等专业技术帮助老年人了却人生遗憾、解开心结，运用生命教育、临终关怀等方法协助老年人理性看待生命、面对死亡；对低龄老年人，倡导和践行积极老龄化的理念，支持具有条件的老者在自愿、力所能及的基础上，发挥余热去积极参与社区的管理和建设。此外，社工应当发挥支持者的作用，为老年人家庭提供综合式服务；在服务老年人的同时，社工应该看到其家庭因素，从优势视角出发，挖掘家庭资源，提供心理疏导、哀伤辅导、家庭治疗，协助其重建健康的家庭和社会网络系统。不仅如此，社工还具有资源链接者的优势，可优化 15 分钟生活圈建设。他们可以积极链接资源，提供为老照顾训练、引导建立为老服务志愿队伍和养老服务组织、推动适老化环境建设；他们也可以充当政府和居民的桥梁，反映底层民众的真实问题和需求，解读和倡导为老政策，协调政府和民众的矛盾，发挥润滑剂的作用；当然，他们还可以运用个案管理模式，联动基层医养力量，组建专业服务团队，提供综合性的为老服务。

（三）拓展资金来源，促进可持续发展

活动经费一直是社区养老服务不能回避的议题，也是痛点和瓶颈。目前中国的社区养老服务资金主要来源于政府财政，少部分由社会承担，主要用于社区养老的日常运营。为完善健康筹资机制，2016 年《"健康中国 2030"规划纲要》提出"应当充分调动社会组织、企业等的积极性，形成多元筹资格局。鼓励金融等机构创新产品和服务，完善扶持措施。大力发展慈善事业，鼓励社会和个人捐赠与互助"[①]。社区养老工作人员应增强筹资的能力，探索多元化的筹资渠道，以保障社区养老服务的可持续运营和丰富多彩。在筹资环节中，社工立足自己的专业优势，对老年人的服务需求进行有效评估，畅通个人、家庭、社区、机构之间交流的桥梁，并更好地与养老资源进

---

① 中华人民共和国中央人民政府、中共中央、国务院印发《"健康中国 2030"规划纲要》，https：//www.gov.cn/zhengce/2016-10/25/content_ 5124174. htm，2024 年 1 月 24 日。

行衔接，促进社区养老服务的产业化升级。非营利组织的筹资渠道，一是以重新合理规划和开发组织内部资源为导向的内部渠道，如提供服务、经营手段、会员会费、投资收益（购买股票、债券、基金）等；二是吸收组织外部，与组织运营、管理、服务没有直接联系的资源，常见如企业和政府投资，个人、企业、其他非营利组织的捐赠，银行借款和外资（国际组织、外国政府、外国社会团体）捐赠等。有学者将之归纳为外部渠道。资金的筹集直接关系养老服务内容的丰富性、质量性以及服务机构发展的可持续性。

1. 引入助老公益创投，申请贷款

他山之石，可以攻玉。借鉴广州市"政府资助+组织自筹"公益创投的运作模式，聚焦社区老年人群体的助残、济困、救难服务。在充分评估社区内老年人需求的实践基础上，社区养老工作者可以创新性申请或引入社区养老服务公益创投项目，积极地支持、奖励结合社情开展的试点性摸索，以吸纳公益创投资金。工作者从社区养老服务宣传入手，加大宣传的资源投入，挖掘宣传的内容深度和方法技巧，引导社会个人、团体、组织以及企业加强对社区养老服务的关注，大力表彰它们为社区内的老年群体所做的慈善捐助行为，培育"我为人人，人人为我"的社区风气，以实现社区获利、善者获名的共赢发展。与此同时，鼓励具备资质的社区申请贷款。需要格外注意的是，要结合社区的实际，适当灵活简化资金的申请、使用手续，避免出现经费"卡脖子"的难题。最后，要把滥用资金的权力关进笼子里，建立健全资金的动态监督管理制度。资金的透明化管理和服务成效的及时性反馈，在很大程度上直接关系捐助者的心理认同感和捐赠行为的可持续性。

助老公益项目多元化发展的趋势下，社工群体是社区养老服务中不能忽视的重要力量，是潜力股。他们不仅可以利用专业优势发现社区养老需求，创新、设计社区养老服务方案，成为公益创投的发起人；同时他们也在项目实施的过程中扮演执行者的角色，通过积极发挥专业力量实现项目的高质量执行度，从而为弱势老人群体和社区养老服务争取到更多的、更高质量的社会资源。

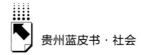

2. 提供有偿或低偿服务

当下，政府的财政扶持是我国社区养老服务资金的主要来源，大部分的助老服务通过政府购买服务的模式落地实施。目前老年人及其子女对养老服务的认知度和认可度较低，购买服务的理念还未形成。① 在相当长的实践中，人们包括老年人很容易形成社区养老服务等于免费服务的定性思维；再加上医疗保险、养老保险等社会保险的逐步普及化，人们难免产生依赖保险养老的习惯，从而忽视许多增值服务背后的有偿性。但从实际来说，社区养老服务是有偿的，只是政府已经默默买单。

随着老龄化程度的加剧，社区养老在居家服务的内容和需求量上会不断增加，势必会对社区养老工作者提出更多的、更高的服务要求，无偿服务不仅在很大可能上会降低服务质量，而且将加重政府的财政负担，阻碍社区养老事业的健康发展。因此探索一条通过提供有偿或低偿服务来实现资金回流的路径是有现实必要性的。首先，改整社区养老服务。邀请相关部门、专家、社区代表协定公益性和经济性养老服务，在某些便民类的服务如助餐服务、助浴服务、家政服务、生活用品代购、健康护理等服务项目上试点性探索无偿或低偿服务。其次，通过充分摸查社区，科学评估、分流老年人，实行分层分类收费。有较好经济能力、身体相对健康的老年人，可通过有偿或者低偿支付一笔适当的费用来获取相应的服务，而符合条件的弱势老人，则可获得无偿的服务。最后，要做好相关服务的定价工作和服务收费的公示，实现公开化监督管理。上海市罗山市民会馆模式的成功，为我们提供了实践路径的蓝本。②③

3. 加大政府财税政策支持力度

企业慈善行为和非营利组织经营在社区养老服务体系中扮演着重要的角

---

① 王莉莉：《基于"服务链"理论的居家养老服务需求、供给与利用研究》，《人口学刊》2013 年第 2 期。

② 刘细良、樊娟：《养老服务中非营利组织与地方政府互动分析——以罗山会馆为例》，《金融经济》2010 年第 8 期。

③ 杨团：《社区公共服务设施托管的新模式——以罗山市民会馆为例》，《社会学研究》2001 年第 3 期。

色，政府的宽容性税收政策对于激发这些角色在社会服务特别是养老事业中的积极性具有不可小觑的推动作用，有助于增加养老资本的积累，成为政府养老事业的柔性服务助手，助力非营利组织更好地帮助政府做好老年人生活保障，维护社会稳定。宽容性税收政策主要体现在两个方面：一是各级政府全面深入落实支持社区居家养老服务的优惠政策，对养老服务机构提供的养老服务免征营业税，对各类非营利性养老服务机构免征自用房产、土地的房产税、城镇土地使用税等；二是给予慈善捐赠行为更大幅度减免税收的优惠，政府少收或免收养老服务机构办公场所的租金，积极性给予养老服务机构用水、用电、用气等方面价格优惠。这些举措将大大提高筹资和服务的效率。养老服务机构的专业社会工作者应积极发挥倡导者的角色，第一，发展性地进行政策倡导和资金申请，通过社会调查，向政府部门提交研究报告，促使税收政策的更优化；第二，社工采取行动吸引企业参与机构养老项目，动员爱心企业家参与到慈善捐助事业，履行社会责任。

4. 自我营销与接受捐赠

养老服务机构资金来源既要努力向外探寻，也要学会自我补给。首先，进行良好的自我营销。努力抓住互联网时代的机遇，通过精心设计具有核心竞争力的养老服务产品、制定优惠合理的收费标准、制定透明化的资金监督管理办法等方式打造优秀自我形象，提高社会知名度，以获得政府、企业、居民、国外组织的认可和投入。中国青少年基金会组织的希望工程、保护母亲河活动、红丝带活动等成功案例值得我们挖掘、借鉴经验。其次，改变传统的被动捐赠策略，积极链接爱心企业、人士。社区养老服务中心可以积极探索一些利益导向机制，寻求共同利益合作。利用税收减免政策和让渡广告宣传的权益，吸纳社区内及周边的企业、商铺的投资，破除传统"等、靠、要"的被动式筹资观念。成立社区互助组织，探索服务—资金的会员式服务模式，通过收取会员费或其他第三方的资金捐赠，积累服务经费。最后，发展以商业渠道模式作动员的公众小额募款，如由广东发展银行与中国青基会共同设立的广发希望慈善基金和99公益日活动。在此过程中，服务设计是社工的重要工作内容。社工基于老年人福利最大化的原则设计为老服务方案，一方面，面向政府、企业进行自我营销，争取资金支持；另一方面，通过社区宣传和组织社区协商，链接社区爱心人士和企业，吸纳慈善资金。

5. 从事经营、投资活动

在坚持公益性的基础上，遵守不违法或者以变卖资产等手段获取经济收益的法律规定，社区养老服务机构适当摸索、从事经营活动，能在一定程度上缓解社区养老资金不足的困境。社区养老服务机构可以充分利用深植社区的特殊性和便利性定期举办义卖果蔬、义卖衣物、义卖文创产品等活动。投资也是一种重要的筹资途径。充分考虑、分析投资环境、投资成本收益、投资的风险承受能力后，有资质条件的养老服务机构或可以借助银行存款、买卖股票基金、买卖债券等方式进行适度投资，实现资金的稳定保值、增值。

（四）倡导敬老文化，融洽养老氛围

"健康中国"战略和"十四五"规划强调，积极营造健康老年友好型社区环境，传承弘扬家庭孝亲敬老传统美德，推进公共环境无障碍和适老化改造。一是加强尊老敬老宣传活动教育。首先，从政府行政体系上重视工作，各级政府机关（特别是涉老服务机关）积极组织开展人口老龄化现状调查和积极应对老龄化社会的理念普及教育，并尝试将其纳入地方干部教育培训内容以及政府工作考核范畴。其次，在社会（社区）层面大力培育爱老、敬老、助老的社会风气，将弘扬孝亲敬老文化纳入社会主义核心价值观进行宣传教育，积极挖掘传统文化中蕴含的孝道文化，激活文化基因，积极推进传统的尊老敬老爱老孝老家风，树立典范家庭、社区，引导子女更好地履行赡养责任。充分利用传统重要节日诸如清明节和重阳节等，广泛开展多种形式的爱老敬老活动，扎实做好"敬老月""敬老周""敬老日"活动，落实孝老文化进单位、进学校、进社区活动。二是结合老年人的具体居住环境、生活环境，适当进行适老化改造，如老人扶梯、老人马桶、老人道路等。三是进行有关养老方面的普法工作，协助居民明白赡养老人不仅是道德要求，更是法律义务，实现道德指引、法律保障。

通过基层服务和上层设计的相互配合，链接社会力量，形成多方合力，共同营造老年友好型社区环境。

五 结语

我国即将进入老龄化社会，老年人群体是有机社会的重要组成部分，对社会的和谐发展有着不可忽视的影响。老有所养、老有所医、老有所乐、老有所为应该成为每一个老年人晚年生活的图景。实现这个宏伟的蓝图，我们要从积极老龄化的理念中挖掘智慧和力量，大力推进社区养老建设，创新养老服务体系，发展综合养老产业，提高专业人员水平，逐步解决日益凸显的养老服务问题，建设性地促进老年人的健康、社会参与与基本保障，将老龄化危机变成社会发展的动力。我们应当坚持党政领导、社会参与、家庭尽责、全民行动，探索居家、社区、机构相协调，医养、康养相结合的养老服务体系，携手为千千万万的老年人打造一张坚稳的、饱含人文温度的、具有中国特色的养老安全网。

B.10
"00后"女大学生婚育观调查报告
——以贵阳市高校为例

潘光莉 漆雪芳 吕艳英*

摘 要： 婚育观是人们对恋爱、婚姻和生育的基本看法，它有利于预测人们的婚育行为。近年来，我国呈现"结婚率下降、离婚率升高、生育率下降"的趋势，第一批"00后"已进入婚育期，她们的婚育观和婚育行为对未来婚育趋势产生直接影响，"00后"女大学生作为未来生育的主体，了解她们的婚育观具有较强的研究价值，因此本研究对贵阳市"00后"女大学生的婚育观进行了调查。研究发现，第一，"00后"女大学生婚育观的价值基础已经发生变化，倾向于个体本位价值；第二，"00后"女大学生对非传统婚育行为的看法有少许改变；第三，完善的社会政策支持有利于促进积极生育行为；第四，网络成为塑造"00后"女大学生婚育观的重要途径。

关键词： "00后"女大学生 婚育观 贵阳高校

一 研究背景

婚育观是人们对恋爱、婚姻及生育等问题的基本看法和根本态度，它根植于社会文化结构中，时代变迁会导致婚育观的变迁。"男大当婚，女大当

---

* 潘光莉，贵州民族大学社会学院副教授，主要研究方向为社会心理学、发展社会学；漆雪芳，贵州民族大学社会学院2023级硕士研究生，主要研究方向为社会工作；吕艳英，贵州民族大学社会学院2023级硕士研究生，主要研究方向为社会工作。

嫁""多子多福""养儿防老"等话语体现了中国传统文化对婚育的主流看法，积极鼓励婚姻和生育，也促成和维系了长期以来中国"普婚普育""早婚早育"的婚育模式。随着改革开放，中国经历了深刻的社会变革，市场经济转型不断深入，社会的流动性和开放性日益增强，多异性的观念不断碰撞并重塑着人们的价值观，这系列的变化也直接影响了中国人的婚育观念。数据显示，我国2022年的结婚率已经跌至4.8‰，离婚率则在离婚冷静期的实施下从2020年的3.1‰降至2.0‰。与此同时，年结婚登记对数已降至683万对，连续9年呈下降趋势。自2017年以来，我国的出生人口已连续6年下滑，总和生育率从1.58降至1.07[①]。上述数据显示中国的婚育模式已发生了变化，人们不再拘泥于传统的婚育观。婚育观有利于预测婚育行为，对个体的人生选择和总体人口趋势产生影响，在微观层面上会影响到个人恋爱、婚姻、生育的选择，宏观层面上会影响人口走势、代际养老支持体系、社会稳定等。青年人是未来婚育的主体，探究青年人的婚育观极其重要，有利于以此预测中国未来的婚育水平、人口趋势，了解其变化的机制，预防一些社会问题的发生，促进社会稳定与发展。第七次全国人口普查数据显示，中国18~22岁青年群体中，受教育水平在大专及以上的占比为52.20%，显然青年群体中大学生已过半。大学生是青年群体的中坚力量，更是未来婚育行为的核心主体，他们对婚育的态度已成为婚育研究的重要部分。近几年，最早一批"00后"大学生已逐渐走入婚育阶段，他们的婚育观念和婚育行为在很大程度上影响了中国未来十年的婚育走向，"00后"女大学生群体作为新时代的女性代表，也是未来家庭的构建者和人口生育的承担者，她们的婚育观不仅反映了新时代女性婚育趋势，也折射着这个时代的新特点。因此，本研究在回顾既有研究结论的基础上，通过问卷调查，分阶段抽样对贵阳市的8所高校的"00后"女大学生的婚育观进行研究，探讨其现状、影响因素和特点。

---

① 梁建章等：《中国婚姻家庭报告2023》，https：//mr.mbd.baidu.com/r/1bMiXPLrBNm？f=cp&u=7131feb166a6c63c。

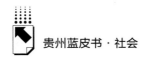
二 文献综述

（一）婚育观的界定

关于婚育观的界定，学者们主要从其内涵和外延来进行探讨。学者曾天德和朱淑英指出婚育观属于价值观范畴的，主要是指人们对婚姻、生育的理解和看法，其中包括婚姻态度契合观、婚姻角色及关系契合观、育儿态度契合观等[①]。郑航认为婚育观是指人们对于恋爱、结婚、生育等生命进程的一系列观念集合，影响着人们的婚育实践[②]。王飞认为狭义的婚育观是指在一定的社会环境下，人们对于恋爱、两性关系、婚姻家庭及生育问题的基本看法与根本态度，受个体的人生观和价值观的影响[③]。李婷、郑叶昕和闫誉腾认为广义的婚育观指的是个体在适婚育龄期对婚育决策的具体意向，包括结婚意愿、理想子女数、意愿子女数与子女性别偏好等[④]。本研究采用广义的婚育观，对婚姻家庭以及生育方面形成的思想、风尚，结合新时代背景进行探讨。

（二）青年人、大学生婚育观相关研究

国外对婚姻观的研究集中在年轻人的结婚观念、性观念、结婚意愿和影响因素等方面。他们从自己的学科角度出发，从多个角度剖析了年轻人的婚恋观和行为，并选择了一个特殊的人群来说明个人的婚姻和婚姻与家庭、社会经济发展之间的关系。Wang 和 Kassam 的研究认为，婚姻、家庭的社会制度变化反映了人们对传统性别角色和关系的态度转变，这些转变又反映了一

① 曾天德、朱淑英：《青年婚育观量表的编制及其信效度检验》，《闽南师范大学学报》（自然科学版）2014 年第 3 期。
② 郑航：《当代青年人群的婚育观差异》，《人口与健康》2022 年第 9 期，第 15~17 页。
③ 王飞：《当代青年的婚恋观及其影响因素分析——基于 17~34 岁年龄段的青年调查数据》，《中国青年研究》2015 年第 7 期。
④ 李婷、郑叶昕、闫誉腾：《中国的婚姻和生育去制度化了吗？——基于中国大学生婚育观调查的发现与讨论》，《妇女研究论丛》2022 年第 3 期。

些基本规范和价值观①。针对结婚意愿及其影响因素，Nahar 等发现首次结婚年龄有明显的城乡差别，乡村的首次结婚年龄一般低于城镇②。Jennings 等的研究指出家长的态度与信念常常会对孩子的婚姻概念与行为有重要的影响③。在生育观念方面，Buber-Ennser 和 Fliegenschnee 在对生育意向和家庭构成之间关系进行研究的基础上，提出了情感需要可以提高奥地利无孩子夫妻的生育意愿，而较强的生育意愿则有助于推动家庭结构的稳定性④。Behjati-Ardakani 等认为，随着科学技术的发展，年轻人的生育理念由社会约束逐步向内在秩序转变，也就是，对生育规范的遵从程度有所下降，而对自我选择的生育责任则有所加强⑤。

国内学者关注年轻人、大学生的婚育观的变化及影响因素。王金营等认为，婚姻家庭观念经历了农耕文明的塑造、新文化运动的孕育、社会主义文化的改造、计划生育的重塑、个人主义的婚育分离等五个时期，其中，婚姻家庭观念的变化是由社会、经济的发展状况所决定的，而社会制度和文化则是影响生育观念的"增效剂"与"催化剂"⑥。郑航指出，目前，我国年轻人的婚姻生活正在发生着一些改变，比如婚前同居增多，离婚率增加，结婚率下降，生育人数下降，从恋爱到结婚再到生育的婚育方式受到了冲击⑦。在关于大学生群体婚姻观的研究方面，何方琦认为现代大学生的婚姻观趋向于自我中心，

① Wang Y., Kassam M., "Indicators of Social Change in the UAE: College Students' Attitudes toward Love, Marriage and Family" [J], *Journal of Arabian Studies*, 2016, 6 (1): 74-94.

② Nahar M. Z., Zahangir M. S., Shafiqul Islam S. M., "Age at First Marriage and Its Relation to Fertility in Bangladesh" [J], *Chinese Journal of Population Resources and Environment*, 2013, 11 (3): 227-235.

③ Jennings E. A., Axinn W. G., Ghimire D. J., "The Effect of Parents' Attitudes on Sons' Marriage Timing" [J], *American Sociological Review*, 2012, 77 (6): 923-945.

④ Buber-Ennser I., Fliegenschnee K., "Being Ready for A Child: A Mixed-methods Investigation of Fertility Intentions" [J], *Family Science*, 2013, 4 (1): 139-147.

⑤ Behjati-Ardakani Z., Navabakhsh M., Hosseini S. H., "Sociological Study on the Transformation of Fertility and Childbearing Concept in Iran" [J], *Journal of Reproduction & Infertility*, 2017, 18 (1): 153.

⑥ 王金营、胡沛琳、张龙飞：《青年婚育观念转变及婚育友好文化塑造》，《青年探索》2023 年第 6 期。

⑦ 郑航：《当代青年人群的婚育观差异》，《人口与健康》2022 年第 9 期。

婚姻道德也有了弱化的趋势，在婚姻中，利益至上的观念比较突出①。郭思宇的研究表明：性别、家庭、恋爱经验、年龄、个性等对婚姻观念有一定的影响②。葛宗梅等认为现在的女大学生，在对待婚姻方面更加务实，她们对不婚认同率很高，她们在选择配偶的时候更加重视自己的内心质量，她们的生育观念也变得更加多元化，她们的不孕不育思想更加突出③。

国内外学者集中从制度、文化、经济、家庭等方面对影响青年人、大学生婚育观变化的相关因素进行了研究和调查，揭示了婚恋观变化背后的多维因素，有助于为研究年轻人的婚恋观提供较为丰富的文献资料。但关于"00后"女大学生婚育观的相关研究和调查相对较少，因此，对"00后"女大学生的婚育观进行调查研究，有助于补充和丰富婚育观的研究资料。

三　资料来源

近年来，中国婚育状况的变化成为社会和学术界关注的热点，最早一批"00后"已进入婚育期，尤其是"00后"女大学生作为主要的直接生育承担者，其婚育观更值得关注，基于此，2023年11月20日至12月18日，本研究小组对贵阳市8所高校的"00后"女大学生进行了问卷调查。本研究小组将贵阳市的高校分为211高校、省属高校、市属高校、民办高校、高职院校5个层级，抽取了8所高校，分别为贵州大学、贵州师范大学、贵州民族大学、贵阳学院、贵州师范学院、人文科技学院、贵州职业技术学院、贵州电子商务职业技术学院，涉及硕士研究生、大学本科生、大专生三个群体，样本覆盖不同年级、不同专业、城乡生源等特质，共发放了640份问

---

① 何方琦：《对当代大学生婚恋观的伦理学思考》，《江苏师范大学学报》（哲学社会科学版）2014年第S1期，第12~15页。
② 郭思宇：《吉林省大学生婚育观现状研究及教育引导》，长春中医药大学硕士学位论文，2023。
③ 葛宗梅、刘宇飞、郑璐芳：《新时代背景下高校女大学生职业生涯规划与婚育观关系调查研究》，《长春师范大学学报》2021年第5期。

卷，回收有效问卷631份，有效回收率99%，采用SPSS 20.0进行统计学描述，分析了"00后"女大学生的婚育观现状和特点。此外，为了进一步深入挖掘"00后"女大学生的婚育观形成机制和影响因素，还对部分女大学生进行了深入访谈。

四 资料分析

（一）样本基本特征统计

表1为受访大学生的基本统计特征。在本次调查中，共收集了631份有效样本，这些样本涵盖了不同学校、年级、专业和背景的"00后"女大学生。根据样本数据，参与调查的"00后"女大学生年龄集中在18~22岁，其中20~22岁的学生比例最高，占样本总量的63.71%，来自农村家庭的学生比例偏高，为76.55%；样本中少数民族约占45.96%，非独生子女占比接近85%；样本所在学校为"双一流"或"211"高校的占10.78%，"双非"高校占62.12%，专科院校占27.10%；在被调查的"00后"女大学生中，法学类专业的学生比例最高，经济学类专业的学生次之，历史学类专业的学生比例最低，此外，还有12.37%的学生选择了其他专业。在家庭特征方面，以父母中最高的受教育水平和每月来自家庭的经济支持数额（分为低、中、高三类）来衡量样本家庭社会经济地位，同时受访大学生的家庭关系也被作为指标进行测量。

表1 样本描述性统计

变量	全部样本	变量	全部样本
年龄（岁）	20.72	专业（%）	
生源地（1=农村，%）	76.55	经济学	18.54
是否少数民族（1=是，%）	45.96	教育学	3.80
是否独生子女（1=是，%）	15.37	文学	8.08

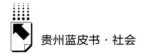
续表

变量	全部样本	变量	全部样本
历史学	3.49	家庭教育背景（%）	
理学	10.14	小学及以下	26.78
工学	5.55	初中	41.84
法学	22.82	高中	15.53
管理学	15.21	大专及以上	15.85
其他	12.37	家庭经济支持（%）	
学校层级（%）		低	34.39
"双一流"或"211"高校	10.78	中	55.47
"双非"高校	62.12	高	10.14
专科院校	27.10	家庭关系（%）	
学历层次		非常幸福	35.02
大学专科生	26.78	比较幸福	44.69
大学本科生	62.60	关系一般	18.38
硕士研究生	10.62	关系淡漠或紧张	1.91

（二）婚恋观概况

1. 恋爱情况与恋爱意愿

本次调查中，受访"00后"女大学生的平均恋爱次数为1.40次，其中有28.05%的学生尚未经历过恋爱。合计58.32%的女大学生正处于恋爱或期待恋爱的状态，其余受访者暂无恋爱打算。在是否愿意谈恋爱的问题上，有65.93%的女大学生明确表示有意愿恋爱，而明确表达不想恋爱的仅占34.07%，以上数据说明多数"00后"女大学生的恋爱意愿较强。表2呈现了与大学生社会经济地位相关的特征。可以发现，家庭教育背景和家庭经济支持与个体恋爱次数呈现正相关。同时，在此次调查中可以观察到，学校层级越高，女大学生的恋爱意愿越高，也许是高级别的学校为学生提供了更多的机会和挑战，这可能会刺激某些学生的恋爱意愿。

表2 不同特征下大学生群体的婚恋情况、婚恋意愿及生育意愿

变量	恋爱次数	恋爱意愿(%)		理想结婚年龄(岁)	结婚意愿(%)			理想子女个数(个)	意愿子女个数(个)	性别偏好
		无恋爱打算	有恋爱打算		是	否	不稳定			
全体	1.40	34.07	65.93	27.50	36.45	18.55	45.00	1.41	1.00	0.30
生源地										
农村	1.42	34.78	65.22	27.34	34.16	19.26	46.58	1.45	1.00	0.31
城市	1.32	31.76	68.24	27.90	43.92	16.22	39.86	1.27	0.99	0.30
家庭教育背景										
小学及以下	1.31	39.64	60.36	27.27	34.91	21.89	43.20	1.56	1.12	0.15
初中	1.40	33.33	66.67	27.55	32.20	14.39	53.41	1.47	0.98	0.35
高中	1.49	39.80	60.20	27.66	37.76	22.44	39.80	1.17	0.93	0.20
大专及以上	1.52	21.00	79.00	27.58	49.00	20.00	31.00	1.20	0.95	0.58
家庭经济支持										
低	1.24	44.00	56.00	27.31	36.90	23.80	39.29	1.65	1.90	0.92
中	1.42	71.18	28.82	26.55	41.00	15.30	43.75	1.44	1.09	0.87
高	1.68	72.34	27.66	27.10	40.42	17.02	42.55	1.12	0.83	0.79
学校层级										
"双一流"高校	1.26	30.89	69.11	27.44	25.00	17.65	57.35	1.35	0.76	0.36
"双非"高校	1.44	33.16	66.84	27.90	37.76	17.09	45.15	1.46	1.01	0.14
专科院校	1.35	37.43	62.57	26.63	38.01	22.22	39.77	1.32	1.08	0.78

2. 影响恋爱意愿的积极因素和阻碍因素

调查发现，超过八成的女大学生认为能够找到相互帮助的伴侣是让她们产生恋爱意愿的首要因素，同时也有 55.31% 的学生是为了增加自身的情感经历而产生恋爱想法，28.84% 的同学是为了寻找潜在的结婚对象。有部分同学出于生理和精神需要、从众跟风心理而恋爱，还有少部分同学恋爱是受到了社会环境和家庭的影响。同时，满足物质需求与恋爱动机的关联性不高，这可能是因为现代社会中越来越多的女大学生追求个人的独立性（见图1）。

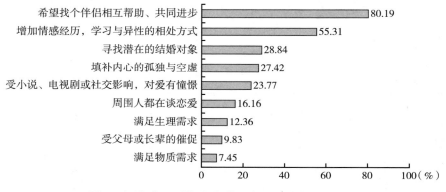

图1　促进"00后"女大学生产生恋爱意愿的因素

在阻碍恋爱意愿的因素方面，"没有遇到合适的人"成为"00后"女大学生最多的恋爱抑制因素，这可能是因为随着教育水平的普遍提高，"00后"女大学生对恋爱的期望也相对提高，她们更可能寻求与自己有共同语言、兴趣和价值观的伴侣。此外，超过96%的被调查对象认为"谈恋爱太消耗时间或精力""享受单身或低恋爱欲望"。这可能是因为她们认为自身的时间和精力比较有限，希望把更多的精力投入学业、个人兴趣和社交活动等方面。其中，也有37.08%的女大学生认为谈恋爱有经济压力是阻碍恋爱的一个重要因素，可能是由于部分学生家庭经济条件有限，因此不愿在恋爱上花费过多金钱（见图2）。

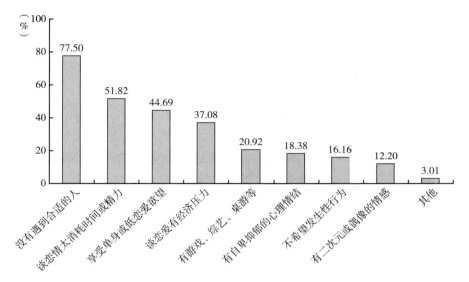

图2　阻碍"00后"女大学生恋爱意愿的因素

3. 理想结婚年龄与结婚意愿

在有关"结婚意愿"的调查中，36.45%的学生表示未来会结婚，这部分考虑会结婚的学生中大部分人认为预期结婚年龄在26～30岁，占75.22%，其余考虑结婚年龄在20～25岁、31～35岁、35岁以上的学生分别占16.96%、5.65%和2.17%。而未来考虑不会结婚或不确定是否结婚的学生分别占18.55%和45.00%，对这一部分学生的进一步调查得知，如果未来选择不结婚，她们中83.04%的人会考虑单身，也有11.72%的学生会考虑同居生活，5.24%的人则选择其他方式来替代结婚，如与好朋友共同生活、养育宠物等。由此可见，婚姻在一些"00后"女大学生身上仍具有吸引力，同时大多数"00后"女大学生认为结婚已经不是她们人生的必选题。

4. 影响结婚意愿的积极因素和阻碍因素

调查结果显示，"婚姻能够提供情感、陪伴或精神寄托"被75.91%的"00后"女大学生认为是影响结婚意愿的重要积极因素，这说明她们更看重婚姻带来的情感上的支持和安全感。其次，家庭期望也是促使这些大学生愿意结婚的一个重要因素，32.17%的受访者表示，来自长辈的压力对她们的婚姻观念产生了一定的影响。同时，物质方面的稳定和保障也被视为影响结婚意愿的重要因素，23.3%的女大学生更倾向于婚姻所带来的物质保障。对于"00后"女大学生来说，她们面临着更多的机会和挑战，同时也承受着一定的社会压力，在选择结婚时，物质方面的保障可以减少生活中的许多不确定性和风险。图3展现了"00后"女大学生对婚姻效用的感知。

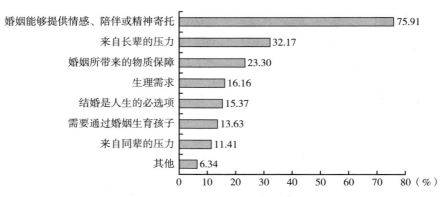

图3 促进"00后"女大学生结婚意愿的因素

根据图4调查结果，排名前三的阻碍结婚意愿的因素分别为"难以找到观念契合、生活方式和谐的对象""生育成本""结婚成本"。同时，个体独立意识增强及工作压力大也成为女大学生犹豫、推迟或不选择结婚的重要原因，她们担忧婚姻会限制个人自由和发展空间，影响职业规划和事业发展。

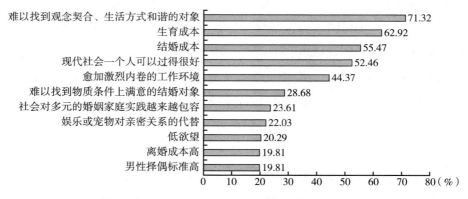

图4 阻碍"00后"女大学生结婚意愿因素

值得一提的是，从此次调查中发现，"00后"女大学生对男性择偶要求和离婚成本等的关注度并不高。

5.对非传统婚育行为的态度

随着社会的发展和人们观念的改变，越来越多的年轻人对一些非传统婚姻形式表现出较为开放的态度。调查数据显示，多数"00后"女大学生对不婚、丁克等行为表现出更高的接纳度，她们认为婚姻和生育并不是人生必须要完成的任务，对婚前同居行为38.61%的人也表现出较高的接纳态度。而在堕胎、开放性关系、非婚生育等行为方面表现得最为保守，其中70%左右的学生对堕胎和开放性关系行为表示不认可，同时一半左右的学生在婚前性行为、闪婚、同性性行为的接纳度方面也表现得较为消极，由此可见，在以上这些非传统婚姻行为方面，大多数女学生仍然持有较为传统的观念（见图5）。

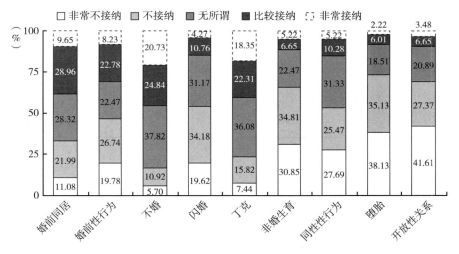

图5 "00后"女大学生对非传统婚育行为的接纳程度

（三）生育观的概况

1.对生育的态度

在本次调查中，通过询问"您对生育的态度"，有39.3%的大学生群体不想要孩子，认为生育不是必需的，超过40%的大学生群体不确定未来是否会生育小孩。在询问大学生群体中理想生育年龄方面，近七成认为26~30岁为理想生育年龄。而表2显示，学校层级为"专科院校"的女大学生群体，其理想结婚年龄较其他层级的群体提前一岁。

本次调查也通过询问"您认为家庭中有几个孩子比较理想"、"您未来打算生育几个孩子"以及"孩子的性别期待"来分别测量大学生的理想子女数、意愿子女数以及孩子的性别偏好。总体而言，女大学生的平均理想子女数为1.41个，超过54.52%的女大学生群体比较偏向于有2个孩子。本次调查"00后"女大学生群体的平均意愿子女数为1，大多数女大学生在子女的性别偏好上认为男孩女孩都一样。此外发现女大学生理想子女数与意愿子女数不一致，理想子女数高于意愿子女数。当前在校女大学生认为生育相对来说是比较遥远的事情，但是在校女大学生群体在理想子女数和意愿子女数上的差异有一定的探究意义。同时，能够在一定程度上代表生育意愿阻碍因素的感知（见表3）。

表3　"00后"女大学生的"理想子女数"与"意愿子女数"占比

单位：%

选项	理想子女数	意愿子女数
0个	15.21	36.29
1个	29.48	27.89
2个	54.52	35.02
3个以上	0.79	0.79

2. 影响生育意愿的积极因素和阻碍因素

为了探究女大学生生育意愿背后的推动因素，本次调查进一步收集了女大学生对不同生育意愿积极因素和生育阻碍因素的感知情况。图6显示了女大学生群体对不同生育意愿积极因素的认可度占比。从总体上来看，女大学生群体更加认同"陪伴孩子一同成长是重要而有意义的事情"，而把"养育子女能让晚年生活更有保障"放置较后。"00后"女大学生在社会环境以及所受的教育影响下，比较在意精神价值层面的意义，对于传统的养儿防老概念比较不在意。

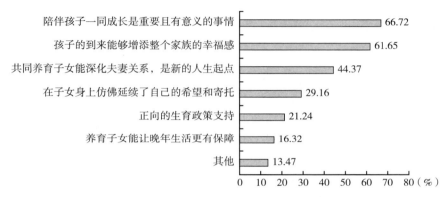

图6 促进"00后"女大学生生育意愿的因素

图7给出了女大学生对生育阻碍因素感知的排序占比。总体而言，在对女大学生影响最大的生育阻碍因素中，社会环境压力、养育压力、生育痛苦或风险占比都达至75%以上，其次是占比64.82%的居住环境压力。其中，女大学生群体认为养育压力是尤为突出的生育阻碍因素。这也和上文中女大学生群体注重精神价值层面的贡献相呼应。

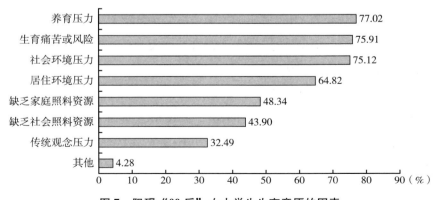

图7 阻碍"00后"女大学生生育意愿的因素

3.生育意愿与政策支持

本次调查继续询问了女大学生倾向的生育政策占比（见图8），基于对部分生育促进相关措施的选择，女大学生在住房、教育、减少就业歧视、带薪产假方面有较为强烈的需求。对这些政策的需求与上文中女大学生群体对生育阻碍因素的认知相对应。

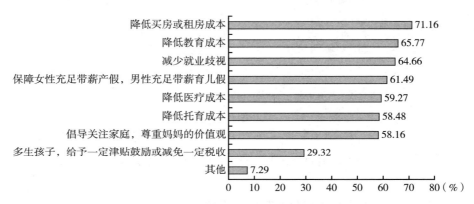

图8　女大学生倾向的生育政策占比

（四）网络与婚育观

"00后"女大学生群体作为新一代的年轻女性、高等教育的受众群体，知识水平和文化水平对在校女大学生的婚育观产生了影响。其中互联网的飞速发展产生的影响尤为突出，因此，本次调查也询问了当前女大学生"您每日的上网时长约为多少小时""您的婚育观会通过什么渠道被影响"。

1.互联网使用与婚育观

总体而言，受访的女大学生群体每日上网时长均值约为4.6小时。依据中国互联网络信息中心（China Internet Network Information Center，简称CNNIC）在北京发布的第47次《中国互联网络发展状况统计报告》，截至2021年上半年，中国网民日均上网时长为3小时50分钟[1]。本次调查的数

---

① 中共中央网络安全和信息化委员会办公室等：第47次《中国互联网络发展状况统计报告》（全文），http://www.cac.gov.cn/2021-02/03/c_1613923423079314.htm。

据表明女大学生群体使用互联网的时长比全国网民日均使用时长更长，每天上网 3 小时以下的占 23.14%，3~4 小时的占 30.43%，5~6 小时的占 23.3%，6 小时以上的占 23.13%。可见，3 小时以上的占到近 77%，女大学生正处于专业学习阶段，她们上网时间较长也可能是网络学习、查询网络资料、阅读电子书籍等所致，生在网络时代，使用网络资源是当代大学生较为明显的特质，因此，她们也深受网络的影响。在本次调查中，61.01%的被调查者表示自己的婚育观受到了网络的影响，38.99%的被访者认为自己的婚育观没有受到网络的影响，但在随后的访谈中发现，回答"没受网络影响"的女大学生中多数是上网时间较少的，也有部分认为自己也没那么确信，因为网络的影响实际是潜移默化的。

2. 网络参与渠道与婚育观

各类网络平台的开发，使人们获取网络资源的渠道越来越多，自媒体、朋友圈、网络新闻、网络小说等是大学生们获取信息的主要渠道。本次调查发现，女大学生的婚育观与自媒体、朋友圈、网络新闻有一定的关联。如图 9 所示，87.53%的被调查者认为自媒体（如抖音、微博等）对她们的婚育观影响较大，58.44%的被调查者认为朋友圈对她们的婚育观产生了影响，54.81%的被调查者认为网络新闻对她们的婚育观产生了影响。由此可见，与传统社会不同，网络信息时代大量开放的、多元化的信息输出对人们观念

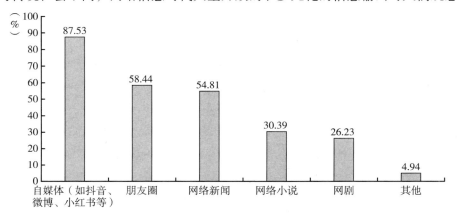

图 9　婚育观受网络渠道影响的占比

的影响不可避免。"00后"女大学生认为网络信息确实对她们的婚育观影响较大，网络中的信息交换和互动在不断地塑造和强化着她们的婚育观。

五　结论与讨论

（一）结论

本研究通过调查数据对"00后"女大学生的婚育观进行了初步描述，尽管研究的深度不够，但能够基本反映出"00后"女大学生的婚育态度，发现她们的婚育观念有了一些变迁和新的特征，其表现如下。

1.婚育观的价值基础发生变化

在调查中发现，"00后"女大学生对恋爱、婚姻和生育还是有所期待的，但其价值基础更倾向于个体本位的价值。在恋爱观念和行为方面，65%以上的调查对象有恋爱意愿，谈及影响恋爱意愿的因素时，排序第一位的是"希望找个伴侣相互帮助、共同进步"，占80.19%，而父母或长辈的因素只占到9.83%；谈及没有恋爱的原因时，排在前三位的是"没有遇到合适的人""谈恋爱太消耗时间或精力""享受单身或低恋爱欲望"；在婚姻观念和行为方面，75.91%的被调查对象并不拒绝婚姻，她们认为"婚姻能够提供情感、陪伴或精神寄托"，在阻碍婚姻意愿的影响因素中，"难以找到观念契合、生活方式和谐的对象""生育成本""结婚成本"是排在前三位的因素；在生育观念和行为方面，接近60%的调查对象不拒绝生育，在促进生育意愿的因素上，排序第一的是"陪伴孩子一同成长是重要且有意义的事情"，在阻碍生育意愿的因素上，排在前三的分别是"养育压力""生育痛苦或风险""社会环境压力"。综上所述，"00后"女大学生的婚育意愿还是较高的，但是其生育的价值基础已明显变化，过去人们婚育的意义更多是家庭或家族本位的，而今"00后"女大学生更倾向于个人本位的价值，更多从个人生存、发展的角度思考婚育的价值。

2.对非传统婚育行为的看法有局部改变，但没有根本改变

对非传统婚育行为的接纳度是考察人们婚育观念的开放度和多元性的重

要指标，也反映着婚育观的变迁。本次调查发现，调查对象对"开放性关系"明确接纳的仅占10.13%，"同性性行为"明确接纳的占15.50%，"堕胎"明确接纳的占8.23%，"非婚生育"明确接纳的占11.87%，"闪婚"明确接纳的占15.03%，"婚前性行为"明确接纳的占31.01%，"婚前同居"明确接纳的占38.61%，但是对"不婚"和"丁克"的接纳度明显提升，明确表示接受"不婚"的占45.57%，明确表示接受"丁克"的占40.66%。因此，从调查中可见，"00后"女大学生对非传统婚育行为的总体看法没有根本的改变，对多数非传统婚育行为的接纳度仍然较低，仍然重视婚姻和生育的捆绑关系，绝大多数"00后"女大学生不接受非婚生育行为。在访谈中，多数被访者表示不接受非婚生育：

> 我绝对不会非婚生育，这对我和我的父母都不好，受不了被人指指点点，尤其在我们那个小县城更是如此。(SJ，22岁，大四)
>
> 非婚生育不可能，文化压抑、道德指责，我难以抗衡。（YX，23岁，研究生）

但有少数非传统婚育行为接纳度在上升，例如："不婚"和"丁克"有明显变化趋势，有被访对象谈道：

> 我不一定要结婚，结婚不是人生的必选项，如果没有合适的对象就单身，我不会为了结婚而结婚，对于丁克，我觉得也没有什么不可以接受的，如果自己都过得不好，为什么还要生小孩？(YGX，23岁，研究生)

3. 系统社会政策的支持有利于促进积极生育行为

研究表明，社会政策会对生育行为产生影响，本调查也关注了该问题，哪些方面的政策会对生育行为产生积极的影响呢？调查发现，多数调查对象并不拒绝生育，对于理想子女数，15.21%选择了0个，29.48%选择了1个，54.52%选择了2个，0.79%选择了3个及以上；对于将来实际生育子女数，36.29%选择了0个，27.89%选择了1个，35.02%选择了2个，0.79%选择了3个及以上；可见理想与现实子女数是不同的，选择0个的，从"理想"到"现实"增加了21.08个百分点，选择1个的，从"理想"到"现实"减少了1.59个百分点，选择2个的，从"理想"到"现实"减少了19.5个百分点，选择3个及以上的不变。显然被调查对象在现实生育行为中，选择少生或不生，这个过程中有明显的生育阻力，通过社会政策减少相关的生育阻力，在一定程度上将有利于促成积极生育行为。通过调查发现，相关的政策需求涉及内容较多，需求程度从强到弱依次为：购租房优惠政策、降低教育成本、女性就业不受歧视、保障女性充足带薪产假和男性充足带薪育儿假、降低医疗成本、降低托育成本、倡导关注家庭、尊重妈妈的价值观等。多数被访者认为社会政策的支持对积极生育是极为重要的：

> 我结婚了，儿子一岁，不打算要二胎了，孩子没人照顾，父母都还在上班，找了一个亲戚来帮忙带，又没有合适的托儿所，如果有较为完善的托儿系统，也许会考虑。（ZCY，23岁，研究生）
>
> 如果就业市场不改变对女性的就业歧视，作为女性的我们怎么敢多生。（SWH，22岁，大三）

4. 网络成为塑造"00后"女大学生婚育观的重要途径

网络空间的嵌入是当代社会空间的特点，网络改变人们的系列生产、生活方式，网络空间的开放性与匿名性使人们乐于在此表达自我、进行社会交往、获取信息，各种异质人群在此聚集、分享、碰撞，这个空间也在潜移默化地塑造着人们的价值观。在本次调查中，接近77%的被访者每天花费在网络上的时间在3小时以上，多数人认为网络确实影响了她们的婚育观，但也有部分被调查者认为自己的婚育观没有受到网络的影响，进一步的访谈发现，后者主要是上网时间少的人群，因此，上网时长的不同与网络文化对她们的影响是相关的。在多元的网络信息平台中，被调查者认为对她们影响较大的平台分别为：自媒体（如抖音、微博等）、朋友圈、网络新闻，其中

87.53%的被调查者认为自媒体对她们影响最大：

> 抖音真的会上瘾，总是不自觉地点开它，主播们打开了我看世界的另一扇窗。（SWH，22岁，大三）

因此，通过调查数据和访谈资料不难发现，网络文化对生在网络时代的"00后"女大学生的婚育观产生了深刻影响。与此同时，当她们通过各种网络信息平台表达自己的观点时，也建构着网络的文化和价值，在一定程度上她们形成了一种互构模式，在互构中不断表达与强化。

（二）讨论

中国近几年持续的结婚率下降、离婚率升高、生育率下降的现象，促使社会和学界关注中国人婚育观的变化。第一批"00后"已进入婚育期，"00后"大学生已经成为未来10年重要的婚育主体，相关数据表明，2022年女大学生群体已超过男大学生群体，且作为生育行为的直接承担者，因此，本次调查关注"00后"女大学生的婚育观的状况，以期了解和预测未来中国婚育行为的走势。本研究主要是对"00后"女大学生的婚育观做了初步的描述性研究，发现她们的婚育观总体上并没有发生根本的变化，但部分态度有变化，婚育观的价值基础转向个人本位价值，网络对其婚育观的影响较大，社会政策的支持有利于积极婚育。总体而言，"00后"女大学生婚育观的变化还是较为渐进和温和的，她们仍有较高的婚育意愿，但针对他们实际行为与意愿的不匹配，我们应该更多地从外在环境阻力来思考。未来社会政策的完善、女性角色的重新定位、男性家庭义务的参与性增多等政策、文化、行为的倡导和完善，是否可以为年轻女性提供更多的安全感、幸福感，促进她们积极的婚育行为，值得我们进一步深入研究。本次研究也有不少局限性，对女性大学生婚育观的测量维度还不够完善和深入，样本仅限于贵阳市的高校，其代表性具有一定的局限性。

B.11
贵州省社会工作者的
儿童权利意识与培育*

杨竹 黄爱华 李兴叶 安慧敏**

摘 要： 儿童社会工作者是促进儿童保护与发展的专业力量，儿童权利是儿童社会工作的重要价值基础。保障儿童权利已成为国际共识，但现实生活中儿童权利被忽视、被侵害的现象仍时有发生。社会工作者的儿童权利意识状况直接影响着所开展的儿童服务成效。本研究对贵州省社会工作者开展问卷调查，发现社会工作者的儿童权利意识比较薄弱，具体表现为儿童权利认知不足，儿童权利态度模糊，儿童权利主张不明确。在此基础上，研究提出要加强社会工作者儿童权利意识培育，坚持以儿童为核心，尊重和保护儿童权利，提高儿童服务水平。

关键词： 儿童权利 儿童社会工作 儿童权利意识

一 引言

儿童是国家的未来和希望，保障儿童权利在世界范围内已形成广泛共识。现代儿童权利观念的形成经历了漫长的过程，伴随着人们对儿童的深入

* 本文系贵州省 2020 年度哲学社会科学规划重点课题"儿童权利视域下贵州易地扶贫搬迁安置区儿童社会工作服务研究"（20GZZD60）的研究成果。
** 杨竹，贵州民族大学副教授，社会学博士，硕士生导师，主要研究方向为儿童社会工作、农村社会工作；黄爱华，贵州民族大学社会学院 2022 级社会工作专业硕士研究生；李兴叶，贵州民族大学社会学院 2021 级社会学专业硕士研究生；安慧敏，贵州民族大学社会学院 2022 级社会工作专业硕士研究生。

认识而逐渐发展起来。在社会发展的早期阶段，儿童在家庭中是被驯服的对象，父母对儿童的教育非常严厉，粗暴的方法被认为是有效的教育方法。在17~18世纪的欧洲，儿童被视为家庭的负担，很早就需要自己养活自己。① 18世纪，法国启蒙思想家卢梭提出了"把儿童看作儿童"的思想，宣告了"儿童的发现"，也标志着现代儿童观的产生。② 进入20世纪以来，儿童的地位得到极大的提升，并以法律形式得到了确认，儿童权利已经成为国际社会关注的焦点。1989年，联合国通过了《儿童权利公约》，这是一部具有法律约束力的国际文件，规定了儿童的基本权利和各国政府的责任。然而，现实社会中各国儿童权利被忽视、被侵害等现象时有发生，儿童权利保障工作仍需要加强。社会工作者是保障儿童权利、促进儿童福利事业发展的专业人员，他们的价值观念、工作方法对儿童权利保障成效有着直接影响。

二　研究设计

（一）主要概念界定

权利意识是一种社会意识，受到历史传统、文化价值、社会制度和经济发展水平的制约。③ 高鸿钧对权利意识的概念界定被引用较多，他认为权利意识是特定社会的成员对自我利益和自由的认知、主张和要求，以及对他人这样认知、主张和要求的社会评价。④ 对于权利意识的构成要素，高鸿钧认为由权利认知、权利主张和权利要求三部分构成。⑤ 征汉年等则将权利意识

① 〔法〕安德烈·比尔基埃等主编《家庭史：现代化的冲击》（第二卷），袁树仁等译，生活·读书·新知三联书店，1998。
② 〔法〕卢梭：《爱弥儿》，李平沤译，商务印书馆，1996。
③ 宫秀丽：《初中儿童权利意识的基本状况——基于儿童权利公约框架的考察》，《青少年犯罪问题》2011年第4期。
④ 高鸿钧：《中国公民权利意识的演进》，载夏勇主编《走向权利的时代：中国公民权利发展研究》，中国政法大学出版社，1995。
⑤ 高鸿钧：《中国公民权利意识的演进》，载夏勇主编《走向权利的时代：中国公民权利发展研究》，中国政法大学出版社，1995。

分为权利认知、权利情感、权利评价、权利意愿和权利信仰五个成分。① 宫秀丽等结合儿童的情况，将儿童权利意识分为权利认知、权利态度和权利行为倾向三个部分。②

儿童权利意识是权利意识的一种类型。综合已有的研究，结合儿童的情况，本文将儿童权利意识界定为特定社会的成员对儿童利益和自由的认知、主张和要求，以及对他人这样认知、主张和要求的社会评价，由儿童权利认知、儿童权利态度与儿童权利行为倾向三部分构成。这三个部分就构成了"儿童权利意识"的三个测量维度。儿童权利认知是社会工作者对儿童权利知识及其重要性的了解，儿童权利态度是社会工作者对儿童应该享有的权利的态度，儿童权利行为倾向是社会工作者通过行为表现出来的儿童权利意识。

（二）调查方法

本研究主要采用问卷调查方法进行研究。根据研究目标编制了社会工作者儿童权利意识的调查问卷，通过问卷星方式向贵州 9 个地级地区的社会工作者发放了问卷，共获得 278 份有效问卷。调查样本的基本情况见表 1。此外，本研究还结合社会工作者开展儿童服务的计划书、服务记录等文本资料展开讨论，以全面、深入地了解社会工作者的儿童权利意识。

表 1　调查样本基本情况（n=278）

个人信息	数　据
性别	男性 18.3%　女性 81.7%
年龄	20~55 岁（平均年龄 28 岁）
学历	初中 0.4%　高中及中专 5.0%　大专 25.5%　本科 64.4%　硕士研究生 4.7%
婚姻状况	已婚 27.3%　未婚 72.3%　离异 0.4%
工作地区	贵阳 12.6%　遵义 7.6%　六盘水 4.7%　安顺 11.9%　毕节 15.1%　铜仁 3.6%　黔东南 24.5%　黔南 10.4%　黔西南 9.6%

---

① 征汉年、马力：《论权利意识》，《北京邮电大学学报》（社会科学版）2007 年第 6 期。
② 宫秀丽等：《家庭社会经济地位、父母教养方式与儿童权利意识的相关研究》，《中国特殊教育》2012 年第 1 期。

三 社会工作者的儿童权利意识状态

（一）儿童权利认知：缺乏足够了解

儿童权利认知是测量社会工作者儿童权利意识的一个维度，通过社会工作者对儿童权利知识的了解和重要性判断两个指标来反映。

表2 对儿童权利的了解程度 （n=278）

单位：%

选项	百分比
非常了解	19.4
了解一点	73.4
不太了解	6.5
完全不了解	0.7
合　计	100.0

从表2的数据来看，对儿童权利"非常了解"的社会工作者仅占19.4%，高达73.4%的社会工作者对儿童权利"了解一点"，对儿童权利"不太了解"和"完全不了解"的社会工作者占比7.2%。这说明社会工作者对儿童权利的认知非常有限，这可能导致他们对儿童权利受侵害现象缺乏敏感性，极大妨碍在服务过程中对儿童权利的保障。

表3的数据显示，有96.4%的社会工作者认为"学习儿童权利知识"重要，但仍有3.6%的社会工作者认为"一般"。由此看来，大部分社会工作者对儿童权利的重要性持肯定态度，但这并不必然保证服务效果。即使认为儿童权利重要，但是由于对儿童权利了解不足，这种肯定只是一种抽象观点的表达，涉及具体服务时很可能无所适从。这种缺乏实质性内容的重视无助于儿童权利保障的实现。

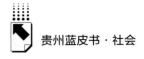

表3 对学习儿童权利知识重要性的看法（n=278）

单位：%

选项	百分比
重要	96.4
一般	3.6
不重要	0
合计	100.0

（二）儿童权利态度：传统与现代相融合

儿童权利态度是儿童权利意识的构成要素之一，反映了社会工作者如何看待儿童及其权利。表4的数据显示，在"每个儿童都享有基本权利"、"儿童可以表达自己的想法和观点"和"儿童和成人是平等关系"三个表述上，社会工作者选择"同意"的比例较高，均达到了90%以上，这说明社会工作者对儿童基本权利、儿童主体性、儿童与成人关系的平等性比较认同。但是，涉及"父母可以打自己的孩子"、"父母知道什么对儿童最好"和"儿童顶嘴是不好的行为"三条亲子关系的观点时，社会工作者的态度比较分散，"说不清"的比例较高，反映了社会工作者对亲子关系中的儿童权利不是非常确定，这很可能与所处的文化环境有紧密关系。尽管中国政府早在1991年就签署了联合国《儿童权利公约》，但"家庭本位"和"义务本位"的儿童观在中国占主导地位，家庭成员侵犯儿童权利的行为会得到宽容，比如为了孩子好而打孩子等。① 在政府责任上，社会工作者的态度也不统一，21.6%的人表示"说不清"，还有5.7%的人"不同意"。

---

① 乔东平、谢倩雯：《中西方"儿童虐待"认识差异的逻辑根源》，《江西社会科学》2015年第1期。

表 4　社会工作者对儿童权利的态度（n=278）

单位：%

观　点	同意	说不清	不同意	合计
1. 每个儿童都享有基本权利	97.8	2.2	0	100
2. 政府是保障儿童权利的责任主体	72.7	21.6	5.7	100
3. 儿童可以表达自己的想法和观点	95.7	3.6	0.7	100
4. 父母可以打自己的孩子	8.3	29.5	62.2	100
5. 父母知道什么对儿童最好	14.7	59.7	25.6	100
6. 儿童顶嘴是不好的行为	20.5	46.0	33.5	100
7. 儿童可以参与创造自己生活环境	89.5	7.6	2.9	100
8. 儿童和成人是平等关系	91.4	5.8	2.8	100

总体来看，大部分社会工作者对儿童基本权利认可度较高，但受传统儿童观的影响，他们对亲子关系中的儿童权利受损现象比较包容，还有少部分社会工作者对儿童权利认可度较低，这反映出儿童社会工作缺乏明确的儿童权利价值指引，在涉及亲子关系时社会工作者的儿童权利态度比较传统。

（三）儿童权利行为倾向：权利主张不明确

社会工作者的服务行为体现了其价值判断。社会工作者在服务过程中是否会从儿童权利视角思考分析问题，不仅反映了社会工作者的工作思路，也直接影响着服务效果。

从前面表 2 的数据来看，对儿童权利"非常了解"的社会工作者仅占19.4%。对儿童权利知识缺乏了解必然会妨碍社会工作者从儿童权利视角思考问题，思考可能不系统、不具体或者不清晰。服务更多是基于个人价值观和生活经验来进行。从所获取的儿童服务记录来看，服务大多聚焦儿童课业辅导、兴趣培养、素质拓展、志愿服务等"好做"的服务对象和内容，甚少涉及儿童权利严重受损的服务对象，服务过程也缺乏明确的儿童权利主张。大部分机构没有对社会工作者明确提出儿童权利的工作视角和要求，项目设计、服务开展等环节都没有明确的儿童权利指引。

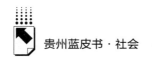

四 社会工作者的儿童权利意识培育

（一）加强社会工作者对儿童权利知识的学习

对儿童权利知识的充分了解是儿童权利意识的基础。学习儿童权利知识不仅是对社会工作者权利意识的培育，同时也是其解决服务过程中所遇难题的重要条件之一。表5的数据显示，仅有58.6%的社会工作者接受过儿童权利知识的学习，41.4%的社会工作者则未学习过，这势必在很大程度上影响对他们儿童权利意识的培育，进而影响到儿童权利保障。因此，增加儿童权利相关学习非常必要。

表5 是否学习过儿童权利知识 （n＝278）

单位：%

选项	百分比
是	58.6
否	41.4
合计	100.0

为此，可通过以下措施来促进社会工作者对儿童权利知识的了解：一是开展形式多样的培训、讲座、研讨会等学习活动，实现知识讲授与实务经验分享相结合，达到在互动中将知识与实践相结合的效果；二是充分运用社会工作协会等公众号，开设儿童权利相关知识普及专栏，促进社会工作者对儿童权利知识的了解；三是下发儿童权利知识相关手册到各社会工作者机构，让一线社会工作者学习，通过设立小程序、利用答题考勤等方式来检验社会工作者学习儿童权利知识的效果。

（二）强化社会工作督导的教育功能

社会工作督导是由资深的社会工作者对一线工作人员进行专业训练的重

要方法。从调查数据来看，有接近一半的社会工作者的专业背景都非社会工作专业，这就更加需要督导在实务过程中给一线社工提供及时、专业的指导。儿童权利不仅是知识，更是一种价值观，需要被社会工作者内化于心，才能真正做好儿童的社会工作服务。要达到这样的效果，只是了解儿童权利的文本知识是不够的，更重要的是能够将儿童权利作为重要的价值观，进行问题分析和解决，贯穿于整个服务过程。只有在资深督导的指导下，才能更好地将儿童权利知识与服务实践相结合，更好地保障儿童权利，提供更优质的儿童社会工作服务。

因此，要打造一支高素质的儿童社会工作者督导队伍，强化督导的教育功能，指导社会工作者从儿童权利视角开展工作，在实践中学习儿童权利知识，培育儿童权利意识。

（三）构建完善的儿童权利保障体系

保障儿童权利需要多主体间的合作才可实现，仅靠某一主体绝对不能达成这一目标。目前，中国的儿童权利保障体系不断健全，儿童权利得到极大的保护，但依然有继续完善的空间。在此过程中，社会工作需要与其他儿童权利保护主体建立良好关系。表6的调查数据显示，42.8%的社会工作者认为，服务开展过程中相关政府部门给予的支持不足，这会在一定程度上弱化社会工作者的行为倾向。进一步健全儿童权利保障体系，共同织密儿童保护服务网络，营造保障儿童权利的浓厚氛围，将有助于增强社会工作者的服务动机，切实保障儿童权利行动的效果。

表6 相关政府部门支持是否存在不足？（n=278）

单位：%

选项	百分比
是	42.8
否	57.2
合计	100.0

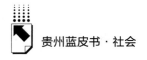

五　结语

儿童权利意识的培育是一项系统性工程，并非一朝一夕就能形成，需要长期的学习和努力，也需要环境给予足够的支持，社会工作者才能塑造成熟的儿童权利意识。儿童权利已经成为一种国际共识，但在成人主导的社会里，儿童的权利常常被忽视和剥夺。儿童权利意识不仅是社会工作者不可或缺的价值基础，同样也是社会大众所必备的价值基础。儿童权利意识的培育，也并非只针对社会工作者，其他相关主体同样需加强。但是，社会工作者作为儿童权利保障的专业人员，其儿童权利意识尤为重要。贵州省的社会工作者儿童权利意识还较薄弱，这一问题亟须政府、社会工作机构及社会工作者自身的重视，大家共同努力，积极促进社会工作者的儿童权利意识培育，打造一支素质过硬的社会工作者队伍，以更好地关爱儿童、维护儿童权益，实现儿童各项权利的基本保障。

城市发展篇

B.12

优化贵州省"一群三带"城镇格局研究

蒋正龙 *

摘　要： 贵州城镇格局的演化路径和演变规律具有较强的地域特色，现已呈现城镇化发展质量稳步提升、城镇规模等级结构更趋合理、城镇职能结构逐渐多样、城镇空间组织结构日益优化等特征。同时，也存在诸如空间分布不均衡、城镇结构协调度低、工业化和城镇化脱节、城镇间联系不紧密等问题。针对存在的问题，结合发展实际和经济规律，以点轴与网络开发理论为城镇格局优化的依据，人口聚集分布为城镇格局优化的基本内容，产城融合互动为城镇格局优化的主要方向，重大交通轴线及节点是城镇格局优化的重要载体，从优化"一群三带"城镇空间布局、沿着"城镇带"打造优势"产业带"、促进人口人才向"一群三带"集聚、构建更加适配"一群三带"的立体交通等方面，引导城镇建设、产业发展、基础设施、资源要素向"一群三带"集聚，加快形成"一群三带"城镇格局。

* 蒋正龙，贵州省社会科学院城市经济研究所助理研究员，主要研究方向为区域经济、城市经济。

关键词： "一群三带" 要素聚集 格局优化 贵州省

一 引言

作为后发地区，贵州的城镇格局受发展水平、自然环境和区域政策等的影响较大。第一，贵州经济总量规模较小、财政资金紧张，城镇建设资金投入不足，城镇建设速度缓慢；第二，地表空间破碎决定了贵州的城镇格局具有山地特色，很难形成发达地区的城市连绵区；第三，一些特殊的国家及区域政策，如"三线"建设、西部大开发、脱贫攻坚等加速了贵州城镇化发展，影响了空间格局。西部陆海新通道、沪昆通道、粤港澳大湾区—成渝经济区主轴等重要交通主轴在贵州重合和交织，势必带来全省城镇格局的重构。顺势而为提出高质量构建"一群三带"城镇空间格局、沿重要交通轴和流域经济带优化城镇发展格局，具有较强的理论和实践意义。

二 贵州城镇化进程及城镇空间格局特征

（一）城镇化发展进入快速成长阶段，城镇化发展质量稳步提升

2012~2022 年十年间，贵州常住人口城镇化率从 36.4%提高到 54.8%，城镇化率提升 18.4 个百分点，年均增长 1.8 个百分点，年均增幅高于全国 0.5 个百分点，城镇化率增幅连续 7 年保持全国前列，与全国城镇化率差距进一步缩小。城市建成区面积由 586.1 平方公里增加到 1187.2 平方公里，翻了一番。同期，城镇经济不断增强，工业增加值从 2055.46 亿元增加到 5493.13 亿元，增长了 1.7 倍；服务业增加值从 3256.8 亿元增加到 10190.4 亿元，增长了 2.1 倍；城镇常住居民人均可支配收入从 18700.5 元增加到 41086 元，增长了 1.2 倍。城镇品质不断提升，铁路、公路、水运和航空等交通网络进一步完善，供水、供电、供气、通信等基础设施进一步健全，城镇人居环境进一步优化，人均城镇道路面积达到 21.03 平方米、城镇用水普

及率达 97.8%、城镇燃气普及率达 86.4%、县级及以上城市日污水处理能力达 449 万立方米、生活垃圾无害化处理率达 100%，老旧小区改造稳步推进，建成了贵阳市轨道交通 1、2、3 号线。教育医疗、"一老一小"、救济扶助等基本公共服务保障进一步增强。

（二）城镇规模等级结构更趋合理，基本形成金字塔形格局

2022 年，贵州有城市 16 座、县城 61 座、建制镇 772 个，城镇人口（未含集镇）1850.39 万人，其中Ⅱ型大城市 2 座、中等城市 1 座、Ⅰ型小城市 9 座、Ⅱ型小城市 65 座（含县城）。① 总体上看，现阶段全省城镇规模等级分布表现为规模等级的"金字塔"结构，城镇人口数量的占比分布具有两头小中间大的"橄榄"形态，即大中城市和建制镇人口占比小，小城市人口占比大，见表 1。将 2012、2022 年城镇规模等级序列与克里斯泰勒的中心地等级序列对比发现，全省城镇等级规模序列主要受交通原则的影响，也受一定的行政原则影响，这主要是由于贵州省地理环境为山地特色，城镇体系沿交通轴线分布，特别是大中城市处于各类交通枢纽。同时，从 2012、2022 两年城镇规模等级序列变化来看，城镇规模等级结构日趋合理。

表 1　贵州城镇规模等级结构特征

城镇类型	人口规模（万人）	2012			2022		
		城镇数量（个）	城镇数量占比（%）	城镇人口占比（%）	城镇数量（个）	城镇数量占比（%）	城镇人口占比（%）
超大城市	人口≥1000	—			—		
特大城市	500≤人口<1000	—			—		
Ⅰ型大城市	300≤人口<500	—			—		
Ⅱ型大城市	100≤人口<300	1	0.15	13.51	2	0.24	17.37
中等城市	50≤人口<100	1	0.15	5.44	1	0.12	2.81
Ⅰ型小城市	20≤人口<50	7	1.02	15.41	9	1.06	15.33
Ⅱ型小城市（含县城）	人口<20	71	10.32	35.63	65	7.66	35.30
建制镇	—	608	88.36	30.01	772	90.92	29.19
合计		688	100	100	849	100	100

资料来源：根据《中国城市统计年鉴 2012》《中国城市统计年鉴 2022》整理。

---

① 说明：Ⅱ型小城市 65 个（含县城），包含 16 个城市中的 4 个小城市和 61 个县城。

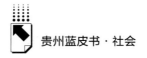

（三）城镇职能结构更趋多样，基本形成分工合理的职能格局

贵州的城镇大体有综合性行政中心、工矿城市、文化旅游城市等职能。伴随城镇等级规模结构和空间组织格局的优化，城镇职能结构更趋多样合理，与城市产业结构调整方向相一致；城市基本职能得到充分发挥，特殊职能得到更加张扬，特别是对专业化城镇的培育，使得城镇职能分工互补有序，实现错位发展、避免职能雷同。综合性行政中心一直以来就形成了省会—市（州）—县城—乡镇一整套自上而下的各级行政管理中心，随着现代城镇发展因素的渗透，这类以行政职能为主的城镇，经济职能也不断增强，几乎形成了各层级的政治、经济、文化综合性中心城市。工矿城镇是在矿产资源开发、利用的基础上形成和发展起来的各类矿业和加工业城市，充分利用了地区资源禀赋和区域比较优势，基本形成分工合理、互补发展的职能格局，如遵义是黔北经济区的中心，现已发展成为铁合金生产基地和钢绳生产基地，六盘水是一个以煤、钢生产为特色的工业城市，安顺因为三线建设的基础成为航空工业基地，织金—息烽—开阳—瓮安—福泉成为磷化工产业带。

（四）城镇空间组织结构更趋优化，基本形成轴群连区的空间格局

近年来，受全国城市群发展、高铁路网和"一带一路"通道建设等影响，贵州城镇空间总体格局发生了重大变化，城镇空间格局进一步从广域分散、点域分散向交通导向、点轴聚集转变，逐渐形成了"一群三带"轴群连区的空间格局。"一群三带"所涉区域常住人口占全省的比重从2012年至2022年分别提高了3.35个、3.2个、3.76个、3.2个百分点（见表2），其中2017~2022年时间段分别提高了2.72个、2.55个、2.63个、2.49个百分点，大部分增长是在黔中城市群得到国家批复和高铁开通后取得的。

表2 "一群三带"GDP和人口占比变化

点轴名称	县级城区数量（个）	面积占全省比重（%）	GDP占全省比重（%）		人口占全省比重（%）	
			2012年	2022年	2012年	2022年
黔中城市群	33	29.78	58.49	59.94	45.32	48.67
粤港澳大湾区—成渝主轴	16	15.67	30.21	30.61	22.76	25.96
沪昆通道	18	11.34	30.00	33.02	22.03	25.79
西部陆海新通道	17	12.52	28.49	34.23	22.84	26.04

资料来源：根据《中国城市统计年鉴2012》《中国城市统计年鉴2022》整理。

三 贵州城镇格局存在的问题

（一）城镇分布呈现"双核"形态，空间分布不均衡

贵阳和遵义是全省仅有的两座大城市，贵阳和遵义均为Ⅱ型大城市，两城市首位指数为2.25，符合城市位序规模。从城镇地域空间结构来看，两市直线距离120公里，分别是全省的省会和区域中心城市，在省域城镇体系中呈"双核"形态，对周边城镇的集聚效应非常明显。此外，受经济发展水平、城镇体系基础、自然资源条件等影响，贵州城镇分布呈现西北密东南疏的总体特征，城镇密度空间差异较大，密度最大的贵阳（16个/千米^2）是密度最小的黔南（4个/千米^2）的4倍，全省的城镇空间分布不均衡。在空间上，城镇密度低于全省平均水平的县级行政区集中在沿河—德江到兴仁—兴义这条直线以东。

（二）城镇空间结构协调度低，协调机制尚未有效建立

2022年贵州城镇规模等级序列为2:1:9:65:772，将此序列与克里斯塔勒的中心地等级序列对比，发现全省城镇等级规模序列主要受交通原则的影响，也在一定程度上受行政管理原则影响。但是，从协调合作来看，城镇空间结构协调度仅为0.71，处于低度协调水平，且存在低度协调到高度协调演变过程中

边际难度逐渐增大的特征，这成为制约全省城镇结构进一步优化的又一障碍。同时，以常住—户籍人口背离来表征城镇要素聚集能力，发现2022年全省仅南明、云岩、花溪、乌当、白云、观山湖、清镇、钟山、红花岗、汇川、碧江、兴义、凯里13个区（市）常住人口大于户籍人口，表明城镇之间的资源要素流动依然呈现小城镇向大中城市聚集的现象，客观上产生了城镇空间发展的"两极分化"，归根结底是全省大中小城镇的协调发展机制并未真正建立。

（三）工业化和城镇化脱节，未能推动城镇空间结构优化

近年来，在产业转型升级的背景下，贵州的部分市县级政府及开发区对一些传统劳动密集型产业招商引资的喜好逐步降低，取而代之的是一些资本型、资源型、技术型的现代化产业，出现了产业发展中劳动力就业的资本替代和技术替代，人为地分裂了工业化与城镇化的协同发展，导致了工业发展与城镇化发展脱节。同时，一些县城及绝大多数建制镇，仍然以行政管理职能为主，仅可作为区域的政治、经济、管理和物资的集散中心，没有在经济发展中形成自己的主导产业部门，在后续城镇化加速发展阶段缺乏持续稳定的增长动力，势必又会影响到城镇空间结构优化升级，在激烈竞争的城镇空间结构博弈中，容易丧失原有的优势和地位。

（四）城镇空间网络系统发展落后，城镇缺乏紧密联系

经过不断的建设，贵州交通基础设施取得质的飞跃，天堑变通途，但受喀斯特自然条件和发展基础等条件的影响，小城镇之间缺乏紧密联系，特别是建制镇之间空间网络系统缺乏自主自接联系。2022年底，贵州1166个乡镇中，通二级及以上公路的乡镇526个，占比45.11%；通三级及以上公路的乡镇663个，占比56.86%；其余503个乡镇仅有四级及以下公路，单车道通行①。城镇空间网络发展的滞后导致城镇相互之间缺乏紧密的联系，难

---

① 《勘设股份董事长张林：交通建设是贵州发展新型城镇化的重要基石》，"天眼新闻"百家号，2022年5月7日，https://baijiahao.baidu.com/s? id=1732154093971845601&wfr=spider&for=pc。

以形成统一的大市场和专业化分工,缺少有序的分工协作,难以实现资源的最优化配置,影响了区域协调发展。

四 优化贵州城镇格局的总体思路

贵州城镇空间格局优化应坚持极点带动、轴带支撑、辐射周边,适时调整和整合行政区划,优化城镇发展空间,引导城镇建设、产业发展、基础设施、资源要素向"一群三带"集聚,形成城镇规模效应和聚集效应。

(一)"点轴与网络开发"是城镇格局优化的理论依据

作为增长极理论的延伸,点轴理论不仅重视"点"的作用,还强调"点"与"点"之间的"轴"即交通干线的作用,主要内容包含三个方面:第一,将区位条件好的重要干线作为重点发展轴;第二,在发展轴上,明确重点发展的中心城市(增长极)及其主要发展方向;第三,明确中心城镇和发展轴的等级体系与网络结构。在贵州省域内选择有利于带动全省、辐射全域的交通大动脉作为轴线,对轴线地带发展基础好、区位条件优的点予以重点发展。经过一段时期的发展,待点轴体系成熟完善后,进一步推进点轴与腹地之间的综合网建设,从而推动区域经济一体化发展。

(二)人口聚集分布是城镇格局优化的基本内容

新型城镇化的最大特征就是人的城镇化,以人为本。人口的引导和分流是贵州城镇空间结构优化的基本内容。目前,贵州的人口流动是在市场规律作用下的自发流动,而人口迁移更多的是在政府的引导或组织下有计划的行为,因此,人口的聚集和分散是市场、政府和个体三方共同作用的结果。后续,在尊重市场规律的前提下,大力推进六大产业基地建设,实现经济高质量发展,切实通过改革和制度调整降低人口迁移或流动的门槛,提高人口迁移的能力,增强人口流动和迁移的意愿,夯实城镇空间格局优化的基础。

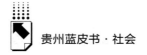
（三）产城融合互动是城镇格局优化的重要方向

产城融合是城镇化发展的新方向，是推进新型城镇化的重要抓手，产城融合能够推动产业、城市融合发展，承载产业空间和发展产业经济，驱动城市更新和完善服务配套，最终实现城镇化有序推进，因此产城融合互动发展是城镇空间结构优化的重要方向。贵州应充分发挥政府规划和政策引导作用，积极探索产业和城镇融合发展的新型城镇化道路，全省以"一群三带"空间格局为引领，增强贵阳都市圈和遵义都市圈两极的主体功能，围绕六大基地建设和特色资源产业走廊，形成功能互补、结构合理、大中小城市协调发展的城镇职能体系。

（四）重大交通轴线及节点是城镇格局优化的重要载体

"点轴与网络开发"理论所强调的轴即重要的交通轴线，点即发展轴上重要的中心城市，两者是城镇格局优化的立足点和着力点。同时点与点、点与轴、轴与腹地之间的网络联通是相互之间进行物质能量交流的保障，是点轴之间专业化分工和功能定位的联系纽带。从城镇化的空间格局上看，贵州是全国唯一没有平原支撑的省份，其地貌的显著特征是山地多，山地和丘陵占全省总面积的92.5%，但交通区域枢纽地位突出，多条交通主轴贯穿其间，所以贵州城镇空间结构优化尤其需要以交通轴线及节点作为重要载体。

五　贵州城镇格局优化的战略重点

牢固树立全省"一盘棋"的思想，从优化"一群三带"城镇空间布局、沿着"城镇带"打造优势"产业带"、促进人口人才进一步向"一群三带"集聚、构建更加适配"一群三带"城镇格局的立体交通等方面，引导城镇建设、产业发展、基础设施、资源要素向"一群三带"集聚，加快形成"一群三带"城镇格局。

（一）形成引领高质量发展的城镇空间布局

1. 加快黔中城市群高质量发展

结合《黔中城市群发展规划》战略构想，借力区域和国内重大战略优势，推动贵阳—贵安新区—安顺城镇空间一体化发展，形成黔中城市群发展极核，打造全省城镇化发展重要引擎，增强贵州在国家重大发展战略中的竞争实力。发挥都市圈核心带动作用，强化贵阳贵安都市圈、遵义都市圈在承载人口流动、配置要素资源、组织产业协作方面的高效作用，加快培育现代化都市圈。以云岩、南明、观山湖、白云、花溪、乌当南部区域和贵安新区东部区域为核心，承载省会城市综合服务功能，集聚高端资源要素，大力培育发展总部经济，完善国际交往、科技创新、先进制造、现代服务等核心功能布局，形成引领城市群发展的动力源。围绕黔中城市群发展需求，加快推动遵义主城区、七星关、西秀、都匀、凯里5个重要战略支点城市建设，加快完善重要战略支点城市专业化、特色化服务功能。促进城市群内大中小城市和小城镇产业合理分工，生态环境共建共保，统筹建设城市群基础设施与公共服务设施，推进要素市场一体化建设，建立健全跨区域利益协调、规划协同等城市群协调发展机制。

2. 推动形成三条城镇发展带

依托西部陆海新通道、沪昆通道和粤港澳大湾区—成渝主轴三条国家交通主骨架和沿线重要城镇，对轴线地带发展基础好、区位条件优的城镇加大扶持力度，予以重点发展。织密交通主轴、沿线重点城镇与区域腹地的交通网络，逐步形成重点突出、主次分明、协调发展的新型城镇带。西部陆海新通道城镇带：有序推进"一核两极"建设，加快以通道枢纽贵阳为核心的省会城镇组团建设、以中心城市都匀为核心的南部门户城镇组团建设、以遵义为核心的北部门户城镇组团建设，形成支撑往南融入粤港澳大湾区、向北对接成渝经济圈的门户区域。着力培育发展通道特色节点城镇，因地制宜将拥有一定产业基础和人口经济规模的行政建制镇建设成为特色小城镇，合理布局特色小镇生产生活生态空间，增强基础设施和公共服务能力，构建以特色小镇和小城镇为中心、惠及周边村镇的要素聚集圈、便捷生活圈。沪昆通道城镇带：增强通道枢纽城市贵阳（贵安新区）对沪昆高铁城镇带的支撑、辐射带动功能；东部推动玉屏（含大龙）—三穗—岑巩一体化发展，打造贵州东部链接长江中游城市群桥头堡；以中部凯里—麻江同城化为基础，推动凯里沿麻江向西扩张，打造凯里—都匀一体化，塑造贵州北部、东北部往粤港澳大湾区，贵州西南、西部往长三角地区的枢纽通道；突出安顺区域性中心城市，拓展中心城区发展空间，加快平坝、普定、镇宁与中心城区同城化步伐，推进普定撤县设区，拉大城市框架；沿盘兴高铁推动盘州—兴义等同城化发展，打造全省西出云南、融入中孟印缅经济走廊的支撑带。粤港澳大湾区—成渝主轴城镇带：由南向北做大做强区域性中心城市，强化都匀中心城市对周边城镇的辐射带动，向西推进都匀—独山—平塘—荔波组团发展，向东推动都匀—凯里同城化发展，打造区域性支点城市和新的经济增长极；推动"黎从榕"建成对接粤港澳大湾区桥头堡；大力推进毕节贯彻新发展理念示范区建设，与贵阳、遵义共同打造贵州发展"金三角"。

（二）构建协同配套的现代产业集聚带

1.打造制造业高质量发展示范带

以高铁沿线重点城镇和产业园区为载体，聚焦产业集群倍增升级，围绕加快建设"六大产业基地"，突出"东进"、"北上"和"南下"，深耕粤港澳大湾区、紧盯成渝地区双城经济圈、深入对接长三角城市群，加快引进头部企业、打通关键环节、培育壮大产业链条。依托沪昆通道和粤港澳大湾区—成渝主轴，突出"东进"、"北上"和"南下"，积极对接粤港澳大湾区，借助深化粤黔两省产业协作机遇，引进大湾区新一代信息技术、数字创意、高端装备制造、新材料等战略性新兴产业，打造贵州面向全国算力保障基地、全国重要的产业备份基地和新能源动力电池及材料研发生产基地等。加强"东进"，多渠道融入长三角一体化发展战略，加大力度承接东部产业转移，共同提升国家产业链供应链韧性和安全水平；全面参与长株潭都市圈产业分工协作，吸引长株潭优势产业链条向黔东、黔东南全面延伸。加快

"北上",推动形成黔川渝三省(市)合作长效机制,探索联合建设异地产业园区,主动承接成渝地区产业溢出。充分运用主轴通道借力发达地区市场红利,以"发达地区市场+贵州产品"为引领培育壮大贵州白酒产业,打造世界酱香型白酒品牌。

2.打造高铁特色旅游物流升级展示带

充分发挥高铁方便快捷、集聚人流等优势,整合提升三条城镇带沿线的自然旅游资源和人文旅游资源,强化沿线城市之间的旅游合作,推动旅游资源共享、线路共推、客源互送、市场共建,形成全域旅游与高铁经济深度融合的发展格局。牵头打造香港—广州—桂林—贵阳—安顺—昆明、香港—广州—桂林—贵阳—遵义—重庆,香港—广州—桂林—贵阳—毕节—成都,长沙—铜仁—凯里—贵阳—安顺—昆明等旅游观光精品线路,共建一批旅游景区、文化旅游合作区,建设全国重要的高铁主轴旅游观光走廊。依托西部陆海新通道、沪昆通道和粤港澳大湾区—成渝主轴三条国家交通主轴联通欧亚大陆和国内发达地区的优势,聚焦资源、客源、服务三大要素,通过整合高铁和旅游两大产业,创新推出"铁旅联动",组织开行"京贵号""粤黔专列""东方快车"等引流入黔,重构旅游空间形态、增强旅游要素吸引力、盘活旅游资产存量,打造"坐着高铁游贵州"等旅游品牌,加快推动旅游业高质量发展,奋力打造世界级旅游目的地。推进物流业与六大产业基地建设深度融合,围绕六大产业基地加快培育壮大一批现代物流企业和产业集聚区,加密以贵阳国际陆港为起点的中欧班列,发挥国家物流枢纽承载城市优势,努力将贵阳、都匀、遵义、毕节打造成为西部陆海新通道重要的物流节点城市。

3.打造高铁沿线现代特色农业产业带

构建高铁沿线现代农业产业带,以高铁沿途站点高速交通为依托,以高铁辐射地带为载体,充分利用高铁的高速和高效功能,发挥农业区位比较优势,建设现代农产品流通体系,构建纵向现代农业产业带和横向农业经济圈,把高铁沿途地区建设成现代农业产业带,形成一批直供长三角城市群、粤港澳大湾区、成渝经济圈、长株潭等核心市场的优质绿色农产品生产加工和供应基地。聚焦贵州茶叶、食用菌、蔬菜、牛羊、特色林业、中药材等十二大特色农业产业，推进农业供给侧改革，调整优化高铁沿线现代农业产业布局，加快构建"一核、一极、三带"农产品种植、加工与流通格局。充分利用高铁网络带来的时空压缩优势，大力推进高铁沿线地区休闲农业和乡村旅游发展，进一步完善旅游基础设施、丰富旅游新业态，新推出特色农业基地、高端农产品，完善和新增一批休闲农业体验项目，将高铁沿线打造为品牌突出、生态良好、效益显著的乡村旅游引领带。充分发挥沪昆通道和粤港澳大湾区—成渝主轴贯通京津冀、长三角、珠三角、粤港澳、川渝滇等地区的高铁通道优势，促进"黔货出山"，促进贵州优质农产品对接"一带一路"和"国际陆海贸易新通道"。

（三）引导人口有序流动和合理分布

1. 加快引导转移人口向黔中城市群集聚

随着产业的发展和人口集聚，都市圈城市群聚集效应越来越强，同一产业在大城市的产出效率要远远高于小城镇，在人口红利消失时，更应该向存量挖潜，推动劳动力的区域配置，也就是横向配置。顺应城镇化水平提高带来人口不断向都市圈城市群集聚的规律，深化小城镇与都市圈城市群的联系。首先，拆除横亘在两者之间的政策藩篱，如小城镇的公积金、社保医保能跨区域使用，子女教育相互衔接，高考制度区域统一等。其次，健全人口迁移机制，深化改革户籍制度和居住证制度，清除阻碍劳动力自由流动的体制政策壁垒，根据人口流动实际情况调整人口流入流出地区教师、医生等编制定额和基本公共服务设施布局。最后，推进包容性城市建设，都市圈城市群吸引的人来自不同的地方，他们拥有多元文化、社会资源和就业能力，不同的个体之间容易产生矛盾和冲突，这就需要城市的发展具有包容性，建立有包容性的城市环境。顺应城镇发展规律，深入推进"强省会""3个100万"，不断提升黔中城市群人口吸纳和承载能力，切实做大贵阳贵安中心城市人口规模，提高省会首位度。

2. 顺势培育地方性人口集聚中心

针对全省中等城市缺乏实际，立足"内聚外引"两端发力，有选择地将一批Ⅰ型小城镇培育成中等城市，重点推动培育铜仁、凯里、都匀成为中等城市，将处于交通节点和枢纽、具有区域带动作用的盘州、威宁、仁怀等培育成重要区域性支点城市，将交通网络节点上发展条件较好的福泉、黔西、桐梓等培育成重要节点城市。通过产业转型升级、城市功能提升、公共服务优化、社会文化建设以及体制机制创新等途径，畅通人口流动渠道，打破人才落户壁垒，为中心城市聚合发展筑牢坚实基础。加快推进以县城为重要载体的新型城镇化建设，尊重县城发展规律，顺应县城人口流动变化趋势，立足资源环境承载能力、区位条件、产业基础、功能定位，统筹县城生产、生活、生态、安全需要，合理确定不同类型县城的发展路径，进行分类引导、分类施策，对贵阳周边的开阳、修文、清镇等城市，遵义周边的绥阳、仁怀、金沙等城市，加快推进城市基础设施建设、公共服务供给优化、人居环境质量提升等行动，增强县域人口集聚服务能力和综合承载能力，促进城市规模人口不断壮大。

（四）构建更加适配城镇格局的立体交通

1. 加快完善"一群三带"通道建设

强化交通对城镇格局的支撑，在城镇化密集区之间，依托贵州高铁"十"字形主骨架，有效支撑"一群三带"城镇空间格局。加快西部陆海新通道中西线、粤港澳大湾区—成渝经济圈主轴通道建设，强化与"一带一路"、粤港澳大湾区、成渝经济圈的连接，高效联通省会贵阳、区域中心城市和重要节点城市之间及城镇化密集地区。加快建设盘兴等高铁，提升贵广高铁运行时速，规划建设新渝贵、铜吉、泸遵、六威昭、都凯、水盘等高铁。完善以西部陆海新通道和沪昆通道为骨架的普速铁路网络，加快建设黄百、叙毕、瓮马南北延伸线，规划建设黔桂铁路增建二线、昭黔、兴永郴赣、涪柳、纳水、大（村）遵（义）等铁路，依托资源分布，结合运输需求，研究规划一批国土及资源开发支线，完善省域铁路网络布局，扩大铁路网覆盖面，提升铁路货运能力。加强城际铁路、市域（郊）铁路、城市轨道交通在城市群内部的融合发展，谋划建设都匀—麻江—凯里—黄平—瓮安—遵义—仁怀—金沙—七星关—大方—织金—普定—西秀—长顺—惠水—平塘—都匀环黔中城市群高速公路。

2. 推动省域内交通网络高效衔接

加快建设贵阳（含贵安）城市轨道交通网，实施新一轮城市轨道交通建设规划，加强与市（州）中心城市快速联通，提升省会贵阳首位度。充分利用高铁干线富余能力打造城际轨道交通公交化服务体系，适时布局建设贵阳—贵安—安顺和遵义都市圈城际轨道交通，形成有效覆盖的城际交通网络。推进"一南一北"两条黄金水道建设，推进乌江航道和南北盘江—红水河航道提等升级，加快实现"北入长江、南下珠江"连通两江的凤愿。加快推进威宁机场、黔北德江机场、盘州机场建设，早日形成"一枢纽十三支线"的机场群，完善枢干支联动发展的机场格局，实现县级节点地面交通100公里机场全覆盖。实施普通国省干线公路升级改造工程和乡镇通三级及以上公路项目建设，有序推进有条件的乡镇通二级公路建设，密切城镇之间的联系。提升改善"六大产业基地"建设、旅游产业化和农业特色优势产业发展对外连接公路建设，夯实现代化产业体系建设交通服务支撑。

3. 构建功能完善的综合交通枢纽

推动贵阳贵安建设全国性综合交通枢纽，打造西部陆海新通道、粤港澳大湾区—成渝主轴和沪昆通道等重要综合枢纽节点，推动区域内干线铁路、高速公路、乌江航道等项目实施，逐步打造高铁环、轨道交通环、高速公路大外环，实现黔中城市群与国家主要经济板块全方位高效联通。支持遵义、毕节、都匀打造全省次核心枢纽，遵义依托泸遵高铁、渝贵高铁、西部陆海新通道，打造连通长江经济带与粤港澳大湾区国际投资贸易走廊的重要支点；毕节依托西部陆海新通道（西线）、粤港澳大湾区—成渝主轴，打造长江经济带通往东盟、粤港澳大湾区连接西南地区的重要节点；都匀市依托粤港澳大湾区—成渝主轴、贵南高铁，打造转换衔接西部陆海新通道，对接北部湾及东盟、粤港澳大湾区及海南自贸港等地的桥头堡。增强贵州在西部陆海新通道中的枢纽作用，服务中欧班列、支撑西部陆海新通道建设，推进一批通用集散型、多式联运型货运枢纽（物流园区）建设。

参考文献

高国力、刘保奎等：《中国新型城镇化空间布局调整优化的战略思路研究》，《宏观经济研究》2020 年第 5 期。

张勇：《四川省城镇空间结构优化研究》，西南财经大学博士学位论文，2014。

赣州市人民政府：《赣州市人民政府关于印发赣州市高铁经济带"十四五"发展规划的通知》，《赣州市人民政府公报》2021 年第 5 期。

陈秀山、张可云：《区域经济理论体系》，商务印书馆，2003。

B.13
贵阳贵安"强省会"提升城市
精细化管理水平研究

龙军民　韩镇宇*

摘　要： 　城市精细化管理已经成为推进治理体系和治理能力现代化的重要手段。文章分析了贵阳贵安城市精细化管理的价值意蕴、主要措施与成效、主要问题，并提出了对策建议。要坚持以人民为中心的基本价值取向，围绕打造城市精细化管理的贵阳贵安品牌，着力提升城市管理的科学化、社会化、精细化、智能化、法治化水平，让城市运行更加智能、清洁、有序、绿色、安全。

关键词： 　强省会　城市精细化管理　一网统管　智慧城市　贵阳贵安

2017 年 3 月，习近平总书记在参加十二届全国人大五次会议上海代表团审议时强调："城市管理应该像绣花一样精细。城市精细化管理，必须适应城市发展。"① 2018 年 11 月 6 日，总书记在浦东新区城市运行综合管理中心考察时再次强调："既要善于运用现代科技手段实现智能化，又要通过绣花般的细心、耐心、巧心提高精细化水平，绣出城市的品质品牌"。② 党的十八大以来，针对城市工作中出现的新问题、新趋势、新挑战，习近平总书

---

* 龙军民，贵州省社会科学院城市经济研究所助理研究员，主要研究方向为城市经济；韩镇宇，贵州省社会科学院城市经济研究所副研究员，博士，主要研究方向为城市经济学。

① 《让城市干净得可以"席地而坐"，沪苏浙践行习近平总书记提出的"城市管理应该像绣花一样精细"》，《长江日报》2021 年 4 月 19 日。

② 《习近平：坚定改革开放再出发信心和决心　加快提升城市能级和核心竞争力》，《人民日报》2018 年 11 月 8 日。

记作出了系列重要论述，其中关于城市精细化管理的重要论述，强调"以人民为中心"的基本取向和科学化、社会化、精细化、智能化、法治化的"五化"重点导向，这是做好新时代城市管理与城市治理工作的根本遵循。

一 贵阳贵安深入推进城市精细化管理的价值意蕴

贵阳贵安推进实施城市精细化管理，对于贯彻落实习近平总书记关于城市工作的重要论述、深入推进以人为核心的新型城镇化、实施"强省会"行动、引领带动全省开创百姓富生态美的多彩贵州新未来具有深远价值意蕴。

（一）是落实习近平总书记关于城市工作重要论述的生动实践

习近平总书记关于城市工作的重要论述是贵州及贵阳推进城市精细化管理的根本遵循。2023 年 2 月，贵州省委书记徐麟召开深入学习贯彻习近平总书记关于城市工作的重要论述专题会，强调"要深入学习贯彻习近平总书记关于城市工作的重要论述，统筹城市规划、建设、管理三大环节，坚持规划为先、功能为重、产业为要、民生为本'强省会'，坚持精深化开发、精准化改造、精细化管理，努力实现城市发展高质量、城市生活高品质、城市治理高效能"；贵阳市委书记胡忠雄强调"要坚持人民城市人民建、人民城市为人民，持续深化改革，下足'绣花'功夫，牢牢抓住智慧化这个关键，全力提升城市综合治理能力和安全保障水平，努力实现城市发展高质量、城市生活高品质、城市治理高效能""把大数据等信息技术融入城市运行安全管理方方面面，让城市管理更智慧、城市运行更安全、城市生活更美好"。而城市精细化管理是保障人民群众日益增长美好生活需要的关键一环。

（二）是满足人民日益增长美好生活需要的必然要求

美好生活是古今中外的人们对更好生活的不懈追求。满足人民日益增长的美好生活需求是中国共产党的历史使命。中国共产党成立后，带领群众为美好生活而奋斗。党的十九大指出，中国社会主要矛盾已经转变成人民日益增长的美好生活需要和不平衡不充分的发展之间的矛盾。作为中国共产党领导下的地方党委和政府，贵阳贵安党委和政府必须根据城市发展规律，带领群众为美好生活努力奋斗。城市精细化管理是新型城镇化发展的必然趋势，可以精准地把管理和服务提供给群众，因此城市精细化管理成为贵阳贵安"强省会"过程中满足人民日益增长的美好生活需要的必然要求。

（三）是推进治理体系和治理能力现代化的重要手段

城市管理方式的转变受管理理念、管理工具的影响。随着城市管理理论和实践的发展，中国城市管理更加突出以人为本的发展理念，管理工具更加丰富，使得粗放式城市管理转型升级。城市精细化管理是粗放式管理的升级，可以更好地顺应新型城镇化建设、更好地适应社会主要矛盾变化、更好地满足人民对美好生活的新期待。城市精细化管理突出强调"人民城市人民建，人民城市为人民""科学化、精细化、智能化"。互联网、大数据和人工智能等新一代信息技术是城市精细化管理强有力的技术支撑，能够通过精细识别需求、精心管理服务、精确定义标准、精准响应等环节，以更精细地满足群众多样化的需求。

（四）是全面深入实施"强省会"五年行动的重要支撑

"强省会"不仅要求经济的高质量发展，还包括社会、生态、文化等方面的高质量发展。从追求一元化的经济发展目标转向多元化发展目标，需要城市管理更加精细化、协同化，以实现城市多元化发展目标的高质量统筹协调。通过推进城市精细化管理，可以为行政决策提供全天候、全过程的精准数据，从而减少决策信息不对称的风险，进而促进社会、生态和文化等方面的高质量发展。在"强省会"过程中，人口集聚将持续发生，不同城市人群的内部差异将日益显著。在此趋势下，只有彻底告别"一刀切"、坚持精细化管理，才能满足日益多元的居民需求。此外，贵安新区加快高质量发展，在资源加快集聚的过程中，离不开精细化管理水平的同步提升。

二 贵阳贵安提升城市精细化管理水平主要措施与成效

近几年，市委、市政府大力实施贵阳贵安城市精细化管理巩固提升行动计划，以及"强基、整脏、治乱、改差"四大工程18项具体行动，为实现城市发展高质量、城市生活高品质、城市治理高效能奠定了基础。

（一）整治城市卫生环境，提升宜居品质

大力整治卫生环境，美化绿化亮化市容市貌。一是开展背街小巷环境综合治理行动。围绕基础设施、便民服务、景观提升三大领域开展背街小巷改造提升，分三年改造全市背街小巷1106条，进一步完善街巷功能和绿化景观。2021～2022年，累计改造完成860条背街小巷，大幅提升了背街小巷基础设施、环境卫生、便民服务等条件。二是开展城市绿化提升行动。将绿化工作纳入"十件民生实事"，全力拓展市民绿色活动空间。建立市区联动、分级实施的工作机制，把绿化景观提升改造与"三创一强一提升""绿地保护计划""一路一（多）景（花景）"等项目结合起来，整合资金推动城市绿化改造提升。打响了"千园之城"品牌，建成完善的公园体系。三是开展城市亮化提升行动。精心做好城市功能性照明，开展路灯专项维修整治。重视背街小巷照明，实施背街小巷增亮工作。扮亮城市夜景，开展景观亮丽设施缺陷整治。

制定美丽城市标准，提升城市生活宜居品质。一是开展农贸市场标准化建设行动。按照"硬件标准化、管理专业化、运营智慧化、服务便利化、业态特色化、监管常态化"要求，用三年时间完成87个农贸市场标准化建设，打造"爽爽贵阳·惠民菜场"的公共服务新品牌和便民、惠民、利民的主副食品供应新生态。二是开展城市环境卫生提升行动。按照环境卫生管理有完备的环境卫生基础设施、有专业的保洁队伍、有行之有效的长效管理制度的"三有"目标，分阶段提升环境卫生管理水平。一方面，加大城区

主要道路、重要路段的清扫保洁力度，全面提升机扫覆盖率；另一方面，完善支干道路、背街小巷清扫制度，做好城市干净整洁的细节。

（二）完善城市管理机制，提高执法效率

建立统一领导机制，健全城市管理架构。市委、市政府印发《贵阳贵安城市精细化管理巩固提升行动计划（2021—2023年）》，成立贵阳贵安城市精细化管理工作领导小组，市委、市政府主要领导任组长，成员包括发改、教育、工信和大数据等部门，领导小组办公室设在市综执局，以推动"大城管"格局的形成。同时，推进以城市管理综合执法为主要内容的综合执法体制改革，探索建立城市管理职能"1+3"模式，即综合执法1项和市政公用设施运行管理、市容环境卫生管理、城市园林绿化管理3项城市管理职能。

完善精细化管理职能，提升城市执法效率。按照"市级统筹、区级主责、街道主战"原则，建立健全"市、区县、街镇"三级统筹调度机制，统筹推进城市精细化管理工作。坚持问题导向，不断健全问题处置机制。根据"统一标准、统一流程、数据共享、精准高效"原则，不断深入信息平台联动，整合"12345"热线、"数智贵阳"小程序和"贵阳百姓拍"App等数据资源，使信息及指令在各层级更加通畅，以提升纵向指挥、横向协作的联动机制功能。通过线上线下联动、新旧媒体结合等方式对巩固提升行动进行多渠道、广覆盖宣传，激发群众作为城市主人翁的意识，营造共建共治共享的良好氛围。

（三）健全城市管理要素，激发管理活力

利用数字技术要素，健全城市精细化管理。推动城市管理数字化转型，充分利用数字技术要素实施城市精细化管理智慧化建设行动，以加快"智慧城市"建设。编制印发了《贵阳市数博大道"智慧城管"专项规划（2021—2025）》《贵阳市数博大道"智慧城管"建设规范指引》。按照"一网统管、一图统揽、一键联动"的思路，建立全市统一的"智慧城管"应用平台。"智慧城管"平台已经在2022年7月通过专家验收并投入正式运行，建有智慧执

法、智慧环卫等 22 个子系统，实现执法、市政、环卫、绿化管理等工作信息化应用，全面提升了管理工作的智能化、精细化水平。

加强执法队伍建设，激发城市管理新活力。针对综合行政执法队伍存在的队伍形象差、见管率低、在岗不履职等突出问题，开展综执法能力提升行动。从制度、作风、能力等方面加强城管执法人员的队伍建设，研究出台《贵阳市综合行政执法队伍"改进作风、狠抓落实""十个大力整治"实施方案》，全面推进作风"大纠查、大整肃"工作，不断释放城市精细化管理新活力。

（四）规范城市运营秩序，营造文明氛围

开展依法整治，推动城市规范有序运行。一是开展建筑垃圾治理行动。按照城市建筑垃圾处理法律法规及有关标准，强化建筑垃圾源头治理，加强对各重点项目、大型建设工地出场运输车辆检查。规范建筑垃圾运输车辆秩序，持续推进"绿色渣运"。规范运输秩序，依法将建筑垃圾运输纳入特许经营管理范围。统筹规划建设消纳场，推进建筑垃圾消纳场规范治理。二是开展占道经营治理行动。坚持"疏""堵"结合，细化支持户外促销，减少占道促销审批流程、审批时间，给予临时摊区设置政策性支持，分批实施临时占道夜市摊区退街入室工作。加强重点区域巡查促整改，强化"门前三包"责任制度，对出现的占道经营、门面延伸等问题进行整改。

强化主体责任，坚持不懈推动绿色发展。一是实施生活垃圾分类攻坚行动。系统性谋划城镇生活垃圾处理工作，出台《贵阳贵安聚焦"五个环节"推进城镇生活垃圾全程分类体系建设行动方案》。围绕垃圾分类全流程，构建以"第一次分类、投放，第二次分类和收运，第三次分类和初次处理、终端处置"五个环节为核心的垃圾分类管理体系。二是开展建筑工地标准化管理行动。围绕全市建筑工地全面实现施工现场标准化、施工行为规范化、场容场貌秩序化的管理总目标，推动工地围挡 100% 美化、物料堆放100% 覆盖、出入车辆 100% 冲洗、施工现场内道路 100% 硬化、拆除工地100% 湿法作业、渣土车辆 100% 密闭运输。

（五）坚持城市安全发展，守护群众平安

坚持底线思维，狠抓安全生产。一是开展违法建筑治理行动。以"三改"范围、影响城市景观、侵占公共空间、存在安全隐患的各类违法建筑物为突破口，全面加强城市违法建筑治理。二是开展户外广告、门头牌匾治理行动。以城区主干道、城市环线和"重要窗口"为重点，对未经批准擅自设置以及有碍市容市貌、存在安全隐患的户外广告、门头牌匾进行综合治理。三是开展桥下空间治理行动。按照"谁管理、谁负责"原则，由桥梁权属单位和区（县）政府负责，结合前期排查工作进展情况，"一桥一策"推进中心城区桥下空间整治利用工作。四是开展非法营运治理行动。坚持市级统筹、属地为主、多部门齐抓共管，坚持源头治理、综合整治、疏堵结合、标本兼治，严厉打击非法营运，以保障群众出行安全和保护合法经营者权益。五是开展"三车"治理行动。根据"堵源头、控增量、减存量"的工作思路，推动"三车"规范管理，并形成常态长效工作机制，保障全市道路交通秩序和群众生命财产安全。

排查安全隐患，守护群众平安。一是开展人行道路面提升行动。以治理人行道存在的"路面不平、盲道不通、设施老旧"等突出问题为导向，立足人民群众出行需求，制定贵阳市人行道路面整治提升标准导则。推进重点区域人行道整治提升，实施主次干道和背街小巷人行道整治提升。对设施陈旧老化、标准较低的人行道，分阶段、分区域实施提升整治，确保城区人行道平整。二是开展城市井盖整治行动。全面推进供排水、燃气、电力、通信等井盖专项整治工作，重点对井盖缺失、破损、松动等病害问题进行治理，消除安全隐患和"都市陷阱"。提高井盖品质，强力推动井盖提升改造，改善井盖设施品质，推广使用"好井盖"，最终实现"井盖好"。推动"智慧井盖"建设，实施"物联网+井盖"提升工程，建立井盖建设、管理、维护的智能化监管系统。

三 贵阳贵安城市精细化管理存在的主要问题

贵阳贵安已经完成城市精细化管理的起步工作，但是随着城市规模的不断扩大、城市管理复杂程度的不断增加,贵阳贵安城市精细化管理面临顶层设计不健全、精细化管理体制不完善等问题。

(一)精细化管理顶层设计不健全

缺乏清晰的顶层蓝图。北京、上海和成都等城市均出台了高层次的城市精细化管理实施意见,对城市精细化管理进行战略性、系统性的设计。而贵阳贵安尚未制定高层次的精细化管理实施意见,仅出台了两轮行动方案,对体制机制的内容涉及较少,统领性和协调性不足,导致贵阳贵安的城市管理仍然突击任务多、长效机制少。

缺乏清晰的主定位。北京城市精细化管理目标是为推动城市更新和转型发展、建设国际一流的和谐宜居之都提供坚强保障;上海是坚持"三全四化",让城市运行更安全、更干净、更有序、更便捷、更智慧;成都是安全性、有序性、宜居性、吸引力达到国际一流的公园城市;长沙是"四精五有"美丽舒适宜居现代化大都市。贵阳贵安第一轮城市精细化管理三年行动的目标是让城市更干净、更有序、更安全,第二轮目标是打造整洁、优美、文明、和谐、宜居、宜业的城市环境,但是目标定位缺乏持续性。

(二)城市精细化管理体制不完善

领导小组统筹作用不强。贵阳贵安与上海的城市精细化管理是由领导小组进行统筹协调。上海城市管理精细化工作推进领导小组的成员单位包括34个部门和9个企业;贵阳贵安城市管理精细化领导小组成员多达60多个部门,统筹协调的对象过多、效率不高,评估考核的指挥棒作用不强。

市、县、乡三级领导小组制度不健全。区县、街镇乡层面仍然没有全面设置城市精细化管理工作领导小组,市、区县、街镇乡三级领导小组制度尚未形成,导致城市精细化管理体制纵向联动不畅,市级层面统筹与协调落实到基层的效率还不够高,市主抓指导、区县主抓协调、街镇乡主抓执行的职责分工格局仍未形成。

部门之间权责未真正厘清。一方面,管理与综合执法部门权责不清。综合执法权多由其他职能部门划转而来，部分行业行政主管部门误认为行政处罚权划转后的管理责任、监督责任都属于综合执法局。另一方面，规划、建设、管理协调联动不够。规划、建设、管理环节之间的问题反馈机制不完善，使得一些问题未及时解决。

（三）城市管理社会化专业化水平有待提升

多元主体参与机制不完善。一是激励群众参与的机制弱化。"贵阳百姓拍"是数字赋能多元治理的有效途径。然而，在取消举报激励后，群众参与显著降低。二是党建引领精细化管理机制不完善。街镇乡、社区层面未建立完善的党建引领多元主体城市精细化管理机制，缺乏共治共管、共建共享的协商平台。三是社会化专业团队和第三方服务参与机制缺失。对比发达城市，城市规划、建筑设计、景观设计、工程建造、法律咨询等专业人才不足，缺乏相应的管理和激励制度。

动员社会主体参与的宣传不到位。对城市精细化管理正面案例宣传不到位，导致群众、企业及其他社会组织认为自己还是"被管理者"，不了解共治共管、共建共享的意义，缺乏主动参与城市精细化管理的意愿。比如实施垃圾分类过程中，居民、物业公司、保洁人员的主动性均不强，相关宣传成效甚微。

（四）"一网统管"智能化水平不高

硬件不"硬"。市、区两级硬件不完善，区级硬件缺失、配备不全，主要是末端的应用设备配装不齐，没有实现数据末端和中台的闭环运行。数据末端设备及物联设施建设滞后，渣土车监控设备、视频监控设备、城市窨井盖、桥梁隧道等重要基础设施物联传感设备配备率偏低，实时数据监管效率不高，智能发现问题的水平有待提高。

软件不"软"。App 开发水平不高、升级更新缓慢、功能缺失，使得系统软件平台解决实际问题的能力弱，对管理人员的替代不够。目前系统功能尚不完善，未能依托系统软件平台建立起完善的综合协调、监督指挥、工作协调、综合评价等工作机制。

数据不"通"。区县、部门之间数据供给意愿不足、壁垒尚未破除，综执局同交通管理、公安部门、区县、商家、社会大众的联通不够，导致出现信息孤岛、数据分散。数据自动采集及更新机制不完善，未能全面、动态地反映城市运行情况，不能满足城市精细化管理的需要。

用而不改。城市管理的数据中心和信息共享平台建设滞后，导致数据的社会化应用程度低。运管服平台不好用，存在数字执法少、区级不用、推广不下去、人员不会用等一系列问题。例如，因环卫工人等年纪较大、文化水平不高，"智慧城管"的推广应用难。

（五）法治化标准化体系不健全

法规体系不完善。当前执法依据散见于一些法律法规，且法律条款注重宏观层面，对实际问题规定不明或过于笼统，缺乏细化的管理措施，导致行政执法在粗放式管理的层面徘徊，城市管理的法治化水平仍然不高。

标准体系不完善。在"智慧城管"建设、基础设施养护、招牌门头审批、违法建筑整治等方面，标准体系不够完善。例如，由于缺乏共享数据标准，"智慧城管"数据不"通"。又如各区县市政设施养护标准执行不一、养护效果参差不齐，跨行政区设施维护的协调性差，如云岩、南明、观山湖等市政设施养护标准不统一，使得环城路、人民大道、花冠路等跨区道路管护的区域差异性较大。

四　提升贵阳贵安城市精细化管理的对策建议

全面贯彻落实习近平总书记"城市管理要像绣花一样精细""人民城市人民建、人民城市为人民"等重要指示，坚持以人民为中心的基本价值取向，围绕打造城市精细化管理的贵阳贵安品牌，着力提升城市管理的科学化、社会化、精细化、智能化、法治化水平，让城市运行更加智能、清洁、有序、绿色、安全。

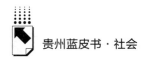
（一）健全精细化管理体制，加快管理科学化

完善城市精细化管理体制。精简领导小组成员单位数量，提高统筹效率。制定贵阳贵安城市精细化管理实施意见或规划。健全城市精细化管理责任清单，明晰部门职责分工，缓解部门职责交叉问题。完善市、区（县）、街（镇乡）三级管理体系，在所有区县、街镇乡建立城市精细化管理工作领导小组。

提高城市管理队伍专业水平。加大人才招录、选拔、培养和引进力度，加强城市精细化管理人才队伍建设。统筹城管协管人员的进口渠道，由区级政府统一招录。优化队伍年龄结构、知识结构、编制结构，不断提高专业人才配备比例。健全培训机制，加强实用性培训。

健全规划建设全生命周期管理。在城市国土空间规划、新型城镇化规划和控制性详规等规划中，加强城市运营维度的规划，增强指标弹性和调整效率；运用标准、导则等形式把规划和运维管理的要求体现在建设项目的土地出让、初设和竣工验收等环节；完善重大项目全生命周期协同机制，完善竣工验收项目的交接管理机制。

健全科学评估与考核机制。构建精细精准、定性定量、主观客观兼顾的科学评估指标体系，建立"一年一体检，五年一评估"城市体检评估制度，全面推动城市管理由经验判断型向数据分析型转变。加强城市精细化管理工作领导小组办公室考评工作，增强考核指挥棒作用。

（二）推动多主体共治共管，加快管理社会化

强化党建引领城市精细化管理。在市、区（县）、街（镇乡）三级党组织领导下，发挥村居基层党组织的统筹作用，调动城管、市场监管、市容绿化、社区等力量，引导体制内外各类活跃的治理主体开展积极合作。深化物业管理行业党建工作，培育一批党建品牌物业服务企业。

推动多元主体共建共治共享。以党建引领联合多元主体，健全居民、企业、社会组织等主体共建共治共享机制。完善激励机制，重新焕发"贵阳

百姓拍"平台活力。在城市"微更新"、整脏治乱、城市体检、网格管理等精细化管理活动中,拓展居民参与途径。在户外广告、市政设施维护与经营等领域,深化"放管服"改革,引导社会资本参与城市管理项目。

加强精细化管理的宣传引导。利用电视广播、网站、微信等宣传平台,加强对城市精细化管理相关政策、典型案例的宣传。围绕当前城市管理改革重点工作和群众反映的热点问题,大力宣传并用好贵阳百姓拍 App、融媒问政平台、"12345"公共服务热线、"12319"热线等平台。发挥先进典型的示范引领作用,营造城市精细化管理的浓厚氛围。

(三)完善法规和标准体系,加快管理法治化

健全城市精细化管理政策法规体系。完善涵盖住房、交通、生态环境、城管执法、环境卫生、市政管理、园林绿化等领域的城市精细化管理法规框架体系。加强与立法部门的沟通,促进管理要求和执法手段相匹配。支持民生与"市井文化"发展,优化路边摊、店铺延伸经营、门头牌匾等轻微违法违规行为处理方式。

健全综合执法衔接协同机制。进一步规范管执部门协作机制,制定市级层面的管执协作配合措施、管执职责边界清单参考目录。加强城管执法与公安执法的协作,建立健全城管执法和公安执法联动机制。完善市、区县、街(镇乡)、社区四级联动执法机制,建立健全城管、公安、网格员、物业、居民等多方参与的执法机制。

健全城市精细化管理标准体系。对标发达城市,加快"强基、整脏、治乱、改差"四大工程和 18 项具体行动标准化,逐步构建先进性、适用性强的城市精细化管理"贵阳标准",重点制定或修订智慧城管、城管执法、道路交通、创建"三个清洁"等领域的标准规范,推动相关标准在全市统一执行。

(四)以智能化赋能管理,打造"智慧贵阳"

完善"一网统管"架构体系。编制智慧城管专项规划,聚焦"一云一网一平台一中心",结合城市监测、风险预警、指挥决策等关键环节,健全"一网统

管"顶层架构。以城市综合管理服务平台推动流程再造，完善"三级平台、五级应用"①体系，做强"城市大脑"。全面增强平台调度指挥功能。强化"一中心"即贵阳城市运行管理中心建设，更好地推动"一网通办""一网统管"。

加强智慧城市支撑体系建设。强化智能感知技术应用，构建全天候、多领域的智能感知终端体系。完善泛在、安全的网络基础设施。加强智慧城管数据库和系统建设，打通信息流通壁垒，形成完善的城市管理数据资源库。丰富智慧城管应用场景，强化智慧城管在交通、违法建筑治理和垃圾分类等方面的场景应用。

推动"智慧城管"系统广泛运用。市级管理平台要加强数据标准体系建设，提供标准基础平台以汇聚数据，强化统筹协调和监督评价作用。区（县市）平台强化统筹调度职能，研判辖区趋势规律。街（镇乡）平台重在依责承接和高效处置事项。加强"智慧城管"网格化应用，打造一支全覆盖、全天候的城市运行管理和应急处置队伍。健全全民网络模式，推动"贵阳百姓拍"等智慧化城管功能的全民化应用。

（五）明确三类重点区域，打造"清洁贵阳"

建设"清洁会客厅"。在城区范围内的景区、公园、主要街区、主要路段等区域，持续推进公厕建设、垃圾分类、绿色渣运、道路绿化、道路亮化、桥下空间治理、人行道路面、门头牌匾、公共设施配套和环境卫生等提升行动，持续推进综合环境整治和"微改造"，为旅客和居民留下舒心的"城市会客厅"印象。

建设"清洁街区"。完善背街小巷整治质量标准手册，提升打造生态街巷、街巷文化，构建美丽街巷图景。按照"一街一景"的思路，加强道路两侧绿道、公园、广告招牌和景观照明管理，建设一批绿化特色道路。加强街巷秩序治理，规范设摊管理模式。建立"清洁街区"治理平台，建立

---

① 三级平台：市、区（县）、街（镇乡）三级数字化管理平台；五级应用：市、区（县）、街（镇乡）、居（村）、网格五级数字化应用平台。

"综合执法中队+居（村）+网格+物业"共治机制。

建设"清洁社区"。按照完整社区建设标准，推动"15分钟生活圈"建设提档升级，实施新一轮"一圈两场四改"三年行动，让生活圈更宜居、更便捷、更安全。深入推进垃圾分类工作，把"五个环节"全程分类体系在小区、社区做深做实做细，提升生活垃圾分类覆盖率及群众知晓率、参与率。

（六）改善城市运行秩序，打造"有序贵阳"

创新城市有序更新模式。以街区为单元开展城市更新，落实城市精细化理念。搭建多元主体协商平台，推动街区系统更新。结合城市商圈建设，持续实施城镇老旧小区改造行动。完善城市更新改造体制机制，加强城市更新顶层设计和立法保障，建立良好的公众参与机制。

推动市容市貌整洁有序。以城中村、城乡接合部、背街小巷为重点，深入开展整脏治乱行动，提升清扫保洁水平，整治违章建筑、消防安全隐患、乱停乱放、无序设摊、占道洗车和破墙开店等违法行为。加强城市环卫管理、网格化管理与创文爱卫宣传引导。强化户外广告规范治理，落实"门前三包"责任制，推动形成有秩序、有贵阳特色的商业风貌。

强化城市交通安全有序。加快提升交通服务管理效率效能，提升道路设施品质。加强交通组织和秩序管理，提升道路系统和节点运行效率，持续提升轨道交通、地面公交服务水平。加快提升交通管理安全保障能力，加强城市道路安全隐患治理，提升交通风险防控与应急处置能力，加强营运企业及车辆管理。完善慢行交通环境，推进停车设施挖潜利用。

（七）发挥林城生态优势，打造"绿色贵阳"

创建国家生态园林城市。围绕贵阳贵安"一核三廊四带、两湖九河千园"[①]

[①] "一核"：打造阿哈湖城市生态绿核；"三廊"：打通红枫湖—阿哈湖—马鬃岭、红枫湖—花溪水库—凤凰山、高峰山—松柏山—杨眉水库等三条生态廊道；"四带"：保护与修复黔灵山脉、百花山脉、南岳山脉、高峰山脉等四条森林景观带；"两湖九河"：加强红枫湖、百花湖、南明河、麻线河、老马河、麦架河、三江河、鱼梁河、老榜河、思丫河、马场河等河湖水系水生态修复；"千园"：提升"千园之城"建设成效。

生态空间格局，对照国家生态园林城市创建标准，制定"贵阳贵安创建国家生态园林城市工作方案"。激发不同层级创建园林城市的动力，积极开展区（县市）创建国家级、省级园林城市创建活动，全面推动园林式居住区（单位）创建活动。

开展"增绿添园"行动。结合老旧小区改造充分挖掘公共空间，重点针对小地块、小退界、小绿地、小转角等区域进行小微公园改造，持续推进100万立方米绿地建设，将贵阳打造成全域园林、全民共享的绿美贵阳。结合文旅、康养、体育赛事等需求，实施"千园之城"项目提升工程。

提升绿地、公园的精细管养水平。开展精细化维护示范路段、人民满意公园等的创建和评选工作。排查整治重点区域、城市公园、物业小区等公共绿地，解决土壤裸露、绿化缺失、非法占绿等问题，提升绿化精细化维护水平。畅通游客和公园管理者沟通渠道，召集民间"园长"参与到公园管理，实现公园的共建共享共治。

加强生态环境风险隐患治理。围绕水、气、声、渣、尘等污染物，强化生活垃圾分类、建筑工地标准化管理、建筑垃圾治理，强化执法监管。运用"国发平台""省平台"自动监控系统，加强污染源在线监管，实现执法任务调度、跟踪、督促等功能，推进生态环境执法工作规范化、精细化、智能化。

（八）提升安全保障水平，打造"安全贵阳"

发挥"一网统管"技术优势。把信息技术融入城市运行安全管理方方面面，建好用好"一网统管"平台，推动水电路气讯、建筑、食品、社会治安等重点领域智慧化管理，加强"智慧城管"系统与公安部门公共视频资源、社会视频资源的共享，提高问题的发现和处置能力，为城市安全提供技术支撑。

强化风险隐患排查管控。强化房屋安全隐患排查整治，健全摸排房屋安全隐患的长效机制。健全城市地下管线管理的体制机制，强化供排水、电力、桥梁、燃气、通信、综合管廊等"生命线工程"保护和更新。加大架空管线治理力度，推动在用管线入地。强化地下空间安全管理，加强轨道交通线路及站点、人防工程、地下通道、地下商场等地下空间定期检测，及时处置安全隐患风险。

大力提升城市公共应急能力。加强应急机制改革和力量建设，建立健全"全灾种、大应急"新体制。在城市生命线安全监测、安全生产风险报告、灾害现场应急救援等领域，利用"一网统管"平台，提升风险研判和应急能力。通过党建引领多元主体，在城市、社区、网格等不同层面，增强风险巡查和应急救援能力。

参考文献

熊易寒主编《城市治理的范式创新：上海城市运行"一网统管"》，中信出版社，2023。

吴新星：《数字技术赋能城市基层治理的行动障碍与突破策略——基于 S 市 G 区 F 街道数字治理创新实践的参与式观察》，《河南社会科学》2022 年第 6 期。

《上海市人民政府办公厅关于印发〈上海市城市管理精细化"十四五"规划〉的通知》，上海市人民政府网，2021 年 8 月 27 日，https：//www. shanghai. gov. cn/hfbf2021/20210827/0630088 139a84697a55c0a982437b1bb. html。

B.14
贵南高铁经济带沿线城市联动发展研究

陈其荣[*]

摘　要： 高速铁路在缩小沿线城市发展差距上具有显著的正向促进作用，高铁经济带是推动区域经济发展的重要纽带。贵南高铁是我国"八纵八横"高铁网络的重要节段，贵南高铁的开通，打通了我国西南地区南下出海的交通大动脉，加速了沿线城市的人口、资金、技术、产业、文化等要素资源的互动与合作，为推动沿线城市发展提供了强有力的基础支撑。报告分析了高铁经济带促进沿线城市联动发展的内在机理，对比了贵南高铁经济带沿线城市能级、经济、社会、产业、物流等发展现状，发现沿线城市联动发展存在定位不清晰、分工不明确、交通接驳不畅、物流通道堵点多、旅游合作不紧密等问题，并围绕城市分工和产业协作、立体交通体系构建、物流园区建设和旅游联盟发展提出了对策建议。

关键词： 高铁经济带　沿线城市　联动发展　贵南高铁

　　高铁是一个"聚系统"，不仅能助力地方基础设施建设和交通物流水平提升，还能加快实现上下游产业链式对接促进产业开放，形成高铁经济产业带并带动沿线城市发展。我国高铁交通网络密度不断提升，对城市群、都市圈、城市间的出行机会增多、区域公平发展产生了重要的影响。研究指出，高铁的开通具有明显的城市"时空收敛"效应，有效缩短了沿线城市的平均出行时间，提升了城市间出行的便捷度，促进了高铁沿线城市间出行机会

---

* 陈其荣，贵州省社会科学院城市经济研究所助理研究员，主要研究方向为城市经济学、区域发展与管理。

的公平。① 同时，高铁也加快了区域间劳动力、资本和技术在空间的流动速度，是发展要素实现优化配置的重要动力载体，且发展能级更大的节点城市具有更强的吸引力和资源优势，更加凸显了高能级城市的经济集聚和节点极化效应，形成更加明显的城市发展梯度，不利于区域经济协调发展和均等化发展。② 综合而言，高铁的开通运行主要通过沿线城市之间的人流、物流、信息流、资金流和技术流实现多向度的集聚、竞争与合作，不断优化要素流量方向选择，进而培育沿线城市的经济增长新动力，促进区域协调发展。

高铁经济带是指以高速铁路为引领，整合和优化沿线生产要素配置、带动沿线地区经济发展的模式。③ 高铁经济带是经济的带状发展模式之一，通过高速铁路促进沿线资本、技术、人力、技术和物流等要素，在不同发展能级城市间实现优化配置和集聚发展的一种铁路经济新型形态，其发展目标是依托高速铁路的网络布局，带动相邻地区或更大范围内的城市联动发展，具有明显的非中心区域性和通道效应。高铁经济带在带动区域经济发展上具有综合性、开放性、网络性、融合性和高科技性等五大特征，④并且这些特征带动了沿线城市实现相互合作与共享资源，推动沿线区域经济实现一体化，充分展示了高铁大通道网络的推动和牵引作用。因此，分析高铁经济带在推动区域经济发展中联动城市发展的作用机理、高铁带来的微观梗阻和对强化高铁经济带的牵引作用，以及如何推动高铁经济带沿线城市实现联动发展，都具有重要的理论价值和现实意义。基于此，本报告以贵南高铁（贵阳—南宁）经济带为研究对象，通过分析沿线城市联动发展的现状和问题、提出解决策略，为促进贵南高铁经济带建设提供参考。

---

① 杨珰、佟琼：《京沪高铁对沿线城市区域公平的影响研究》，《管理评论》2020 年第 2 期。

② 徐中华、闫欲晓、严建伟：《高铁沿线城市发展分化状况研究》，《城市发展研究》2020 年第 6 期。

③ 陈东旭：《高铁经济带、过道效应与非中心区域旅游业发展策略——以肇庆市为例》，《贵州师范学院学报》2018 年第 5 期。

④ 汪建丰：《沪杭高铁经济带城市产业布局研究》，《阆江学刊》2015 年第 5 期。

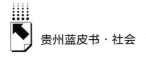

一 文献综述

现阶段，我国"八纵八横"的高铁网络骨架基本形成，区域间的高铁网络布局也持续加密。截至 2022 年底，全国铁路营业里程达 15.5 万公里，其中高铁营业里程为 4.2 万公里，在推动地方基础设施联通和经济产业联动上提供了强有力的交通基础支撑，"高铁经济"迈入了重要的发展阶段。学界关于高铁经济带研究的内容较为丰富、研究视角多元。从高速铁路带动经济增长的空间溢出效应来看，主要观点集中在高速铁路开通后对沿线城市的就业、工资、经济增长等产生影响，有效促进沿线城市的经济增长并发挥其溢出效应，重塑我国的经济空间格局[1][2]；从高铁经济带对沿线城市产业影响的研究尺度和范围数据分析来看，分为区域宏观层面[3]、城市群层面[4]以及县域层面[5]等三个层级；从研究内容和研究视角上看，分别从城市交通可达性与城市间经济联系上进行了分析，认为高铁开通有效提升了沿线城市的交通可达性，沿线中心城市的辐射创新能力、城市空间的扩展与重构、城市的"廊道效应"等明显提升[6]，特别是在沿线城市的旅游业发展中具有明显的空间优化作用，沿线城市的旅游业对高铁经济的依赖性较强，相邻城市极易受到高铁经济的极化效应和扩散效应的影响，因高铁带动劳动要素投入和

---

① 董艳梅、朱英明：《高铁建设能否重塑中国的经济空间布局——基于就业、工资和经济增长的区域异质性视角》，《中国工业经济》2016 年第 10 期。

② 卞元超、吴利华等：《高铁开通、要素流动与区域经济差距》，《财贸经济》2018 年第 6 期。

③ 叶德珠、潘爽、武文杰等：《距离、可达性与创新——高铁开通影响城市创新的最优作用半径研究》，《财贸经济》2020 年第 2 期。

④ 王鹏、李彦：《高铁对城市群经济集聚演化的影响——以中国三大城市群为例》，《城市问题》2018 年第 5 期。

⑤ 李新光、黄安民：《高铁对县域经济增长溢出效应的影响研究——以福建省为例》，《地理科学》2018 年第 2 期。

⑥ 岳洋、曹卫东、姚兆钊等：《兰新高铁对西北地区可达性及经济联系的影响》，《人文地理》2019 年第 1 期。

产出增加主要体现在第二产业、第三产业，对第一产业的抑制作用明显较高。①

与此同时，高铁的开通对沿线城市的企业投资效率、环境节能减排、经济发展的演化机理方面也产生了深刻的影响。有学者通过验证性分析发现，中国高铁开通后显著发挥了地区基础设施建设的经济带动作用，提升沿线城市企业的投资效率，尤其是在发达地区和非创新型行业上的表征更为明显。② 也有学者就高铁建设对劳动力资源的配置效果进行了检验，研究显示，高铁在第二、第三产业中的劳动力资源优化配置上效率明显较高，作用机制主要是借助外商投资以加速技术进步，通过投资的传导促进了人口集聚和人力资源叠加，并显著地作用在沿线城市的环境节能减排和经济提质增效等方面。③ 高铁在带动经济提质增效方面，其外在动能主要是给沿线城市上的交通技术进步带来了产业特定需求，促进了沿线城市经济的增效；而内在机理主要体现在高铁的"时空压缩"效应上，加速了沿线城市的经济总量提升、实体产业集聚程度提升和空间形态优化等。总之，高铁经济带促进沿线城市联动发展系统表现在空间、时间、技术、产业等多个维度，且短期内高铁经济带建设对县级和地级中小城市的经济提质增效作用是负向的，长期看，高铁经济带建设对沿线中小城市的经济提质增效具有不显著的正向促进作用。④

综上所述，短期内，高铁经济带建设对沿线地级大城市的发展是正向的促进作用，加速了沿线大城市的集聚效应，而对沿线中小城市的发展具有显著的负向作用，不利于中小城市的要素集聚和规模扩张，大城市与中小城市发展更具分化效应。长期看，高铁经济带建设对沿线大城市的发展和小城市

① 孙学涛、李岩、王振华：《高铁建设与城市经济发展：产业异质性与空间溢出效应》，《山西财经大学学报》2020 年第 2 期。
② 文雯、黄雨婷、宋建波：《交通基础设施建设改善了企业投资效率吗？——基于中国高铁开通的准自然实验》，《中南财经政法大学学报》2019 年第 2 期。
③ 王群勇、陆凤芝：《高铁开通的经济效应："减排"与"增效"》，《统计研究》2021 年第 2 期。
④ 任晓红、王钰、但婷：《高铁开通对中小城市经济增长的影响》，《城市问题》2020 年第 1 期。

的发展都具有明显的正向促进作用，在城市联动发展和经济增长路径上更加注重区域发展的均等化，有助于经济带沿线城市立足发展实际，结合产业、城市、要素、资源的相对优势和比较优势，充分发挥其联动沿线产业发展的功能，带动高铁经济带沿线城市实现均衡发展。

二　高铁经济带促进沿线城市联动发展的机理分析

（一）通道效应

通道效应来源于经济学的"点—轴"开发理论，从区域经济学发展历程来看，是指随着经济中心的集聚增加到一定程度后，与它关联的点与点之间通过交通网络联系实现要素交换，构成区域经济发展的轴线，该轴线主要服务于区域经济增长极，对沿线城市的人口、产业、资本、技术、物流等都具有一定的吸引力，通过通道的引力吸引交通网络近邻的人口、产业向轴线两侧集聚，并产生新的经济增长点，形成点轴发展的系统网络和经济联系网络。进一步来看，通道效应就是指沿着高铁网络连接线的周边沿线城市，围绕高铁网络连接线中的主要节点城市不断集聚，并不断带动高铁网络路线的沿线城市实现人口和产业的集聚，推进区域经济实现纵深发展。

点轴模式的增长扩展了经济增长的综合效应，特别是增长极之间相互联结形成的交通经济带，成为助推区域发展的重要动力源，在区域空间线性推进方式中形成了典型的聚点突破、沿线推进和梯度转移，把交通通道转化为通道经济。通道效应表征了一个区域的经济增长要吸纳周边城市的生产要素，加速高铁通道沿线区域的极化效应，当极化效应达到一定程度时，通道效应演变为高铁经济引领的经济带效应，并实现向周边地区的辐射扩散，带动周围区域的发展，促进周边区域的经济增长。还体现了通道效应的方向性和时序性，通道效应的扩散过程具有空间和时间上的动态连续特征，是摆脱空间单点极化限制和时空网络无序性的关键，加速了区域网络化的进程，减弱了单点极化效应，加速了区域经济的均衡发展和平衡演化。

贵南高铁经济带沿线城市都是内陆山区城市，贵南高铁的开通运营标志着我国西南地区和华南地区最快捷的快速交通大动脉全面联动，开辟了贵州"南下出海"最快捷的大通道，推动贵州全面融入周边省（区、市）中心城市的两小时高铁经济圈。高铁经济带的通道效应发挥了沿线城市丰富的资源、人力、区位条件和文化实力等优势，加深了沿线城市的经济、产业、物流和技术的交流，迅速构建起了经济增长极、带动形成了经济发展带、引领形成了经济发展轴。借助高铁通道沿线的轴线开发并逐渐扩散形成梯度推移的带状平面板块，发挥沿线城市的比较优势，促进沿线城市形成通道经济带，从而形成区域融合发展新格局。高铁经济带有效结合了沿线城市的产业、人力和资金要素，在空间结构上发挥了"由点成线、由线成面"的空间生产力规律，促进高铁经济带沿线城市形成立体结构和网格化发展，加速了城市间横向的信息流、经济流的联系，推进城市间资源实现优化配置，有助于构建区域统一大市场。

（二）虹吸效应

虹吸效应是指区域经济间存在的发展引力和能级差异，导致引力强、能级高的城市更加具有竞争力，从而形成区域经济体系中部分节点城市出现强者愈强，引致整个经济系统发生负面的经济连锁反应。一方面，高铁的开通运营具有高度的时空压缩效应，会加快推进沿线城市依托高铁网络重构新的经济网络，特别是生产要素的流动在高铁开通后，给沿线城市带来的发展机遇和有利条件具有较大的正向推进作用，放大了高铁沿线城市的要素集聚效应，并产生虹吸效应。另一方面，高铁的开通运营在沿线城市内部也会形成发展的能级差异，沿线城市因人口、产业、交通、经济、旅游、文化等差异而综合实力不同，沿线城市间的竞合作用带来的是区域中心城市的虹吸能力更加强劲，过站城市的要素资源容易被城市能级高的地区虹吸带走。

关于高铁经济带的虹吸效应的分析，有研究证实了高铁建设对城市的就业、工资、经济增长具有明显的促进作用，压缩了中心城市与中小城市的时空距离，特别是在城市的创新能力和促进经济集聚的能力上表现出较为稳健的正向贡献，[1] 指出高铁建设在拉动沿线城市经济发展上具有明显的虹吸效应。但也有学者研究表明，高铁沿线区域的经济空间分布通过要素流动作用而更加趋于合理，加快了沿线城市一体化发展，表现在产业转型、沿线城市的科技人才集聚、行业分工等方面，但是并没有在缩小区域经济差距上具有明显的作用，[2] 这说明虹吸效应导致了高铁沿线的中心城市和中小城市的发展差距并没有缩小，虹吸效应具有典型的正面效应和负面效应，运用和优化虹吸效应带来的发展贡献，是沿线城市联动发展的关键举措。

贵南高铁经济带沿线城市的民族文化、旅游产业、交通区位、特色商贸等各有优势，高铁的开通运营更加突出了沿线城市通道内的民族产业优势、城市贸易极化、人才信息物流通道的竞争与合作，在空间上形成了以中心城市、中小城市为主的核心圈、中心圈和外围圈，更加突出高铁经济带沿线产业的梯度转移、产业链条的深度分工、区域合作的协同创新，以及推进沿线城市的产业发展转型升级，并实现提质增效。虹吸效应有效地提升了贵南高铁沿线城市的旅游人口、文化产业、特色商贸的集聚，推动沿线城市形成了发展能级更加合理、产业布局更加合理、经济梯度更加合理的经济带。

（三）扩散效应

扩散效应是指当区域经济集聚到一定程度后，经济增长极开始向外发挥辐射扩散效应，进而带动区域实现协调发展。高铁作为城市经济增长的重要驱动力，在基础设施建设投资和经济外溢效应上具有明显的传导机制，对高铁沿线城市的空间一体化、产业一体化、交通一体化等具有明显的促进作用，有效增强了沿线城市发展的凝聚力。高铁经济带的扩散效应表明，经济发展水平层级更高的城市对发展能级较低的城市产生了明显虹吸的同时，也形成

---

[1] 叶德珠、潘爽、武文杰、周浩：《距离、可达性与创新——高铁开通影响城市创新的最优作用半径研究》，《财贸经济》2020年第2期。

[2] 汪建丰、翟帅：《高铁经济效应对区域发展机制转型的影响研究》，《华东经济管理》2015年第11期。

了明显的扩散带动，因此，高铁经济带沿线的中小城市，不仅受到周边发达地区的虹吸，也受到沿线近邻高能级城市对优势资源的吸收，一定程度上导致中小城市逐渐边缘化，高铁经济带对其产生了负向作用。此外，高铁经济带的扩散效应还表现为中心城市的发展带动沿线城市和近邻区域的经济增长，从经济活动较强的区域转移到经济发展相对弱的地区，推动沿线城市和近邻地区的能级跃升，在辐射扩散效应的带动下缩小与沿线城市的发展差距。

高铁经济带的建设对沿线城市经济的集聚、扩散和竞合发展都有重要影响。高铁经济带的扩散效应取决于沿线中心城市的集聚程度和发展水平，从集聚程度上看，扩散效应在城市过度集聚阶段明显大于集聚增强阶段、大于初步集聚阶段，[①] 中心城市的经济密度、产业集聚程度和发展梯度，对沿线中小城市和近邻区域的辐射带动效应也产生了典型的梯度效应。高铁经济带对地区经济增长的扩散效应，主要通过资本投入、人口转移、产业转移、要素生产等传导机制承接沿线中心城市经济的溢出效应，进而改变城市产业结构，调整高铁沿线城市的经济空间格局。

三　贵南高铁经济带沿线城市发展现状评价

（一）沿线城市能级对比分析

城市能级是表征城市现代化水平和对周边地域影响力的关键指标，提升城市能级是夯实城市发展竞争力的关键。贵南高铁沿线城市的发展能级差距较大，分别为 2 个超大城市、2 个大城市、3 个 I 型小城市和 1 个 II 型小城市。贵南高铁沿线城市发展的集聚程度还处于培育阶段，城市辐射扩散效应尚未凸显，2022 年沿线城市中贵阳市和南宁市、河池市的金城江区的经济能级占地区经济总额比例均在 20% 左右，其余城市经济能级占比较低（见图 1）。

---

① 王鹏、李彦：《高铁对城市群经济集聚演化的影响——以中国三大城市群为例》，《城市问题》2018 年第 5 期。

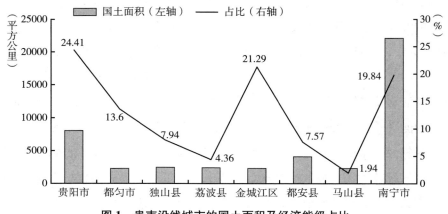

图1　贵南沿线城市的国土面积及经济能级占比

资料来源：各市、县、区人民政府官方网站。

从图1可知，贵南高铁沿线城市中贵阳市和南宁市在经济集聚上具有典型的虹吸效应。金城江区的经济能级较高，达到了21.29%，在河池市的经济集聚上具有明显的优势，但城市常住人口还较少，2022年末常住人口仅为37.42万人，属于Ⅰ型小城市。

（二）沿线城市经济对比分析

城市经济总量规模和发展水平是城市实力的显著性标志，城市经济总量的差异是区域发展差异的直接表现，与居民利益直接关联，可刻画区域发展的变化趋势和特征，是分析区域经济增长速度及评估成效的重要内容。贵南高铁沿线城市的经济体量差异明显（见图2）。

从沿线城市人均经济产出看，贵州境内的沿线城市人均GDP整体高于广西境内的沿线城市。其中，贵阳市、金城江区和南宁市经济体量遥遥领先，分别为近8万元、64713元和59097元。贵州省境内其他城市的人均GDP均在4万元以上，独山县达到了53697元。广西境内的马山县人均GDP为26276元，都安县最小仅有16011元。同时，沿线城市的国土面积和单位土地产值差异明显，经济总量具有显著的分异特征。南宁市国土面积最大达2.21万平方

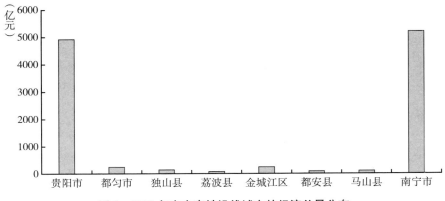

图2　2022年贵南高铁沿线城市的经济总量分布

资料来源：各市、县、区人民政府官方网站。

公里，其次是贵阳市为8043.45平方公里，第三是都安县，为4095平方公里，其余城市的国土面积均在2000~2500平方公里。从2022年单位国土面积的产值来看，贵阳市单位产值最高为6118.23万元/公里^2，其次是南宁市为2361.24万元/公里^2，都匀市和金城江区均在1000万元/公里^{2}水平上，其余城市的单位产值均较小，都在600万元/公里^{2}以下（见图3）。

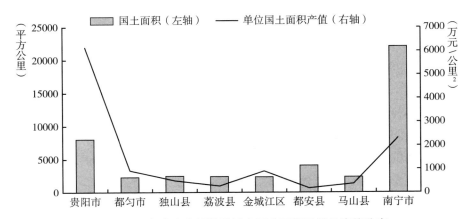

图3　2022年贵南高铁沿线城市国土面积及单位产值分布

资料来源：各市、县、区人民政府官方网站。

综上所述，贵南高铁沿线城市在经济体量上等级特征明显，南宁市大于贵阳市，金城江区和都匀市经济体量相当，独山县和马山县经济总量相差 40 亿元，荔波县和都安县经济体量均在 90 亿元以下。在人均地区生产总值上，贵州境内 4 个城市的人均产值均偏高，且内部差异相对较小，分异指数为 1.92，而广西境内 4 个城市的人均产值内部差异较大，分异指数为 4.04。

（三）沿线城市产业对比分析

城市产业发展水平与城市的核心竞争力和发展质量息息相关。城市实体产业对规模经济、工业集聚水平和科学技术创新、产业结构生态等具有正向促进作用，产业关联和空间互动加快了产业链条在城市间的再配置。从贵南高铁沿线城市 2022 年的工业总产值来看，南宁市和贵阳市较大，均在 1000 亿元以上，其余城市受制于功能区的定位、用地不足和分布零散、产业园区建设缓慢和集聚水平不高等影响，工业产值整体均较小（见图 4）。

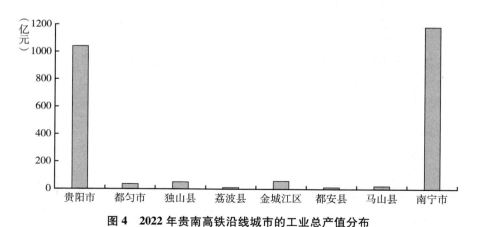

图 4　2022 年贵南高铁沿线城市的工业总产值分布

资料来源：各市、县、区人民政府官方网站。

一般公共预算收入作为衡量城市实际可用财力的重要指标，在一定程度上反映了城市的发展潜力。贵南高铁沿线城市中仅有贵阳市和南宁市的一般公共预算收入较多，分别为 402.16 亿元、392.68 亿元，都匀市为 16.33 亿元，其余城市均较小且都在 5 亿元以下，城市能级差异带来的城市财政收入差异、一般公共预算收入差异较为明显（见图 5）。

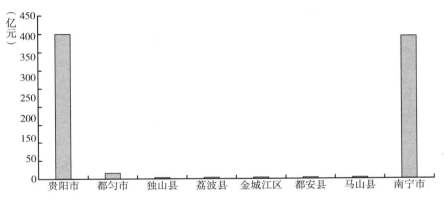

图 5　2022 年贵南高铁沿线城市一般公共预算收入情况分布

资料来源：各市、县、区人民政府官方网站。

综上所述，贵南高铁沿线城市中仅有贵阳和南宁等中心城市的产业支撑较为坚实，特别是城市工业产业的发展为城市综合承载力提供了强有力的支撑。同样，城市实体产业的发展也为城市财政收入、一般公共预算收入做出了重要贡献。

（四）沿线城市社会发展对比分析

缩小城乡发展差距是促进区域协调发展的关键。随着新型工业化和城镇化的深入推进，城市偏向问题更加凸显，高铁沿线城市加快缩小发展差距不仅是实现发展与共享的统一、效率与公平的统一，也是影响区域经济增长、改善区域协调发展格局的重要途径。贵南高铁沿线城市中贵阳市、都匀市、金城江区、南宁市等城市 2022 年城镇居民人均可支配收入均超过 4 万元，都安县最低为 29934 元；农村居民人均可支配收入中贵阳市最高为 21925 元，其余均低于 2 万元，都安县最低仅有 11810 元（见图 6）。

城乡收入差异在一定程度反映了城市内部资源配置的不平衡。如图 6 所

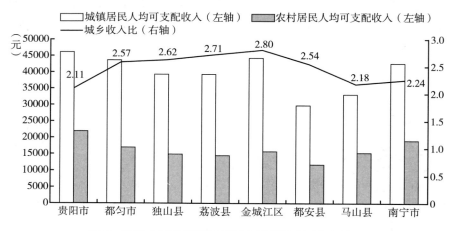

图6　2022年贵南高铁沿线城市居民可支配收入情况

资料来源：各市、县、区人民政府官方网站。

示，贵南高铁沿线城市的城乡收入比差异情况呈现"两端较低、中间凸起"，2022年贵阳市和马山县的城乡收入比最小和次小，分别为2.11、2.18；其次是南宁市，城乡收入比为2.24；城乡收入比差异最大的是广西河池市金城江区，高达2.80。总之，贵南高铁沿线城市中省会城市的城乡差距偏低，且近邻中心城市差异也相对较低，离中心城市越远差距相对越大，遵循了中心城市辐射扩散的梯度规律。

（五）沿线城市旅游对比分析

旅游产业具有综合性、规模性和地域性。城市旅游流和网络结构的构成取决于城市之间的显性层级和规模位序，由于凝聚子群内部的联系不紧密，城市之间的联系形成了非线性的关联，高铁开通对省会城市和区域性中心城市的互动关系及涓滴效应更突出。2022年贵南高铁沿线城市的旅游接待人次数据显示，贵阳市和南宁市稳居前列，贵阳市全年旅游接待1.13亿人次，南宁市达1.16亿人次，荔波县为1890.17万人次，其他城市均在1000万人次以下（见图7）。

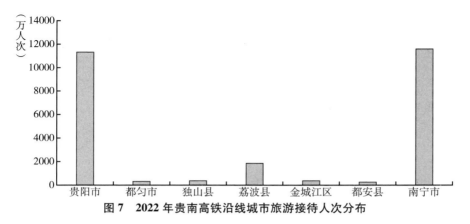

图7 2022年贵南高铁沿线城市旅游接待人次分布

资料来源：各市、县、区人民政府官方网站。

2022年贵南高铁沿线城市中，人均旅游花费超过1000元的城市数量占比为50%，其中贵阳市最高为1205.39元，金城江区、都安县和南宁市的人均花费均在1100元以上，人均花费在千元以下的四个城市中独山县最高为923.99元，马山县最低为715.4元。综合看来，荔波县旅游接待人次排名前三，但人均花费排名第七位（见图8）。

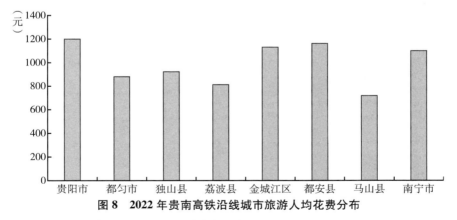

图8 2022年贵南高铁沿线城市旅游人均花费分布

资料来源：各市、县、区人民政府官方网站。

贵南高铁沿线城市旅游业呈现典型层级性、位序性特征，在全年旅游接待人数上贵阳市和南宁市占据绝对的优势，而在沿线城市的人均旅游花费上，贵州段沿线城市的人均旅游花费差距明显，广西段沿线城市的人均旅游花费相对较为均衡，在一定程度上反映了贵南高铁沿线城市的发展能级、发展基础、发展水平和旅游接待能力差异。

（六）沿线城市物流业对比分析

物流是拉动城市与外界生产要素和产品交换流通的重要活动，是城市经济联系的重要载体。2022年贵南高铁沿线城市旅客发送量呈现两端强、中间塌陷特征，中心城市旅客发送量高于区域中心城市、高于中小城市，城市发展基础和规模位序特征突出。2022年沿线城市年度旅客发送量中，前两位是贵阳市和南宁市，分别为2901.37万人次、2815.5万人次，其次是金城江区、都安县，分别为231万人次、153万人次，第五位是荔波县，年度旅客发送量为102万人次，最后是独山县，年度旅客发送量为75万人次。

沿线城市的年度货物运输总量中贵州段货物发送总量偏少，广西段货物发送量较大。2022年南宁市全年货物运输总量高达40969.5万吨，其中公路货物发送量3.64亿吨，水路货物运输量4554.3万吨，航空货邮吞吐量15.2万吨，南宁的货物运输总量拥有绝对优势。其次是广西河池市的金城江区，年度货物发送量为2412万吨，在沿线城市中成为卓越代表。第三位是贵阳市，年度货物发送总量为906.74万吨。都安县位列第四，年度货物发送量为732万吨，是沿线城市的明星代表。独山县位列第五，年度货物发送量为538万吨。最后是荔波县，年度货物发送量仅为106万吨，旅游接待人次较多，货物发送总量较少，游客存在"只待不留"现象。

综上所述，南宁市突出了我国西南向南出海的大通道节点特征，贵阳市更体现了内陆交通枢纽节点的功能，沿线其他城市的旅客和货物发送量均较少，高铁沿线城市中能级越大，中心极化效应越大，其他城市在中心城市的虹吸效应下资源和产业发展受限，经济发展水平和城市能级都较低。

四 贵南高铁经济带沿线城市联动发展的问题及建议

（一）联动发展存在的问题

1. 城市定位和区域产业分工合作不清晰

一是经济带沿线城市自我定位不精准。贵南高铁沿线站点中有区域枢纽节点、多线汇合换乘节点、具备始发条件的站点等类型，涉及的中心城市、大城市、小城市、产业集聚区等均自我定位为战略支点。然而贵南高铁经济带内设站的节点城市工业化水平不高，现有的基础设施支撑能力、城市承载水平、产业承接能力未达到战略支点的层级，定位不准影响经济发展方向。

二是经济带沿线城市的产业基础薄弱。贵南高铁沿线城市都是两省区的生态建设重点区域，沿线城市内部产业分工不明确，城市基础设施建设、制造业链式合作、人文交流和贸易服务等还处于较低水平，对资金、技术、人才和产业支撑的需求还很大，特别是独山、荔波、都安等是国家级农产品主产区和生态功能区，区域环境特征和生态承载容量约束明显，工业基础薄弱，产业承接能力尚处于起步阶段，低污染高知识的产业项目投资较少。

三是经济带沿线城市的产业分工待深化。设站城市的城区、园区、景区、产业集聚区之间的快速通道或未打通，或等级弱，或承载力不足，导致产业分工不合理，附加值高的产品和区域特色消费型产业布局少，大进大出的资源型产业、低价值产品产业零散布局，迫切需要城市结合区位条件、要素禀赋、发展阶段、创新水平、通道能力等因素，构建区域性的多层次产业分工和合作体系。

2. 立体综合交通快捷运输通道有待扩容

一是城市客运"外畅内梗"现象突出。沿线节点城市初步连通并接入了国家高铁网，城市间的交通可达性明显提升，但城市内从高铁站到中心城区、旅游景区、工业园区、产业集聚区、城乡客运站、机场等接驳的快捷通道网明显不足，可供选择的公交、快车、专线客运等换乘交通方式单一，内部交通的通畅度较低，部分高铁站与城市客运接驳中转路线亟待优化。

二是城市货运"内循环"通道短板多。大多高铁站点连通城市内部物流快速通道、物流站点、城市分拨中心的交通短板明显，城市内部配送网络不完善，对外货物集聚开放平台缺失，引进外向型企业的竞争力不足，导致企业落地少。

三是园区通道"不顺畅"导致不良竞争。节点城市工业园区在区位优势、政策优势和先发优势上带来承载能力差异，加上虹吸效应和前端产业的"锁定效应"，大能级城市与周边园区存在不良竞争。部分通道"不顺畅"的园区因经济规模小、定位不清晰、基础配套较弱、物资集散能力不强、物流企业不多且规模不大，发展空间受限，导致企业不太愿来。

3. 物流服务大市场的通道存在较多堵点

一是供给侧"断链"阻碍了物流服务大市场的形成。节点城市的物流服务企业小、散、弱，中间环节有"断链"，且多以普通货物运输为主，集仓储、运输、配送于一体的综合性物流企业偏少，物流网络覆盖率不高，货源获取能力不强，物流组织能力不足，多式联运衔接成本偏高，跨区联动力较弱，围绕经济带布局的城镇物流体系未形成，物流服务成效不好，企业规模偏小。

二是需求侧"割裂"限制了物流市场的发展壮大。沿线城市间的需求市场"透明度"不高，行业资源整合力度较弱。如都匀市各类货运企业仅有52家，制造业企业的物流业务外包意愿不强，内部条款分割严重，降低了企业的物流效率。同时，物流与制造业企业间的联动不足，缺乏融入产业链的综合性物流服务商，物流需求和物流供给的信息错位。

三是数据信息"孤岛"制约物流业服务效率。铁路、机场和货运等部门的数据不对外共享，渠道数据极易形成"孤岛"，物流运行数据"透明难"。此外，制造业企业数据不开放，物流服务"整合难"，制造业信息化与外部物流作业系统直连通道未打通，货源资源"共享难"，仍未形成面向高铁经济带建设物流行业的基础信息平台，货源与物流的共享机制未建立。

4. 沿线旅游合作联盟发展机制亟待完善

一是旅游精品推荐路线较少。贵南高铁经济带沿线的旅游资源丰富，拥有世界非遗、A级景区、自然风光和特色文化旅游等众多旅游资源，但目前高端旅游精品推荐路线较少，景区景点与城市形成"断带"，游客以打卡式游玩为主，留不住游客现象突出。

二是特色文旅活动品牌知名度低。高铁沿线的节点城市中具有地域性、小范围、区域级、世界级的观光资源多，但城市间联合参展互办旅游展览会、旅游博览会、旅游节庆活动的品牌知名度不高。如围绕打造世界级旅游目的地的荔波，在文化旅游、景观旅游和民族风情旅游上融合程度不深，联合经济带打造跨域"旅游+"的区域品牌效应较低。

三是区域旅游合作联盟的机制尚未建立。贵南高铁经济带沿线的城市之间旅游发展仍处于各自竞争局面，且城市文化旅游服务体系不完善，贵州南部区域旅游品牌还处于培育阶段，旅游营销团队和旅游推广渠道信息不共享，旅游合作联盟的机制尚未建立，区域旅游信息共享渠道、文化旅游市场秩序、智慧旅游服务平台等信息数据未打通。

（二）沿线城市联动发展的建议

1. 注重沿线城市精准分工和定位

一是打造内陆与沿海互动开放的新高地。贵南高铁经济带建设着重突出关键节点城市在对接融入西部陆海新通道、北部湾经济区、粤港澳大湾区方面的战略地位和独特优势，结合城市发展实际，突出高铁经济带节点城市的产业基础、区位条件、交通优势、生态气候、特色文化、承载能力和资源市场，共建贵南物流大通道、产业园区、革命老区振兴带、沿线黄金旅游带和城镇发展带等重要增长极。此外，应充分利用境内外资源和市场，推动经济参与国际分工，拓展经济发展空间，大力推进内陆开放型经济建设，统筹利用好国际国内两个市场、两种资源，大力提升对外开放水平，助力贵南高铁经济带建成对内对外经济合作的后发崛起高地。

二是做强城市产业发展内核。在南下出海"最快"连接经济带中突出贵阳和南宁的中心城市功能、西部陆路交通枢纽功能、对外开放的重要平台功能；突出都匀和金城江区与省内经济区、城镇组群、通道节点和生态廊道协同保护区的定位；突出贵定、龙里等与贵阳的同城化衔接带，加强城市间的产业、公共服务和交通联系，强化城市的服务带动、枢纽组织作用。突出独山和荔波、都安和马山的国家级农产品主产区和重点生态功能区的地位，强化能源、矿产、生物和旅游等资源要素的组合，构建贵南高铁经济带具有梯次性的现代特色产业带、高端旅游精品带和生态文明建设示范带，夯实城市发展内核，打造经济带上的重要增长极。

三是深化沿线城市产业分工与合作。大力提升经济带沿线城镇的茶叶、铝土矿、机电、轮胎、航空航天装备等区域标志性制造业品牌影响力，强化贵定、龙里和都匀等与贵阳共建产业协作发展平台，强化区域产业发展协调沟通；突出独山和荔波等生态保护区构建生态屏障和建设世界精品旅游目的地产业体系，大力推进供给侧结构性改革和促进国内大循环有机结合，着力提升产品质量，促进更多优质高效、具有国际竞争力的精工制造品牌和生态文旅品牌走向海外。同时，强化高铁经济带内城市产业发展带的依存度，建立大区域的自主创新联盟，以产学研合作为主轴，实行主导和协同式的创新分工与合作，巩固黔茶叶、黔轮胎、民用航空、民用飞机零部件等传统贸易竞争优势，重点推进高铁、精工制造、高端制造业以品牌重塑贵州制造新标识，构建产业分工合作与对外开放新格局。

2. 沿线城市注重强化交通通道引领

一是完善城市客运交通网络体系。统筹推进经济带内节点城市面向华南地区、共建"一带一路"国家、东盟国家和地区的国际交通体系建设。注重整合现有资源，优化节点城市的机场、高铁、高速、铁路、公路等多形式的交通换乘接驳选择方式，创新引进国内先进城市的交通服务企业和服务模式，完善城市内部交通网络，提升城市内部交通可达性，形成区域交通互联分工运营体系。

二是加快补齐城市通道短板和扩大运能。着力破解城市货运通道瓶颈路、接通断头路，强化城市内部支线和节点建设，积极探索城市通道建设的投融资模式和土地置换模式创新，实施一批进场站、进园区、进景区的专用线路改扩建工程，围绕多式联运节点的集散分拨需要，实施扩能改造，适当加大通道容量畅通城市"内循环"。此外，进一步优化节点城市交通布局，提升城市旅游换乘、货运接驳、多式联运的容量及能力，特别要动态优化重点城市旅游目的地、物流中转地的交通互联互通能力，推进交通节点实现串联往返，完善城市内部交通网链。

三是构建多层次交通服务圈。强化园区内部交通配套设施，全面提升制造业、农产品、特色产业、文化旅游园区等综合交通服务能力，结合经济带沿线城市站点到园区的距离，构建 15 分钟、20 分钟、30 分钟高铁站交通圈。加强大数据与交通的融合联通，支持有条件的企业与节点城市开展多层次、多领域的信息共建共享，共同推动商贸物流、文化旅游、智慧城市等平台建设，共建经济带沿线城市直连网络，推动经济带信息资源交换流通，促进城市实体产业向数字化转型。

3. 沿线城市注重疏通物流服务堵点

一是合力打造一流园区物流品牌。立足两地区域资源禀赋，发挥能源、文旅、电力、铝业、中药材、特色农业和航空航天等产业的比较优势，持续优化营商环境，创新园区体制机制和建设模式，推进园区合作共建。探索城市与铁路局共同设立高铁经济带产业发展专项基金，引导和扶持现代商贸物流企业发展，培育和引进具有战略支撑和示范引领的企业或项目，壮大产业规模，提升货源组织能力，支持商贸物流企业创新转型发展成综合性物流企业，提升物流服务质量。

二是加强物流服务企业向前合作。加快编制《贵南高铁经济带物流园区专项规划》，优化布局沿线物流基础设施，通过物流网络布局破除地域分割体制性障碍，破除运输方式之间的行业性障碍。强化经济带内企业链式整合，提升有效运营能力，探索广西保税区和贵州产业园区联动发展，系统打造浅内陆物流服务业市场高质量发展的实验承载区，建设西部南向出海的高标准国际供应链服务平台，培育壮大综合性物流服务商。

三是建设智慧物流产业带。加快数字化转型，建立市场化数据共享机制，将降本增效作为优化营商环境的核心，梳理问题清单，创新政策体系，推动园区企业创建数字化信用体系，推动供应链金融产品创新。科学布局智慧物流产业带，借助智能软硬件、物联网、大数据等手段，推进制造业和物流企业各环节精细化、动态化、可视化发展，提高物流企业智能化分析决策和执行效能。建立健全物流行业数据共享交换，推动行业企业物流信息与政府数据开放平台实现共享对接。

4. 加快完善旅游联盟机制

一是协力共建世界精品旅游线。贵南高铁经济带沿线自然风光、文化生态、历史名镇等享誉世界，抢抓经济带建设契机打造沿线旅游升级版和国际旅游目的地品牌，规划推荐多层次多类型的生态文化旅游首选路线和世界级文化旅游路线，重点围绕南宁—荔波—贵阳，衔接推动昆明—曼谷等城市共建世界级观光旅游线路，推进旅游资源整体开发和提档升级，丰富旅游产品和旅游线路，强化旅游战略合作和协同推广，建成高端旅游精品带。

二是合力打造特色文化品牌。挖掘提升经济带沿线城市的民族文化、红色文化、生态文化的内涵，进一步整合凝聚节点城市力量，共同用好中国—东盟教育交流周、生态文明贵阳国际论坛、中国大数据产业博览会、国际山地旅游暨户外运动大会等多元文化交流、传播和贸易通道，结合用好新媒体等宣传手段，构建中国西南—华南交融的系统性、全方位、宽领域的文化"走出去"。深入开展经济带沿线主题文化交流活动，增强区域文化软实力，促进西部内陆地区加快实现与北部湾经济区、粤港澳大湾区、共建"一带一路"国家和地区的交往、交流和交融。

三是共建区域旅游合作联盟。围绕经济带沿线区域旅游线路，积极推进区域旅游合作联盟完善合作机制，携手广西共同编制《贵南高铁经济带旅游发展规划》，研究制定经济带产业布局与发展的政策与措施，注重推进旅游产业融合机制建立，促进政策协调、招商引资、信息共享和产业链整合，加强专业化分工与合作，共同做大做强区域旅游品牌。同时，强化经济带区域旅游的客源互济、信息互通、门票互惠、线路互接，构建贵南高铁经济带内的无障碍旅游，完善异地投诉、联合执法制度，助力区域旅游健康发展。

B.15
文化赋能，和谐奏响"爱乐之城"
梦想乐章*

——贵阳"路边音乐会"调查报告

杜浚歌**

摘　要： 2023年，一阵音乐狂潮席卷贵州省会贵阳，"路边音乐会"成为继"村超""村BA"后贵州又一火遍全网的出圈现象。"路边音乐会"坚持零门票、零距离、零商业原则，将音乐艺术与历史遗存、城市景观、自然生态和美食文化串珠成链，不仅为市民群众提供了艺术享受和文化互动的舞台，同时也激活了贵阳夜间经济的全新活力。借助"路边音乐会"的知名度，贵阳文旅市场持续升温，演出带动周边客流量和销售额成倍提升，成功引领贵阳旅游新风尚。为持续办好"路边音乐会"、打造文旅品牌IP，贵阳市政府扎实推进公共文化服务体系建设、竭力提升文化服务质量、组织成立演出行业协会、完善艺术人才培养制度、弘扬本土民族文化特色。这一系列措施使得"路边音乐会"在贵阳文商旅融合发展和民族文化振兴的实践层面创造出显著的社会效益。此外，加强多元内容创新、突出民族文化特色、搭建运营管理团队、采用多维度宣传策略、促进产业融合协作等措施将进一步推动"路边音乐会"的品牌力升级和可持续发展。

关键词： 贵阳　路边音乐会　爱乐之城　文化赋能　文商旅融合发展

---

* 本文为贵州省教育厅高校人文社会科学研究项目（项目编号：2023GZGXRW117）的阶段性成果。

** 杜浚歌，博士，贵州师范大学音乐学院讲师，硕士研究生导师，音乐学系主任，主要研究方向为艺术管理、音乐教育。

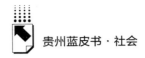

贵阳"路边音乐会"是以文化赋能城市品牌打造、推动城市文化更新和文化美誉度升级的创新举措，在丰富人民群众生活、满足人民群众精神追求、展现贵阳城市魅力、拉动商圈和夜间经济发展方面具有显著作用。

据不完全统计，自2023年5月以来，贵阳市云岩区、南明区、观山湖区、花溪区等先后举办了102场路边音乐会，累计现场观看近50万人次，网络观看突破4500万人次，全网曝光量超30亿次，20余支本土乐队参与，带动周边客流和销售额翻倍。以"贵阳路边音乐会"为词条，抖音、小红书、微博、微信、头条等新媒体累计发布相关资讯1.6万余条，话题阅读量超3800万，10余位网络KOL制作转发相关作品100余个。人民网、新华网、央视新闻频道、中国新闻社等央级媒体，天眼新闻、动静贵州等省级媒体以及知知贵阳、贵阳网等市级媒体，会同多家本土自媒体聚焦报道，形成了强大的网络宣传声势。

贵阳"路边音乐会"坚持零门票、零距离、零商业原则，持续打造场景多样、主题多元、深度互动、形式新颖的"音乐+"活动，充分展示了贵阳的年轻形象，激发了城市的夜间活力，以音乐为绳索，与群众紧密相连，现已成为全民共享、全民共创的"超级IP"。

一　"筑城"之"筑"的音乐文化溯源

（一）贵阳群众音乐文化活动的历史回顾

贵阳拥有深厚的群众音乐活动历史，从"筑城"之名便有迹可循。据现存最早的贵州地方志《贵州图经新志》（明·弘治）记载："贵竹，郡产美竹故名。"①"筑城"之"筑"，同"竹"，古代贵阳盛产美竹，举目皆青，故而得名。早在五代至北宋初年，贵阳就因"数家苗舍埋箐里"被称为"黑羊箐"，"箐"指代的即为"山间的大竹林"。

---

① 见《贵州图经新志》，民国22年影印本写晒印本。

在古代，贵阳竹林密布为制作芦笙、筑等传统乐器提供了丰富的原料。"筑"，既是贵阳的简称，也是一种古老的弦乐器，其"状似琴而大，头安弦，以竹击之，故名曰筑"①。考古资料显示，筑多出土于南方墓穴，如曾侯乙墓、马王堆墓、郭店村 M 墓等，在南方地区兴盛②。由于筑已失传千年之久，学界对这种乐器的形制和演奏方式一直未有统一的认识，既有人认为筑是有别于琴瑟的一种独立的击弦乐器，也有人将其与古琴或扬琴归属为同类。古琴自晚清以来在贵州的影响颇深③，扬琴又是贵州代表性剧种之一黔剧的主要伴奏乐器，因此也有学者提出"筑"起源于贵州并非全无可能④。尽管这种说法暂无法得到证实，但一定程度上反映了贵阳在音乐文化史上的深厚底蕴。

另观近代以来音乐社团在贵阳地方文化中的沿革与影响，也可一窥贵阳群众音乐活动的根基和演进。1937 年 4 月"筑光音乐会"诞生，起初是一个由音乐爱好者创建的群众性娱乐团体，抗战爆发后，逐步转变为进步的抗日救亡组织，根据党的抗日民族统一战线政策，利用其"合法"身份，在城乡广泛开展抗日宣传活动，鼓舞激励人们的抗战热情，成为贵阳抗战文化运动的中坚力量⑤。1942 年，广陵派第十代传人刘含章组建了"贵州琴社"，成员有贵州本地著名琴家桂百铸、九嶷派古琴创始人杨时百之子杨葆元、于世明等⑥。琴社后于 1999 年在桂百铸之徒刘汉昌的努力下重新挂牌，并成立了"贵州琴社春草堂古琴馆"⑦⑧。1936 年贵阳设立民众教育馆，成

---

① 出自《汉书·高帝纪》。
② 王稼嵘：《中国古代弦乐器"筑"的研究》，《黄河之声》2020 年第 18 期。
③ 1880~1884 年间，杨守敬随当时的驻日公使黎庶昌（贵州遵义人氏）在日访习期间发现了我国现存最早的古琴谱《碣石调·幽兰》，后由黎庶昌辑印收入《古逸丛书》中。对古琴文化的贡献不可估量；广陵派第十代传人刘含章组建的贵州首个古琴社团"贵州琴社"，成员包含了九嶷派古琴创始人杨时百之子杨葆元。
④ 郑莹：《古弦乐"筑"与贵阳简称的历史渊源探讨》，《贵州宣传》2023 年 12 月 20 日。
⑤ 刘毓麟：《筑光音乐会的抗战之声》，《当代贵州》2015 年第 35 期，第 29 页。
⑥ 祝玉：《刘汉昌：汉雅八音继前贤　昌盛七弦启后生》，"天眼新闻"百家号，2020 年 1 月 24 日，https：//baijiahao.baidu.com/s？id=1656623580252161785&wfr=spider&for=pc。
⑦ 吴锋：《琴之九嶷：九嶷派及贵州九嶷派古琴艺术研究》，贵州人民出版社，2018。
⑧ 朱博：《近现代贵州古琴艺术的历史沿革及发展》，《贵州文史丛刊》2014 年第 2 期，第 107~109 页。

立了传唱抗日歌曲的民众歌咏队和演出话剧的"民教剧团"，后又举办了说书艺人培训班。1943年，贵州省立艺术馆成立，以开展艺术活动，包括组织画展和音乐演奏会为主要任务，致力于推进贵阳的艺术教育①。1958年10月，贵阳市群众艺术馆在贵阳市委、市政府的高度重视下成立，2005年修建新馆，主要任务是组织群众文化活动，繁荣群众文化事业。2012年6月26日正式挂牌成立贵阳市民间文化交流促进会，主要负责贵阳民间传统文化艺术的保护、开发和利用。1980年7月，由贵阳市文化局、贵阳市群众艺术馆领衔组织的首届"花溪之夏"音乐节在花溪成功举办，这项由政府主导、群众参与的公益性音乐事件具备了"路边音乐会"零商业、零门票、零演出费的特征。43年后，"爽爽贵阳·秀美花溪——花溪之夏音乐周"再次回归大众视野，深受广大市民和音乐爱好者欢迎。2009年，在贵阳市文化局与贵州省零售企业"贵阳星力百货集团"的共同支持下，贵州组建成立了国内首支职业民营交响乐团——贵阳交响乐团，累计为贵阳听众献上了千余场高品质音乐会，并于2023年11月5日在花溪黄金大道上演了金秋的路边交响音乐会，演出吸引数千人现场观看，抖音直播同城榜第一，浏览量超503万。此外，贵阳周边仍有苗族、布依族等少数民族聚居。过去，每年的"四月八"苗族都会在喷水池举办节庆活动，其他民族至今仍保持着各类音乐活动的民俗传统。

综上所述，贵阳拥有深厚的音乐历史传统和良好的群众音乐文化氛围，市民具有较高的精神文化追求，路边音乐会的爆火就如"村超""村BA"一样，绝非一日之功，而是历史文化积淀后的绚烂绽放，也是多年来本地音乐土壤孕育出的丰盛果实。

（二）"路边音乐会"的兴起与现状

贵阳"路边音乐会"的发展可笼统归纳为三个阶段：初期萌芽阶段、社群共建阶段和多元化发展阶段。

---

① 史继忠：《抗战时期的贵阳"五大馆"》，《贵阳文史》2021年第4期，第4~7页。

"路边音乐会"正式成为专有名词登上全国各大媒体头条之前，贵阳各区已有多年自发性群众音乐路演活动的传统。例如甲秀楼广场、大十字广场、黔灵公园、观山湖公园等公共休闲场所，一直是音乐爱好者的排练胜地，常常可见业余乐团成员或中老年音乐爱好者带着乐器和音响设备在一起交流、演唱、合奏。而文昌阁、青云市集、喷水池等商业集中的"网红打卡地"则更吸引年轻的音乐爱好者，不时能看到乐队或卖艺者驻留表演。2023 年 7 月，文昌阁率先以"路边音乐会"之名拉开了夏季群众音乐活动的序幕，随即掀起了一股全民路演的热潮，不仅官方主办的音乐演出如火如荼地进行着，一些自发性的艺术表演也凑起热闹，开展得有声有色。形成这种生动场面的原因主要有二：一方面，贵州丰富多彩的民间音乐文化资源在全国音乐文化中占有一席之地，不断有专业或非专业的创作者和表演者诞生，本地的 live house 和各种演艺空间，以及一些开放的群众性场所都为这群"野生"艺术家提供了表演舞台，在路上偶遇一场非正式的音乐会已成为贵阳市民的生活日常。另一方面，贵州在释放消费潜力上奋力攻坚，疫情后的贵州旅游按下了复苏的快捷键，尤其是在"村超"和"村 BA"两个夏季"顶流"的加持下，作为省会的贵阳也受惠良多，文旅设施愈加完善，旅游热度节节攀升。随着游客大量涌入和文化氛围的积极提升，自发进行音乐活动的团体或个人迅速增加，群众的表演和观演热情也愈加高涨。

贵阳市政府迅速捕捉到了这一群众文化生活热点，决心大力开发"路边音乐会"项目。为深入推动"强省会"战略实施，市政府以习近平新时代中国特色社会主义思想为指导，以深化公共文化服务供给侧结构性改革为主线，积极尝试以文化赋能强化城市高品质艺术供给。各级部门及街道办通力合作，扎实做好幕后服务工作，坚持零门票、零距离、零商业的"三零"原则和群众性、开放性、公益性的基本定位，用音乐做载体，实现人民共创、人民共享、人民传播，在丰富人民群众精神文化生活的过程中，激发了贵阳城市的夜间活力。与此同时，政府、市民和游客之间，默契地形成了"路边音乐会"的三方共建模式。政府通过制定相关政策和法规，为路边音乐会提供法律支持和场地保障，创造了良好的演出环境；市民的热情参与，为路边音乐会提供了丰富的演出内容，并通过社交媒体传播音乐会信息，营造了活跃的社区文化氛围；游客与表演者和市民的互动，促成了文化的交流碰撞，形成了一种开放包容的城市文化态度。

贵阳路边音乐会的盛行，源自城市文化氛围的催生，是对本土音乐传统的致敬、传承和发扬，同时也为宣传贵阳城市文化开辟了新的窗口，让外界通过它得以窥见贵阳市民对音乐艺术的深切热爱，反映出市民对社区共享、文化交流的美好追求。这种独特的文化形式不仅为城市精神生活增添了色彩，更为城市文化底蕴注入了新的生机与活力。有了政府资源的倾斜，"路边音乐会"的艺术质量、表演类型和演出设备都有了量和质的双重飞跃。越来越多的艺术家、音乐爱好者慕名而来。未来，多元化的发展趋势将进一步推动这一城市文化现象的蓬勃发展。

二 "路边音乐会"IP 孵化，唱响文商旅新业态

（一）"路边音乐会"IP 为何孵化？如何打造？

2005 年 8 月 12 日，时任浙江省委书记的习近平在《浙江日报》"之江新语"专栏中写道："文化的力量，或者我们称之为构成综合竞争力的文化软实力，总是'润物细无声'地融入经济力量、政治力量、社会力量之中，成为经济发展的'助推器'、政治文明的'导航灯'、社会和谐的'黏合剂'。"[①] 点明文化在社会经济发展和政治文明建设中具有不可或缺的重要作用。2019 年 11 月，习近平在上海考察时强调："文化是城市的灵魂。"2023 年 3 月，习近平在参加全国两会江苏代表团审议时进一步提出："文化很发达的地方，经济照样走在前面。可以研究一下这里面的人文经济学。"总书记倡导的"人文经济学"是新时势下科技现代化和中华民族现代文明的融合发展观。这一理念不仅涵盖了对传统文化的传承，更注重文化的积极发

---

① 《习近平总书记在浙江考察纪实：一步一履总关情》，《浙江日报》2015 年 5 月 30 日。

展。践行新时代人文经济学，以精神品格筑牢发展根基，对于促进市民物质文明和精神文明相协调、推动城市实现高质量发展、推动中国式现代化建设提供了坚实的文化逻辑[①]。

自党的十八大以来，党中央高度重视国家文化软实力建设，党的二十大报告强调要不断提升国家文化软实力和中华文化的影响力。文化力量可以转化为物质动力，文化软实力能够演化为经济硬实力。贵阳城市文化的发展需要与国家战略同频共振，打造"爱乐之城"IP并强化"路边音乐会"文化品牌是贵阳最具价值的无形资产之一，是增强城市文化软实力的有效途径。由深厚文化滋养而形成的城市精神和品格，也将成为贵阳发展最基本、最深沉、最持久的动力。

贵阳"路边音乐会"经过半年的摸索，已在演出内容方面积累了丰富资源，部门之间分工明确，形成协作默契，能够熟练把控制作流程和效果，并培养了一批固定观众，具备了打造文化品牌的基础。按照贵州省委书记徐麟、省长李炳军关于将贵阳"路边音乐会"打造成继"村超""村BA"后的贵州旅游第三张名片的指示要求，贵阳市政府已做出路边音乐会的总体规划，注册"路边音乐会"品牌，以市级统筹区县主办为原则，由各区县文旅局牵头，以"贵阳路边音乐会"+文旅地标为思路，以"本土专业艺人+各行业群众+省外歌手+不定期空降大咖"为形式复制推广，全面覆盖南明区、云岩区、观山湖区、花溪区、白云区、乌当区、开阳县、息烽县、修文县、清镇市和贵安新区。演出周期贯穿全年，分为周演、季演和年演。周演以云岩区、南明区、观山湖区和花溪区为主力出品方，一个月（在周五或周六）轮办一场音乐会，场地分别定在文昌阁、甲秀广场、悦然时光和十字街等具有城市历史人文底蕴、人流量大、商业相对繁华的文旅地标，其余区（市、县）和贵安新区结合本地实际情况举办演出；季演、年演由市演艺行业协会组织，通常在节假日举办，演出规模较大，质量较高，开支也相应增加。

[①] 新华社新时代人文经济学课题组：《新时代人文经济学发展范式研究》，《苏州大学学报》（哲学社会科学版）2024年第1期。

为了保障"路边音乐会"的专业性、纯粹性和可持续性，由贵阳市文旅局指导贵阳广电传媒集团作为会长单位，发起成立了贵阳市演艺行业协会，联合社会演艺、传媒、文旅等行业机构，共同挖掘、打造"路边音乐会"的内容核心及品牌竞争力。行业协会对"路边音乐会"品牌进行统筹管理运营：注册"路边音乐会"商标、设计 LOGO；协助各区优化审核工作，在各区成立子方案报备协会，规划演出时间、地点、内容等事项，审核艺人或乐队自发性组织报备的演出，鼓励公园、广场和街区的出场点开展小型自发性演出；统筹国内演艺资源，建立人才储备机制，设置艺人、歌曲白名单、黑名单制度，培育本地人才，推动作品对外输出；严格品牌授权（不授权商业演出），暂不考虑直播带货，始终保证"双向免费"（即市民免门票，艺人免出场费）；建立服务保障机制，提供音响、灯光、直播设施设备；建立健全演出规范，完善演出机构、运营主体管理机制，规范网络直播体系；把控良好的舆论环境，维护"路边音乐会"良好的品牌形象。在政府的指导下，行业协会根据全年演出规划，协同文旅、商务等部门进行城市营销布局，与旅游景点、商家合作，为演出周边策划、推出相应配套促销优惠活动，将沉淀的历史厚重感与商圈的活力繁荣有效串联，打造全方位的城市体验，激发观众的消费欲望。通过与"路边音乐会"相互引流，拉动文商旅消费内需，促使文商旅深度交叉，进入良性发展循环。市级层面正起草相关管理办法，建立健全演出、传播、观演规范，并为原创性内容提供相关政策支持。

随着"路边音乐会"的热潮持续蔓延，贵阳"爱乐之城"声名鹊起。其举办形式不断创新、活动内容层出不穷、品质品味持续提升，除了有本土培育的音乐人踊跃参与，有草根歌手、网络红人开麦献唱，有各行各业的音乐爱好者热情加入，还不定期空降知名艺术家和专业艺人，水准逐步升级、爆点新增不断。至今已近 50 万人次现场观看，网络直播引流过亿，获得人民网、新华网、央视等官方媒体高频关注，相关话题频登热搜榜，拉动周边客流量和销售额翻倍。毫无疑问，"路边音乐会"已成为贵阳文化生活的一大亮点，成功引领贵阳旅游新风尚。

（二）"路边音乐会"推动文商旅相互赋能

2023 年以来，文旅市场加速回暖，释放积极信号。前三季度，国内旅游人次达到 36.7 亿，同比增长 75%；实现旅游收入 3.7 万亿元，同比增长 114%①。据贵州省文旅厅数据，"贵阳在举办音乐节期间，客流量环比增长了 49%，成为大幅拉动异地游客到访的事件动因"②。以"路边音乐会"南明区的主场青云路步行街为例，中秋、国庆"双节"期间，累计接待客流量近 88 万人次，仅国庆单日客流量就达 13 万人次，累计销售额约 2940 万元③。这些数据均表明文化事项对区域经济有着明显的溢出作用，"路边音乐会"成为名副其实带动旅游消费的文化招牌。

"路边音乐会"成功引领了贵阳文旅新潮流，是贵阳将公共文化服务与旅游融合创新的典范，为城市打造了文商旅共营新场景。甲秀楼、文昌阁、青云路、曹状元街等历史文化遗址和街区的改造升级，与现代都市潮流文化相得益彰，人们可以一边沉浸在美妙的音乐中，一边漫步于街头巷尾，流连于美食摊档和特色小店，尽情体味贵阳这座城市的文化魅力、市井烟火和人情味。这种"音乐+"的文商旅融合新业态不仅备受市民和游客欢迎，更为当地的餐饮、住宿、交通、旅游等多个行业带来了蓬勃的消费动力。

2023 年 8~12 月期间，笔者实地赴贵阳市文化旅游局和六场音乐会现场进行调研，邀请包括组织者、表演者、志愿者、观众和未观看演出的市民在内共计 63 名受访者参与访谈，深入了解了"路边音乐会"文化品牌打造的举措、音乐会促进文商旅融合发展的效果以及演出项目可持续运营等方面的挑战等。通过收集并评估"路边音乐会"在文商旅融合发展中的做法和效果，致力于全面了解其对当地文化生态的影响。根据受访者的反馈，整体而

---

① 鲁元珍：《2023 年旅游市场回眸——强势复苏 活力更足》，"光明网"百家号，2024 年 1 月 4 日，https：//baijiahao.baidu.com/s? id=17871052720091941479&wfr=spider&for=pc。
② 《贵阳旅游消费呈现新趋势》，贵州省人民政府网，2023 年 9 月 15 日，http：//www.guizhou.gov.cn/home/gzyw/202309/t20230915_82410707.html。
③ 《引客来 留客在——贵州高品质推进旅游产业化》，贵州省文化和旅游厅网站，2023 年 11 月 13 日，https：//whhly.guizhou.gov.cn/xwzx/wldt/202311/t20231113_83072505.html。

言，"路边音乐会"获得了高度好评。57位受访者表示已经或可能在观看音乐会的过程中购物消费，尤其是年轻观众，更乐于在周边的餐饮夜市消费。同时有部分受访者表示，若自己在某个商圈逛街、吃饭、看电影，附近有"路边音乐会"，很大概率会"路过去看一看"。另外有部分外地游客提到，"路边音乐会"举办的场地刚好在市中心或美食街附近，非常便于同时满足"逛吃贵阳"和"欣赏街头音乐"两种旅行体验。有的游客则表示"路边音乐会"同时吸引了大批本地人和外地人，为客人们带来了强烈的融入感，热闹的城市氛围感展现得淋漓尽致，玩一两天根本不够。曾参与策划、组织、主持"路边音乐会"的某新媒体从业者认为："习近平总书记提出了'六个必须坚持'重要论述，首个就是必须坚持人民至上，'路边音乐会'正是一个走进人民群众、亲近人民群众最直接的途径。"市文旅局某工作人员谈道："从目前获得的数据来看，音乐会是能带动周边景区、商圈经济发展的，特别是移动商贩，这也是增加就业的一种体现。"总体上，"路边音乐会"在贵阳文商旅融合发展过程中的积极促进作用得到了各行各业受访者的广泛认可。这显示出"路边音乐会"不仅在文化领域取得了突出成就，在促进文商旅的融合方面同样呈现显著的社会效益。

此外，由贵阳市文化和旅游局与马蜂窝联合推出、包括"路边音乐会"在内的"旅游新玩法"，成功入选2023中国旅游创业创新范例60佳。通过将音乐会与贵阳历史文化地标、商圈的巧妙融合，贵阳开放、包容、狂欢的城市氛围完美释放。同时，结合"贵阳潮玩主理人"计划等活动，极大丰富了"路边音乐会"开场之余的文化活动，为游客提供了更丰富多元的出行选择，避免了旅行体验中"单一""无聊""无处可去"等问题，有效延长了游客在贵阳的停留时间，直接或间接促进了旅游消费的增长。

"路边音乐会"IP的打造是人文经济学理念落实在实际应用中的生动体现，为贵阳旅游业和零售业注入了鲜明的文化元素。通过汲取国内外文旅示范案例的成功经验，这一项目成功赋能文商旅融合发展，为爽爽的贵阳赢得了"爱乐之城"的美誉。作为城市文化的重要组成部分，"路边音乐会"以其精心的设计、巧妙的选址，随时可听、随时能唱的零门槛参与方式，不仅为市民提供了一种具有浓厚人文气息的休闲方式，而且拉近了居民之间的距离，增强了社会凝聚力。

三 "路边音乐会"之火能燃多久？

"路边音乐会"自 2023 年夏季掀起热潮，随着气温转冷进入"冬令时"。受天气原因影响，不仅演出场次有所减少，热度也逐渐回归常态。然而，2024 年"爽爽贵阳·爱乐之城"嗨唱跨年夜在贵阳国际会议展览中心成功举办，再次掀起了"路边音乐会"的热浪。演出阵容强大，包括张英席、袁晨野、李欣桐、蔡程昱、朱克、阿幼朵、折耳根乐队、贵州京剧院等省内外知名歌手、乐队、专业院团。曲目涵盖美声、民族、流行、摇滚、说唱、戏曲等多个类别，被观众戏称为"路边音乐会"的王炸回归。演出现场运用人工降雪等技术营造冬季节日氛围，室外 9000 平方米场地设置了后备箱市集，模拟高品质露营基地，提供啤酒、咖啡、小吃、非遗文创等商品和符合年轻人口味的潮玩打卡区域。当日超过 100 家合作平台媒体、垂直自媒体、嘉宾媒体平台和乐迷社群齐聚形成媒体覆盖矩阵，全网浏览量超过亿次，且数据仍在不断刷新。在如此强大的宣传攻势下，金阳几大商圈也紧跟热度，自发组织了不同形式和规模的音乐会，商场内外人头攒动，人流量达到全年最高。

这把冬天里的热火将贵阳的新年狂欢带向了高潮，但如何确保火种得以持续燃烧，是"路边音乐会"组织者需要关注的核心问题。为了解答这一问题，笔者分别就"路边音乐会"的观演满意度和意愿进行了问卷调查，结合 63 位市民和游客的访谈数据，以期获取受众对音乐会艺术质量的真实评价和需求反馈，并跟进市民和游客的观演意愿及期待，提出有效建议。经过近 5 个月的随机抽样调查，分别收回"观看满意度"有效问卷 230 份，"观看意愿"有效问卷 1019 份，克隆巴赫系数 α 分别为 0.979 和 0.954，确保了问卷的有效性。

（一）"路边音乐会"观众满意度调查

对六场音乐会观众进行问卷调查的结果显示，观演者的性别和年龄两个因素对观看满意度没有显著影响（相关性系数分别为-0.056、-0.075）。受访者对路边音乐会的观演满意度平均值为4.05（5为满分），其中对演出设备的满意度最低，对现场工作人员（包括活动策划组织者，设备操作和维护、安保、交通等后勤人员，志愿者等）评价最高（见图1）。这些信息在现场的访谈中也得到了证实。有受访者表示，现场音响设备"太吵了"，感觉"有明显杂音"，"远听还可以，靠近了听会太炸引起耳朵不适"等，但大部分观众表示理解，"设备还可以，比普通的街边演出好多了""毕竟是免费的演出，政府应该已经投了不少钱，设备如果升级肯定能让音乐会效果更好，但如果费用有限，现在的设备也是不错的"。关于演出节目设计、现场的秩序维护，受访者均作出了好评，尤其对安保和志愿工作十分满意。关于主持人的表现和环节设计，有观众认为"一定得有主持人串场，不然现场气氛很难调动起来"。也有观众认为"主持人是需要的，但有的主持人说话时间太长，远超表演的时间，有点喧宾夺主"。

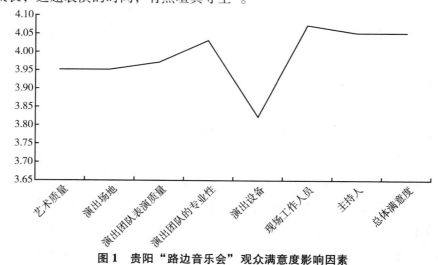

图1　贵阳"路边音乐会"观众满意度影响因素

资料来源：本课题调研数据，下同。

综上，观众对路边音乐会的观感整体评价较高，演出场地和设备、表演者的专业性和艺术质量、现场工作人员和主持人的表现等因素都会较大程度影响观众对路边音乐会的满意度（R2 = 0.864），并呈现显著正相关（p<0.05），即对以上因素的评价越高，对"路边音乐会"的满意度越高。其中，观众对台前幕后工作人员的辛苦付出给予了高度认可，提出应加大演出的宣传力度、在有条件的情况下希望设备有所升级的建议。超过90%的观众表示可能会再次观看演出，71.3%的受访者表示非常或比较乐于向他人推荐路边音乐会。

（二）"路边音乐会"群众参与意愿调查

通过随机邀请1031名市民和游客参与问卷，可以得知微信、朋友圈和微信视频号是大家获取"路边音乐会"信息最主要的渠道，其次是身边人口头推荐、抖音视频和直播。小红书、动静贵州、微博和头条也为推广"路边音乐会"提供了平台，传统媒体的宣传力度相对较弱（见图2）。

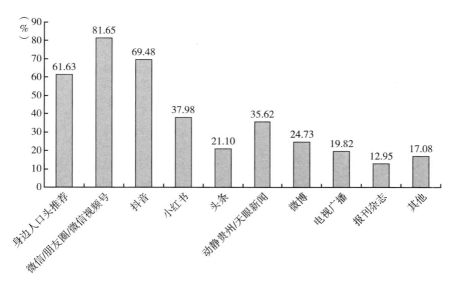

图2 "路边音乐会"信息获取渠道

但不少人提到"有时候看到朋友圈相关信息的时候演出已经结束了"。因此微信朋友圈虽然能起到宣传音乐会的作用，却具有一定的滞后性。大多数年轻的受访者，尤其是音乐爱好者和专业学习者表示，微信群是他们获取一手演出资料的主要渠道，很多演出乐队会在粉丝群发布音乐会的有关信息。因此注重"路边音乐会"在网络社群的推广营销，是一种精准定位的有效宣传方式。

不论是已经在现场体验过"路边音乐会"的观众还是未曾亲临现场的受访者都表示观看音乐会最主要的原因是"热爱音乐艺术"（58.26%、61.63%），其次是"恰好路过"（40%、54.37%）或"朋友邀约"（41.3%、43.18%），因为"免费"的原因观看音乐会的人数分别占比27.39%、30.32%，明显低于前三种理由。由此可见，市民对音乐文化的需求是极高的，满足人民群众的精神追求、丰富文化生活才是"路边音乐会"的首要任务。掌握群众的审美需求、提升全民音乐素养和审美感知，对于持续办好"路边音乐会"至关重要。同时，演出选址也直接影响观看意愿，交通便捷、毗邻商圈、购物方便、人流量大的演出场地更容易吸引观众驻足。同时，建立良好的口碑也是提升"路边音乐会"品牌持久力的重要手段，如此才能让音乐会一传十、十传百，从依靠官方推动宣传转向民间自主推广。

调查发现，大众对"路边音乐会"的演出质量和艺术形式有不同程度的期待和较高的包容度，大多数受访者表示音乐会的质量超出预期。"歌手都挺专业的，音准和舞台表现力都很不错，不像以前在路边卖艺的一些人，听说还有专业院校的老师表演。""个别歌手会有走音的情况，但无伤大雅，希望这种活动能长期办下去。""有些乐队唱得挺好的，听到了不少原创的作品，有的作品是很有内涵的。""没想到能把张英席他们请来，现场效果确实很好。""贵交的那场演出专业性就很强，现场人山人海，根本挤不到前面，大家还是挺喜欢看这种演出的。""希望'路边音乐会'一直保持这种水准，千万不要越弄越'水'。"明星效应对"路边音乐会"来说同样奏效，超过80%的受访者明确表示期待通过路边音乐会观看到明星或知名艺术家的现场表演，现场观众和抖音直播数据也能直观看出大咖加盟的音乐会流量会出现激增。此外，大众的审美呈现多元化趋势（见图3），流行音乐仍是最受欢迎的音乐类型，紧随其后的是"音乐剧"和"民乐/国风音乐"，"少数民族音乐"排在第五位，仅与排第四位的"交响乐"相差0.19个百分点，可见大众对本土传统文化的接受度是相当高的。

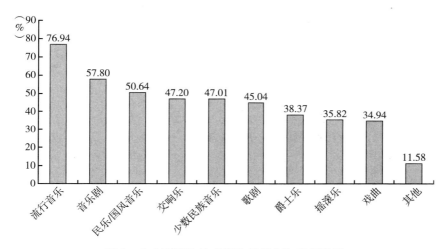

图3 大众所期待的"路边音乐会"音乐类型

综上，大众对"路边音乐会"的期待值较高，具体表现为受访者具有较强的观看意愿，并且对演出的艺术质量、表演者的专业性有一定的要求。同时，贵阳市民表现出较高的音乐欣赏审美力和较开阔的艺术视野，在历史的积淀以及近年来贵阳交响乐团等省内主要艺术团体的演出熏陶下，贵阳市民的音乐素养逐渐提升，对音乐会的演出类型呈现多元化需求，尤其对"音乐剧"等较少在市内演出的音乐类型感兴趣。线上官方媒体和自媒体是"路边音乐会"的主要宣传渠道，应注意网络社群的推广和营销。即使未曾观看过现场演出的受访者也表示会将"路边音乐会"推荐给他人，尤其是省外的亲朋。

四 "路边音乐会"推进公共文化服务体系建设

"路边音乐会"是一个将文化创意和社区参与巧妙融合的群众性活动，

在政府的大力支持下，已成功打造为城市一张耀眼的文化名片。近年来，贵阳通过繁荣文化事业和文化产业，不断提升城市的文化品牌形象，在优化文旅产业发展格局方面取得了显著进展。这一系列举措有力地推动了贵阳公共文化服务体系的建设，为"强省会"注入了活力与动力。

（一）音乐会与城市基础设施建设协同发展

如前文所述，"路边音乐会"的火爆，不仅仰仗于城市深厚的历史文化积淀，也得益于"村超""村BA"打头阵营造的良好口碑和庞大的流量基础。自"村超""村BA"出圈以来，贵州旅游客流量和收入节节攀升，除了足球、篮球赛事本身的吸引力外，良好的基础设施建设也为贵州旅游高质量发展提供了支撑和先决条件。据统计，"村超"助力榕江累计吸引游客519万人次，实现旅游综合收入59.86亿元[①]；"村BA"在台江县举办总决赛的3天2夜共接待游客18.19万人次，实现旅游综合收入5516万元，黔东南旅游预订量同比增长140%[②]。为保障活动顺利进行，当地政府在交通和安保方面下足了功夫，台江县政府扩建球场增设了2万席座位，榕江县城区规划设置了1371个临时摊位，推动夜间经济。考虑到榕江、台江县城有限的容积率，黔东南州府凯里市和周边市县都在住宿与餐饮方面提供了最大限度支援，奋力打造"超好玩""超好吃""超好住"的"超经济"，以满足游客激增后对基础设施的需求，也借着"村超""村BA"的东风引流成功。同理，想通过"路边音乐会"提升游客驻留时长和人均消费，涵盖"食住行游购娱"六大旅游要素在内的配套设施建设同样重要。通过与城市基础建设相衔接，不断完善、升级演出场地的设施和设备，才能提高观众观演的舒适度和参与体验；与城市交通规划相协调，确保音乐会场地的交通、停车便捷，避免造成音乐会周边道路拥堵，为观众提供更便利的出行条件；

---

① 《新华社聚焦：一项小村赛的高质量发展探索》，榕江县人民政府网站，2023年12月26日，https：//www.rongjiang.gov.cn/xwzx_5903512/rjyw_5903513/202312/t20231226_83396937.html。

② 《这场篮球赛，火爆全国！》，"光明网"百家号，2023年4月2日，https：//baijiahao.baidu.com/s?id=1762054049178309826&wfr=spider&for=pc。

与城市安全管理体系协同，建立完善的音乐会安全保障机制，是确保参与者人身安全和活动顺利进行的重要条件；与城市文化设施融合，拓展音乐会的文化内涵，设计其他类型的文化活动与音乐会相关联、嫁接，使市民更好地融入城市文化生态，也使游客能在贵阳收获更丰富多元的旅行体验。

（二）质量与创意双重升级

1. 鼓励跨界合作，搭载多元文化内容

Ordanini 等学者在研究流行音乐榜单现象时曾发现，跨领域合作或多艺术家合作的作品更容易位居榜单前列，且艺术家的领域跨度越大，作品越受欢迎[①]。该现象在国内也一直存在，例如曾因在网络上爆火而登上春晚的融合节目《辣妹子》和《本草纲目》，流行音乐与民歌的混搭，创造了不一样的视听体验。贵阳"路边音乐会"同样可以看到这一发现的适用性，五位观众都提及"希望演出的内容类型多一些，可以不仅是唱流行歌，也可以看到一些平时少见的演出""有的演出一直是一支乐队专场可能不会看完。如果能换一些风格可能会有兴趣听完全场"。在调研过程中发现，观众显示出明显的审美主观意识，其中不乏懂音乐的专业人士和爱好者，也包括不少见识过多种演出类型的一线城市居民。当观众的音乐鉴赏力越高、视野愈加开阔时，其对音乐的多元、融合需求也随之而提升。两位中老年观众对贵阳交响乐团的那场演出记忆犹新，"这种交响乐现场听很震撼，除了现在网上流行的那些歌曲，贵阳就需要这种'高大上'的演出""不应该仅仅是草台班子随便唱唱跳跳，也要考虑到提升市民的修养"。三位来自音乐学院的研究生也谈到，演出的内容和质量是他们选择是否现场观看的重要原因，"质量好的演出肯定会多听一会儿，特别希望有不同类型的演出，每场差异大一些会比较想看""如果是比较有名的歌唱家来或者是没有看过的演出类型会很有想去的欲望"。问卷调查的结果也印证了上述观点，观众对不同演出类

---

① Ordanini A., Nunes J. C. & Nanni A., The Featuring Phenomenon in Music: How Combining Artists of Different Genres Increases A Song′s Popularity. Marketing Letters, 2018（29），pp. 485-499.

型的期望值相差无几，尽管流行音乐仍是大众接受度最广的音乐类型，但鲜少在贵阳上演的"音乐剧"反而是观众最期待的演出类型之一，民乐/国风音乐、交响乐和少数民族音乐也成为"热门"期待类型。因此，在演出中搭载更多元的文化内容，能丰富观众的视听体验，制造意料之外的吸引点。

2. 突出本土文化特色，打出民族文化牌

贵阳"路边音乐会"在加强社区凝聚力、弘扬本土文化、吸引游客等方面具有重要作用。加强音乐会的民族文化属性，能提升市民的中华民族文化认同感和对贵阳、贵州的家乡情怀。通过在音乐会上展示本土音乐、传统乐器、舞蹈等，可以吸引年轻一代对本地传统文化的关注，促进传统艺术的传承，让游客通过作品的演绎、工作坊等附加互动，认识贵州、了解贵州的文化之美，继而有望促使本土的音乐人、音乐作品、乐器等得到市场更广泛的认可，打造出真正属于贵阳的本土特色文旅品牌，进一步带动本土文化产业的振兴。

在已开展的演出活动中，政府一直致力于推动本土音乐人和原创作品的展现，同时也通过行业协会建立了人才储备机制，大力鼓励本土艺术团体和艺术家参与公益活动。"2024 路边音乐会跨年嘉年华"等几场大型演出活动邀请了"贵阳京剧团""贵州省歌舞剧院"等多家本地专业艺术院团的艺术家亮相，均获得不俗反响。在此基础上，建议"路边音乐会"在可持续品牌建设中，拓展与外界的合作方式和业务领域、扩大合作伙伴类型和业务范围。例如邀请全省各专业艺术团体参与专场演出的策划组织工作，为艺术团体提供作品展示的舞台；邀请民间非遗传承人师徒联袂献艺，组织工作坊、开展非遗培训，带领非遗艺术家到省外演出等；增加与平台类企业的合作，如抖音、淘宝、小红书等，通过企业提供市场画像和 KOL 流量，嫁接本土音乐与商业产品，探寻良性的商业运作模式。同时，还可以加强与商圈及市民的互动黏性，联合设计互动性较强的推广活动，在音乐会现场配套多元市集等休闲娱乐和消费区域，推广销售本土文创产品、传统乐器、传统手工艺品等，引入本地特色美食。

"路边音乐会"是城市文化生活的一部分，秉持着多彩贵州深厚的文化传统，应该保持并弘扬地域文化特色，加强区域性文化品牌建设，使"路边音乐会"成为旅游目的地的独特标志，如此才能有别于其他地区，形成具有突出竞争力的观演动力之一，确保活动的可持续发展和对城市综合发展的积极贡献。

3. 搭建专业团队，完善人才培养机制

据贵阳市文化与旅游局相关负责人表示，在规划和反思"路边音乐会"演出组织的过程中，已经逐步建立起表演者管理机制：统筹国内知名演艺资源，建立艺人、歌曲黑名单制度，优化演员、曲目的审核工作，规范网络直播体系等。同时也建立了人才储备机制：建立优秀艺人、乐队白名单，给予培育和宣传支持；储备优秀演艺人才库，推动本地人才、作品对外输出等，策划、制作的组织团队主要为各市、区（县）旅游局相关部门职员，另有志愿者协助管理。

考虑到"路边音乐会"未来的品牌升级和可持续发展，政府及所建立的贵阳市演艺行业协会应尽快搭建好专业的管理运营团队，吸纳艺术管理、市场营销、音乐教育等相关专业的人才，从演出策划、组织、宣传、执行、市场开发、教育拓展等全链条进行品牌规划、创意输出和意识形态把关。在人才培养方面，除了与本土音乐人或已有过合作的艺术家签订长期合作协议外，还需要为音乐人才提供切切实实的发展机会和成长空间。例如，可加强与贵州籍音乐人（包括省内外具有较高知名度的黔籍艺人或艺术家）和经纪人的灵活合作，不局限于表演的合作形式，可以是多样的宣传合作、提供培训或艺术指导等教学类合作、为合作库人才提供演出或商业机会等。不定期举办公益型的讲座、培训活动，提升从业人员的专业水准。开放音乐会表演者的选拔渠道，可以定期组织选拔赛事，既为有意愿参与表演的群众提供展示的舞台，又可以选拔出藏在民间的音乐高手，还能在合理利用好民族文化资源和娱乐产业运作模式的基础上为本土音乐人"吸粉"。

4. 采用多维宣传策略，持续提升"路边音乐会"影响力

"路边音乐会"的火爆，得益于"村超"和"村 BA"成功为贵州旅游

打开了局面，使贵阳在国内旅游热潮中获得了巨大的关注。过去，贵阳因为"没什么可玩的"常常成为游客来贵州的"过路站"，如今通过对"路边音乐会"和本地美食的美好体验，游客们在这里感受到了贵阳富有艺术性、烟火气和人情味的城市魅力。这种良好的旅游口碑在互联网平台上迅速传播，成功让贵阳新晋为旅游网红打卡地。

为了巩固并提升"路边音乐会"的品牌影响力，运营团队需要制定多维宣传策略，破解流量密码。首先，应紧密结合当下的旅游热潮和互联网传播的便利，合理利用热门社交媒体，针对抖音、小红书、Bilibili等内容型平台，建立官方和第三方账号发布创意视频，重视用户生成内容（User Generated Content，UGC），鼓励参与者分享自己的音乐会体验，与有影响力的用户合作，最大化口碑效应。其次，可以通过定期的新闻发布、线上互动、艺术家访谈、明星打 call、音乐教育拓展等形式，保持"路边音乐会"的新鲜感，吸引省内外潜在观众关注，维持话题热度。最后，注重网络社群的开发和经营，以官方名义鼓励策划者、表演者建立微信群、QQ群等线上交流社群，保持社群活跃度，加强观众与组织者和演员的互联性。

值得注意的是，"路边音乐会"之所以受到市民和游客的高度好评，并非仅仅因为"免费"。演出的高质量、内容的丰富性、接地气的特质，都使这项公益活动在本地社群中获得了极高的支持率。更为重要的是，"路边音乐会"彰显了贵州本土音乐文化的水准和活力，让每位观众都产生了强烈的参与感和自豪感。这种办得好的群众自己的活动，也同时激发了外地人强烈的好奇心和参与欲望。因此，在宣传过程中应该始终坚持音乐会"人民性""本土性""艺术性"的核心价值体现。通过社交媒体、短视频平台、在线直播等多种形式，将"路边音乐会"的魅力传递给更广泛的受众，构建并巩固品牌形象。此外，与当地媒体、旅游平台等建立紧密的合作关系，纵向拓展宣传渠道，将"路边音乐会"推向更大的舞台。

5. 促进产业融合，拓展合作范畴

国务院印发的《国务院关于推进文化创意和设计服务与相关产业融合

发展的若干意见》（国发〔2014〕10号）①，明确提出要"推进农业与文化、科技、生态、旅游的融合"。在贵阳，"路边音乐会"成功搭建了文化、旅游、商业甚至农业交融、互惠的桥梁，在促进产业融合发展、带动经济增长方面展现了巨大潜能。

为进一步推进产业融合，政府可以鼓励"路边音乐会"加强与本地艺术组织的深度合作，充分利用当地可表演的艺术空间。通过"贵阳路边音乐会"品牌授权等方式，精心策划高品质的公益性演出。这项举措不仅有助于控制政府预算，同时能有效宣传愿意合作的演出场地和表演团体，对自愿参与音乐会的场馆和本土艺术家以及赞助方将是一种鼓励和吸引。另外，可以考虑拓展与创意行业的合作，共同探讨音乐会周边产品的设计与推广。这有望提升"路边音乐会"品牌的商业含金量，同时为持续开展音乐会提供一定的经济支持。再者，可与旅游机构或其他文化艺术机构拓展合作内容，例如设计沉浸式文化体验路线，联动贵阳周边或贵州其他地区的热门景区策划衍生项目等。此外，在音乐会现场引入本地农产品展销，提供当地美食，开发"路边音乐会"的带货模式，创造出更为丰富的文化体验，促进音乐会与农副产品的有机结合。这样的做法不仅能为农民提供更多销售渠道，也为音乐会注入新的可玩性吸引力，形成良性的互动循环。

结　语

贵阳是一座"离经叛道"的爱乐之城，这里的路边音乐会没有华丽的舞台、闪亮的灯光和细腻的音效，却拥有一群愿意为爱"发电"的表演者、一城愿意在街头停下脚步跟随音乐摇摆歌唱的市民和越来越多来自世界各地寻求文化体验的游客。

贵阳是一座名副其实的爱乐之城，这里的路边音乐会呈现高品质、高频

---

① 资料来源：《国务院关于推进文化创意和设计服务与相关产业融合发展的若干意见》，中国政府网，2014年3月14日，https：//www.gov.cn/zhengce/zhengceku/2014-03/14/content_8713.htm。

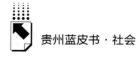
率、多元化、开放性的发展趋势，既传承了本土文化，又吸纳了全球音乐的精华，为当地文化的繁荣与发展贡献着重要力量。

曾经，人们因为宜人的气候和爽口的美食关注贵阳，如今，人们因为美妙的音乐奔赴贵阳。"路边音乐会"这一创新性的活动模式为当地旅游业和零售业注入了新的活力。通过巧妙整合实施人文经济学理念，该项目在贵阳市创造了一种独特的文化体验，使城市更加热闹繁荣和焕发生机。

B.16
超大型城市社区文化建设研究

——以贵阳市 H 社区为例

王春明　李圳雨*

摘　要：　城市社区文化建设是当前城市研究中的重要议题之一。本研究通过对贵阳市 H 超大型社区的实地调研发现，H 社区通过以党建品牌为引领、以文化融入生活为核心、以社会共同参与为手段和以文化品牌为支撑的主要做法，积极推进超大型社区的文化建设，取得了一定成效。但城市文化建设是一个长期性和系统性工程，H 社区在持续做好文化建设工作的过程中还面临区域公共资源分配不均、社区文化工作者队伍不健全和社区文化活动层次性不明晰等难题。研究最后从以文塑城、以文兴业和以文赋能等三个方面提出超大型社区后续推进文化建设的对策建议。

关键词：　超大型城市　城市社区　文化建设　贵阳市

一　引言

城市社区是城市社会的基本构成单元，包含着人们的各种社会关系和社会活动，我们能够透过一个社区观察到千变万化的社会现象。随着我国计划经济体制向社会主义市场经济体制转变，社会中的"人"也从"单位人"转变为"社会人"，这种社会性的巨大转变使得社会成员的"单位"属性逐

---

*　王春明，遵义师范学院人文与传媒学院讲师，贵州民族大学社会学院博士生，主要研究方向为传媒社会学；李圳雨，贵州民族大学社会学院 2022 级社会学专业博士研究生，主要研究方向为农村社会学、城市社会学。

渐减弱，给现代城市治理带来了一些新的机遇和挑战。近年来，关于城市社区治理的研究成果颇丰，多从城市社区治理模式、治理逻辑、社区功能和社区组织等角度进行探讨，但随着我国社会结构发生深刻变化，城市社区并不只是一个单纯的物理居住空间，而是演变成了一个具有多种社会群体聚集、多种社会矛盾交汇的社会空间。在城市化、现代化进程不断加快的过程中，城市社区逐渐呈现出一些新的问题。基于城市空间差异所形成的资源分配不均、经济发展不平衡给城市社区带来诸如公共文化设施不足、社区服务功能亟待提高等问题。在这样的条件下，通过文化赋能城市社区治理，让城市社区变得有内涵、有品质就显得十分重要。因此，城市社区文化建设的作用比任何时候都明显，创建文明社区的要求比以往任何时候都迫切。

在地方实践中，贵州省贵阳市始终坚持"两个结合"，坚定文化自信自强，坚持推进以人为核心的新型城镇化暨"强省会"行动，坚持实施"融媒平台支撑、数字资源赋能、宣传文军服务、优质资源下沉、文化驿站建设、万场活动惠民"六大行动，以新发展理念统领全局，统筹推动文明培育、文明实践、文明创建，夯实创建基础、建立健全机制、明确责任落实，做深做细做实各项创建工作，不断增强人民群众的获得感、幸福感和安全感。本研究通过实地调研贵阳市 H 社区，积极探索社区文化建设与社会治理问题，对于持续推进贵阳创建文明城市、"强省会"行动有着重大的现实意义。

二　主要做法

贵阳市 H 社区在推进城市社区文化建设的过程中，坚持以党建品牌为引领、以文化融入生活为核心、以社会共同参与为手段、以文化品牌为支撑，积极推进超大型社区文化建设与社会治理。

（一）坚持以党建品牌为引领

1. 服务融心，实现党群零距离

一是构建长效机制。贵阳市通过印发《2023 年市直机关党的建设工作

要点》《以"五个一"行动为统揽，持续推进市直机关党支部标准化规范化建设、争创"五好"党支部的实施方案》《贵阳市直机关"机关党建六进行动"深化实施方案》等文件要求，进一步明确基层党建重点工作任务，将党员教育管理作为重要的基础性工作，率先考核、着重考核，激励党员争先创优，形成党员示范带头的良好风尚。

二是密切联系居民。切实履行好基本民生保障职责，以更高标准完成民政重点工作社会救助领域的各项任务，全力做好困难群众救助工作。2023年，H 社区为困难退役军人家庭送去了红十字会和社会各界的爱心物资，充分弘扬了"人道、博爱、奉献"的红十字精神在基层传播的有效载体和生动实践，这对于倡导以人为本、关注弱势群体、扶危济困的社会风尚起到了积极的作用，同时建立以专业养老护理员为骨干，党员、社工和志愿者为补充的居家上门养老服务队伍，增加有针对性的医疗健康服务、生活照料、心理慰藉等内容。

三是建立居民需求清单。贵阳市 H 社区深刻领悟"坚持以人民为中心的发展思想"，以人民为中心推动共同富裕是中国式现代化的本质特征，是人民群众的共同期盼。H 社区通过坚持问题导向，以辖区居民的需求为出发点，重点关注老年人群体的需求，坚持从老年人的烦心事揪心事入手破局，全方位拓宽老年人"服务网"、建强老年人服务"供给点"，积极回应辖区内老年人养老服务的民生热点问题，千方百计改善老年人的养老服务质量，让现代化建设成果更多更公平惠及全体人民。H 社区在开展主题教育活动中，积极推进"我为群众办实事"实践活动，以老年人用一张心愿卡写下"微心愿"的形式，建立起老年人养老服务清单，通过积极打造"您的心愿，我们完成"社区品牌活动，形成了"老年人点单、社区总支下单、党员接单"的模式，真正关注到了社区老年群体的现实需求。

2. 网格融汇，助推治理精细化

一是建立健全网格体系。贵阳市 H 社区牢固树立"以人民为中心"的思想，建实用好"街道党工委+社区党总支（党委）+楼栋党支部+单元党小组"组织体系，通过召开"三项会议"、组织开展社区活动、建实"四本台账"等方式，及时发现、研究、解决具体困难和问题，引导多元主体参与到基层治理中，共商区域发展、共同服务群众、共建美好家园，实现城市综合体社会治理新突破。H社区组织制定了社区网格工作规范，从网格划分、人员配置、网格职责、工作规范等多个维度出发，通过为基层网格员提供业务能力培训、建立基层网格服务规范、创建网格员工作告示栏、分发单元楼栋网格员联系卡等方式提升网格员服务能力。同时，通过微信群、广播、坝坝会等在居民中做宣传，让社区居民充分了解网格员的工作性质和服务内容，更好地服务辖区居民。

二是整合服务力量，畅通信息沟通。H社区通过实践探索，本着居民需求至上的服务理念，联动社区多方力量协同参与，共同服务居民。充分利用网格员的身份优势，协同服务居民。社区中的楼栋网格员大部分是社区居委会的工作人员，他们与社区党组织联系紧密，能够及时地将社区的信息传达给居委会和上级网格，借助组织力量把网格员不能解决的问题和困难传达到社区党组织和上级网格管理部门，进而形成多方协作、共同服务的协同联动机制，及时、高效地为社区居民提供服务。同时，注重社区网格防控的信息化建设。社区在网格服务工作中，通过构建信息互通平台，缩短服务时间，提供服务质量。以居民楼栋为单元，通过建立居民信息反馈群、网格员楼栋长微信交流群、QQ群、网格服务App等方式，收集居民生活需求、疫情防控、安全隐患排查等信息，进而实现"网格吹哨、部门报到"。

三是实施"微服务"，解决"难点"问题。H社区通过实施网格"微服务"，解决居民"路难跑、事难办"的问题，有效提升社区政务服务便捷化水平。H社区以"微网格"为媒介，充分发挥"微信"及时、快速、便捷的服务居民优势，把微信服务与现实服务结合起来，做到以"两条腿"走路的方式为居民提供服务。网格员以网格微信群为载体，守好城市社区的组织阵地，充分利用微信群组织、动员居民发挥积极作用，及时发布社区信息，破除信息壁垒。同时将网格党员、楼长、志愿者的力量充分利用起来，增加网格化服务的密度，推进"微"服务全覆盖。

（二）坚持以文化融入生活为核心

1. 资源融聚，实现文化服务共享

一是依托南明区图书馆，营造全民阅读氛围。党的二十大报告中提出，要"加强国家科普能力建设，深化全民阅读活动"，图书馆作为国家重要的文化与教育机构，更是全民阅读体系建设中的关键一环。南明区图书馆位于贵阳市 H 社区 J 区，由南明区人民政府与宏立城集团合作共建，是南明区首个公共图书馆，也是贵州省首个采取社会化运营模式进行管理的图书馆。南明区图书馆先后获得"全省文明单位""全民阅读先进单位""全民阅读基地"等称号。2021 年，中国图书馆学会授予南明区图书馆"全民阅读基地"称号，是当年贵州唯一获此殊荣的区县级图书馆。截至 2023 年 7 月，南明区图书馆累计接待读者 128 万人次，注册读者 1.7 万人，图书流通 45 万册次，举办各类阅读推广活动 850 场，惠及读者 31.7 万人次。[①]

二是依托"黔文传承"，打造地方文化特色品牌。南明区图书馆围绕弘扬中华优秀传统文化，以培养民众阅读素养、增强人文底蕴为目标，精心策划"黔文传承""南图文艺苑""筑梦童行"等系列阅读推广品牌，打造"书香大拜年""世界读书日""图书馆奇妙夜"等一批有较强影响力和辨识度的特色 IP。值得一提的是，南明区图书馆在"2023 阅读推广典型案例"征集中，以"黔文传承"案例作为提报内容，在 300 余个案例中脱颖而出，入选"2023 阅读推广典型案例"。"黔文传承"是南明区图书馆自 2019 年创办的活动品牌，以本馆阅读推广活动为依托，联合贵州省非遗博览馆、地方非遗传承人和非遗文化服务单位，共同打造了集非遗文化传承、保护、宣传和体验于一体的公益文化服务项目。截至 2023 年 7 月，南明区图书馆已举办"黔文传承"品牌活动 60 余场，惠及读者 3 万余人。[②]

三是联动多方能量，打造阅读生态圈。南明区图书馆注重跨界合作，不

[①] 资料来源：南明区图书馆提供。

[②] 资料来源：南明区图书馆提供。

断延伸阅读推广辐射半径，扩大了阅读空间影响力和辐射力。南明区图书馆依托大数据技术和贵阳市"15分钟生活圈"建设，实现全区20个乡办分馆建设全覆盖，并在武警队、养老服务中心等设立"馆外流通服务站"共13个，在商超等人流密集处设置"图书共享系统"22台，① 联动贵州省图书馆等主城区十大阅读场馆，发起"城市阅读地图"打卡活动，不断拓展服务领域，全力打造全区阅读生态圈。同时，积极围绕"非遗"项目、少数民族特色文化项目开展文化普及活动，充分利用阅读推广、讲座培训、优秀作品展览等宣传模式，挖掘本地特色文化，全面推动和落实非遗与旅游的融合。

2. 平台融合，加强文化阵地建设

一是全力打造新时代文明实践站。新时代文明实践站是教育引导广大人民群众运用科学理论提高思想道德觉悟、指导生产生活实践的创新举措，是打通宣传服务群众"最后一公里"的重要依托。H社区通过深入学习贯彻习近平新时代中国特色社会主义思想和党的二十大精神，结合社区实际，以新时代文明实践站的建设为重点，全面部署并制定完善实践站、志愿者服务队、阵地建设、活动开展等方面的规章制度；整合各个文化中心、活动室等活动场所，建立新时代文明实践站功能活动室，为文明实践活动提供保障，充分利用学校、农家书屋、展览馆等场所开展五大平台及特色志愿服务活动，实现各类公共服务资源共建共享。将文明实践和志愿服务重心向基层下移，提供精准化、精细化服务，持续推动文明实践工作走深走实。实地调研发现，H社区通过"一张菜单"式服务，推出新时代文明实践活动年度、月度菜单，主要开展了"政策法规宣传""迎新春写春联活动""文明宣传周活动""环境卫生清理"等。下半年主要开展了"军民一家欢""学生社会实践活动"等。通过主动把文明实践活动深入学校、社区，助力社区治理提升，不断扩大活动作用力和受众覆盖面，着力构建思想政治工作新阵地，着力营造社会文明新风尚。

---

① 资料来源：南明区图书馆提供。

二是积极开展"我们的节日"系列文化活动。贵阳市 H 社区依托社区党群服务中心和新时代文明实践站等平台，充分利用文化节日开展活动。通过积极开展"我们的节日—春节""我们的节日—元宵节""我们的节日—端午节""我们的节日—重阳节"等活动，传承和弘扬传统文化，让社区居民共同参与到节日文化活动中，形成有关社区的集体记忆。将社区服务嵌入节日文化中，为居民提供贴心服务，以庆祝传统文化节日等形式为载体，丰富居民的精神文化生活，提高社区居民的生活质量和幸福指数。

（三）坚持以社会共同参与为手段

1. 议事融洽，协商解决问题

一是坚持以党建引领为核心促进社会协同善治。贵阳市 H 社区注重发挥党建引领的重要作用，通过辖区党建联席会、党建互动共治平台等层面进行资源整合，构建区域党建一体化，强化党对基层社会的渗透力、影响力和控制力。做实在职党员进社区活动，创新党员参与社区事务的途径，服务居民群众。积极推进社区民主协商制度化建设，建立健全居民代表大会、居民议事会、"三方联动"联席会等议事制度。开展灵活多样的协商议事活动，关注社区协商议题突出群众需求，有利于提升协商内容的说服力，更有利于激发居民群众参与协商议事的自主性，凝聚社区各方面力量，打造共治共享的社区共同体。如，H 社区组织召开居民议事会，充分利用"我为群众办实事"实践活动，全面围绕社区环境卫生、设施建设、居住环境等方面切实帮助辖区居民解决居住环境、日常生活等实际问题，做人民群众的贴心人、知心人、暖心人。

二是明确协商内容，厘清权责关系。通过结合社区工作实际，科学界定协商内容的涵盖范围，广泛征集民主协商议题，着力突出社区民主协商议题的针对性和实用性。针对不同渠道、不同层次、不同地域特点的协商事项进行归纳整理，划分成类，使协商工作的条理更加清晰。对居民自己能解决的问题，通过居民对居民协商解决；对需要社会单位解决的问题，通过居民对社会单位协商解决；对需要由社会组织解决的问题，通过居民对社会组织协商解决；对需要由物业服务企业解决的问题，通过居民对物业协商解决。通过建立长效管理机制不断巩固综合治理成效，努力为辖区居民营造一个良好舒适的生活环境。H 社区积极推行"红色物业"联席会议制度，由社区党组织牵头，召集辖区的社区居委会、物业企业、业主代表参加，每月定时召开一次"红色物业"联席会议，听取物业管理工作汇报，查找工作漏洞，处置各类物业矛盾纠纷，督促物业企业或"红色物业服务站"认真履行职责，严格对照支部工作条例，落实"三会一课""支部主题党日"等党内组织活动，持续优化服务质量，推动物业服务向高品质和多样化升级。

2. 链接资源，打造共建共治共享治理格局

一是扩大参与主体，聚集多方智慧。按照分类分层分级的原则，从政府、市场、社会三个层面，对社区协商主体予以明确。不断提升协商的质量和水平，邀请相关专家学者、专业技术人员、第三方机构参与协商并进行论证评估，充分发挥他们的智囊作用，切实提升社区协商议事成效。同时，积极突出参与主体的多样性。注重吸纳威望高、办事公道的老党员、老干部、群众代表、党代表、人大代表、政协委员、驻社区律师、社区民警、专业社会工作者以及其他利益相关方成为社区民主协商的主体，整合各方资源，实现多元共治。

二是搭建多元平台，链接多种社会资源。引导各方力量共同参与社区事务，较好地整合了社会资源，进一步激发了社会活力，逐步推进"单一行政管理"转向"多方协商治理"，积极链接街道社工资源和社会企业资源，进一步明确社区公共事务的共同目标和实施方式，从而实现多元主体的自愿、平等合作关系。如，H 社区引入街道社会工作者入驻社区，街道社工站坚持"党建引领，政府主导，多元参与，专业服务"理念，围绕三级服务体系，开展社会救助、养老服务、儿童关爱、社区治理民政四大领域及其他领域社会工作。链接医务社工和志愿者，为社区老年人、残疾人等特殊群体的照护者提供喘息服务，以专业社工为核心，以当地居民志愿者为基石，以社区活动为抓手，积极参与社区服务，形成共建共治共享的治理格局，为实现治理体系与治理能力的现代化贡献力量。

（四）坚持以文化品牌为支撑

1.彰显文化价值，创造有温度的商圈

一是完善三条夜间经济发展轴线。文化地标是文化产业发展到一定阶段和层次的必然产物，彰显了城市文化精神的价值与活力。2022年，为加快"流光溢彩夜贵阳"建设、打造夜间消费城市品牌，贵阳市出台了《贵阳贵安加快"流光溢彩夜贵阳"建设推动夜间经济高质量发展的实施方案》。通过积极打造"都市时尚"轴、"黔山秀水"轴和"田园乡村"轴，充分运用文化的思维、融合文化的境界，导入文化的维度、容纳文化的尺度，促进文商旅体会展全面融合，串联购物餐饮、景区景点、文化娱乐、会展体育、美体康养等消费场所和夜生活服务网点，在空间上形成夜间经济"活力发展轴"。

二是从"草根"到"明星"，激发网红经济。在经济全球化与世界城市化的背景下，文化不仅构成城市经济系统中重要的新生产要素，更是城市发展的重要资源。激发文化触媒，拓宽文化业态的边界，是其重要一环。贵阳市曾在2020年上榜网红城市百强、2022年上榜全国城市创新能力百强榜、2023年上榜中国十大"大美之城"榜单，这些殊荣的背后，离不开超大型社区网红经济的发展。H社区网红经济的产生，不是一个偶然的现象，而是一个必然的结果。以网红运营团队H社区的文化地标为载体，依托H社区的网红商圈优势，找准消费热点，在各大社交媒体搭建平台策划网络视频，帮主播获得曝光率，激发网红经济，如，贵阳市H社区的一家网红孵化公司——新新文化有限公司，专业从事网络直播及网红孵化等新媒体业务。现阶段公司已经逐步建立起一套成熟的整合平台资源的运作体系。

三是网红品牌入驻。拥有"百万级流量"的H社区是一个集住宅、商业、写字楼、公寓、学校、大型商场、医院、公园于一体的大型城市综合体，其中既有各种景观设施，也有各类美食和庞大的人流量，这些元素相

互交融，为网红经济的发展创造了良好的场景。H 社区跳出"城中村"定位思维，打破现有空间局限，力求盘活资源，促进经济的发展。2021 年，H 社区购物中心一期充分运用招商优势，依托"网红城市"的超高人气，引入众多网红品牌，如 ME+、Wow Colour、完美日记、喜茶等潮流网红品牌，将它们自带的流量进行消费转化，打造年轻、时尚的网红商业体系。同时，积极依托互联网+，助力贵阳网红经济多元化布局，逐步形成更多有影响力的网红机构，形成地域性的产业集群，为贵阳文旅经济的繁荣注入新动力。

2.深耕创意内容，营造有故事的社区

一是创造属于年轻人的音乐品牌。H 社区对于本土音乐有着独特的场景和条件。一方面，H 社区有着庞大的受众群体建立起来的强大传播力，是音乐产业乃至其他文化产业发展最好的土壤；另一方面，H 社区居住着许多各行各业的"大咖"，为不同的音乐类型找到了受众群体，丰富的商业业态更是为文化产业崛起构建了良好消费场景。

二是创客进驻提升文化运营力。贵阳市 H 社区通过关注公共空间的人文文化、精神需求、生活方式和社会环境，以文化为新动力，推动消费场景升级，实现"文化搭台、跨界娱乐、集合消费"的多元化赢利模式，全方位激活文化市场消费。通过打造汉服体验馆、老物件展馆、明星餐厅，自创服装工作室等，真正做到文化、商贸、旅游三者互为资源、互搭平台、互生价值，不断完善商圈文化体系，提升文化品牌运营力，实现产业共赢发展、提质增效。

三是"小花"市集连接大市场。"夜经济"一头连着居民生活，一头连着经济复苏，是体现城市活力的"晴雨表"。"小花"市集是 H 社区经济探索试验点，也是 H 社区探索发展社区集体经济的第一个项目。截至 2023 年底，"小花"直播路演场共设有 150 余个摊位，以年轻化、时尚化、个性化为摊位招募理念，摊位业态包含轻食、饮品、手工创作、文创产品等。"小花"市集不仅成为人们发展副业、自由经济的载体，也成为点亮城市夜间生活、激发夜经济消费的重要形式，以创意市集、创意手工产品、特色美食等为媒介，糅合 H 社区本地特色，建立区域夜经济消费聚集区，通过"线上小程序+线下小花直播路演场"的形式，为辖区居民、企业提供点单式个性化服务，打造新的夜间消费场景，引领打造区域文旅消费新地标。

三 面临的困难

通过一系列的举措，贵阳市 H 社区文化建设已极具特色，成效显著。尽管社区文化建设随着城市化进程的加快已取得了显著成效，但对于一个超大型社区而言，社区文化建设起步较晚，因此在建设过程中难免会出现一些问题，有些问题已成为阻碍社区文化进一步发展的"瓶颈"。从社会治理的角度来看，这些问题使城市社区文化发展面临困境、亟须解决。

（一）区域公共资源分配不均，社区文化设施建设有待进一步平衡

首先，资源分配不均。当前，城市社区文化建设的经费以政府财政拨款为主，但贵阳市 H 社区作为一个超大型城市综合体，是中国最大的棚改户区域，横跨贵阳市南明区、云岩区，南明区管辖范围为花果园街道、小车河街道、五里冲街道和兰花都街道四个街道，而云岩区管辖的主要是 A 北区、A 南区 1/2/3 栋等。由于横跨两大区域，加之 H 社区实行的是"分级管理、条块结合"的方式，多头管理使得 H 社区文化建设发展不平衡、不同步。其次，文化基础设施不完善。目前，H 社区仍然存在资金不足的问题，这导致 H 社区无法提供足够的资金和资源来建设和维护文化基础设施，使得基础设施的数量和质量受限，缺乏文化设施和资源在很大程度上限制了社区居民的文化参与和体验，影响社区的文化氛围和居民的文化素养。最后，居民文化空间被挤压。H 社区作为超大型城市社区，每日人口流动达 100 万人次以上，常住人口占到了贵阳市的 1/8。当前城市社区的闲置资源盘活十分困难，城市居住用地紧张，这使得 H 社区在高密度人口情况下，文化空间营造十分有限，居民的公共文化休闲空间在现代化的空间场景中被挤压，居民无法在社区内享受到高品质的文化生活。

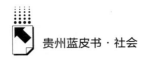

（二）社区文化工作者队伍不健全，社区文化质量内涵有待进一步提升

一方面，目前我国社区文化队伍建设缺乏专业人才。当前我国大部分的社区文化干部几乎都是由社区两委干部兼任，社区文化干部的专业性不强问题依然存在，这一问题逐渐成为阻碍基层社区文化建设的短板。基层社区文化管理队伍是联接文化建设和广大群众之间的桥梁，其专业能力的高低是影响基层社区文化建设成效的一个重要因素。当前，贵阳市 H 社区工作人员的年龄整体偏大、文化水平低、组织协调能力不足等问题日益凸显，再加上很多基层社区配备的社区工作人员和专业人员中只有极少数作为文化管理的后备人选，并且从事文化管理的社区工作人员在工作中也难有参加相关培训的机会，专业能力难以得到提升。另一方面，社区文化建设面临优秀人才短缺的瓶颈。城市社区文化管理体制尚未完善，整个社会对城市社区文化建设还没给予足够的重视，导致社区文化建设人员待遇和社会地位偏低，这些问题客观上既影响了优秀人才加入城市社区文化建设工作当中来，又让一些优秀的年轻社区文化建设工作者在工作中找不到归属感从而萌生退意，进一步影响了社区文化建设的发展。

（三）社区文化活动层次性不明晰，文化民生受惠面有待进一步拓展

首先，社区结构复杂。贵阳市 H 社区作为一个城市综合体社区，集商业、服务、娱乐、旅游、居住等于一体，大量棚户区拆迁安置居民、购房业主、流动人口、低收入人群以及商业主体人员等集中在社区中，社区人口构成比较复杂，居民社区共同体意识薄弱，对社区公共事务关注度不高，参与性较弱，社区认同感、归属感也不强，社区自治功能难以发挥。其次，人口流动性大影响了居民对社区活动的参与积极性。居住在 H 社区中的居民大多来自不同地方，彼此之间互不熟悉。居民以在城市上班的群体为主，他们都要为自己、为家庭的生活而忙于工作和学习，并没有过多的时间和精力参

与到社区活动中来。加之，H 社区组织的文化活动大多围绕基层政府下派工作任务进行，这些活动与居民之间的现实需求存在差异，这使得社区居民的文化需求与社区文化供给之间的矛盾越发突出，难以激发居民参与的主动性和积极性。为了达到活动效果，社区常常动员低保户、空巢老人、低收入群体以及老人群体等友情支持，极大地影响了社区文化活动的持续性和有效性。

四　对策建议

社区是社会的细胞，是居民汲取文化养分、培养健全人格的重要场所。而文化是社区的软实力，更是社区的精神依托和灵魂所在。以社区为单位大力发展繁荣文化、培育居民的文化自信不仅有利于提高文化认同、增强社区凝聚力，更有利于拓宽文化视野，激发人民群众的创造力。针对当前 H 社区在文化建设中存在的问题，本研究现提出以下建议。

（一）以文塑城：实现有品质的生活

首先，坚持以人为本的精神。坚持"人民城市人民建，人民城市为人民"的发展思想。城市的核心是人，城市社区文化的创新发展离不开人的需求，聚焦人的需求是高质量推进城市社区文化建设的关键。因此，要把满足社区居民的需求作为开展社区文化活动的出发点和归宿，让社区居民真正感受到社区对需求的重视，使社区居民主动参与到社区文化建设中来，增强居民对社区文化的认同。其次，进一步优化和完善管理体制与运行机制。政府在社区文化建设中应发挥主导作用，不仅要启动和规划社区文化建设，还要制定扶持社区文化建设发展的政策和宣传方案，确保社区文化建设的顺利进行。同时，也应将社区文化发展纳入法制轨道，确保有健全的领导组织机制、物资投入机制、约束机制和评价机制，从而推动城市社区文化建设稳步进行。最后，要为社区居民提供均等、优质、共享的基本公共服务。坚持以新发展理念为指导，合理布局公共服务空间，优化公共服务功能。在空间布局上，应该充分利用闲置资源，提升城市公共服务设施的水平，塑造城市风貌，使超大型社区的城市景观风貌与公共服务功能相互融合，拓宽城市文化空间，增强对文化要素的凝聚力，积极创建城市发展和居民成长高度统一的双螺旋结构，不断完善社区文化建设和管理，为社区居民提供优质的公共服务，促进社区的和谐发展。

（二）以文兴业：实现有活力的就业

首先，重视文化产业在城市发展中的重要作用。文化产业既是消费服务业，又是生产服务业，它具有独特的产业特征和文化发展规律，同时与市场经济规律相结合。发展文化产业是满足居民多元化、多样化、多层次精神文化需求的基本途径，也是市场经济条件下促进经济平稳升级的重要手段。对于贵阳市超大型城市社区而言，文化产业促进经济领域平稳升级，尤其是在促进有活力的就业方面，发挥了很大作用。其次，建立文化促进就业的思维。"以文兴业"的关键是要建立起一种文化促进就业的思维和建立一种文化拉动就业的思维模式，通过深入挖掘贵阳城市文化，积极开发超大型社区文化市场和发展潜能，带动社区居民实现特色就业、体面就业，解决基本就业托底问题，呈现更加多元化、个性化和丰富化的就业服务。最后，努力建设一支高素质的社区文化就业人才队伍。人才队伍的建设是社区文化建设的核心任务之一。社区文化建设的持续发展，需要依靠一支高素质、有活力、业务精、有组织协调能力的工作队伍。这支队伍不仅要了解和满足居民的文化需求，还要能够组织和策划各种文化活动，为社区居民提供丰富多彩的文化体验。通过加大对社区文化管理人员的在职培训，提高他们的专业素养和组织能力。同时，从政策上给予鼓励，通过公开招聘等方式，吸引更多有志于从事社区文化服务的人才加入这个队伍中来。

（三）以文赋能：实现高效能的治理

首先，积极营造"邻里社区"，增强文化认同。文化赋能城市文化发展，要坚持以人为本的理念，关注人本关系。贵阳市 H 社区作为一个人流量大、社会关系复杂的社区，更需要注重营造良好的"邻里社区"氛围，重构城市文化情愫，要从"产、城、人"向"人、城、产"的营造理念转变，积极推进居民建立起从"社区如家"向"城市如家"的文化思维转变。其次，增强社区居民主体意识与参与度。通过不断探索新的文化活动形式，逐步增强社区文化活动的吸引力，以吸引更多的社区居民参与其中。要把促进实际工作与满足群众需求紧密结合起来，积极关注社区居民的实际需求，并以此为基础开展各种文化活动，积极创作内容健康、思想向上、形式多样、群众喜闻乐见的精神产品，以更好地满足社区居民的需求；积极开展各种丰富多彩的文化活动，如广场文化、楼栋文化、家庭文化等。这些活动可以吸引更多的社区居民参与其中，提高社区居民的参与度。同时，还要积极关注城市社区流动人口的需求，积极引导他们参与社区文化建设，让他们成为社区文化建设的重要力量。再次，高效整合社区文化资源。通过多种途径筹集资金，包括政府投入、企业赞助、社会捐赠等方式，逐步形成多渠道、多元化的经费投入体制，弥补社区文化建设资金的不足，为社区文化的发展提供有力的保障。充分利用和进一步整合现有的社区文化资源，对现有的文化设施和场地进行合理地利用和开发，探索社区文化设施的社会化经营管理，对社区文化设施进行科学的管理和运营，以实现社区文化的可持续发展和资源共享。最后，还要鼓励社会力量积极参与城市社区文化建设，发挥社工力量深入联系社区、社会组织、居民，努力提高社会组织公共服务能力建设，不断激活"三社"主体，强化"三社"要素，让每个居民都能参与到社区文化空间场景的营造中，共同塑造有文化精神的城市，推进贵阳市超大型社区实现高效治理。

乡村振兴篇

B.17
乡村人才振兴的政策演进、
存在问题及机制创新*

高　刚**

摘　要： 人才振兴是全面推进乡村振兴的基础。本报告梳理了中国乡村人才建设的政策演进情况，从"参与少人才"和"人才少参与"两个方面梳理了乡村人才振兴面临的问题，并针对存在的问题，从如何实现人才"愿意参与""能够参与"等方面提出乡村人才振兴的对策建议。

关键词： 乡村人才振兴　乡村振兴　人才政策

---

* 本文是国家社科基金项目"参与式乡村振兴的机制创新及实践路径研究"（批准号：22XSH020）的阶段性成果。
** 高刚，贵州省社会科学院文化研究所所长、研究员，主要研究方向为乡村振兴。

一 乡村人才振兴的政策演进

（一）乡村人才开始进入政策视野

1999 年 3 月，人事部与农业农村部出台的《关于加速农村人才资源开发加强农业和农村人才队伍建设有关问题的通知》指出：农业和农村经济的发展主要依靠科技进步和劳动者素质的提高。各级人事、农业等部门要主动争取地方党委和政府的领导和支持，加强农村人才队伍建设。

"农村实用人才"这一概念在政策层面最早出现于 2003 年 12 月出台的《中共中央国务院关于进一步加强人才工作的决定》（以下简称《决定》）中。该《决定》指出："适应国内外形势的发展变化，完善社会主义市场经济体制，提高党的领导水平和执政水平，牢牢掌握加快发展的主动权，关键在人才。必须把人才工作纳入国家经济和社会发展的总体规划，大力开发人才资源，走人才强国之路。"具体到农村实用人才，《决定》从三个方面进行部署安排：从人才类型的角度，提出要"大力加强农村科技、教育、文化、卫生和经营管理等实用人才队伍建设"；从培养方式的角度提出要继续实施"县乡村实用人才工程"和"农民教育培训工程"，发挥农村职业学校、成人文化技术学校、农村现代远程教育网络和各种农业技术推广培训机构的作用，加强对农村实用技术人才的培养；从平台建设的角度，提出要"加快农业科技示范园区和先进适用技术推广相关基础设施建设"，为农村实用人才快速成长提供支撑；还对农村劳动力转移就业培训和农村人才服务体系进行了安排部署。

（二）专门系统地发布乡村人才建设意见

2007 年 11 月，中办国办印发了《关于加强农村实用人才队伍建设和农村人力资源开发的意见》，该《意见》分析了当时农村人才建设存在的问题：一是由于认识不够、投入不足，农村人才工作基础薄弱；二是农村培养、稳定、

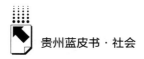

集聚人才的能力不强，人才成长和发挥作用的环境相对较差；三是农村实用人才总量不足、素质不高、结构不合理的问题比较突出；四是农村人才流失导致的结构性问题更趋严重，不能适应建设社会主义新农村的需要。

为此，"加强农村实用人才队伍建设和农村人力资源开发是一项重大而紧迫的战略任务"。建设社会主义新农村关键是要提高广大农民群众的整体素质，培养造就数以亿计有文化、懂技术、会经营的新型农民。"加强农村人力资源开发工作，就是要统筹城乡资源，通过学校教育、职业培训等方式，努力提高广大农村人口的综合素质和能力，不断促进农村人力资源的合理配置和使用。"

（三）对乡村人才建设进行系统性规划

2010 年 6 月，中共中央出台了我国历史上第一个中长期人才发展规划——《国家中长期人才发展规划纲要（2010—2020 年）》，该《规划纲要》着眼于为全面建成小康社会提供人才保障。

2011 年 3 月，中组部联合农业部、人社部、教育部和科技部印发了《农村实用人才和农业科技人才队伍建设中长期规划（2010—2020 年）》，分析了当时农村人才建设面临的问题：一是农村实用人才总量不足，结构不合理，整体素质偏低，示范带动作用不明显；二是农业科技人才科研创新和成果转化能力不强，高层次人才匮乏，推广队伍作用发挥不充分；三是人才地域、行业分布不合理，欠发达地区人才严重不足；四是人才培养开发、评价发现、激励保障机制还不健全；五是投入不足，工作条件相对艰苦，人才流失严重。指出"农业农村人才是强农的根本，是我国人才队伍的重要组成部分""加强农村实用人才和农业科技人才队伍建设，是农业农村人才工作的重点领域，是实施人才强农战略的关键环节"。

（四）制定更为细致的乡村人才建设方案

为深入贯彻落实全国人才工作会议精神和《国家中长期人才发展规划纲要（2010—2020 年）》，2011 年 10 月，农业部、教育部、科技部和人社部印发了《现代农业人才支撑计划实施方案》，更具体地提出"31373 工程"，即 2011~2020 年，选拔培养 300 名农业科研杰出人才、扶持培养 1 万名有突出贡献的农业技术推广人才、3 万名农业产业化龙头企业和农民专业合作组织负责人、7 万名农村生产能手和 3 万名农村经纪人。

2013 年 1 月，农业部印发关于贯彻实施《中华人民共和国农业技术推广法》的意见，提出要"加强国家农业技术推广队伍建设"，具体内容有三：一是从选聘、管理、考核等角度强化农技人员聘用管理；二是从培训目标、培训重点、培训方式、培训基地等方面建立农技人员培训的长效机制；三是完善农技人员职称评聘制度，推进农技人员职称评定制度改革，职称评审向基层倾斜。

（五）从完善体制机制的角度深度谋划乡村人才建设

2016 年 3 月，中共中央印发了《关于深化人才发展体制机制改革的意见》（以下简称《意见》），提出要"遵循社会主义市场经济规律和人才成长规律，破除束缚人才发展的思想观念和体制机制障碍，解放和增强人才活力，构建科学规范、开放包容、运行高效的人才发展治理体系"。对乡村或基层人才，《意见》提出促进人才向艰苦边远地区和基层一线流动。主要采取如下措施进行鼓励。第一，鼓励和引导人才向艰苦边远地区和基层一线流动，提高艰苦边远地区和基层一线人才保障水平；第二，重大人才工程项目适当向艰苦边远地区倾斜，降低边远贫困和民族地区县以下单位招录人才条件；第三，完善东、中部地区对口支持西部地区人才开发机制。

（六）制定实施乡村人才振兴意见

为配合国家乡村振兴战略的实施，2021 年 2 月，中共中央办公厅、国务院办公厅印发了《关于加快推进乡村人才振兴的意见》（以下简称《意见》）。《意见》指出：乡村振兴，关键在人。要把乡村人力资本开发放在首要位置，大力培养本土人才，引导城市人才下乡，推动专业人才服务乡村，吸引各类人才在乡村振兴中建功立业。

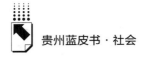
二 乡村人才振兴面临的问题

（一）参与少人才

据第七次全国人口普查数据，常住在乡村的 15～39 岁年轻人比例不足 30%，乡村人才尤其是青年人才的匮乏已成为全面实施乡村振兴战略所要迫切解决的问题。乡村劳动力流失成为制约乡村振兴的首要问题，同时还面临着乡村人才总量不足、结构不优、储备不够、技能不强等问题，这些问题总体表现为乡村振兴"参与少人才"，引致农业生产功能衰退、产业发展同质、营销理念落后等问题，严重制约了乡村振兴战略的有效实施。

1.参与乡村振兴的人才少

乡村人才数量不足是制约乡村发展的关键问题，乡村振兴在实践中之所以存在各种问题，"其中一个重要原因在于多层次、高质量的人才队伍没有建立起来，人才匮乏的现实状况导致了一些地方在推动乡村振兴战略实施的过程中不具有全局视野、统筹思维和科学理念"，具体表现为产业经营人才、环境规划与景观设计人才、文化传播人才、社会治理人才、医疗教育人才均存在短板。[①]

第三次全国农业普查主要统计数据显示，31422 万名农业生产经营人员中，具有大专及以上文化程度者仅有 377 万人；又据 2019 年 2 月农业农村人才工作座谈会公布的数据，全国农村实用人才总量为 2000 万人；两项数据相加为 2377 万（尚未考虑学历与头衔叠加问题），农村人才总量仅占第三次全国农业普查中农业生产经营人员统计数据的 7.6%。[②] 农村所有实用人才中，经济型人才、技能型人才和农村实用型人才严重匮乏，导致乡村人

---

① 卞文忠：《别让"人才短板"制约乡村振兴》，《人民论坛》2019 年第 1 期。
② 彭万勇等：《乡村人才振兴：问题、路向与治理对策——兼论"新三农"引培》，《绵阳师范学院学报》2022 年第 1 期。

才供给难以满足乡村振兴的需要。① 以贵州省为例，2020 年全口径人才资源统计中农村实用技能人才 102.46 万人。有关资料显示，平均每 2000 多个从事农业劳动的人员中，仅有 1 名农业技术推广人员。这在一定程度上反映出乡村人才缺乏的情况。

从现实状况来看，随着城镇化进程的不断加快，越来越多的农村劳动力选择到城市务工。乡村常住人口特别是中青年减少趋势较明显，中青年人才单向流失严重。2018 年"百乡万户调查"实录资料显示，河北石家庄平山县岗南镇李家庄，近年来考学出去的适龄青年共有 20 余人，无一返乡创业支援家乡发展，人才流失问题相当严峻。② 有研究对甘肃省靖边县的调查发现，该县各类农村实用人才总数为 3978 人，占乡村人口比例仅2.9%；全县共 1869 个村民小组中只有 550 个村小组拥有农村实用人才，"组组有"覆盖率仅为 29.4%。③ 乡村人才总量不足，难以满足实施乡村振兴战略需要。

2. 农民素质不高使其不知道如何参与

农业科技创新和科技成果转化是推动当代乡村产业实现全面振兴的原动力。④ 农民是乡村产业的直接实施者，要实现科技赋能乡村产业，最关键的是要提高农民的科技水平。国家统计局第三次全国农业普查数据显示，2016 年，全国农业生产经营人员 31422 万人，其中初中及以下教育程度的人员占91.8%，高中或中专的占 7.1%，大专及以上的仅占 1.2%。⑤ 农业农村部 2018年"百乡万户调查"实录资料显示，广西百色田阳县田州镇兴城村 2851 人中，小学及以下占 72%，初中占 17%，高中占 8%，大专及以上占 3%，显

① 涂华锦、邱远、赖星华：《科技人才下乡助力乡村振兴的困境与实践——基于广东省河源市的田野调查》，《中国高校科技》2020 年第 4 期。
② 韩长赋主编《行走阡陌振兴乡村——农业农村部 2018 年"百乡万户调查"活动 60 个村实录》，中国农业出版社，2018。
③ 张涛、许婷：《农村实用人才助力乡村振兴的问题与对策——以陕西省靖边县为例》，《经济研究导刊》2023 年第 19 期。
④ 张明涛：《强化农业科技创新助力乡村产业振兴》，《人民论坛》2019 年第 27 期。
⑤ 高启杰、赵晓园：《全面推进乡村振兴的关键是人才》，光明网，2020 年 11 月 23 日，https：//m. gmw. cn/baijia/2020-11/23/34391825. html。

示该村农民受教育程度相当低。① 据资阳市人大常委会农工委对该市的调研，资阳市从事农业生产的劳动力中文盲及小学文化程度以下的占 40.9%。人力以及传统的耕作习惯和耕作方式仍占主导地位，种植业先进实用技术应用率不到 60%，新技术、新机具、新成果和新设施推广落实缺乏坚实基础。②

由于农业经营者科技意识淡薄，缺乏一技之长，难以应用农业科技提高农业生产效率，只能依靠自身体力、采取传统的方法经营自家土地。对于国家倡导的现代农业或者农业产业结构调整等，则无所适从，不知道如何参与。

3. 人才结构失衡，乡村振兴的主体较弱

乡村振兴需要多层次、多类型和多元化的人才队伍。从年龄结构看，当前乡村人才队伍建设中存在年龄断层明显的问题。③ 乡村年轻劳动力大量外流造成基层干部和农技推广人员中老年人比例偏高，④ 导致乡村工作效率不高。从学历结构看，农村教育体制不完善导致乡村本土人才学历低、专业素质较差，难以适应现代农业发展需求，使乡村人才供需出现明显断层。从专业结构看，涉农人才供给不足是制约乡村振兴的瓶颈。⑤

一是当前我国城镇化进程加快，导致大量青壮年流入城市，老龄人则由于适应能力、经济能力等方面的制约而留在乡村，导致乡村建设发生了严重的年龄结构失衡的问题。东、中、西部地区农业生产经营人员年龄在 35 岁及以下的占比为 17.6%、18.0%、21.9%，说明乡村人才整体年龄存在偏高情况，同时也反映出乡村青壮年劳动力的流失，老龄化、空心化决定了农村人才资源的受限制，并成为制约农村发展的重要因素。以陕西省靖边县为

---

① 韩长赋主编《行走阡陌振兴乡村——农业农村部 2018 年"百乡万户调查"活动 60 个村实录》，中国农业出版社，2018。

② 资阳市人大常委会农工委：《资阳市发展现代农业的调查与思考》，四川省人大农业与农村委员会网站，2021 年 12 月 31 日，http://www.scspc.gov.cn/nyyncwyh/jyjl_ 681/201504/ t20150402_ 25839. html。

③ 罗俊波：《推动乡村振兴需补齐"人才短板"》，《人民论坛》2018 年第 30 期；卞文忠：《别让"人才短板"制约乡村振兴》，《人民论坛》2019 年第 1 期。

④ 郭远智、周扬、韩越：《中国农村人口老龄化的时空演化及乡村振兴对策》，《地理研究》2019 年第 3 期。

⑤ 方中华：《乡村振兴如何破解人才瓶颈》，《人民论坛》2019 年第 9 期。

例，该县农村人才总体年龄偏大，50 岁以上农村实用人才 2580 人，占农村人才总人数的 65%。①

二是农村党员年龄结构、知识结构、性别构成严重失衡。根据瓮安县猴场青池村、岚关章阁村、珠藏瓮朗坝社区，福泉长冲村，石阡县白沙琵琶沟村、国荣寨根村，松桃县盐厂村等地调研数据发现，基层党组织中党员构成呈现严重的性别失衡，女性党员综合占比仅为 18.3%；基层党组织呈严重老龄化趋势，老年党员（66 岁及以上）占比 36%，青年党员（18~40 岁）占比仅为 22%；党员整体受教育程度偏低。

4. 参与无人才源于农村人才环境不佳

一是与城市比没有吸引力。乡村社会无论是从产业发展和经济建设，还是生活环境和文化氛围来看，相较于城市都处于弱势地位，不利于吸引人才。② 乡村留不住人的根本原因是城乡政策二元化下利益差距的"自增强机制"。③ 二是乡村公共服务供给不足。乡村在教育、医疗和养老等基本公共服务方面缺乏强有力的制度支持和政策优惠，且存在基层工作条件艰苦、福利待遇差、岗位编制少和职务晋升难等现实问题，造成乡村人才吸引力不足。④ 三是人才对农村的认可度不高，把农村作为"跳板"。由于外部引入的人才对乡村的认同感较低，部分乡村人才把"特岗教师""大学生村官"等岗位当作跳板，"期满即走"，存在"过客"心理，不能真正扎根于乡土。⑤ 外来人才在乡村没有太多情感联系，加上"外乡人"身份定位，导致他们缺乏心理上的归属感和社区认同感，故而服务乡村的内生动力不足，难以真正融入乡村建设之中。

① 张涛、许婷：《农村实用人才助力乡村振兴的问题与对策——以陕西省靖边县为例》，《经济研究导刊》2023 年第 19 期。
② 曲晓云：《乡村振兴涉农人才短板如何补》，《人民论坛》2019 年第 36 期。
③ 郭险峰：《构建推动乡村人才振兴的综合机制》，《中国党政干部论坛》2019 年第 4 期。
④ 王鹏程、王玉斌：《乡村管理服务型人才振兴：困境与选择》，《农林经济管理学报》2019 年第 3 期。
⑤ 蒲实、孙文营：《实施乡村振兴战略背景下乡村人才建设政策研究》，《中国行政管理》2018 年第 11 期。

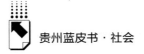

（二）人才少参与

在乡村振兴实践中，受基础设施建设滞后、乡村产业受限、人才使用机制不顺等因素影响，乡村人才在乡村振兴中的作用没有得到充分发挥，导致在实施乡村振兴战略中出现了"人才少参与"的情况。这是参与式乡村人才振兴面临的另一种问题。

1. 乡村人才的主体性作用没有得到应用发挥

政府与农民是乡村振兴中两个主要角色。从人民公社开始，政府在农村建设中就发挥着主导性的作用。在新农村建设、脱贫攻坚过程中，政府依然是通过体制性的组织动员把各种资源"摁"到农村。政府主导农村发展，于是在实践中一度出现"政府干、农民看"的情况。针对这种情况，习近平总书记在视察湖北和长江经济带发展时强调，要"把政府主导和农民主体有机统一起来，充分尊重农民意愿，激发农民内在活力，教育引导广大农民用自己的辛勤劳动实现乡村振兴"①。

可是在乡村振兴实践中，"政府主导与农民主体有机统一论"依然主要停留在文本或话语层面。农民或者乡村人才在乡村振兴战略的方案设计或具体实施中的主体角色并没有得到充分确立，乡村振兴方案的制定和项目的设计仍然呈现明显的政府主导色彩，甚至在试点选择，即振兴哪里、项目建设振兴什么等问题上基本由政府单方面决定。这样做往往体现出两方面的制度后果：其一，政府制定乡村振兴实施方案的政绩导向，可能违背农民意愿，损害农民利益；其二，乡村人才的排外性和被安排，导致他们在乡村振兴实践中表现出冷漠甚至消极抵制的状态，最终采取"不合作"行为，不参与乡村振兴。

2. 基层农技人才作用发挥不足

一是乡镇农技人才服务时间被挤压。当前，乡镇农技推广部门实行的是

---

① 《湖北日报评论员：着力推进乡村"五个振兴"——三论深入学习贯彻习近平总书记视察湖北重要讲话精神》，《湖北日报》2018年5月2日，第1版。

"由乡（镇）人民政府进行管理，县农业行政主管部门进行业务指导"的管理体制。即农技人员的工资、人事、福利由所在乡镇人民政府负责，工作由乡镇人民政府根据工作需要统筹安排。乡镇工作属于"上面千条线，下面一根针"，有很多综合性、应急性的工作。因此，农技人员往往会根据一些临时性的工作需要，被安排去做其他的如森林防火、防汛、交通安全等工作。于是，农技人才从事专业工作的时间就被挤压，农技推广工作的数量和质量都受到影响，这是变相的乡村振兴"人才无参与"的现象。

二是乡村农技人才空编现象严重。对四川省雅安市天全县的统计发现：该县乡镇农技人员编制 93 人，实际在编人员 75 人，空编率为 19.4%。实际在编的 75 人中，有 30 人常年被外借到其他单位工作，实际在岗人数仅占编制数的 48.4%。导致一些农技推广工作无法真正落到实处，忙于应付交差。① 有研究显示：一些地区科技工作者工作量不饱和者达到 40%，有至少 8% 的科技人员基本无事可做，科技人员技能发挥率仅为 65.6%。这说明乡村人才资源配置还不尽合理，在一定程度上造成人才的浪费。②

三是基层农技推广经费不足。经费不足导致农技推广效果受限，国家农技推广政策落实不到位。对某些乡镇农技部门的调研发现，由于经费不足，农技推广设备落后，开展工作所需仪器缺乏，没有进村入户开展农技推广的交通工具，农技人才开展工作主要靠"一张嘴、两条腿、外加两个轮子"，导致农技推广到位率低、缺乏新品种、新技术的示范引领，农业生产技术始终处于传统状态。

四是乡村实用人才的受教育程度不高。以陕西省靖边县为例，在全县 3978 名农村实用人才中，受教育程度为小学及以下的人员仍占比 10%，受教育程度为大专及以上的仅有 390 人，所占比例不足 10%，大多数乡村人才的学历介于小学与大专之间。③

---

① 李英、李燕：《天全县乡镇农技推广体系建设现状、存在问题及对策建议》，《基层农技推广》2020 年第 6 期。

② 张新勤：《新时代乡村人才振兴的现实困境及破解对策》，《农业经济》2021 年第 10 期。

③ 张涛、许婷：《农村实用人才助力乡村振兴的问题与对策——以陕西省靖边县为例》，《经济研究导刊》2023 年第 19 期。

3."一村一名大学生工程"的作用限度

"一村一名大学生工程"（简称"一村一大"）是国家加强乡村人才建设的重要举措。总体而言，"一村一大"为农村发展提供了重要的人才支撑。据江西省统计："一村一名大学生"工程已为江西 25 个国家扶贫开发工作重点县培养 13478 名农村优秀人才，为 2900 个贫困村留下一支"不走的扶贫工作队"。① 但不少大学生村官下乡后也面临不少问题，如不少大学生村官进村后，往往以"借调"的名义常年在乡镇政府从事一些文稿撰写、材料打印等文秘类工作，成为乡镇干部"助理"，扮演"秘书"般的角色。或者某些大学生村官只是把"村官"工作当做一个跳板和工作经历，一有机会，便会想办法离开农村。据对某地调研发现：近些年大学生村官流失率高达 70%，偏远贫困地区流失率更高，几乎到了根本留不住人、根本招不进人的尴尬境地。

三　参与式乡村人才振兴的机制创新

"人"和"人才"是乡村振兴诸要素中最重要的，没有"人"和"人才"，乡村便失去了灵魂和活力，其他要素也难以回归，乡村振兴的目标也就难以实现。② 乡村人才振兴与学校人才教育不同，学校人才教育是集中式、体系化、专门化的培训，而乡村人才的关键是要在实践中发挥作用，产生收益。因此，乡村人才振兴，其核心主线是要建立"人才"与"事业"之间的链接机制，让人才在乡村有"事业"做，有平台发挥才干；同时，通过"事业"又吸引更多优秀人才投身乡村，构成相互促进的逻辑系统，这是参与式乡村人才振兴机制创新的关键。

---

① 刘健、李兴文、沈洋：《乡村发展的"领头雁"是如何炼成的？——江西"一村一名大学生"工程助力乡村振兴》，新华网，2018 年 4 月 24 日。
② 李卓、张森、李轶星、郭占锋：《"乐业"与"安居"：乡村人才振兴的动力机制研究——基于陕西省元村的个案分析》，《中国农业大学学报》（社会科学版）2021 年第 6 期。

（一）构建组织有力的工作机制强化"需要人才参与"

加强党的领导是乡村振兴的基本原则，也是乡村人才振兴的重要保障。加强党对乡村人才振兴工作的领导，是对乡村人才工作重视的体现，也是强化乡村"需要人才参与"、优化乡村人才工作氛围的重要保障。这主要体现在两个方面：其一，各级党委要将乡村人才振兴纳入党委人才工作的总体部署，对乡村人才振兴工作实行专门化的安排、专题化的研讨、专项化的督导，真正把抓乡村人才振兴工作作为实施乡村振兴战略的基础性任务抓好抓实。

其二，坚持问题导向、分类施策的思维。结合区域实际优化乡村振兴规划布局，以乡村振兴规划为导向制定乡村人才振兴规划，统筹乡村人才振兴重要政策，策划与区域实际相匹配的乡村人才振兴工程，明确乡村人才培养的重点方向和相关具体行动，加强对乡村优秀人才的宣传推广，加快形成党委统领、部门配合、人岗相适、积极进取的乡村人才工作局面。

（二）构建激励有效的价值实现机制推动人才"愿意参与"

价值实现是强化人才参与意愿的根本。人才之所以不愿意到乡村发展，最主要的原因是在乡村很难找到施展才华的平台，没有实现价值的渠道和机制。要实现乡村人才振兴，需要构建起激励有效的价值实现机制，让人才"愿意参与"乡村振兴。

其一，积极搭建价值展示的产业平台。乡村人才回流需要以产业作为基础，而产业振兴则需要人才作为保障，"人才"和"产业"之间的良性互动是推动乡村振兴战略有效实施的关键，进而实现"产业引人"和"人育产业"的良性互动与有机融合。①

一要不断优化农村产业布局，在推进农村产业融合上谋划人才平台。深化对农村产业融合重大意义和必然性的认识，把农村产业融合看作继家庭联

---

① 李卓、张森、李轶星、郭占锋：《"乐业"与"安居"：乡村人才振兴的动力机制研究——基于陕西省元村的个案分析》，《中国农业大学学报》（社会科学版）2021年第6期。

产承包责任制后解放和发展农村生产力的又一次重大契机，在此基础上推进农村产业融合布局全域化。按照产业融合的要求，加强农村产业融合综合规划。纵向以精细化特色农（牧）业为核心，沿着产业链的方向发展农（牧）业科技服务、精深加工、物流、品牌营销等融合产业；横向以拓展和挖掘农业多功能性为基础，结合资源优势谋划相关配套产业，搭建产业发展平台。

二要围绕产业发展布局在谋划产业项目上下功夫。结合农村产业融合发展布局，策划和包装一批规模适中、投资适度、风险可控的产业项目，依托优势项目吸引优秀人才入村投资，或者鼓励在村农民联合投资，实现以项目聚人才、让人才兴项目。

三要搭建主导产业带动的研发平台。产业区域化、专业化布局是世界农业发展的基本经验。要把产业做精、做深、做透，必须围绕某一主导产业开展研发。在推进区域化、专业化布局的基础上，鼓励和支持每个区域围绕其主导产业搭建产业研发平台，加强现代农业产业园区、农业科技园区、农村创业创新园区等平台建设，以平台聚才，实现乡村人才振兴。精选支持一批龙头企业与高校、科研院所共建产学研用协作平台。建立政府主导的产业研发中心或相关实验室。通过平台引才、聚才，构建产业高地，提高产业附加值，实现产业发展与人才集聚的互促互进。

其二，积极搭建价值回报服务平台。一要完善农村公共服务网络，统筹教育、医疗等公共服务发展，优化乡村环境，让人才在乡村也能够享受优质公共服务，通过优质公共服务实现乡村人才的价值回报。二要加强人才驿站、人才服务基地、专家服务站等人才服务平台建设，为乡村人才提供专业化的服务，让人才在乡村受到充分的尊重。

（三）构建保障有效的政策体系实现人才"能够参与"

"需要人才参与"和"人才愿意参与"是主观意识层面的问题，但能否有效参与则需要政策体系进行保障。构建保障有效的乡村人才振兴政策体系，需要从如下几个方面发力。

其一，乡村人才政策体系要"全"。人才体系涉及人才培养、人才引进、人才管理、人才使用、人才流动、人才激励等一套完整全面的政策集成。任何一方面的政策不完整，都有可能导致人才政策的失效。因此，要从乡村人才振兴的全方面、人才参与乡村振兴的全周期进行人才政策的谋划。

其二，乡村人才政策体系要"合"。一方面，体现为人才政策内部各环节、各方面的政策要相互配套，避免相互打架，应形成政策合力；另一方面，乡村人才政策与乡村其他方面的政策也要相互支撑，相互强化。再者，要加强对分散在不同部门的乡村人才振兴政策和职能的统筹协调，形成组织有效、各负其职、合力推进的工作机制。

其三，乡村人才政策体系要"特"。每个村的实际情况都不一样，发展的重点也就不同，需要的人才也有差异。因此，乡村人才政策在总体原则相对统一的前提下，要制定差异化、特殊化的人才政策。要以问题和需求为导向，需要什么补什么，问题是什么就解决什么样的问题，形成特色化、针对性强的乡村人才政策。如此，政策才能有效落地。

B.18
贵州高校新时代青年非遗传承人才服务乡村振兴的现状调查研究

王国勇　吴昌玉　孙洌　贺婕　安慧敏*

摘　要： 在新时代背景下，大力实施乡村振兴战略，需要充分关注非物质文化遗产的传承问题。高校作为重要育人载体，应当充分发挥教育功能，主动回应非遗传承的时代需求，承担培养新时代青年非遗传承人才的使命任务。本研究以贵州高校为主要调研地点，梳理分析贵州省非遗传承教育的现状，了解高校新时代青年非遗传承人才服务乡村振兴作用机制，认为目前培育机制尚不健全、学生脱离非遗发展环境，以及就业形势严峻等问题影响了非遗传承教育的成效，导致学生传承非遗意愿不强，另外乡村缺乏优良发展环境、新旧观念的冲突问题、非遗产品创新和产业融合等方面存在短板导致青年非遗传承人才在服务乡村振兴上出现困难。为此本文从高校教育、乡村产业发展两个维度进一步探索贵州高校新时代青年非遗传承人才服务乡村振兴的可行路径。

关键词： 非物质文化遗产　乡村振兴　新时代青年非遗传承人才　贵州省

一　引言

2022年12月，习近平总书记对非物质文化遗产保护工作作出重要指示

---
* 王国勇，贵州民族大学教授，博士生导师，主要研究方向为社会治理、政治社会学；吴昌玉、孙洌、贺婕、安慧敏，贵州民族大学社会学院2022级社会工作专业硕士研究生。

强调，要扎实做好非物质文化遗产的系统性保护，更好满足人民日益增长的精神文化需求，推进文化自信自强。[①] 党的二十大报告强调，全面推进乡村振兴要扎实推动乡村产业、人才、文化、生态、组织振兴。在新时代背景下，大力实施乡村振兴战略，需要充分关注非物质文化遗产（以下简称"非遗"）的传承问题。而经济基础薄弱是在乡村文化发展中不得不面对的现实问题，为此，实现乡村振兴应充分考虑经济基础，将乡村非遗有机转化为可持续发展的乡村文化及经济产业。目前，非遗的产业化、组织化发展还未形成较成熟的机制和体系，也存在新时代青年非遗传承人才流失的问题，究其主要原因在于非遗传承和经济发展未能充分得到同步推进。人才是引领发展的第一动力，对于乡村振兴具有突出作用。基于扩大非遗传承人才队伍建设的现实需要，我国发布相关文教政策鼓励高校开展非遗传承，以中华优秀传统文化促进"五育"发展。2022 年 9 月 9 日，中共贵州省委办公厅、贵州省人民政府办公厅印发了《关于进一步加强非物质文化遗产保护工作的实施意见》，明确了贵州省进一步加强非物质文化遗产保护工作的总体要求、重点任务和保障措施。[②] 立足新时代，文化的传承与创新是继教学、研究和社会服务三大功能之后，高校应该承担起的第四大功能，这对于推动乡村振兴具有重要的作用。为此，本文梳理高校对新时代青年非遗传承人才的相关培育措施，厘清高校对新时代青年非遗传承人才培养的实际作用和现存问题，帮助高校更好地构建新时代青年非遗传承人才培养体系。分析接受非遗传承教育的新时代青年非遗传承人才，如何将自身特长和所学知识更好地运用和服务乡村振兴，进一步探索新时代青年非遗传承人才有效推进乡村振兴的实施路径。

---

① 新华社：《习近平对非物质文化遗产保护工作作出重要指示》，中国政府网，2022 年 12 月 12 日，https：//www.gov.cn/xinwen/2022-12/12/content_ 5731508. htm。

② 《中共贵州省委办公厅　贵州省人民政府办公厅印发〈关于进一步加强非物质文化遗产保护工作的实施意见〉的通知》，贵州省人民政府网站，2022 年 9 月 23 日，http：//guizhou. gov. cn/zwgk/zcfg/swygwj/202209/t20220923_ 76551805. html。

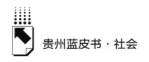
二 贵州省非遗传承教育发展情况

（一）贵州省非遗传承教育政策实施情况

2021 年 12 月 31 日，贵州省教育厅等各级相关部门联合制定的《贵州省非物质文化遗产　传承人研修培训计划工作方案（2021—2025）》作为贵州非遗保护事业的一项基础性、战略性工作，在振兴传统工艺，促进传承发展、助力乡村振兴等方面发挥积极作用。一是支持院校将研培工作纳入学校教学科研管理内容，推动非遗领域学历教育、职业培训、继续教育等相互融合，纳入全民终身学习体系。二是鼓励非遗领域校企联合招生、联合培养、双主体育人；支持组织多种形式的培训和交流，培育一大批教师团队，为建立高质量的贵州非遗保护工作队伍提供人才储备。① 2022 年 9 月，《关于进一步加强非物质文化遗产保护工作的实施意见》发布，在加大非物质文化遗产传播普及力度方面，提出了融入国民教育体系、加强交流合作等具体任务，推动传统传承方式和现代教育体系相结合，支持高校毕业生参与非物质文化遗产保护传承工作，逐步扩大非物质文化遗产中青年代表性传承人队伍。2023 年贵州省《政府工作报告》提到坚持教育、科技、人才"三位一体"，推进部省共建"技能贵州"，全面推进"贵州技工""黔旅工匠"等工程，加大人才引进培养服务力度，优化实施"百千万人才引进计划"，实施高校毕业生留黔行动，大力培育本土人才，引导人才到产业和基层一线创新创业，持续推进青年友好型成长型省份建设。②

---

① 《贵州省文化和旅游厅　贵州省教育厅　贵州省人力资源社会保障厅关于印发〈贵州省非物质文化遗产　传承人研修培训计划工作方案（2021—2025）〉的通知》，贵州省文化和旅游厅网站，2021 年 12 月 31 日，http：//whhly.guizhou.gov.cn/zwgk/xxgkml/zdlyxx/fwzwhyc/202210/t20221011_ 76692501. html。

② 李炳军：《2023 年贵州省〈政府工作报告〉》贵州省人民政府网，2023 年 1 月 28 日，https：//www.guizhou.gov.cn/home/tt/202301/t20230128_ 78016672. html。

（二）贵州高校非遗传承教育情况

目前，在贵州高校当中，凯里学院、贵阳人文科技学院两所院校设立非物质文化遗产保护专业，贵州民族大学、贵州师范学院等 11 所高校获批"贵州省非物质文化遗产传承人研培基地"；① 贵阳人文科技学院成立了"非物质文化遗产研究基地"；贵州民族大学美术学院学生实践基地在贵州民族大学非物质文化遗产博物馆正式挂牌，2018 年以来，贵州交通职业技术学院专门开设了非遗类社团，组建"锦绣黔程"双创团队，2021 年，该团队荣获了第十三届"挑战杯"中国大学生创业计划竞赛省级金奖。经过调研发现，贵州高校针对非遗传承教育主要有以下几个特点：一是通过开设专门的专业及课程，将非遗纳入教学内容，并通过专业教师授课和引进非遗大师进行专业化指导来进行非遗教学，但是在贵州高校当中只有少部分高校开设专门专业及课程进行对新时代青年非遗传承人才的培养；二是开展"非遗进校园"活动，通过专题讲座、文化体验、观赏等活动，让高校学生走进非遗，了解非遗。但是这一方式具有短暂性的特征，且高校学生未能够对非遗技艺进行系统性学习，对新时代青年非遗传承人才的培养作用较小，更多是对高校学生起到启迪的作用；三是部分高校立足当地非遗资源，开设文化类学生社团，并配备专业指导老师进行指导，带领参加相关活动和比赛。这一措施对于新时代青年非遗传承人才的培养起到重要作用，但是覆盖面较小，且学生更多是兴趣驱动，而非把其作为专业进行重视学习。总的来说，在贵州高校中，涉足非遗传承教育教学的高校较少，且尚未形成体系，需要进一步发展。

（三）新时代青年非遗传承人才服务乡村振兴现状

1. 参与社会实践，做乡村非遗传播者

在读的新时代青年非遗传承人才积极参与社会实践，以实际行动传播非

---

① 《关于贵州省非物质文化遗产传承人研培基地名单的公示》，贵州省文化和旅游厅网站，2022年4月21日，https：//whhly.guizhou.gov.cn/zwgk/xxgkml/zdlyxx/fwzwhyc/202204/t20220421_73522192.html。

遗文化，开展传承活动。例如贵州某高校在读研究生为苗族剪纸技艺县级传承人，她在学习之余回到家乡社区开展非物质文化遗产教学活动，大手牵小手，教儿童做蜡染、扎染，传播非遗手工艺。贵州某大学研究生是中国农民书画研究会会员、贵州省美术家协会会员，她将本科学习的数字艺术动画与农民画相结合，通过数字化的加工，让农民画形成了有故事表达的动漫、动画，让农民画以微信表情包形式走进大众视野，目前已有数百人下载使用。

2. 通过自主创业，多种模式服务乡村

已毕业的新时代青年非遗传承人才利用创新设计技能、政府扶持措施等方面的优势，自主创办公司企业，打造自己的品牌经营模式，发展非遗产业、服务乡村振兴。

（1）"企业+工坊+基地+传承人"模式。贵州省某非遗文化传播有限公司自2019年成立以来，依托国家级非遗项目苗族刺绣，由国家级非物质文化遗产代表性项目苗绣市级代表性传承人担任该公司艺术总监，采用"企业+工坊+基地+传承人"的发展模式，由传承人带头引领，与当地扶贫车间合作加工生产，与贵州某高校签订教育基地合作协议，与当地部分小学合作，让非遗走进校园，持续发挥非遗工坊辐射效能。该企业先后获得"乡村振兴巾帼行动"示范企业、"贵州省少数民族传统手工艺传习所"等荣誉称号。创业的成功得益于公司负责人对非遗技艺的热爱及三年读研经历，高等教育激发了她的创新设计思维，让她找到了非遗技艺与现代生活的相融之路。

（2）"公司+基地+电商+农户"模式。某文化创意有限公司创始人，2012年创办手工刺绣品牌，创建民族文化工作室，专注于纯手工民间非遗，围绕线下店铺、体验馆，线上淘宝、京东等电商平台开展销售。目前拥有20多名全职员工、1300多名专业绣娘的企业化规模，每年创产值近千万元，店铺粉丝超30万。品牌与《大鱼海棠》等热门动画及乡村农户合作，店铺里售卖的工艺品从最原始的图案发展为正版授权动漫公仔、手工刺绣口罩、苗绣耳环、胸针等原创手工苗绣产品。通过采取"公司+基地+电商+农户"的灵活就业模式，在贵州省偏远山区建立刺绣基地，用产品销售的利润持续反哺少数民族绣娘，助力1000多位乡村手艺人脱贫。

三 贵州高校新时代青年非遗传承人才服务乡村振兴的作用机制

（一）高校对新时代青年非遗传承人才的培养作用

1. 学校层面

（1）提供专业学习环境，提升理论水平。贵州高校针对非遗技艺开设有专门的专业，对新时代青年非遗传承人才开设与专业相关的理论课程与实操课程，为新时代青年非遗传承人才的培育和队伍壮大提供了重要支持。理论课程的开设使其深入了解非遗，并系统学习设计史、美术史，赏析不同流派的设计作品，在设计和审美方面有更深认识。同时特聘非遗大师参与教学，在非遗技术上给予专业指导，对新时代青年非遗传承人才非遗技能掌握进行专业训练。

（2）提供专业学习阵地，做好基础保障。非遗学习对场地与原材料的要求较高。高校针对不同的技艺安排有不同的教室，例如木作实验室、染艺（蜡、扎染）实验室、缝纫实验室、刺绣实验室等，并且在不同的教室中依照工艺制作需求配备了相应器材，新时代青年非遗传承人才可随时根据需求使用实验室，保证他们在学习和创作过程中拥有一个良好的创作环境，而针对新时代青年非遗传承人才创作的作品和其他教学用品都有专门场地进行妥善保管，并且有展厅陈列展示优秀作品。

（3）提供丰富实践机会，积累设计经验。高校通过开展相关专业讲座以及各类实地调研项目，链接资源举办相关比赛、展览等活动，为新时代青年非遗传承人才提供学习交流平台，以获得更好的发展。高校开展的相关讲座以及各类实地调研项目能够让新时代青年非遗传承人才接受更专业的学术熏陶，更切实地感受专业现状，增长见识的同时获取多角度的思考方向。高校举办的相关非遗技艺比赛、成品展览和技艺表演等活动，能够为新时代青年非遗传承人才链接更多资源，青年在获取更多经验的同时拥有更多的发展机会，从而创造一定的经济价值，鼓励新时代青年非遗传承人才产生更大的积极性。

2. 教师层面

（1）传道授业，做新时代青年非遗传承人才学习的"引路者"。高校老师除了教授理论课程，同时也会引导和指导新时代青年非遗传承人才的技艺，培养他们的发展能力。教授专业理论能够让新时代青年非遗传承人才更深入地了解非遗技艺，在技术引导与指导方面老师能够为其把控发展方向，并且培养他们做项目的能力，而不是仅仅停留在工艺制作方面。

（2）答疑解惑，做新时代青年非遗传承人才发展的"启迪者"。教师带领新时代青年非遗传承人才进行实地调研，让他们认识到更多非遗技艺的相关文化。同时经过老师的引导，能让新时代青年非遗传承人才打开思维，而不是仅仅局限于自身的专业领域当中。

（3）链接资源，做新时代青年非遗传承人才就业的"助力者"。传统非遗传承人才大多在自己的圈子里发展，容易存在资源短缺的问题。在高等院校中，教师接触的专业资源相对较多，当把这些资源整合于新时代青年非遗传承人才后，他们会获得更多的发展机会，其中包括专业技能与经济市场方面。

3. 同辈群体层面

（1）提供灵感。新时代青年非遗传承人才在与同辈群体的沟通交流当中，能够碰撞出新奇的灵感，获取其他角度的建议，从而对自己的作品进行改进、完善与提升。

（2）借鉴学习。同辈群体（包括本学科和其他学科）在"挑战杯""互联网+"等比赛时，同拥有其他学科背景的同学合作，能够学习对方的长处，同时还可能进行专业交叉学习与应用，实现双方乃至多方共同成长与发展。

（3）鼓励支持。在非遗学习过程中，新时代青年非遗传承人才经常会面临很多的困境和挫折，产生消极的想法和情绪，但通过与同学、朋友的交流和情绪分享，能够在情感上获得支持与开导，并且在创作过程中受到同学的鼓励与认可后收获正向反馈，能够产生自我的认可与肯定，从而坚定自己的选择。

（二）高校新时代青年非遗传承人才服务乡村振兴的作用

1. 文化"活"起来

（1）推动"活态传承"，赓续文化精神

非遗大多根植于乡村，是乡村的一大宝贵财富，但也正是因为这一特征，如果非遗没有得到有效的传承与发展，便极有可能逐渐消失在人们的视线中。在推动文化振兴上，新时代青年非遗传承人才作为非遗传承的重要部分，有非遗工坊创办者，有非遗公司负责人……他们的成功案例激励更多的新时代青年非遗传承人才加入非遗传承队伍中，带动更多人传承和发展非遗。

（2）加强"活态运用"，创新传承方式

乡村作为非遗的"根"，具有深厚的历史基础和文化来源。在传统的非遗创作过程中，设计的图案、纹样都来自农村的农耕文化和民间传说，乡村文化就是非遗的灵感来源。新时代青年非遗传承人才可将自己所接触到的设计思维和创新技术带回乡村，与传统工艺相结合，实现非遗的创造性转化与创新性发展，让乡村文化焕发新的生机，例如在非遗产品的图案设计时运用3D建模技术，可视化呈现设计效果；将动画制作技术和非遗相结合，制作农民画动画等。

2. 产业"旺"起来

（1）联动多方合作，促进产业融合。在文化产业赋能乡村振兴等政策引领下，非遗正通过各种方式融入村民的生产生活，一些非遗技艺制作的成品已经产业化。新时代青年非遗传承人才通过联动政府部门、其他非遗企业，多方主体合作，进行品牌建设与市场化运作，通过"非遗工坊+公司+基地"等多种经营模式，加强乡村非遗产业融合发展。

（2）结合市场需求，推动创新发展。新时代青年非遗传承人才在接受高等教育后将自己所学到的东西运用到产业发展当中，使得非遗产品设计和形式更靠近大众的审美和需求，实现非遗的创新发展和活化利用，在旅游、餐饮、文创中能创造更多经济价值，帮助其他乡村非遗传承人就业，带来更多发展的可能性。例如在调研中了解到，某农民画餐厅将非遗与餐饮相结合，并将非遗与新媒体相结合打造更多与非遗相关的新媒体产品。

3. 乡村"富"起来

（1）推进融合发展，增加经济收益。"农文旅"融合发展在乡村振兴过程中极具实践意义，近几年，新时代青年非遗传承人才依托非遗项目，开办企业或乡村工作坊，发挥非遗与农业、旅游、科技、教育等领域的相互促进作用。例如将非遗与农业、旅游相融合，在农产品的产品包装和文化营销中加入非遗元素，增强乡村特色与文化底蕴，发掘纪念品价值；在乡村旅游中开设非遗工坊的技艺体验、非遗作品展览馆等项目，释放磁吸效应，打造高品质文化吸引物，拓宽村民致富路。新时代青年非遗传承人才提高了非遗的附加值和核心竞争力，带动了经济发展和村民增收。

（2）运用丰富知识，赋能乡村技艺。新时代青年非遗传承人才拥有国际化的知识储备、与时俱进的思维能力，质量意识、精品意识和品牌意识较强。在传统手工艺产品制作过程中，在题材上突破传统的"花鸟鱼虫"，在设计上对传统非遗制作进行改良，在方式上加大融入现代科技，逐渐与中外绘画艺术接轨。在非遗产品的商品化程度上，运用现代化的操作设备，做到非遗产品结构的优化，使非遗产品逐步从低端化向中高端化转变。例如调研中了解到，某非遗企业通过"传统+创新"模式，研发出了 99 个非遗产品，在线下实体店及线上淘宝网进行销售，洞悉作为消费主力军的年轻人的消费习惯，培养团队进行直播，利用新媒体宣传和推广。这类不让非遗文化内涵失色，又紧跟时代趋势的赋能方式，让非遗焕发出新的生命力，使乡村非遗发展步入快车道。

四 贵州高校新时代青年非遗传承人才服务乡村振兴面临的困境分析

（一）新时代青年非遗传承人才培养的困境

1. 专业发展时间较短，培育机制尚不健全

2003 年国家正式启动非遗保护工作，而后才有非遗进校园及高校专业

设置等相关行动。而相关专业的设置更是起步较晚，因此目前高校中非遗传承教育存在"四缺"。一缺非遗大师常态化教学。根据实地走访和访谈发现，地域性和身份的特殊性，限制了非遗大师前往学校开展技艺教学活动的频次和强度，也限制了同学们前往大师工作坊进行学习实践的机会。二缺非遗传承使命教育。当前高校主要聚焦于理论知识、实际操作等方面的教学，对于非遗传承的使命感培养相对缺乏，主要以教学时偶尔强调为主要方式进行非遗传承的引导，而缺乏专门课程就非遗传承这一使命任务进行思想引导。三缺学科交叉融合。立足于新时代，"非遗+"是我国非遗发展的迫切需要。这就要求非遗教学需与多学科有机融合发展，而不仅局限于单一技能的传授。但是现在的高校特别是与非遗相关的学科在学科交叉上有欠缺，学科之间存在融合壁垒，且缺少能够将多学科进行有机结合授课的多栖教师。四缺教育资源辐射。非遗传承人大多身在农村，其子女或本人获得的教育资源有限，在进行深造时容易受到考试成绩的制约，很难有机会进入高校接受深层次的教育。

2. 学生脱离非遗发展环境，文化内涵了解不足

首先，新时代青年非遗传承人才受时代影响逐渐远离乡土文明，与传统传承人相比，在生存环境、生活经历、年代背景等方面存在差异。另外，高校课程设置以校内为主，青年人才缺乏乡村文化底蕴和长期置身于乡村深入学习的机会，无法得到文化浸润，"离农文化"和"离农教育"带来的文化脱域使得青年人才对与非遗相依的乡村文化了解甚少。其次，新时代青年非遗传承人才整体呈年轻化趋势，人生经历相对较少和阅读时间的不足使得他们在学深悟透非物质文化遗产核心内涵时较为吃力。最后，在互联网的影响下，信息接收途径多元化，年轻一代容易接受外来新鲜事物并被其吸引，不能静下心来学习并进行非遗产品创作设计。

3. 就业形势严峻，学生传承非遗意愿不强

根据调研了解到，大部分学生在高校接受非遗传承教育后都表示热爱非遗，但是基于目前非遗领域的政策环境、经济环境等现状，多数毕业生表示毕业后是否还会从事非遗相关工作需要考虑一些现实问题。一是国家在政策

上重点关注对非遗传承人的保护与发展，而对新时代青年非遗传承人才的支持政策相对缺乏。二是市场有限，消费人群、地点未得到拓宽，同时缺乏产品转化机制，例如贵州省某县的漆艺市场尚未打开，目前产品的购买人群主要为当地装修新房者，在作为非遗重要发源地的乡村制作产出的非遗产品较难开拓到其他地区市场，致使新时代青年非遗传承人才选择非遗就业的积极性受挫。三是与其他区域相比，贵州对非遗设计技能在市场中的重要性认识不足，非遗企业中的设计师岗位比较稀缺，从而导致大量相关人才流失。

（二）新时代青年非遗传承人才服务乡村振兴的困境

1. 乡村相对缺乏优渥发展环境

乡村在文化创作上具备优势，但是较城镇而言，尚未形成优渥的企业发展土壤和就业环境。在政策方面，政府对乡村非遗企业的扶持力度有待加大，缺乏长期性的关注和支持。在环境方面，乡村公共服务、交通、娱乐等基础设施建设与城市具有较大差距，新时代青年非遗传承人才到乡村创业后，难以吸纳其他优秀人才一同到乡村创业发展。在市场方面，乡村企业数量相对较少，能提供的就业岗位和职业发展机会亦相对有限。新时代青年非遗传承人才在返乡寻求工作时，往往难以找到与其知识和技能相匹配的理想岗位。此外，非遗相关产品的消费市场相对狭窄，这进一步加剧了新时代青年在创业初始阶段所面临的挑战。掌握市场资源不足的新时代青年非遗传承人才开创个人事业起步艰难，其事业的发展也面临诸多难题。

2. 新观念与传统观念存在冲突

目前我国的非遗传承人普遍高龄化，相比之下，新时代青年非遗传承人才更具开放性和创新精神，更易于接受新事物，这使得他们在观念上容易产生一系列冲突。一是审美冲突，老一辈非遗传承人审美和设计理念较为传统，容易忽视新时代的需求，制作的非遗作品难以满足现代审美。新时代青年非遗传承人才因为接受了系统的设计教学，并且接受了多样学科和文化的影响，在设计观念上更为新潮，也容易受到老一辈非遗传承人的质疑。二是身份冲突，目前非遗工坊的主要负责人通常是具有广泛声誉的非遗传承人，其在发展规划和制定决策方面有绝对的权威。新时代青年非遗传承人才的加入，为工坊的运作带来了一定的积极影响。尽管如此，由于新时代青年非遗传承人才缺乏决策权，他们的多数发展和创新建议难以被工坊采纳，从而限制了工坊的创新和发展潜力。

3. 非遗产品创新、产业融合方面存在短板

非遗是推动产品创新和产业融合发展的重要资源，但根据调查了解和实地走访，发现其在以上两方面的短板表现为：一方面，大部分非遗企业对于非遗的产品设计倾向于延续和坚守传统设计元素和风格。然而，缺少创新元素的传统产品在市场上的受欢迎程度相对较低，其之所以能够销售主要基于其精湛的手工技法和独特的文化特征。与具有创新的产品相比，该类企业的订单量相对较少。另一方面，非遗与其他产业融合成为发展的必然趋势，但是就目前而言，仅有少数非遗企业开展了与其他行业的融合实践，大部分企业仍然只局限在工艺品销售、文创产品设计等主流领域。

五 贵州高校新时代青年非遗传承人才服务乡村振兴的对策

（一）高校要充分发挥育人功能

1. 充分发挥高校育人功能，健全新时代非遗传承人才培育机制

在招生及培育计划上，可根据学院和相关专业方向所需报考人数，对非遗传承人或非遗传承人子女适当放宽录取条件，针对这类人群适当降低准入门槛，开通绿色通道，可让更多拥有非遗技艺的人获得接受高等教育的机会，提升非遗传承的整体文化素养。在基础软、硬件设施上，既要为非遗的保护、传承和创新提供广阔的学习和交流的平台，又要有一支满足非遗发展需求的专业的教师团队对非遗传承教育给予更多的专业指导。在教学目标上，既要培养新时代青年非遗传承人才弘扬民族文化的自信心、自尊心和自豪感，引导他们对非物质文化遗产展开积极的认知与学习，培养对非遗传承

的使命感，又要通过召开学术会议、讲座及举办非遗相关文化实践活动、调研活动等，为培养新时代青年非遗传承人才提供理论支持与实践机会。在教学形式上，构建新时代青年非遗传承人才培养的多学科交叉课程体系，增加非遗技艺大师授课频次，并且以开放式教学为主，让新时代青年非遗传承人才作为课堂主体，就个体差异提出针对性的培养方案。

2. 打破课堂限制，重视劳动教育在文化体悟上的重要作用

新时代青年非遗传承人才既要掌握非遗技艺又要深刻了解非遗背后的深刻文化内涵。首先，应提升自主学习意识，深入钻研所学技艺，为非遗产品的输出打好坚实基础。同时主动查找阅读与自身非遗技艺相关的书籍、报刊、网页资料等，并结合实地调查、动手实操等提升对传承非物质文化遗产的兴趣，将学校给予多学科综合知识的被动接收转换为主动学习吸收多学科交叉内容，激发创作灵感，为设计赋能。其次，在课程设置上进行调整，将教学主阵地从校园内转至校园外，加长非遗工作室、大师工作坊的学习时间，深化乡村在教育中的作用，让青年人才在乡村中参与非遗项目的实践活动，在实践中感受非遗文化的魅力。最后，在实践中增强传承意识，新时代青年非遗传承人才的传承意识需要从日常点滴进行渗透和灌输，可以通过在校期间的社会实践活动、主动参加各种形式的比赛、参加农村农业实践等，加强对非遗的认知，深化对非遗的理解。

3. 整合运用资源，为学生搭建良好就业、创业平台

从多方面为新时代青年非遗传承人才成长、就业、创业提供优越环境和便利条件。在政策、经费、场所、项目、课题、宣传、展示方面给予支持，鼓励新时代青年非遗传承人才开展创新和创业。在内部建设上，建立"大学生就业创业服务工作站"，利用工作站进一步发挥在人才培养、岗位供给、平台搭建、服务保障等方面的资源优势，做好组织带头人赴国内外先进地区学习的工作，先引导学生思考创新文创产品，后引导学生创业。同时在校内招聘时线上线下结合，拓宽学生就业渠道。在毕业生管理上，系统化管理本校毕业生的信息，增加邀请毕业校友参加座谈会的次数，利用座谈会打通毕业生和在校生之间的信息壁垒，加强在校生对外界的了解。同时采取以

"老生"带"新生"的方式，借助拥有工作室和在相关公司工作的毕业生平台，为在校师弟师妹们提供一定的实习机会，搭建同校、同城、同技能的就业创业网络。在校企合作上，做好共同识别和保护继承人工作，建立学校和企业之间的合作关系，集中培训和招聘新时代青年非遗传承人才，并完善新时代青年非遗传承人才就业、创业支持体系，建立就业、创业支持系统，提供相关的实习和就业机会。

（二）加强政策支持和机制创新，推动新时代青年非遗传承人才全力服务乡村振兴

1. 加强政策支持，为乡村非遗产业提供兜底保障

针对新时代青年非遗传承人才到乡村建功的政策对吸引专业人才到乡村就业、创业具有重要作用，所以让非遗在乡村能够得到蓬勃发展的首要前提是政府要制定相关政策为其提供支持。在非遗传承人认定上，政府可以适当放宽对非遗传承人认定的条件，让更多掌握非遗技能，并且具有代表性作品的青年非遗传承人才能够获得非遗传承人的正式身份，扩充非遗传承人的队伍。在人才吸引上，乡村较城市而言存在劣势，这就更加需要政府制定相关新时代青年非遗传承人才到乡村的人才引进政策，吸引更多青年群体到乡村发展。在就业保障上，挖掘和开发更多适合新时代青年非遗传承人才的就业岗位，同时为相关人才提供住房补贴、交通补贴等就业福利，为人才的稳就业从政府层面提供支持保障。在创业支持上，鼓励新时代青年非遗传承人才到农村创业，并通过设置非遗创业项目资金、创业启动资金等形式为创业者提供一定的资金支持，另外可以建立非遗产业发展协会，整合市场资源，为非遗产业发展进行科学的引导，并提供平台、客源、培训等支持，为非遗企业的发展提供保障。

2. 充分发挥优势，将传统与创新体现在非遗发展的不同方面

新时代青年非遗传承人才可以用科学的方法为有需求的人群提供专业服务，他们对于新鲜事物的接受程度更高、接受能力更强，因此他们有能力扮演某些角色反哺乡村、振兴乡村。首先，新时代青年非遗传承人才可以扮演

经纪人的角色，在整个产业链中根据不同人的能力进行分工。传统的匠人技艺精湛，那就专心做产品把非遗技艺更好地表现出来；新时代青年非遗传承人才想法新颖，那就根据时代需求进行设计包装，提高产品的时代顺应程度和市场转化率。其次，新时代青年非遗传承人才可以扮演支持者的角色，例如针对乡村振兴背景下存在认知偏差、观念冲突、内生动力不足等困难的非遗工作相关人群，可以在优势视角下为个人赋能、为家庭赋能、促进乡村环境融入，改变部分家长的传统观念，激发新时代青年非遗传承人才的能力和克服困难的信心，从而更好、更有效地解决家庭中的矛盾，为非遗挽留更多更好的人才。再次，新时代青年非遗传承人才可以扮演研究者的角色，在进行创新研究时，新时代青年非遗传承人才要主动规避过度创新，既要紧紧把握"原真性"，又要充分凸显"当代性"。"原真性"是非遗类产品由传统走向现代的桥梁，"当代性"则是非遗由民族技术传承到实用性产品所必须具有的特征。最后，新时代青年非遗传承人才可以扮演链接资源者的角色，推动非遗传承匠人和高校、高校和非遗企业、非遗企业和匠人之间的合作，使他们对非遗技艺在国际合作与创意设计中的应用有更多的了解。还可以帮助链接社会资源，加大非遗传承工作室和非遗企业的资金投入，减轻工作室和企业的负担，为非遗匠人提供一个良好的传承环境。

3. 大胆打造"非遗+"，推动非遗创新化、品牌化、多元化发展

在国家的大力支持下，越来越多的非遗品牌进入大家的视线，非遗相关企业要多措并举让非遗"活"起来。首先，如今市场基于地方经济与文化，企业作为推动非遗传承的重要力量，离不开创新的核心技术，传统企业想要进一步融入时代，还需要进行技术创新，新时代青年非遗传承人才将传统非遗引入现代化的思维和设计，同时还可以利用数字经济这个擦亮非遗品牌的重要抓手，为非遗创新技术奠定基础。其次，新时代青年非遗传承人才应该有意识地构建自己的品牌，非遗的品牌化和产业化是非遗传承带动乡村振兴的必由之路，非遗工作室和相关企业之间通力合作，利用团体协作的方式互通信息，拓宽新的市场和渠道，同时还应注重申请原创版权，为非遗匠人营造更好的创作环境。最后，非遗企业应该做好"非遗+"，多领域跨界融合

的重要性愈来愈凸显，需要通过"非遗+"与科技手段融合、与不同产品载体融合、与不同产业融合，更重要的是与不同宣传手段融合。可通过网络直播、网店预售、参展、文旅结合等方式，寻找适合自己的销售方式、拓宽非遗产品的销售渠道。还可以利用科技为非遗赋能，利用互联网和数字化技术给现代非遗技艺带来更多可能，例如建模、VR、AR 等新兴技术，为消费者带来沉浸式、交互式的非遗体验。

根据调研，总的来说贵州高校非遗传承教育对培养符合时代发展需求的创新型非遗传承人才具有显著优势，乡村也需要新时代青年非遗传承人才的加入以帮助乡村非遗的发展。但是因为多种原因，贵州高校的非遗传承教学还存在一些问题，新时代青年非遗传承人才对于乡村振兴的推动作用也需要通过多种手段进一步加强，这就需要高校、新时代青年非遗传承人才、乡村三者之间构建出科学有效的培养—输出—发展体系，让高校培养出的新时代青年非遗传承人才能够真正回归乡村，推动乡村非遗的活态发展。

参考文献

胡钰、赵平广：《文化、人才、资本：乡村振兴的基本要素研究》，《行政管理改革》2022 年第 11 期。

冯骥才总主编《中国非物质文化遗产百科全书》，中国文联出版社，2015。

杨程程：《人力资本视阈下传承人群的"再教育"研究——以广西非遗研培计划为例》，《广西民族师范学院学报》2022 年第 4 期。

王靖：《贵州高职院校大学生的非遗状况调查》，《中国民族博览》2022 年第 1 期。

胡迪雅、李雪婷、仲丹丹：《"两创"视角下非物质文化遗产学校教育的现实困境与优化路径》，《民族教育研究》2023 年第 2 期。

欧阳锡威：《非遗传统文化融入高校思政教育价值探究》，《中学政治教学参考》2023 年第 36 期。

李舒好：《非遗文化传承的教育路径研究》，《南京艺术学院学报》（美术与设计）2023 年第 3 期。

张雪梅、黄璟：《苗族侗族非遗传承人培育模式构建研究》，《贵州社会科学》2023 年第 3 期。

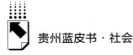

赵博文、李克军：《高校非物质文化遗产传承教育体系构建的逻辑机理与创新实践》，《贵州民族研究》2023 年第 1 期。

路明：《"非遗"舞蹈在高等教育中的传承与保护——以六盘水师范学院为例》，《兴义民族师范学院学报》2021 年第 5 期。

赵蕾：《基于活态传承模式的苗族非遗手工艺产品的"再设计"探讨》，《贵州民族研究》2022 年第 5 期。

肖丽娅：《基于地域文化特色的非物质文化遗产保护与传播研究》，《大众文艺》2023 年第 14 期。

林施言、黄洁雯、陈芷婷、陈雨畅：《新媒体语境下广东醒狮仪式化传播的实现策略和社会价值》，《新媒体研究》2022 年第 6 期。

张宏敏：《中华优秀传统文化得到创造性转化、创新性发展》，《观察与思考》2023 年第 2 期。

匡清清、蔡宛平：《传承与创新：广州海珠区非遗传承现状及保护方案研究》，《文化创新比较研究》2023 年第 12 期。

谈国新、王亚辉、吴晓琳、王雪婷、许莲莲：《中国非物质文化遗产保护政策演进与内在逻辑》，《湖北理工学院学报》（人文社会科学版）2023 年第 5 期。

陈一收、林心怡：《场域视角下乡村精英助力乡村振兴的机制与进路——基于泉州 L 村非物质文化遗产传承活化的实践观察》，《莆田学院学报》2023 年第 3 期。

张为民、邓勇：《全面推进乡村振兴背景下设计赋能乡村的三重向度》，《湖南包装》2023 年第 6 期。

B.19
乡村振兴背景下贵州省社会工作
人才培养的优化路径研究*

王亚奇　程　华　董亭亭**

摘　要： 社会工作与乡村振兴在专业属性、价值理念、实践方式等多方面具有契合性、一致性。多项政策的推动为社会工作更好地发挥专业优势、融入乡村振兴提供了重要契机。在此背景下，如何促进农村社会工作人才培养成为亟待解决的重要问题。本文以乡村振兴战略发展为背景，以"三螺旋"理论为分析框架，探讨高校、政府、机构三大参与主体的功能发挥、相互影响、互动产生新组织等方面面临的挑战，提出了聚焦乡村振兴、充分发挥三螺旋主体功能，推动内部建设、推动"三螺旋"主体角色转化，强化协作配合，形成"三螺旋"之间良性影响，加强建设孵化、发挥螺旋新组织聚合作用的优化路径。

关键词： 乡村振兴　社会工作　人才培养　贵州省

一　乡村振兴背景下社会工作人才培养的分析框架

乡村振兴何以是社会工作尤其是农村社会工作发展的重大机遇，乡村振

---

* 本文系遵义师范学院 2022 年度教学内容与课程体系改革建设培育项目"乡村振兴背景下应用型社会工作专业人才培养体系构建研究"（项目编号：JGPY2022011）与遵义师范学院 2023 年国家（省部）级社会科学基金培育课题"贵州返贫治理的社会工作多重嵌入机制研究"（项目编号：2023KYQN04）阶段性成果。

** 王亚奇，遵义师范学院副教授，博士研究生，主要研究方向为民族地区社会工作；程华，毕节市未成年人救助保护中心工作人员，主要研究方向为社会治理；董亭亭，贵州民族大学社会工作硕士研究生，主要研究方向为社会工作。

兴背景下又该如何促进社会工作人才培养，回答以上问题首先要厘清乡村振兴与社会工作之间的关系，辨析二者之间的契合性。有学者认为社会工作是乡村振兴战略的重要建构力量，构建新型乡村治理体系和公共服务体系是乡村振兴战略的一个重要目标，这与农村社会工作价值理念具有耦合性。[①] 社会工作与乡村振兴在专业属性、价值理念、实践方式等多方面具有契合性、一致性，[②] 能够有效解决农村老龄化、空心化、留守现象等问题。人才振兴是推动乡村振兴的关键因素，只有吸引和留住人才，才能以此为基础建立一个有效的乡村治理体系。乡村振兴需要社会工作专业人才，加强农村社会工作人才队伍建设是加快培养乡村治理人才的重要部分。社会工作人才培养要回应乡村振兴背景的现实需要，就必须考虑乡村振兴战略发展的需求，从政策支持、岗位设定、市场需求、课程制定、服务设置、人才队伍建设等多个层面构建人才培养体系，优化人才培养路径，以更好助力乡村振兴发展。

基于现有研究以及结合乡村振兴背景下社会工作人才培养的特点，本文选取了"三螺旋"理论作为理论基础进行分析，该理论由美国社会学家埃茨科威滋（Henry Etzkowitz）提出，认为社会、企业和大学是知识经济社会内部的三大要素，它们根据市场需求而联结，形成了三种交叉影响的螺旋关系，三者相互独立又相互影响。埃茨科威滋假设，围绕知识的生产和转化，高校、机构和政府三重螺旋关系的形成需要经过四个环节[③]，一是单个螺旋内部的进化，即发生在每条螺旋线上的角色转换，如政府除了政策保障，也承担着人才培训培育的职能，高校除了传统教学以外，还发挥了政策研究以及创新创业等功能。二是螺旋间的相互影响，在整个系统中，一条螺旋对另外两条螺旋有着重要的影响，如政府政策的变化导致高校人才培养及机构运行受到影响。三是螺旋间产生新的组织机构和网络，即在"三螺旋"之外

---

① 汪鸿波、费梅苹：《乡村振兴背景下农村社会工作的实践反思及分层互嵌》，《甘肃社会科学》2019 年第 1 期。

② 萧子扬、刘清斌、桑萌：《社会工作参与乡村振兴：何以可能和何以可为?》，《农林经济管理学报》2019 年第 2 期。

③ Etzkowitz, H., Incubation of Incubators: Innovation as A Tri-ple Hclix of University-industry-government Networks [J]. *Science and Public Policy*. Vol. 29. No. 2. (2002.): 1–14.

还有一个更专门的组织，为三条螺旋自身的进化和协同进化提供活动空间。四是更广泛的社会影响，即三条螺旋之间不仅存在相互影响，也能够作用于更广泛的社会。许多学者从"三螺旋"理论视角研究创新创业教育和专业教育的关系与融合，[1][2] 在整个教育过程中，高校是人才培养的主体，不仅提供人力资本，还提供新技术和新知识，即高校不仅为乡村振兴提供人才支持，输送社会工作专业学生助力农村发展，同时也通过课题研究、领办社工机构等方式，反馈新的理论模式和实务经验，为未来的政策方向提供建议等；企业是生产主体，为市场提供产品服务，在社会工作人才培养中，这一主体则可理解为专业的社工机构，作为市场上的产品供给方，机构以提供社工服务作为"产品"形式助力乡村振兴，为乡镇提供有针对性的专业服务，包括生态环境优化、促进居民自治、提升基本公共服务水平等。政府则根据高校与机构的研究或实务反馈，完善政策或制度，利用购买服务、公开项目需求、课题研究等形式提供支持和保障。[3] 培养农村社会工作人才，需要高校、政府、机构等多方的协同努力，形成合力，共同作用，[4][5] 作为贵州省社会工作人才培养的三大参与主体，高校是培育社会工作人才的重要场域，同时也是输出社会工作新理论新模式的孵化器；政府完善顶层设计，出台一系列的制度政策，设置岗位吸引人才，提供资金保障；机构是具体的实践主体，为社会工作人才提供组织保障，承接政府购买服务，三者相互结合，形成螺旋，共同推动人才的培养。由此，本文将"三螺旋"三大参与主体"高校—政府—机构"作为研究对象，围绕单个螺旋内部的进化、螺旋间的相互影响、螺旋间产生新的组织机构和网络等展开分析。

---

① 傅田、赵柏森、许媚：《"三螺旋"理论下创新创业教育与专业教育融合的机理、模式及路径》，《教育与职业》2021 年第 4 期。

② 张绍丽、郑晓齐：《专业教育、创新教育与创业教育的分立与融合——基于"三螺旋"理论视角》，《黑龙江高教研究》2017 年第 6 期。

③ 罗昆、张廷龙：《创新创业教育与专业教育融合的模式、路径与实践——基于"三螺旋理论"的视角》，《山东科技大学学报》（社会科学版）2019 年第 5 期。

④ 徐姗姗：《乡村振兴战略背景下农村社会工作人才队伍建设的研究》，《农业经济》2023 年第 2 期。

⑤ 张李莹：《乡村振兴战略下农村社会工作人才队伍建设研究》，《甘肃农业》2022 年第 11 期。

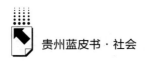
二 乡村振兴背景下贵州省社会工作人才培养的积极探索

20世纪90年代后贵州省高校开始设立社会工作专业，利用专业教育引领全省社会工作的发展。2009年贵州省民政厅设立了社会工作人才登记服务中心，负责在国家政策指导下构建贵州省社会工作发展规划，随后贵阳市、铜仁市、六盘水市、黔东南州先后成立了相应的社会工作人才机构。贵州省社会工作在行政领导与学术研究的共同推进下发生了巨大的变化，逐步形成现在的"高校培育—政府保障—机构服务"的社会工作人才培养路径，具体如下。

（一）高校培育：社会工作人才专业建设

高校作为人才培养的主要阵地，承担着为乡村振兴培养人才、科学研究和提供社会服务的重要使命。① 高校为政府部门和社工机构输入专业人才，提供智力支持。高校输送学生到人才市场，促进社会工作市场服务与行业专业化发展，寻求机构合作确立实习基地，丰富学生的实践经验与机会。此外，高校与机构的合作并不仅限于实习机构的搭建，许多社工机构也会聘请高校老师做社工督导，以强化组织内部专业水平，为机构内的一线社工提供督导服务。许多机构的负责人就是高校专业老师，依托高校的资源从而获得更多的人力资源及项目资源等，机构本身有着高校背景，在这一背景下的高校除了教育和科研，也承担了服务提供和知识转化的角色和职能。社会工作是具有较强社会性的应用型学科，国家政策的出台和发布，都影响了社会工作专业的发展方向。高校的招生计划、学生培养计划、学科发展计划乃至科研方向等都和国家社会经济发展与政策方向息息相关。反之，高校通过与政府进行项目合作，如民政厅相关调研立项课题、政府购买服务社工项目评估

---

① 梅小亚：《高校社会工作学科为乡村振兴战略服务探讨》，《理论与当代》2021年第4期。

等，都会与高校专业教师、专家等合作，深入调查研究社会工作专业化发展、本土化发展，总结本土化经验与优势，创新社会工作专业理论与模式，为国家政策的出台提供经验反馈。贵州省共有 9 所高校开设社会工作专业，其中 4 所高校设有社会工作硕士研究生学位（MSW），在本科及硕士教育阶段，贵州高校的社会工作专业教育是以基础知识课、专业基础课、专业理论课和专业选修课构成的专业通识。高校人才培养方案中，重点是考核学生对通用专业知识或具体领域实务的掌握及运用，例如遵义师范学院社会工作专业人才培养方案中对应用融合的要求是"满足服务农村的需求，掌握农村社会工作专业理论，有能力回应以农村为中心的社会问题和特殊困难群体的具体需要"。在专业课程设置上，贵州省基于乡村振兴背景的高校专业教学主要是依托《农村社会工作》《社区社会工作》等内容进行拓展，或在相关课程教学过程中进行延伸，如贵州大学、贵州民族大学等在主办系列讲座中涉及基于乡村振兴背景下专业建设或专业实践等相关内容。社工专业的学生实习实训主要是依托社区、乡镇社工站、社工机构以及地方民政系统等主体进行。

（二）政府保障：人才培养的制度化保障

完善的顶层设计提供的是一种制度化的保障，政府在社会工作人才培养中占据主导地位。人才的培育是为满足国家社会、经济、文化发展需求，国家的发展方向与政府政策方针的出台和制定，为人才培养提供了方向和制度保障。政府既是政策的制定者，同时也是市场服务的购买方，基于这一角色的多重性，机构也仰仗政府政策优化以及购买服务得以生存发展。政府通过向社会组织购买社会服务，从而强化本土专业队伍建设，并推动社会组织发展。《中共贵州省委 贵州省人民政府关于做好 2023 年全面推进乡村振兴重点工作的实施意见》中明确指出"加强乡村人才队伍建设。组织引导教育、卫生、科技、文化、社会工作、精神文明建设等领域人才到基层一线服务，支持培养本土急需紧缺人才"。贵州省通过动员考试、教育培训、项目运行、岗位开发、薪酬保障等方式推动社会工作人才培养，并在第十一届贵州

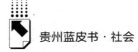

人才博览会上公布的贵州紧缺人才需求目录中，将社会工作人才列为"服务业创新发展类"紧缺人才，激励实务型社工和管理型社工加速成长。2023年印发的《关于加快推进贵州省社会工作人才队伍建设高质量发展的实施意见》（黔民发〔2022〕21号），提出鼓励各级党政机关、人民团体、事业单位招录、招聘社会服务相关职位工作人员和选拔干部时，在同等条件下要优先录用具有丰富基层实践经验的社会工作专业人才。现阶段贵州省主要通过购买社工服务来补齐基层社工人才短缺，以社工站为阵地，与服务项目进行联动，将"儿童之家""益童乐园""社工黔行""五社联动·社工站助力计划""蓝马甲"等项目引入社工站，通过购买专业机构社工服务引进专业社工，利用专业社工带动工作人员的形式，提升基层社会工作专业服务水平。在腾讯公益"99公益日"期间，贵州省社会工作协会携手贵州省慈善总会，共同发起"社工黔行助乡村振兴"慈善公益项目互联网募捐活动，旨在搭建基层社工站，把社会工作更广泛地送到贵州农村。为进一步加快推动社会工作专业化发展，贵州省民政厅委托贵州省社会工作协会启动实施"贵州省第一批省级社会工作服务督导人才的选拔培养（培训）"项目，在全省范围内选拔培养一批不少于50人的理论和实务经验丰富、长期扎根本土一线的督导人才，示范带动更多的社会工作者提升专业能力和服务水平，助推基层社工站提质增效。此外，都匀市、凯里市、六盘水市水城区等各地社工总站也通过集中培训的方式，邀请高校专家教授、经验丰富的一线实务工作者等人为辖区内的乡镇（街道）社工站的一线社工进行授课，通过案例分析、理论知识讲解等环节帮助社工掌握必要的相关政策知识和实务技能方法，其中涉及一些乡村振兴的内容。

（三）机构服务：社工专业服务供给主体

社会工作机构是社会工作人才的重要就业途径之一，是高校链接的重要实习基地，为高校社会工作专业学生提供实习机会，同时也是政府购买服务的主要承载主体，是市场上专业服务的供给主体。机构作为正式组织在开展服务时更加注重服务过程的程序化和规范化，通过项目涉及、指标量化来体现工作效率，① 高校输送实习学生到机构，机构规范化的工作流程也能够培养提升社工学生的职业化水平，部分机构在新员工入职或新项目启动时会进行岗前培训，对机构内设置、规范化程序、项目基本情况与服务计划等内容进行讲解。机构督导会在服务实施过程中对项目进行跟进，帮助社工更好地完成服务内容、提升服务成效。对于社工学生来说，在机构参与实习的整个培训、接受督导、完成服务的过程中，能够实现从专业学习到专业职业化市场化的一个转变，成为服务供给主体的一部分。贵州省社工机构的督导是以高校专家教授、民政系统内实务经验丰富的工作者等为主，例如毕节市社联社工机构的督导就包括贵州民族大学专业老师、毕节市民政局的资深社工职员等。政府依托购买服务与项目签订获得机构的专业服务，机构指派专业人才到基层提供专业服务，如"三区计划""三社联动""社工黔行"等项目，为易地搬迁社区居民提供服务，聚焦"一老一小"，助推基层社工站建设，助力各地基层社会工作专业人才培养。在实际的服务过程中，机构不断总结经验，形成了自己的服务方法与服务模式，如凯里市彩虹社工机构的儿童服务、遵义市希冀社工机构的"家庭学校"养老服务、毕节市社联社工机构的司法服务等。

三　乡村振兴背景下贵州省社会工作人才培养面临的挑战

为了更好地了解贵州省社会工作人才培养情况，针对高校社会工作专业的学生进行了问卷调查，问卷对高校专业课程设置、实习安排、乡村振兴背景下就业方向等进行调查，共 307 名学生参与，其中男性 88 名，女性 219 名，大一学生 9 名，大二学生 38 名，大三学生 61 名，大四学生 45 名，已毕业学生 154 名，主要包括贵州大学、贵州民族大学、贵州师范大学、遵义

① 邱玉婷：《社工机构助力乡村教育振兴路径优化——以广西 H 社会工作服务中心为例》，《河南科技学院学报》2023 年第 7 期。

师范学院、铜仁学院、安顺学院、凯里学院、黔南师范学院等高校学生。总体来看，贵州省社会工作发展迅速，高校、政府与机构之间已经有了互动和联系，共同推动行业发展，但参与主体各自的功能发挥仍然不够充分，沟通合作的机会仍然较少，交互方式较为单一，组织数量不够，具体表现如下。

（一）"三螺旋"主体功能发挥不充分

高校社会工作学生的培养需要兼顾城乡社会工作需要，但当前贵州省高校社会工作人才培养对于乡村振兴战略下农村社会发展需求的回应还不够。在高校社会工作人才培养方案中，针对乡村振兴战略人才培养环节的安排还不够，例如，在方向设置上，农村社会工作方向的设置较少；在专业课程设置上，大部分高校的做法是将乡村振兴的相关内容纳入《农村社会工作》这一课程的某一个专题或章节进行讲授。其中，有个别学校甚至未开设《农村社会工作》课程，通过调查研究发现，62.21%的学生表示学校没有开设乡村振兴相关专业课，48.21%的学生选择学校没有开展过乡村振兴相关的知识讲座或技能培训，表明高校在人才培养方面缺乏对于乡村振兴战略的关注和聚焦。从高校学生的就业意向来看，30.94%的学生愿意从事乡村振兴有关工作，17.92%的学生非常愿意，27.36%的学生不愿意。表明学生从事乡村振兴相关工作的意愿不高，高校对于学生的就业引导不足。同时，高校教师在科研以及成果转化方面、学生在创新创业中对乡村振兴方面的关注也都不够。

政府是行业发展的政策保障，贵州省为促进社会工作专业人才培养、助力乡村振兴发展出台了一系列制度措施，诸如前文中提及"鼓励各级党政机关、人民团体、事业单位招录、招聘社会服务相关职位工作人员和选拔干部时，在同等条件下要优先录用具有丰富基层实践经验的社会工作专业人才"等。政策初衷是为了鼓励社会工作专业学生到基层就业，行政层面提供就业岗位，从而促进基层社会工作专业人才队伍建设，但在现实层面政策落地存在难度。在对工作岗位的选择时，47.23%的学生更愿意成为乡村振兴相关的体制内工作人员，16.94%的学生愿意成为乡村振兴服务的社工机构负责人，13.03%的学生愿意成为乡镇社工站社工，这表明社会工作专业的学生更加倾向于体制内的工作。但在政府行政岗位的招聘中，"优先录用具有丰富基层实践经验的社会工作专业人才"更加难以实现，2023年贵州省省考岗位表3421个岗位中，招聘"社会工作"专业岗位数为2个，分别是贵阳市南明区民政局、铜仁市印江土家族苗族自治县人民法院工作人员岗位。"社会学类"岗位数为9个，分别为贵阳市救助管理站、贵阳市南明区民政局、贵阳市花溪区文体广电旅游局、中共仁怀市委统战部、黔南州独山县就业局、铜仁市江口县民政局、铜仁市思南县社会保险事业局等7家机关单位工作人员岗位，且岗位与乡村振兴相关工作的关联性不高。

机构是服务的提供者，但贵州省社会工作机构发展主要依托于政府购买服务，其运营收入主要靠承接政府项目，导致大部分社工机构自身发展定位并不清晰，或者说没有明确的侧重点，缺少对于某一专业领域的深入研究和耕耘。机构的服务以政府项目需求为导向，社工机构能够接到什么项目，便提供何种服务，哪怕之前从未开展过类似的服务，难免有"现学现卖"之意，缺乏充分的准备与长期的积淀。机构作为市场产品的输出者，即服务提供者，现阶段的服务提供是一种"被动供给"的状态，"产品"开发不足。也就是机构无论是在项目的规划上，还是服务的制定上，是根据政府项目需求制定的，或针对社区或针对老人儿童，机构没有自身的优势或个性化的产品输出。例如，贵州省没有专门从事乡村振兴领域服务的社工机构，也缺乏在乡村振兴方面实务经验丰富的一线社工，因而也缺少对社会工作助力乡村振兴发展的专业服务模式的开发。

（二）"三螺旋"角色进化转换不足

"三螺旋"的要旨是高校、政府、机构这三个主体范围每一个都表现出另外两个的一些能力，但同时仍保留着自己的原有作用和独特身份，贵州省社会工作培养现有主体内部的进化即主体之间的角色转换不足。在"三螺旋"模式中，高校不仅培养学生、从事研究工作，还致力于将知识有效地转化为使用价值。贵州省高校除了专业教学外，其他角色没有得到充分的发挥，如高校未能深入参与到政府的政策调研、制定、完善和落地这一过程中

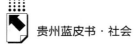

来，尚未成为政策制定的主体、为政府政策的制定提供更多的建议，未能将专业培育、专业发展等方面的经验更多地反馈给政府，或在政策研究层面提供切实可行的参考路径。高校仍然是以"客体"的身份存在于政府政策保障这一过程中，是被保障的对象，依赖于政府自发的支持与援助。

政府不仅扮演提供政策保障的角色，也可以是人才培训主体和专业服务提供者。贵州省提供的人才培训更多地以通用专业培训为主，特别对于乡村振兴战略相关政策和发展进行培训，且由于资源、时间等各方面的限制，被培训对象更多为现有的行业从业者及市县两级相关工作人员，乡镇级工作人员培训覆盖面不足。专业服务提供者应是政府的角色之一，基层政府工作人员也是提供社会工作专业服务的重要主体，扎根基层的乡镇、村居工作人员，一线工作经验丰富，甚至部分工作人员与村民们是亲友关系，有着天然的地缘性和血缘性，对于当地的文化脉络更加熟悉，与村民之间的联结更加紧密，能够更好地发挥作用、提供服务。但大多数基层政府在推动农村发展建设中，对社区服务不够重视，农村地区工作人员考取社会工作专业资格的人员较少，也不重视对工作人员的专业培训。在农村地区，对社会工作认同度较低，社会组织发展滞后，从而缺乏培养社会工作专业人才的平台。

机构是服务的提供者，同时也可以是教育者和知识提供者。调查发现对于增强自身竞争力的需求选择上，66.78%的学生选择需要机构给予其实务指导，61.89%的学生需要参与更多与乡村振兴相关的社会实践活动，这些都充分说明了机构对于社会工作学生实务水平提升与未来就业选择具有重要影响。但是51.14%的学生表示学校没有配备适合开展乡村振兴服务的实训基地，导致学生即使在参与实习实训的过程中，也很难真正融入乡村振兴服务中。贵州省经济发展相对落后，服务对象文化水平普遍不高，多为脱贫后的乡村居民，其需求与面临的困境更加多维，更加需要社工丰富的本土实务经验去支撑，实务经验的积累仅靠高校的培养是远远不够的，需要机构进一步培养。不论是机构内部提供的入职培训或是工作期间的其他培训，以及实务过程中提供的督导，都是社会工作人才培养的重要环节。但目前机构对于新进人员往往缺乏系统的培训，多数是采用"老带新"的形式，对于社工站驻站社工的培训都是以社会工作专业理论、专业实务等内容为主，侧重分享一些实务方法，没有特别针对乡村振兴战略相关背景进行深入培训。机构对自身定位不够清晰，缺乏对某一领域的深入耕耘，对于实务经验和模式的总结性知识较少，难以将一线的经验形成系统的知识理论进行反馈。

（三）"三螺旋"主体间交互影响不够

螺旋之间的相互影响体现在主体之间观念和相互态度的变化，同时也是在信息交互、相互影响相互作用的情况下发生的。贵州省"三螺旋"之间信息交互与影响不足，机构是生产的主体，高校是教育的主体，事实上高校也可以是生产主体、机构也可以是教育主体，高校除了探求知识和传播知识以外，还要使知识市场化，也就是高校在传播知识的同时要了解市场需要什么样的知识，即乡村振兴战略背景下需要什么样的社会工作人才？政府和机构未能给予高校这一命题现实反馈，导致高校专业教学无法回应现实需求。作为能够制定规则的主体，政府需要创造良好的环境和条件推动高校和机构发展，为高校和机构的合作创造积极的政策环境，高校和机构也需要不断进行发展创新，影响政府政策的转变。现阶段贵州省主体间的合作既单一又单向，尚未形成良好的"螺旋上升效应"。政府主导发布科研项目或服务项目，高校与机构进行申报，高校与机构之间的合作形式较为单一，主要为人员培训和督导，依托政府项目。政府未能更多地为机构和高校的合作提供政策机会和扶持，高校与机构之间的联系仍然以实习基地、督导指导为主，缺乏更多相关项目的拓展以及合作的机会。

（四）"三螺旋"重叠组织作用有限

螺旋之间的互动能够产生新的组织，这一组织是三个主体相互作用产生新的重叠的组织机构或网络，如合作研究中心、战略联盟、科技园等混成组织。① 这一组织不隶属于任一螺旋，强调群体的共同利益是为社会创造价

---

① 马永斌、王孙禺：《大学、政府和企业三重螺旋模型探析》，《高等工程教育研究》2008 年第 5 期。

值，是三个主体之外的新生体，能够整合资源促进三者之间的交流互动，从而达到更好的效果。2017 年，贵州省成立社会工作协会（以下简称社工协会），它由高校专业人员、机构负责人、行业从事者等诸多行业相关人员构成，发挥了一定的组织效能，整合了政府、高校与机构的资源，促进了省内行业之间的沟通交流，协同开办了诸多培训项目。但其对于政府的依赖性较强，内生动力还不足，未能形成新的三边网络覆盖，发挥的作用有限，且仅靠单一的组织也无法很好地串联起三个主体，形成更多元的合作。

四 乡村振兴背景下优化贵州省社会工作人才培养路径的建议

（一）聚焦乡村振兴，充分发挥三螺旋主体功能

社会工作人才的培养更加需要关注应用性，乡村振兴背景下的社会工作者理应具备文化敏感性和对本土境遇的应变性，这都需要社工对于本土文化、相关政策发展、农村社区发展的具体问题有一定的认识和了解。要加强对乡村振兴战略的学习，如乡村振兴战略的提出、历史背景、发展历程、现状、需求等，在农村社会工作、农村社区社会工作、社区社会工作等专业课程设置上，要更加聚焦中国国情乃至贵州省自身省情的学习。尤其贵州省是少数民族聚居地区，辖区内少数民族较多，针对少数民族地区的社会工作服务开展，更加需要了解不同民族地区的文化脉络和风土人情，才能够更好地培育出贵州省本土化专业化的社会工作人才，促进乡村振兴战略实施，助推农村发展。政府应按照当前国家乡镇社会工作人才队伍建设部署，实现乡镇社会工作站全覆盖，行政村设立社会工作点，实现"一村一社工"专职开展服务，需要大量的社工岗位。在此基础上，要继续完善社会人才培养的顶层设计，要依托乡镇社会工作站科学配置农村社会工作岗位，将社工列入人员编制管理。鼓励有经验的基层工作者主动学习提高专业技术水平，通过岗位设置、人才激励机制等方式吸引社会工作专业人才。对于以获取专业资格

或愿意主动学习的工作人员，要给予肯定与激励，在岗位聘用、先进评选等工作中优先考虑。通过更加科学合理的岗位配置，推动农村社会工作人才培养。机构的发展是政府需求导向，政府期望专业社工力量能够在基层发挥作用，推动乡村发展，助力乡村振兴。基于此，社工机构要明确机构的发展方向，从全面服务逐渐过渡到精细化服务，将擅长的领域做精做细，特别是乡村振兴战略下的社工站建设、城乡居民融合、乡村治理等内容，对已有的实务经验进行总结提炼，逐步构建完善的服务模式和服务内容，提升机构的服务水平与服务能力。

（二）推动内部建设，推动"三螺旋"主体角色转化

螺旋的内部进化就是每条螺旋自身内部的转变，主体角色的转变来自自身内部建设的完善和提升。高校需要转变原有的"客体"思维，强化知识研究者和转化者的身份，将专业知识与学术研究成果"市场化"，为政府政策制定提供反馈，从而完善现有的政策制度或推动新的政策制度的制定。例如当前社会工作教学过程中乡村振兴战略相关内容的缺失，政策制度与高校教学之间的不匹配，校社合作中存在的切实困难等都需要高校在多个角色中尝试进行转变。政府开展专业培训要重视基层工作人员，从而提升政府专业服务供给水平。要增强基层政府对抓好农村社会工作的认识，提高对社会工作人才培养重要性的认识。学习借鉴发达地区的做法，例如广东省"双百工程"等，扶持农村社会组织孵化与发展，提供资金和政策层面的支持。同时也要转变思维，鼓励村干部和农村社区中青年党员积极参与社会工作理论和技能培训，参加社会工作职业技能考试获取专业资质，提升村干部、志愿者、村居民等群体社会工作基本素质。对于已有的社会工作专业人才，基层政府要清楚认识到社工在乡村治理中的重要作用，不要陷入行政工作漩涡中，要充分发挥社会工作者的专业性，切实解决居民问题，完善社区公共服务。机构要制定科学规范的人员招聘计划，明确自己未来的发展方向和服务领域，建立"按岗选人"机制，形成规范的人员管理体系。加强机构内部的业务研究与培训督导，提高工作人员的稳定性，根据工作内容进行岗前培

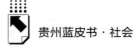

训，特别是现阶段的社工项目多是依托社工站建设开展，其主要目的是借助站点建设强化本土专业力量，岗前培训则需要包括本土化发展、贵州省省情、乡村振兴事务等内容。

（三）强化协作配合，形成"三螺旋"之间良性影响

在"三螺旋"系统中，高校、政府和机构应是相互渗透、相互依赖的共同体，有着共同的目标，实现共生共长。通过主体之间的互动、交流，从而实现互利互惠的目标。加强高校与政府、机构的联动性，高校在制定人才培养方案与计划时，可与政府、机构进行协作交流，了解政府、市场对于社会工作人才的需求，了解乡村振兴战略背景下基层农村的切实需要，基于现实需要而制定和完善人才培养方案与计划。还可与政府联动，在农村开设乡村振兴实习基地，建立长久稳固的乡镇政府部门和社会福利机构与高校的合作关系，推动社工学生熟悉农村社区环境，了解贵州省乡村振兴工作实施情况，学习地方性知识。政府要不断优化政策环境，加强与高校与机构的多方合作，例如政府可以聘请高校教师与机构专家作为相关部门的专业顾问，鼓励高校教师到相关部门挂职锻炼等。机构可以在内部成立相应的研究机构，同时寻找外部研发力量，与政府、高校共建产教融合基地，开展产学研合作等。

（四）加强建设孵化，发挥螺旋新组织聚合作用

新兴的专门组织产生于高校、政府和机构之间，是"三螺旋"要素合成的结果，是一种混成组织，并以此引导高技术发展的新思路和新范式，从而刺激组织的创造性。一方面，要进一步加强现有组织的建设，减少对政府的依赖性，弱化以某个主体为主导的概念，形成更多元的合作方式，拓展更多的合作空间；另一方面，可以加强组织的孵化，诸如成立乡村振兴社会工作人才战略联盟、乡村振兴社会工作人才培训基地、乡村振兴社会工作研究中心、乡村振兴社会工作科技园等组织，其作用在于整合主体资源，强化三者间的交流合作，带动资源的流动，以更好地推动行业的发展，实现"三

螺旋"参与主体之间更多的重叠与交互，形成由高校、政府、机构参与乡村振兴的"共同体"与"融合圈"。

参考文献

卫小将、黄雨晴：《乡村振兴背景下农村社会工作人才队伍建设研究》，《中共中央党校（国家行政学院）学报》2022年第1期。

赵海林、徐璐：《"校、社、府"协同创新的社会工作专业人才培养模式探索与实践》，《黑龙江教育》（理论与实践）2022年第4期。

李妮：《"五位一体、专本融通"的高职本科"2+2"协同育人模式：成效及其限度——以社会工作专业为例》，《中国职业技术教育》2021年第16期。

麦叔芳：《乡村振兴背景下开放教育助力社会工作应用型人才培养的路径探析——基于Y开放大学育人模式的思考》，《教育观察》2022年第10期。

李敏、范艳存、乔婷婷等：《医务社会工作专业人才岗位胜任力模型初探》，《内蒙古师范大学学报》（教育科学版）2018年第8期。

王芃翔：《乡村振兴背景下农村本土社会工作者人才队伍建设研究》，《智慧农业导刊》2023年第13期。

姜晓丽：《乡村振兴战略下农村社会工作人才队伍建设研究构架》，《农业工程技术》2023年第14期。

徐其龙、周荧：《乡村振兴背景下地方高校农村社会工作专业人才培养机制实践探索与研究》，《就业与保障》2023年第11期。

刘春桃、柳松：《乡村振兴战略背景下农业类高校本科人才培养模式改革研究》，《高等农业教育》2018年第6期。

易地扶贫调研篇

B.20
党建引领易地扶贫搬迁：
实践逻辑与发展进路*

——基于贵州的经验考察

刘　洋**

摘　要： 我国在长期反贫困实践中形成了独具中国特色的"党建+"贫困治理模式，为全球减贫事业贡献了中国方案和中国智慧。易地扶贫搬迁作为脱贫攻坚时期任务最重、难度最大的"头号工程"，为深度考察党建引领脱贫模式的理论探索提供了优质"土壤"。通过对贵州易地扶贫搬迁实践分析发现，党建引领易地扶贫搬迁展现了制度保障、组织统合、资源整合、价值引领的逻辑理路，并实现了政治效益、经济效益、社会效益和生态效益的叠加耦合。然而，易地扶贫搬迁仍面临供需偏差、结构失衡、基层悬浮、衔接

* 基金项目：国家社会科学基金一般项目"全灾种视域下中外城市应急管理体制机制比较研究"（项目编号：22BZZ092）阶段性研究成果。
** 刘洋，贵州财经大学公共管理学院副教授，硕士生导师，主要研究方向为反贫困与社会保障。

梗阻等困境。基于此，瞄准群众需求打造"双向"服务，完善基层党组织建设专项机制，全力推动政党嵌入基层治理，赋权增能保障党建引领治理重心有效衔接，将成为后脱贫时代党建引领易地扶贫搬迁持续发展的主攻方向。

关键词： 党建引领　易地扶贫搬迁　系统性整合　优势治理　贵州省

一　问题提出：党建引领贫困治理中被遮蔽的独特性

反贫困一直是治国安邦之大事，也是社会主义的本质要求和党的重要使命。伴随党团结带领全国各族人民取得脱贫攻坚的伟大胜利，党建引领贫困治理的优势不断彰显，并取得举世瞩目的卓越成就。质言之，我国在长期反贫困实践中形成了独具中国特色的"党建+"贫困治理模式，为全球减贫事业贡献了中国方案和中国智慧。现进入巩固拓展脱贫攻坚成果与乡村振兴有效衔接的关键过渡期，巩固拓展脱贫攻坚成果成为全面推进乡村振兴和实现全体人民共同富裕的首要前提。党的二十大报告明确指出，巩固拓展脱贫攻坚成果，增强脱贫地区和脱贫群众内生发展动力。同时，习近平总书记指出，"各地区各部门要总结脱贫攻坚经验，发挥脱贫攻坚体制机制作用"。认真总结我国脱贫攻坚的宝贵经验，深入反思党建何以引领贫困治理，对巩固拓展脱贫成果与明确后脱贫时代贫困治理方向具有重要的现实意义和理论价值。

在党建引领贫困治理的整体性考察中，党建扶贫主要包括"党建+"产业扶贫、基础设施、易地搬迁等六种模式①，"加码驱动"②"新耦合治理"③成为党建与扶贫协同的新模式。然而，这种研究取向始终将精准扶贫、脱贫

---

① 李思经、张永勋、钟钰、刘明月：《党建扶贫机制、模式及挑战研究》，《农业经济问题》2020 年第 1 期。

② 王海涛：《加码驱动：基层治理中党建和扶贫的关系再造》，《西北农林科技大学学报》（社会科学版）2020 年第 5 期。

③ 徐明强、许汉泽：《新耦合治理：精准扶贫与基层党建的双重推进》，《西北农林科技大学学报》（社会科学版）2018 年第 3 期。

攻坚视为一项整体工程进行宏观探讨，容易遮蔽党建引领不同脱贫模式微观实践的独特性。尽管后续研究关注了"党建+产业"模式[①]，党政主导"再造新集体经济"能够有效规避产业扶贫的悖论效应[②]，但对"党建+产业"之外的党建全面、全过程引领具体脱贫方式的讨论仍然甚少。易地扶贫搬迁是脱贫攻坚时期任务最重、难度最大的"头号工程"，也接续成为巩固拓展脱贫攻坚成果的重点领域，为探索党建引领脱贫模式的经验总结和理论提升提供了优质"土壤"。

综上所述，充分发掘党建引领易地扶贫搬迁的内在逻辑，并进一步思考后续发展阶段党建何以引领易地扶贫搬迁持续发展，不仅有利于形成具有本土特色的减贫经验和理论，也将为巩固拓展脱贫攻坚成果的地方实践明确可行方向。贵州作为脱贫攻坚时期的主阵地，在各级党组织的统筹安排下，"十三五"期间完成易地扶贫搬迁192万人的浩大工程，搬迁规模居全国之首，累计建成949个集中安置点，建成安置住房46.5万套，城镇化集中安置占比高达95%以上，从动员搬迁、搬迁安置到后续发展，打造了我国易地扶贫搬迁的"贵州样板"。这为深入考察党建引领贫困治理提供了宝贵的实践经验，也成为本土化理论探索的理想"窗口"。

二 易地扶贫搬迁的基本内涵与问题表征

（一）易地扶贫搬迁的内涵

在国外研究中，易地扶贫搬迁最初与"生态难民""环境难民"概念相近，后因许多学者认为"难民"提法不妥，故演变为"生态移民""环境移民"[③]，

---

① 潘青、费利群：《"党建+产业"：精准扶贫新亮点》，《人民论坛》2019年第24期。
② 许汉泽、徐明强：《再造新集体经济：从"产业扶贫"到"产业兴旺"的路径探索——对H县"三个一"产业扶贫模式的考察》，《南京农业大学学报》（社会科学版）2020年第4期。
③ 王宏新、付甜、张文杰：《中国易地扶贫搬迁政策的演进特征——基于政策文本量化分析》，《国家行政学院学报》2017年第3期。

重在强调因环境破坏或变化对人们生存不利而被迫或主动进行的迁移活动。而在我国，国家发改委 2006 年颁布的《易地扶贫搬迁"十一五"规划》中提出，"易地扶贫搬迁，亦称生态移民，是党和政府在新时期探索实施的一项重要扶贫举措，通过对生活在不适宜人类生存地区的贫困人口实施搬迁，达到消除贫困和改善生态的双重目标"。后有学者结合《易地扶贫搬迁"十二五"规划》进一步指出，"易地扶贫搬迁是将居住在自然条件和生存环境恶劣、不具备基本生产和发展条件的贫困人口搬迁到基础设施较为完善、生态环境较好的地方，改变其现有的居住环境、生活和生产条件，使其能够融入现代社会，跟上现代社会发展的步伐，接收到更多信息，受到更好的教育，为其彻底脱贫致富创造条件"①。易地扶贫搬迁的内涵伴随经济社会发展而更加丰富且凸显条件改善的多维性，但脱贫的根本目标始终未改变，学界主要沿用这一内涵界定，进一步展开分析阐释。

（二）易地扶贫搬迁的历时性问题呈现

1.动员搬迁阶段：搬迁意愿不强与搬迁对象识别困难

在正式搬迁之前，主要面临搬迁对象"搬不出"的问题。一方面，大多数贫困人口因尚未明确迁后生产生活和原有产权归属而产生顾虑和犹豫，自主搬迁意愿并不强烈，较多持观望态度。另一方面，大量贫困人口在家庭结构、风俗文化、致贫诱因等方面差异明显，而搬迁政策聚焦目标群体口径不统一，增加了对搬迁对象的识别难度，对搬迁对象"瞄不准"成为搬迁之前的突出问题，并可能衍生"搬富不搬穷""背皮搬迁"等怪象②。

2.搬迁安置阶段：资源保障有限与配套设施建设滞后

进入正式搬迁安置阶段，主要面临搬迁群众"稳不住"的问题。就业安置是搬迁群众最关心的问题，也是决定移民能否"稳得住"的重要基础。

① 孙永珍、高春雨：《新时期我国易地扶贫搬迁安置的理论研究》，《安徽农业科学》2013 年第 36 期。
② 何得桂、党国英：《西部山区易地扶贫搬迁政策执行偏差研究——基于陕南的实地调查》，《国家行政学院学报》2015 年第 6 期。

然而，搬迁群众受限于文化水平、就业观念、职业技能等短板，自身在就业选择中处于弱势。同时，安置社区及引进产业车间尚处于起步阶段，政府与市场主体对就业安置和技能培训的资源调配、供给能力比较有限，最终致使移民就业安置不得不面对岗位紧张和就业质量较低等问题。此外，易地扶贫搬迁是脱贫攻坚时期一项时间紧、任务重的系统工程，安置社区教育、医疗和社会保障等基本设施与服务建设相对滞后，难以适时保障移民对美好生活的需求，进而影响搬迁安置的稳定性。

3. 后续发展阶段：社区融合困境与移民内生动力匮乏

在后续发展阶段，主要面临搬迁群众社会融入度不高和可持续发展乏力问题。伴随生产生活方式的深刻转变，脱离"熟人社会"而进入"陌生人社会"，移民群体主要面临生计空间萎缩、居住空间挤压和文化心理空间消解等问题①，有碍于他们顺利实现社会适应与社区融合。同时，城镇化集中安置使得大部分搬迁群众不可避免地经历了由乡到城的空间置换，他们的社会生活系统发生剧变，熟悉的乡土联结被陌生化的社会关系取代。而新成立的社区又难以快速将离散化的个体全部组织起来，移民群体在情感疏离中不断产生分化，表现为对公共事务的漠不关心和"等靠看"心理的延续，社区参与和脱贫发展的主体性也随之出现弱化。

三　系统性整合：党建引领易地扶贫搬迁的实践逻辑

坚持和加强党的全面领导，是治国理政的根本保障。中国共产党在整合国家与社会的关系中发挥了关键作用，"政党中心"的政治整合功能不断彰显②。系统性整合具有系统性、整合性、协同性和统筹性的丰富内涵③，强

---

① 郑娜娜、许佳君：《易地搬迁移民社区的空间再造与社会融入——基于陕西省西乡县的田野考察》，《南京农业大学学报》（社会科学版）2019年第1期。

② 林毅、刘玲：《"政党中心"：中国共产党整合乡村社会的现实逻辑及其调适》，《社会科学研究》2021年第3期。

③ 卢福营、应小丽：《系统性整合：农村基层组织的重建》，《天津社会科学》2016年第5期。

调对离散化、碎片化的治理资源进行整合协调。在党建引领易地扶贫搬迁的贵州实践中，制度保障、组织统合、资源整合和价值引领构成了系统性整合的逻辑主线，并进一步在治党逻辑与治理逻辑互嵌中释放强大的实践效能。

（一）制度保障：上下联动共助三级政策体系完备化

党的领导通过充分发挥制度优势，在易地扶贫搬迁领域构建"国家—地方—基层"的三级政策体系，实现上下联动、融合创新的体系化联结。国家层面，通过制定和颁布脱贫攻坚时期易地扶贫搬迁的系列专项政策，形成了稳定且具有针对性的宏观保障，指导工作重心由精准扶贫逐步向打赢脱贫攻坚战，再向后续扶持接续转移。省级层面，贵州省委、省政府围绕党中央的政策框架开展因地制宜的顶层设计，通过深入调研和广泛征求意见，探索提出了一系列扎根贵州大地、彰显贵州特色的易地扶贫搬迁政策，如"六个坚持""五个三""五个体系"等接续性政策，为贵州易地扶贫搬迁的具体实践提供了全过程、全方位的精准指导。其中，"六个坚持"重点关注"搬得出"所涉及的关键性问题；"五个体系"作为贵州在全国最先对易地扶贫搬迁"后半篇文章"的政策部署，系统回应了"搬出来怎么办"等问题。基层方面，贵州各地充分发挥基层党建自主性，结合地方特色制定与推行相关具体举措。例如，榕江县易地扶贫搬迁安置社区探索实施党员"五个认领"机制，保障搬迁群众尽快适应"新市民"生活；纳雍县探索实施"百姓讲评制度"，对照居规民约积分细则，推行社区"积分治理"。总体而言，党中央、贵州省委与基层党组织共同构建了完备的易地扶贫搬迁政策体系，为贵州易地扶贫搬迁实践提供了系统性和协调性相互融合的制度保障。

（二）组织统合：专职领导负责制驱动党组织体系化

党的强大力量来自党组织，其根源在于党组织的组织能力和动员能力，由体系化的领导机制与基层党组织建设形成强有力的组织保障。贵州通过建立以专职领导负责制为核心的各级党组织体系，有效地将搬迁群众快速组织起来。其一，构建党政齐抓共管与专职领导的易地扶贫搬迁工作格局。在"主要领导亲自谋划、亲自部署、亲自推动、亲自督查"的工作思路导向下，贵州省委、省政府在全省上下建立了五级书记齐抓搬迁的工作体系。此外，各级党委对应成立扶贫开发领导小组和设置易地扶贫搬迁指挥部，由党政主要领导担任工作组组长负责统筹部署，并在省市县分级实施和推进党委政府分管领导"双指挥长制"，运用专职领导负责制全面保障各级易地扶贫搬迁工作的统筹推进。其二，加快推进安置点基层党组织全覆盖。迁出地和迁入地基层党组织在有效联动的基础上，能够快速整合分散的党员力量，促进基层党组织体系化建设，激发党员先进性、示范性，从而充分发挥凝聚群众、服务群众的重要作用。例如，雷山县通过建立社区临时党工委、小区党支部、网格化党小组的组织体系，实现党组织工作全覆盖，以党建引领持续强化组织保障；威宁自治县则以产业扶贫为切入点，抓实"党建引领、群团服务、综合管理"三大体系，成立易地产业扶贫基地党群工作站，精准聚焦和满足移民群体的差异化需求。

（三）资源整合：主体多维协同推动资源配置精准化

社会资源的合理配置不仅直接关乎人民群众的切身利益，也是党建引领社会治理的重要内容。贵州易地扶贫搬迁实践中，各级党组织积极协同政府机关、市场主体、社会组织及搬迁群众参与共治之中，有力整合了人力资源、就业资源、社会资源与基本保障性资源，为搬迁群众稳定脱贫和后续发展保驾护航。人力资源方面，在搬迁之初，通过增派驻村第一书记和扶贫工作队的人力资源输入形式，在迁出地快速形成了资源集聚效应，为贫困人口搬迁提供了动力保障。就业资源方面，社区党组织采取"引进来""送出去"的方式，通过建立社区生产车间和"劳务输出"实现移民就业安置，同步定制化开展各类技术培训，不断扩充搬迁群众人力资本存量，并积极连同相关部门，为具有一定资金基础、技术基础的移民从事个体经营提供"一站式"服务。社会资源方面，地方各级党组织自发与社会组织联动，引入社会组织有效服务各类特殊移民群体。例如，仁怀、桐梓、务川等地街道党工委积极引入以"老吾老驿站"为代表的社会组织，志愿者在入户了解社区老年人基本情况和个体特征的基础上，以专业化的集体活动引导老年人之间逐渐建立稳定的互助联系。基本保障性资源方面，各级党组织有效链接教育、卫生医疗等资源，满足移民家庭的多元化需求。社区党组织与迁入地学校及时沟通，确保适龄学生就近上学，将控辍保学落到实处；通过设立社区卫生服务中心和提供免费体检服务，就近就医、医保报销等服务便利性得到明显提升。

（四）价值引领：以文化人激发移民内生发展自主化

文化是社会结构体系的工具，不仅决定人的价值观念，也构成人的行为准则。在贵州易地扶贫搬迁的地方实践中，各级党组织积极协同其他治理主体，以迁出地与安置社区为根据地，通过营造文化氛围、组织文化活动等方式，逐步统筹引导搬迁群众对易地扶贫搬迁形成正确的"价值共识"。文化氛围方面，迁出地积极宣传动员与安置社区空间营造同步推进。在动员搬迁阶段，迁出地各级党组织通过广播、座谈会、悬挂标语、入户交流等多种形式，对搬迁群众进行积极的政策宣传，为筑造"搬迁梦"营设良好的文化氛围。进入迁后阶段，各安置社区充分利用楼栋外墙、宣传栏等公共区域，进行感恩教育的空间营造，不断唤醒移民的感恩之情与自强之心。文化活动方面，积极搭建多元文化载体促进移民融入社区。安置社区建设之初，通过重点打造移民娱乐休闲的公共区域，并设定"红白喜事"操办的专属区域，为各类文化活动的有序开展提供了场地保障。社区内"乡愁文化馆"的纷纷设立，为缓冲移民离乡离土引发的情感震荡提供了重要的纾解之地。同时，地方各级党委积极联合社区党支部开展形式多样的文化活动。例如，2020年底仁怀市举行"讲述搬迁故事，共谋幸福生活"主题活动，街道党工委和社区党总支退居"幕后"、还权于民，赋予移民充分表达自我、展现自我的机会和"舞台"，主题文艺汇演全程全员由移民自发组织和自导自演，生动展现了新市民感恩党和国家、奋发向上的精神面貌，为形塑自主的脱贫与发展意识注入价值动力。

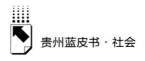
四 优势治理：党建引领易地扶贫搬迁的效益叠加

优势治理强调充分发挥和激活各参与要素的优势潜能和特色特长①，在治理实践中由问题视角变为优势视角。贵州作为全国易地扶贫搬迁规模最大、任务最重的省份，在短短四年快速完成了近 200 万人的移民安置，这充分彰显了党建引领的政党优势和制度优势，并转化为易地扶贫搬迁领域的贫困治理效能，实现政治效益、经济效益、社会效益和生态效益的叠加耦合。

（一）政治效益：政党领导与执政根基不断夯实

党建引领通过充分激发各级党组织的核心领导力，将坚持政党领导的制度优势转化为脱贫实践的强大势能，为易地扶贫搬迁有序推进提供了系统保障。伴随贵州易地扶贫搬迁的政策实践，全省 1/3 的贫困人口顺利实现易地脱贫，对根除空间贫困问题给予了有力回应，搬迁政策的红利效应得到充分释放，同步取得良好的经济、社会和生态效益，进一步累积和巩固党建引领的政治性与合法性根基。在具体的搬迁实践中，安置社区内部基层党组织的快速建立型构了社区治理的整体格局，在"一核多元"的治理结构中不断优化治理方式和提升治理水平，进一步夯实了"基层堡垒"的中心地位。此外，各级党组织依托强大的组织体系，组织动员广大党员干部深入群众和投入易地扶贫搬迁工作实践中，党群关系、干群关系明显改善，在锤炼党员干部之余，不断夯实党组织在群众内心的信任基础，譬如，搬迁群众自发在家庭中悬挂新旧房屋对比照片，以感恩党为自身及家庭带来翻天覆地的变化所做出的贡献。

（二）经济效益：就业增收与稳定脱贫成效显著

对于广大搬迁群众而言，搬迁只是手段，脱贫才是目的。迁入地各级

---

① 张大维：《优势治理：政府主导、农民主体与乡村振兴路径》，《山东社会科学》2018 年第 11 期。

基层党组织充分发挥资源整合优势，因地制宜、多措并举为搬迁群众顺利就业提供全力支持。贵州在全国率先提出"定岗搬迁"，将迁后就业与搬前动员有效衔接，极大缓解了搬迁群众对于迁后生活无法保障的担忧。截至 2023 年 6 月底，全省已就业搬迁劳动力 94.6 万人，就业率为 95.13%。同时，各地立足安置区资源优势，引进和配套建设适宜的产业项目，因户因人施策，分类分步带动搬迁群众实现就业增收和稳定脱贫。针对年龄偏大、文化水平低、就业技能严重匮乏的搬迁群体，各安置社区基层党组织积极对接上级党组织开发不同类型的公益性岗位，专岗专设既能保证他们的就业需求，又能照顾他们的尊严感实现体面就业，进一步增强了他们自主脱贫的信心。另外，在贵州易地扶贫搬迁以城镇化集中安置为主的模式驱动下，全省城镇化率增长 5 个百分点，实现了产业资源集聚与发展，充分释放搬迁群众的人口红利，进一步推动新型城镇化高质量发展和地方经济快速发展。

（三）社会效益：公共服务与生活品质明显改善

贵州各级党组织依托政党引领的主体优势，积极协同社会组织、扶贫企业等多方力量，逐步完善安置社区教育、医疗等基础设施与公共服务建设，确保搬迁群众享有同等市民待遇，实现基本公共服务均等化。伴随安置社区公共基础设施和服务的全面升级，搬迁群众得到了全方位的生活保障，生活品质明显改善。教育服务方面，贵州在充分统筹共享安置点周边原有教育资源的基础上，累计投入资金 181.46 亿元，完成新建、改扩建安置点配套学校 669 所，新增学位 43 万余个，实现全省易地扶贫搬迁安置点教育配套全覆盖，切实发挥教育扶贫阻断贫困代际传递的重要作用。医疗保障方面，新建和改扩建基层卫生服务机构 440 个，对医疗卫生资源的合理配备满足了搬迁群众就近就医的基本需求。社区服务方面，安置社区党支部积极吸纳整合移民党员力量，充分发挥党员模范作用带领群众就业，引导群众转变思想，及时收集问题、建言献策，构筑了社区治理的行动者网络，基层矛盾纠纷明显减少，进一步为社区稳定与有序发展奠定了坚实基础。

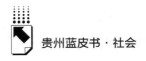

（四）生态效益：生态修复与绿色发展同步推进

易地扶贫搬迁作为"一方水土养不起一方人"的制度安排，始终兼具生态文明建设的价值意涵。2021年春节前夕，习近平总书记在贵州考察时提出，"牢固树立绿水青山就是金山银山的理念，守住发展和生态两条底线，努力走出一条生态优先、绿色发展的新路子"。坚守发展和生态底线，不仅是对贵州改革发展的明确要求，也对易地扶贫搬迁实践具有切实的指导意义。迁出地与迁入地各级党组织通过同步动员与资源协调，有序推动"搬得出"的目标实现，极大缓解了迁出地的生态环境承载压力。对迁出区域进行生态修复与宅基地复垦复绿，生态环境得到明显改善，为释放和打造贵州生态优势提供了有力支持，进一步助推新型城镇化的高质量发展。在此基础上，积极开展生态旅游试点，能够促进生态效益和经济效益双向叠加，将"绿水青山就是金山银山"真正落到实处，进而推动绿色经济特色打造和平稳发展。

五　迈向后续发展：党建引领易地扶贫搬迁的困境与出路

中国共产党作为我国贫困治理的核心主导，依循系统性整合的逻辑理路，在易地扶贫搬迁实践领域获得了政治、经济、社会与生态的效益叠加。然而，迈入"稳得住、有就业、逐步能致富"的后续发展阶段，党建引领易地扶贫搬迁仍面临供需偏差、结构失衡、基层悬浮和衔接梗阻等现实困境。基于此，瞄准群众需求打造"双向"服务，完善基层党组织建设专项机制，全力推动政党嵌入基层治理，赋权增能保障党建引领治理重心有效衔接，将成为后脱贫时代党建引领易地扶贫搬迁持续释放和优化治理效能的发展方向。

（一）党建引领易地扶贫搬迁的主要困境

1.供需偏差：党建服务精准度有待提高

差异化的致贫因素直接决定着社区生活中搬迁群众的实际需求。整体而言，他们对迁后生活的物质基础和情感关照需求明确，但在基层党建服务群众的过程中尚未精准供给，甚至出现部分缺位的情况。物质需求方面，就业安置仍是目前亟待妥善解决的关键问题。安土重迁的搬迁群众骨子里仍然是以家为重的行动主体，家庭内部老、弱、病、残等特殊群体居多，他们渴望在就业与顾家之间实现一种平衡，就近就业成为搬迁群众的共同需求。然而，部分基层党组织与市场主体对接中更加重视工资待遇、从业类型等因素，移民的真实需求在就业安置中容易以移民贫困文化为归因表象而遭受"遮蔽"。情感需求方面，搬迁群众面临的情感震荡缺乏深度关注与有效纾解。城镇化集中安置令移民告别熟悉的故土，集中搬入陌生的城市社区，容易引发情绪波动和心理不适。大部分基层党组织能够利用制度化、技术化手段，及时对他们进行情绪和心理疏导，但不可忽视的是，制度治理与技术治理所奉行的科层理性虽能增益治理效率，却无法替代搬迁群众内心深处所需的情感慰藉。

2. 结构失衡：党员队伍整合度有待优化

党员队伍是党建引领发挥治理效能的人才保障。然而，规模有限的移民党员在民俗习惯、文化水平、思想素质等方面富有差异，对安置社区基层党组织建设与功能发挥形成较大考验。其一，党员队伍结构不合理。党员队伍性别比例失衡和老龄化现象严重是其突出表现，限制了社区基层党组织的可持续发展。移民党员一般均为原住地（迁出村）的老党员，年龄偏大，且男性党员明显多于女性党员，形成了安置社区党支部"男多女少、老多青少"的结构特征，对社区妇女、老幼工作开展构成一定局限，并在党员年龄结构上出现"断层"。同时，伴随数字技术不断应用于基层治理，老龄党员难以迅速掌握现代技术平台的具体操作，导致工作效率大打折扣。其二，基层党组织对移民党员难以精准吸纳。受制于"双重管理"的现实影响，移民党员党组织关系仍可保留在迁出地，不仅容易造成因物理距离延长而引发党员与党组织的联结弱化，也会致使移民社区"选贤任能"不足而出现人才流失。其三，移民党员的快速启用与履职实效存在滞后性张力。在迁入初期，鉴于大部分党员在原住地曾担任村干部、村组长的经历，为依托网格

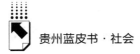
化治理提升社区治理实效，很多党员被快速任命为楼栋长、居民代表，却忽视了他们在工作胜任力上的差异，导致党员任用与实际治理绩效之间产生张力，不利于党员队伍充分发挥引领社区治理的重要功能。

3. 基层悬浮：党建引领核心力有待加强

在社区治理中，党建业务实际上与治理业务嵌入性不高，造成一定程度和范围内党建悬浮于治理之上①。易地扶贫搬迁安置社区以新建社区居多，社区基层党组织尚待重新组建，居委会、服务站往往成为社区治理的主要抓手，运用科层条线进行社区公共事务处理，党的领导在一定程度上呈现"悬浮"状态。一方面，基层党建引领的核心主体出现"悬浮化"倾向。社区作为国家治理的基本单元②，对行政绩效的过度强调容易造成与政治效益的分离。搬迁初期，为确保"搬得出、稳得住"的目标实现，社区居委会、居民服务站通常成为统筹社区事务的责任主体，而社区党支部正处于建立和完善阶段，治理能力和治理资源的双重匮乏容易造成基层党组织的地位虚化，基层党组织成为一种名义上的"领导主体"。另一方面，行政化倾向形塑"政府领导"替代"政党领导"的认知偏差。在搬迁之初，各级党组织和政府通过积极宣传动员，让党和国家的政策和形象深入民心。然而，在转入社区治理的后续发展阶段，移民群体在办理个人事务和参与公共事务中，直接介入处理的往往是社区居委会和物业公司，与基层党组织的直接接触相对有限，社区治理凸显行政化倾向，弱化了政党在社区治理中的核心作用，进一步固化了党建引领的基层"悬浮"现象。

4. 衔接梗阻：党建引领持续力有待提升

进入易地扶贫搬迁后续发展阶段，工作重心由搬迁彻底转向后续发展，巩固脱贫成果和社区有序发展成为主要内容。尽管政策重心发生重大调整，但在基层落实中往往存在一定的滞后性，掣肘了易地扶贫搬迁任务推进与功

① 全林：《党建引领城市基层治理的现实困境与优化路径》，《上海交通大学学报》（哲学社会科学版）2021 年第 1 期。

② 杨敏：《作为国家治理单元的社区——对城市社区建设运动过程中居民社区参与和社区认知的个案研究》，《社会学研究》2007 年第 4 期。

能发挥的连续性。其一，"稳得住"过度依靠社区中"国家"集权，与居民自治发生一定程度的背离。易地扶贫搬迁作为由党和国家自上而下推动的脱贫工程，权力高度集中于基层党组织与行政部门，形塑了安置社区"大国家、小社会"的治理格局，安置初期业委会迟迟未成立便是突出表现。搬迁群众的权益难以借由组织化形式进行表达，社区仍停留在以"管"求稳，而非以发展维稳，对基层自主性建设、脱贫内生动力及党建引领持续性均形成一定程度的阻碍。其二，政策衔接与基层实践的迟滞性破坏了资源输入的持续性与稳定性。伴随脱贫攻坚全面胜利，部分原有的帮扶机制面临重新调整，新的机制又尚未建立，容易进入政策衔接和资源对接的"空窗期"，属地化治理则进一步加重这一过渡阶段基层治理的压力。尤其进入后续发展的过渡阶段，面对低保户规模较大和监测户亟须重点关照的现实情况，脱贫不稳定因素仍然较多，有必要强化党建持续引领治理重心衔接的政策设计与具体实践。

（二）党建引领易地扶贫搬迁的路径优化

1. 需求为本：构筑党建引领"物质+精神"帮扶体系

在对那些试图改善人类状况却最终失败的项目讨论中，斯科特将主要原因归结为忽视了民众的存在。易地扶贫搬迁群众作为防止规模性返贫的关键群体，可谓影响资源配置的"另一只看得见的手"，必须坚持以贫困群众为中心[1]。由此，党建引领易地扶贫搬迁应精准聚焦移民的真实需求，以实现脱贫与治理绩效的最优化。一方面，瞄准搬迁群众物质脱困的基本需求。社区基层党组织需整合各方力量，积极深入移民家庭了解他们对于就业安置的真实需求与现实困境，帮助他们在工作与家庭生活之间实现平衡。目前很多安置社区陆续实行"积分治理"模式，以明确的奖惩制度规范和引导搬迁群众的思想行为，提升了移民群体社区参与的主体实践感，具有一定的推广

---

[1] 李宇军、张继焦：《易地扶贫搬迁必须发挥受扶主体的能动性——基于贵州黔西南州的调查及思考》，《中南民族大学学报》（人文社会科学版）2017 年第 5 期。

意义，避免了易地扶贫搬迁变相为救助式的"能给就给"。另一方面，将情感带回社区是搬迁群众的普遍需求和治理有效的重要手段。及时关注搬迁群众的情绪和心理变化，以多样化的形式手段唤醒其正向情感，使情感治理成为技术治理和制度治理的柔性补充。紧密结合基层党组织建设与社区文化体系建设，通过入户交流、文化活动等方式为搬迁群众搭建情感表达平台，进一步拉近党群距离、干群距离，为建立社区团结奠定情感基础。

2. 结构优化：完善基层党组织队伍建设与发展机制

针对基层党组织队伍面临的年龄"断层"、吸纳失准、胜任力考察滞后等结构性困境，需要从机制建设和完善着手，不断优化党员结构。首先，健全"移民入党"的动员吸纳机制。充分结合搬迁群众的能力、年龄和身份等属性优势，积极动员优秀的年轻人加入基层党组织，为优化党员队伍结构注入新鲜活力。同时，加强对社区内致富能手、创业精英的组织吸纳，引导其加入党员队伍和成为社区骨干，并给予其合理的晋升空间，进一步扩容提质基层党组织队伍。其次，建立党员队伍的内涵发展机制。以教育培训和示范学习为核心路径，以党组织生活为实践载体，引导党员深度融入规范性和创新性兼具的党组织生活之中，不断提升党员的思想觉悟和业务能力，进而以行动实践助力社区治理和群众服务。最后，完善移民党员的监督评价机制。以专项制度建设为抓手，在明确移民党员干部工作职责的同时，侧重对其履职情况的过程性监督和胜任力评价，以评促改进一步推动基层党组织发挥战斗堡垒作用的最大化。

3. 政党嵌入：助推党建引领基层治理"扎根化"实践

政党嵌入是一种全能型治理模式，以政党力量为代表的公权力深度介入基层治理，推动治理现代化并释放治理活力①。在党建引领易地扶贫搬迁场域，需摆正政党、政府、市场及社会等主体力量之间的关系，积极推动党建引领由"悬浮化"转为"扎根化"。具体而言，一是推动政党权力嵌入安置

---

① 龚睿：《政党嵌入与主体塑造——乡村振兴视阈下农村基层治理的生成逻辑》，《河南社会科学》2020 年第 10 期。

社区治理，明确政党领导与政府负责的功能边界。在治理实践中，充分发挥党组织的"枢纽化"功能，在社区需求和项目供给之间搭建桥梁①，实现社区治理主体的多元协同，将党建引领的综合优势转变为治理效能，明确区分安置社区的"国家"职能。二是推动政党主体嵌入安置社区治理，强化党建引领的核心地位。积极推进基层党组织规范化建设，增强主体嵌入能力，按照上级党组织部署，扎实开展形式多样的党支部活动，确保党员在活动中彰显主体地位，实现基层党组织对党员的有效整合。同时，合力拓展主体嵌入广度和深度，让党建引领的政党形象走进移民群众生产生活深处，促进党建引领基层治理"看得见""摸得着"，进一步增强移民群体对党建引领的明确感知，从而实现党建引领安置社区精细化治理。

4. 赋权增能：促进党建引领贫困治理重心接续转移

《中共中央 国务院关于实现巩固拓展脱贫攻坚成果同乡村振兴有效衔接的意见》重点强调，易地扶贫搬迁后续工作要从就业需要、产业发展和后续配套设施建设提升完善等方面加大扶持力度，不断提升安置区社区管理服务水平，建立关爱机制，促进社会融入。易地扶贫搬迁的工作重心由秩序维稳转向服务优化和社区发展，基层党建引领的重心和功能也同步发生转变。一方面，加强组织赋权，夯实治理重心转移的组织基础。基层党组织应协同政府力量及时转变治理理念，还政于民，充分赋予移民群体自治的权力与空间，引导支持他们开展业委会、社群团体等组织化建设，建立具有集体行动力的移民组织，进一步激发移民群体巩固脱贫成效与参与社区治理的主体性。另一方面，注重主体增能，提升治理效益产出持续力。按照党中央的重要指示，坚持"四个不摘""扶上马送一程"，各级党组织可采取"送出去"和"引进来"的路径，在安置社区组织开展学习培训、志愿服务等实践活动，分类优化党员队伍、行政人员、移民群众等主体人力资本存量。另外，需充分发挥党建链接资源的重要作用，积极探索"跨区域党建"资源整合机制。以党组织作为结合点，实现市域、县域内不同党组织之间的资源

---

① 李威利：《党建引领的城市社区治理体系：上海经验》，《重庆社会科学》2017 年第 10 期。

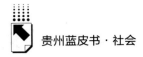

链接，有效缓解社区基层党组织资源紧张、能力受限等问题，进一步推动基层党建与易地扶贫搬迁安置社区治理协同并进。

六　结语

结合我国易地扶贫搬迁"贵州样板"的经验考察发现，党建引领依循制度保障、组织统合、资源整合和价值引领的系统性整合逻辑，推动了贵州易地扶贫搬迁在政治效益、经济效益、社会效益和生态效益的叠加耦合，为总结并提升贫困治理理论贡献了深具中国特色的本土经验。现进入后续发展阶段，党建引领易地扶贫搬迁重心已从减贫攻关向巩固脱贫成效与社区治理转移，实现了党建引领贫困治理与社区治理的衔接与融合，进而在治理有效基础上逐步累积党建引领的合法性。然而，面对政策调整与基层实践之间的滞后性张力，党建引领贫困治理尚存亟待完善之处，这警醒我们要在总结减贫具体经验的同时，积极探索巩固拓展脱贫成效与实现可持续发展。总而言之，通过易地扶贫搬迁领域管窥我国反贫困实践，党建引领实际上缔造了一个中国反贫困的政治逻辑，并开创性地发展为富有特色的减贫模式，这对于全球贫困治理实践具有重要的借鉴意义和理论价值。

B.21
贵州省易地扶贫搬迁安置区扶贫车间建设成效、问题与对策建议[*]

李文钢　张金强　张　宇[**]

摘　要： 本文采用"解剖麻雀"的典型调查研究法，对毕节市七星关区柏杨林街道、黔西南晴隆县阿妹戚托小镇、铜仁市万山区丹都街道旺家社区的多个就业帮扶车间实地调查后指出：就业帮扶车间"稳得住"作用明显、有效推动了搬迁人口的城市融入、部分就业帮扶车间已具备造血能力、部分就业帮扶车间在积极探索提升生产管理能力。调研也发现，就业帮扶车间普遍面临着搬迁人口的身份意识尚未从农民转向产业工人、部分搬迁人口难以兼顾家庭和车间工作、技能培训与帮扶车间的生产经营不匹配、就业帮扶车间还普遍缺乏市场开拓能力等问题。从引导搬迁人口身份意识从农民转向产业工人、以就业帮扶车间为中心开展职业技能培训、多措并举解决就业帮扶车间工人子女托育问题、着力提升就业帮扶车间负责人生产经营能力等方面深入推进就业帮扶车间建设，为贵州省易地扶贫搬迁安置区高质量发展奠定坚实基础。

关键词： 扶贫车间　就业　城市融入　产业转移

* 本文是基金项目：2023年度中共贵州省委重大问题调研课题"深入推进易地扶贫搬迁安置区就业帮扶车间建设研究"（项目编号：2023C068）的结题成果。

** 李文钢，贵州财经大学公共管理学院副教授、硕士生导师，主要研究方向为易地扶贫搬迁社区治理；张金强，贵州财经大学公共管理学院硕士研究生，主要研究方向为社区社会工作；张宇，贵州财经大学公共管理学院硕士研究生，主要研究方向为社区社会工作。

一　研究缘起

就业是民生之本。在易地扶贫搬迁"搬得出"阶段结束后，搬迁人口的就业问题在很大程度上决定了易地扶贫搬迁"稳得住""能发展"政策目标的实现。在易地扶贫搬迁的后续扶持工作中，地方政府出台了支持就业帮扶车间发展、培训和就业帮扶、金融帮扶等系列支持政策。但是，无论从区域分布还是安置规模抑或群体特征上看，实现全面脱贫目标后，搬迁群众脱贫基础仍然不牢固，安置地产业基础在搬迁前后未发生根本性改善，公共服务和社会保障仍相对不足。[①] 因此，《中共中央　国务院关于做好 2023 年全面推进乡村振兴重点工作的意见》中指出："持续运营好就业帮扶车间和其他产业帮扶项目"。国家发展改革委等 19 个部门联合出台的《关于推动大型易地扶贫搬迁安置区融入新型城镇化实现高质量发展的指导意见》中强调："强化安置区配套产业园区、就业帮扶车间、社区工厂的就业吸纳能力"。

事实上，在易地扶贫搬迁安置区建设扶贫工厂，不仅可以解决部分搬迁人口的就业问题，还有助于搬迁人口的生计安全、社区融入和形成新的家庭代际分工。郝龙对扶贫车间的调查研究指出，就近就地就业允许家庭妇女不再需要以完全牺牲家庭为代价才能回归劳动力市场，有机会实现生产劳动和再生产劳动的重新整合。[②] 就业帮扶车间的"户—岗"适配在理论层面蕴含了多元主体共生关系，制度层面的经济增长与就业稳定良性循环，实践层面以脱贫家庭为中心实现社区的精细化治理。[③] 易地扶贫搬迁安置区就业帮扶车间专门为解决搬迁人口就业问题而设置，帮扶车间运行方面的突出特点是用工制度非常灵活。有研究指出，就业帮扶车间灵活的用工制度为留守妇

① 田鹏：《嵌入性视角下易地扶贫搬迁后续扶持的实践逻辑及反思》，《贵州大学学报》（社会科学版）2023 年第 2 期。

② 郝龙：《"弹性"跷跷板：乡村女工的双重劳动与扶贫车间的可持续发展》，《妇女研究论丛》2023 年第 1 期。

③ 王菊、李小勇：《脱贫劳动力"户—岗"适配与就业稳定研究——以广东 H 区对口协作贵州 G 县为例》，《湖北民族大学学报》（哲学社会科学版）2023 年第 3 期。

女、年龄较大的搬迁人口提供了就业机会，在很大程度上降低了搬迁人口的返迁意愿。[①] 还有研究指出，就业帮扶车间有助于搬迁人口实践多元化的生计策略。家庭中青壮年劳动力外出务工，留守在家的妇女和老人可以在就业帮扶车间就业，多元化的生计策略可以确保搬迁人口的家庭生计安全。[②] 从已有研究中可以看到，讨论易地扶贫搬迁安置区扶贫车间建设取得的成效、存在的问题，在此基础上提出政策建议，对于易地扶贫搬迁安置区的高质量发展具有重要意义。因此，本文采用"解剖麻雀"的典型调查研究法，对贵州省毕节市七星关区柏杨林街道、黔西南晴隆县阿妹戚托小镇、铜仁市万山区丹都街道旺家社区的多个就业帮扶车间进行了实地调查。

二　就业帮扶车间建设取得的成效

为深入了解贵州省易地扶贫搬迁安置区就业帮扶车间的运行情况、取得的成效、面临的困难，更好地推进就业帮扶车间建设，贵州财经大学承接了2023 年度中共贵州省委重大问题调研课题"深入推进易地扶贫搬迁安置区就业帮扶车间建设研究"。课题负责人采用"解剖麻雀"的典型调查研究法，组织了贵州财经大学的多位博士研究生、硕士研究生，在 2023 年 6 月15～30 日，赴毕节市七星关区柏杨林街道、黔西南晴隆县阿妹戚托小镇、铜仁市万山区丹都街道旺家社区实地调查了多个就业帮扶车间，并与相关职能部门、就业帮扶车间负责人、搬迁人口进行深入交流。就业帮扶车间经过近 5 年的建设发展，取得了一定成效，主要体现在就业帮扶车间"稳得住"作用明显、有效推动了搬迁人口的城市融入、部分就业帮扶车间已具备造血能力、部分就业帮扶车间积极探索提升生产管理能力，已经取得的成效为深入推进就业帮扶车间建设奠定了坚实基础。

---

① 马静、刘金林、张茹欣：《民族地区易地搬迁群众"迁而不稳"的现实表现、形成原因及治理对策——以广西百色市 Y 社区为例》，《改革与战略》2023 年第 4 期。
② 潘华英、李朝定：《三线式生计分工：搬迁户的抗逆行为模式——以广西 B 乡易地扶贫搬迁户为例》，《社会科学动态》2022 年第 11 期。

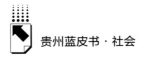

（一）就业帮扶车间"稳得住"作用明显

易地扶贫搬迁政策实施后，地方政府以劳务输出的方式解决青壮年搬迁人口就业问题，通过在安置区建设就业帮扶车间的方式解决不方便外出务工搬迁人口的就业问题。在易地扶贫搬迁"搬得出"阶段结束后，与安置区配套建设的就业帮扶车间在促进搬迁人口"稳得住"方面发挥了重要作用。七星关区柏杨林街道的就业帮扶车间规模较小但类型较多，在多个就业帮扶车间常年务工的搬迁人口超过了百人。晴隆县阿妹戚托小镇的"晴隆县龙发服饰有限责任公司"成立近5年时间，共建有2个生产车间，解决近300名搬迁人口就业问题。阿妹戚托小镇生产刺绣产品的"贵州布依垚公司"成立近4年时间，长期固定聘用的绣娘已经达到60人左右，灵活就业的搬迁人口数量超过200人。万山区丹都街道旺家社区的"广益服饰有限公司"成立近4年时间，新冠疫情期间的工人数量维持在100人左右，疫情结束后订单数量增多，在车间务工的搬迁人口数量增长到150人左右。

总的来看，搬迁人口在就业帮扶车间工作时，月收入在1000~7000元。例如，在七星关区柏杨林街道的"线圈"厂中，搬迁人口的月收入在1000~2500元。在"晴隆县龙发服饰有限责任公司"工作的搬迁人口，月收入少的在1500元左右，最多的可以达到7000元左右。在万山区"广益服饰有限公司"工作的搬迁人口，月收入少的在1200元左右，最多的可以达到5000元左右。由于就业帮扶车间具有一定的公益性，为了让搬迁人口既能够照顾好家里的老人、孩子，也能够通过工作获取一定的收入，就业帮扶车间的用工方式非常灵活，允许搬迁人口根据家庭情况灵活安排工作时间，通常是以"计件"方式计算薪酬。搬迁人口的工作时间越长，完成的产品数量越多，则获取的工资收入也越高。不管是就业帮扶车间负责人、安置区管理者，还是搬迁人口自己，均认为就业帮扶车间灵活的用工制度在为搬迁人口解决家庭照顾问题时，又为搬迁人口创造了一定的家庭经济收入，为搬迁后的"稳得住"发挥了重要作用。

（二）就业帮扶车间有效推动了搬迁人口的城市融入

对于农村人口而言是安居才能乐业，对于易地扶贫搬迁人口而言是乐业才能安居。课题组长期关注贵州的易地扶贫搬迁问题，在多个易地扶贫搬迁社区访谈搬迁人口时发现，搬迁人口的内心深处对城市生活有着很高的认同度，认为城市生活条件、便利程度远远好于农村，那些有能力的家庭会自发地从农村迁入城市生活，能够到城市生活也是农民走向"成功"的标志之一。但在搬迁人口的现实生活中，又普遍担心搬迁之后找不到合适工作，无法在城市中立足。如果搬迁人口搬迁后的家庭生活状况没有有效改善，特别是家庭经济收入没有增加，生活成本却上涨很多，搬迁人口搬迁后所遭遇的挫折反而会强化他们对搬迁前农村生活状态的认同，严重影响到搬迁人口的"市民化"进程。因此，只有解决了搬迁人口搬迁后的生计问题，搬迁人口才能实现"心安"，他们才会主动接纳和融入城市生活。

"一个工人背后就是一个家庭"。这些留守妇女在就业帮扶车间中工作所获得的经济收入，有助于她们背后的整个家庭主动接纳和融入城市生活。在就业帮扶车间中工作的搬迁人口与课题组交流时，认为就业帮扶车间的工作时间灵活，照顾家庭和获取经济收入两不误。目前，她/他们已经逐渐适应了就业帮扶车间的工作，认为比在老家种地轻松了许多，收入却比种地高了很多，对搬迁后的生活状态做出了积极和正面的评价。虽然搬迁人口的主要收入来源还是外出务工，但是就业帮扶车间也为大量留守人员创造了工作机会，增加了家庭经济收入，使她/他们可以"心安"地在安置区工作生活。与此相反，一些搬迁人口因为年龄超过 60 岁，搬迁后无法在安置区找到合适工作，这些人对搬迁后生活的评价是生活成本很高，常常怀恋搬迁前的农村生活方式，难以主动接纳和融入城市生活。调研发现，就业帮扶车间不仅为大量留守人员创造了工作机会，还有助于搬迁人口的城市融入和"市民化"进程。

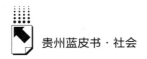

（三）部分就业帮扶车间已具备造血能力

地方政府在引进企业入驻就业帮扶车间时承诺提供多种优惠，如在一定时间内免除厂房租金，在工人招聘、培训方面提供大量支持，帮助就业帮扶车间获取生产订单等，给人们留下了就业帮扶车间只能依靠政府的各种优惠政策才能生存下去的印象。很多人据此认为，如果安置区配套建设的就业帮扶车间没有政府的大量优惠照顾政策支持，很难在市场竞争中获得生存发展能力。实地调研时发现，部分就业帮扶车间在获得大量优惠照顾政策支持的情况下，确实因为管理者的生产管理水平低、市场开拓能力差，不仅解决搬迁人口就业问题的能力低，还存在经常更换企业法人的问题。例如，七星关区柏杨林街道的就业帮扶车间因规模小、管理不规范、缺乏市场开拓能力，已有多个就业帮扶车间更换了企业法人。在实地调研时也发现，部分就业帮扶车间经过近 5 年的建设发展，生产经营已经走上正轨，自身也具备一定的造血能力。有些就业帮扶车间不仅解决了搬迁人口的就业问题，还吸引了附近的非搬迁人口到车间长期务工，甚至是带动了周边其他企业的发展。

"晴隆县龙发服饰有限责任公司"入驻安置区时，只有 1 个生产车间，解决搬迁人口就业问题的能力十分有限。公司经过近 5 年发展，已有 2 个规模较大的生产车间，解决了近 300 名搬迁人口就业问题。公司设计生产中小学校服的业务已遍及黔西南州各县以及贵阳、毕节等地的部分学校，还与宁波、广州等地的多家服装厂建立了稳定的合作关系，为规模更大的服装厂贴牌生产服装。万山区"广益服饰有限公司"创立于 2019 年，注册资金 800 万元，是一家集设计、生产、销售于一体的专业化服装公司。公司负责人在服装领域打拼 20 余年，已开拓稳定的销售渠道，但因就业帮扶车间的生产场地限制，难以扩大生产规模，有些订单是委托周边规模较小的服装厂代为加工的。公司负责人指出，以"广益服饰有限公司"为核心，万山区周边已有十余家服装加工厂为公司代工外贸订单，形成了初步的产业聚集。晴隆县"贵州布依垚公司"在民族服饰领域深耕多年，积累了大量客户资源，它生产的刺绣产品不愁销路，辐射带动了阿妹戚托小镇周边的布依族刺绣产业发展。

（四）部分就业帮扶车间积极探索提升生产管理能力

就业帮扶车间属于安置区的配套设施，但就业帮扶车间能否在市场竞争中获得生存和发展，在根本上还是取决于就业帮扶车间的生产管理水平和市场开拓能力。实地调研时发现，那些已经具备造血能力和具有一定生产规模的就业帮扶车间，往往注重提升生产管理水平。在2022年以前，"晴隆县龙发服饰有限责任公司"生产车间的自动化水平不高，很多生产工序需要由搬迁人口手工完成，一方面造成了搬迁人口的工作时间较长，另一方面造成了搬迁人口的生产效率不高，直接影响到了就业帮扶车间的生产效率和搬迁人口的工资收入。在2023年初，公司贷款500万元引进自动化程度高的生产线，搬迁人口每天的工作时间缩短2个小时，生产效率提升30%，搬迁人口的最高收入达到7000元/月。生产车间的自动化水平提高后，搬迁人口可以在生产设备上看到自己每天的计件工作量，心里清楚每天大约赚了多少钱。搬迁人口也可以看到其他人每天的计件工作量，搬迁人口之间形成了一种"赶学比超"的工作氛围，有利于促进车间生产效率提升。有搬迁人口指出，"看到旁边的人一天做了100件衣服，自己心里就想着要做120件衣服"。

公司除了引进新的生产线提高车间生产效率外，还探索了适合搬迁人口的生产管理方式。搬迁人口在就业帮扶车间的工作时间很灵活，会影响到帮扶车间生产效率，最终影响到帮扶车间的生存和发展。公司负责人经过几年探索，采用了"线上+线下"的生产方式，尽量规避因灵活的用工制度对帮扶车间生产造成的消极影响。"线上"生产方式指的是，搬迁人口在自动化的流水线上工作，每一个搬迁人口只负责一道工序，可以极大提高生产效率。搬迁人口在"线上"工作时，最高收入可以达到7000元/月。但"线上"生产方式是"一个萝卜一个坑"，不允许搬迁人口随意离开工作岗位，否则会影响到下一步的生产工序。"线下"生产方式指的是，考虑到搬迁人口要接送孩子、照顾家庭，由搬迁人口独立完成衣服制作过

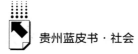

程，他们可以随时离开自己的工作岗位去处理家庭事务。"线下"生产方式效率低下，搬迁人口在"线下"工作时，月收入不到2500元。"线上+线下"生产方式是一种折中办法，一定程度上兼顾了帮扶车间的公益性和商业性，在采用灵活用工制度为搬迁人口提供就业机会的情况下又考虑到企业对生产效率的追求。一些搬迁人口看到"线上"工作收入高，主动放弃灵活的工作时间安排，转变成为固定工作时间的产业工人，有利于就业帮扶车间生产效率的提高。

三 就业帮扶车间建设面临的困难

尽管就业帮扶车间经过近5年建设，取得了明显成效，但未来发展也面临诸多亟待解决的现实问题。这些现实问题如果得不到有效解决，将严重影响就业帮扶车间的生存和发展，最终会影响易地扶贫搬迁安置区的"稳得住"。

（一）搬迁人口的身份意识尚未从农民转向产业工人

实地调研时，多个就业帮扶车间负责人和政府相关管理部门人员反映，当前就业帮扶车间面临的一大困难是车间工人管理问题，集中表现在以下几个方面：一是虽然搬迁人口已经在城市生活数年，但她们与老家的亲戚朋友还保持着紧密联系，只要遇到老家的亲戚朋友结婚、生孩子、老人过世等事情时，经常会请假离开工作岗位"十天半个月"。一位帮扶车间负责人认为："有些搬迁人口想上班就上班，想请假就请假，毫无纪律可言。"有时候帮扶车间要赶制订单，搬迁人口请假就会影响到订单按时完成；二是搬迁人口普遍缺乏契约精神和规则意识，帮扶车间花了很多精力和成本培训搬迁人口掌握某项生产技能，一些搬迁人口会在培训结束后又告知帮扶车间自己要跟随丈夫外出务工，或是要照顾家里的老人小孩，无法到帮扶车间工作，加大了帮扶车间的运营管理成本；三是搬迁人口的身份意识尚未从农民转变为产业工人，一些搬迁人口希望像"背篼"① 一样工作，要求帮扶车间的管理人员每天结算工资，也加大了帮扶车间的运营管理成本；四是搬迁人口习惯了农村种地时的粗放式生产，常常不适应帮扶车间的精细化生产，导致原材料浪费严重；五是部分搬迁人口认为就业帮扶车间解决自己的就业问题是一项"政治任务"，必须要为她/他们提供工作，部分搬迁人口随意违反车间生产管理制度，最终加大了帮扶车间的运营管理成本。

（二）部分搬迁人口难以兼顾家庭和车间工作

地方政府要求就业帮扶车间采用灵活的用工制度，解决留守妇女在照顾家庭和就业过程中存在的矛盾。随着就业帮扶车间的运行和发展，灵活用工制度与帮扶车间日常生产管理之间的矛盾越来越难以调和，集中表现在以下几个方面：一是就业帮扶车间管理者希望搬迁人口不要随便离开工作岗位，以免影响帮扶车间的订单生产。但部分搬迁人口为了照顾家庭，又不得不牺牲工作时间。帮扶车间管理者为了解决此矛盾，除了探索形成"线上+线下"的生产方式外，还采取了多招聘能够接受固定工作时间的搬迁人口、少招聘需要灵活安排工作时间的搬迁人口的方式，导致后者的工作机会越来越少。例如，晴隆县"贵州布依垚公司"选择固定工作时间的"绣娘"已经发展到 60 人，选择灵活工作时间的"绣娘"数量在逐年减少。"晴隆县龙发服饰有限责任公司"则采取多招聘非搬迁人口作为车间工人、少招聘搬迁人口作为车间工人的方式规避灵活用工制度对车间生产管理造成的消极影响。二是一些留守妇女经常会把未到 3 岁的孩子带到就业帮扶车间参加培训和工作，造成就业帮扶车间存在一定的安全生产隐患，也会使得就业帮扶车间的管理者尽量少招聘这部分人到帮扶车间工作。某公司负责人就指出："每当看到'绣娘'把孩子带到身边参加培训和工作时，自己就非常担心她

---

① "背篼"是指存在于贵阳市街头的临时工群体，主要由男性组成。他们赚钱的工具就是一个用藤条或竹子编的背篼，他们通常几个人结成群坐在街头角落等待有人请他们帮忙背东西，当有人需要帮忙时，他们就会用背篼帮助背运，以此赚取微薄的收入，工资通常是当天结算。

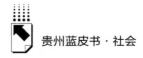

们的孩子在路上乱跑，或是胡乱触摸车间的电气化生产设备造成生产安全事故，若是真的发生此类事故，整个公司就完了。"

（三）搬迁人口技能培训与帮扶车间的生产经营不匹配

实地调研时发现，地方人力资源管理部门对搬迁人口开展的工作技能培训常常与就业帮扶车间的生产经营不匹配，集中表现在以下几个方面：一是当前对搬迁人口的工作技能培训过于频繁又缺乏针对性。贵州"布依垚"公司负责人认为，人力资源管理部门对搬迁人口的工作技能培训过于频繁，他们只是站在部门工作的角度，完成上级要求的培训任务，很少考虑就业帮扶车间的实际需求。例如，人力资源管理部门经常在生产旺季开展培训，培训期间帮扶车间的"绣娘"数量减少，有时候会影响到帮扶车间按时完成生产订单。"广益服饰有限公司"的负责人认为，加工服装的技能很容易掌握，没有必要对搬迁人口进行反复培训。搬迁人口最需要培训的是思想上如何从农民转变为工厂工人，遵守帮扶车间的生产规定，而不是"想请假就请假，想不来就不来"，以及随意浪费加工服装的原材料。二是培训过于频繁，培养了一批靠吃"培训饭"的搬迁人口。人力资源管理部门为了让搬迁人口积极参加相关工作技能培训，会给搬迁人口发放每天40元的培训补贴。一些搬迁人口一方面是觉得帮扶车间的工作时间长、劳动强度大；另一方面又觉得每次只要参加几个小时的培训就可以领取40元的培训补贴，比在帮扶车间工作划算。靠吃"培训饭"的搬迁人口培训结束后也不寻找工作，而是等着下一次培训，影响到了培训效果。除此之外，部分在帮扶车间工作的搬迁人口会请假参加培训、领取补贴，生产旺季时这也会造成帮扶车间用工紧张问题。

（四）就业帮扶车间还普遍缺乏市场开拓能力

就业帮扶车间要想在激烈的市场竞争中长期生存发展下去，除了享受地方政府给予的优惠照顾政策外，更多的是要具备市场开拓能力。在实地调研时，多位就业帮扶车间的负责人认为，帮扶车间的厂房、生产设备问题差不多已经解决，也积累了一定的生产管理经验，现在需要重点解决的是就业帮扶车间市场开拓能力不足的问题。在此次调研的多个就业帮扶车间中，"晴隆县龙发服饰有限责任公司"的规模最大，生产设备的自动化程度最高，但除了从重庆聘请了两名专业管理人员负责服装设计和流水线维护外，只有公司老板负责市场开拓。另外两家规模较大的就业帮扶车间"贵州布依垚公司"和"广益服饰有限公司"也是依靠公司老板开拓市场。而那些规模小的就业帮扶车间只有几名或十多名搬迁人口工作，更是没有任何的市场开拓能力，只能依靠地方政府的优惠照顾政策维持生存。造成这种问题的原因，一是就业帮扶车间的营利能力还十分有限，没有能力雇佣一些员工专门负责市场营销；二是就业帮扶车间的负责人多是返乡创业农民工，或是地方上的小企业主，本身也缺乏企业的生产经营经验；三是地方人力资源管理部门只针对搬迁人口进行生产技能培训，没有针对就业帮扶车间负责人开展经营管理能力方面的培训。

四 深入推进就业帮扶车间建设的对策建议

就业帮扶车间作为易地扶贫搬迁安置区的配套建设项目，经过近5年的建设，部分发展较好、规模较大的就业帮扶车间解决搬迁人口就业问题的能力已经较强，更是呈现了承接东部劳动密集型产业转移的潜力。从长远来看，就业帮扶车间作为安置区的配套建设项目，在推动县域经济发展、承接东部产业转移、提升搬迁人口生计资本方面也具有重要作用。[1] 按照2023年中央"一号文件"提出的要求，结合《2020年易地扶贫搬迁后续扶持若干政策措施》的指导，以及《国务院关于支持贵州在新时代西部大开发上闯新路的意见》（国发〔2022〕2号）的要求，从引导搬迁人口身份意识从农民转向产业工人、以就业帮扶车间为中心开展职业技能培训、多措并举解

---

[1] 陈绍军、马明、陶思吉：《共同富裕视域下易地扶贫搬迁移民生计资本、生计策略与生计选择行为的影响研究》，《河海大学学报》（哲学社会科学版）2023年第1期。

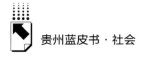

决就业帮扶车间工人子女托育问题、着力提升就业帮扶车间负责人生产经营能力等方面深入推进就业帮扶车间建设，为贵州省易地扶贫搬迁安置区高质量发展奠定坚实基础。

（一）引导搬迁人口身份意识从农民转向产业工人

当前，部分发展较好、规模较大的就业帮扶车间面临的一个突出问题是搬迁人口的身份意识尚未从农民转变为产业工人，这对帮扶车间正常的生产经营活动造成很大挑战。就业帮扶车间在未来发展过程中，必须解决车间工人的管理问题。一是要在搬迁人口的职业技能培训中加大个人职业素养培训力度，促进搬迁人口自觉自愿遵守扶贫车间生产管理制度，身份意识从闲散自由的农民转变为受就业帮扶车间生产管理制度约束的产业工人；二是要鼓励发展较好、规模较大的就业帮扶车间积极探索适合搬迁人口特点的生产管理制度，如"晴隆县龙发服饰有限责任公司"探索形成的"线上＋线下"生产方式，有效缓解了车间工人管理难题；三是建议人力资源管理部门将一部分提升搬迁人口工作技能培训的培训补贴转化为搬迁人口的工作绩效，用于奖励那些遵守就业帮扶车间生产管理制度的搬迁人口，从现实利益层面引导搬迁人口自觉自愿遵守就业帮扶车间生产管理制度。

（二）以就业帮扶车间为中心开展职业技能培训

由人力资源管理部门对搬迁人口开展相关工作技能培训，毫无疑问可以帮助搬迁人口快速适应就业帮扶车间工作。但人力资源管理部门是站在政府的角度对搬迁人口开展工作技能培训，与就业帮扶车间的实际需求存在不匹配情况，很多就业帮扶车间负责人抱怨人力资源管理部门对搬迁人口开展的工作技能培训存在过多过泛的问题。就业帮扶车间长期与搬迁人口打交道，最清楚搬迁人口需要具备什么样的工作技能和素质才有利于就业帮扶车间的生产经营。一是建议有易地扶贫搬迁安置区的县区成立由就业帮扶车间组成的行业协会，生产服装的行业协会负责培训愿意到服装厂工作的搬迁人口，生产电子元器件的行业协会培训愿意到电子厂工作的搬迁人口，以此解决搬迁人口工作技能培训缺乏针对性的问题；二是人力资源部门转变职能，由过去的直接组织搬迁人口开展工作技能培训，转变为负责制定培训标准、培训规范，以及监督和考核行业协会对搬迁人口开展工作技能培训后所取得的成效；三是人力资源管理部门加强培训成效监督检查力度，消除部分搬迁人口吃"培训饭"的现象。

（三）多措并举解决就业帮扶车间工人子女托育问题

就业帮扶车间采取灵活用工制度，虽然解决了部分留守妇女照顾孩子与就近务工之间的矛盾，但部分留守妇女将 3 岁以下的孩子带到就业帮扶车间工作，就业帮扶车间的安全生产存在很大隐患。导致部分就业帮扶车间雇佣这部分留守妇女的意愿较低，最终造成了这部分留守妇女的就业机会减少。现阶段就业帮扶车间灵活用工制度与车间生产经营之间的矛盾已经越来越突出，必须重视此问题对就业帮扶车间后续发展产生的影响。因此，以《国务院办公厅关于促进 3 岁以下婴幼儿照护服务发展的指导意见》（国办发〔2019〕15 号）为依据，多措并举解决就业帮扶车间工人子女托育问题。一是建议加大对规模较大的易地扶贫搬迁安置区婴幼儿照护服务的支持力度；二是鼓励通过市场化方式，采取公办民营、民办公助等多种方式，在就业帮扶车间聚集区域完善婴幼儿照护服务设施；三是易地扶贫搬迁安置区已经配套建设了相应数量的幼儿园，鼓励支持易地扶贫搬迁安置区有条件的幼儿园开设托班，招收 2~3 岁的幼儿，并优先招收在就业帮扶车间工作的搬迁人口子女入学。

（四）着力提升就业帮扶车间负责人生产经营能力

课题组在多个就业帮扶车间调研发现，就业帮扶车间能否长期经营，能否在激烈的市场竞争中获得生存发展能力，在根本上取决于就业帮扶车间负责人的生产经营能力。然而，当前地方政府在推动就业帮扶车间建设时，只注重对搬迁人口开展工作技能培训，以及解决就业帮扶车间的厂房、水、电等问题,忽视了对就业帮扶车间负责人生产经营能力的培训提升。就业帮扶车间经过近 5 年的建设,厂房、水、电问题已经解决,搬迁人口的工作技能也不是影响就业帮扶车间生产经营的首要因素,当务之急是着力提升就业帮扶车间负责人的生产经营能力。一是由人力资源管理部门聘请专家,针对就业帮扶车间负责人的实际情况,定期举办一些接地气、具有实际效用的经营管理培训班,提升就业帮扶车间负责人的生产经营能力。二是支持就业帮扶车间负责人走出去,探索和引进新的经营管理思路、方法、模式,逐步提高就业帮扶车间在激烈市场竞争中的生存能力。例如,"晴隆县龙发服饰有限责任公司"从东部沿海地区引进了服装生产流水线,并结合就业帮扶车间灵活用工制度,探索形成了"线上+线下"生产方式,不仅提高了就业帮扶车间生产效率,还提高了搬迁人口的工资收入水平,也提升了就业帮扶车间在激烈市场竞争中的生存能力。三是支持规模较大的就业帮扶车间完善经营管理制度,以"头雁效应"做好承接东部劳动密集型产业转移工作,形成产业集群。

五 结语

本文以贵州省三个大型易地扶贫搬迁安置区中设立的就业帮扶车间作为调查研究对象,指出了当前就业帮扶车间建设取得的成效、存在的问题,并提出了相应的政策建议。就业帮扶车间最为直接的作用是解决部分不方便外出务工的搬迁人口的就业问题,如留守妇女和年龄较大的搬迁人口。除此之外,就业帮扶车间更为重要的作用是促进搬迁人口从"双重脱嵌"转向"双重融合",留守妇女和年龄较大的搬迁人口在就业帮扶车间稳定就业可以促进整个家庭的城市适应和社区适应。[1] 调查研究还发现,一些发展较好的就业帮扶车间已经具备造血能力,不仅解决了部分搬迁人口的就业问题,

---

① 邱俊柯、尹奇、亓子青:《从双重脱嵌到双重融合:易地搬迁的实现机制及其启示》,《公共治理研究》2023 年第 4 期。

还表现出了承接东部劳动密集型产业转移的潜力。因此，在易地扶贫搬迁安置区就业帮扶车间后续建设过程中，还应该转变思路，不仅将就业帮扶车间看成易地扶贫搬迁安置区的配套设施，还应该将就业帮扶车间看成地方经济的重要组成部分，对于推动易地扶贫搬迁安置区融入新型城镇化进程和实现高质量发展具有重要作用。

B.22
贵州易地安置社区养老公共服务
体系建设调查研究[*]

卫 松　潘启梅^{**}

摘　要：　贵州易地扶贫搬迁对象是党和国家扶贫政策的最大受益群体之一，贵州在易地扶贫搬迁安置工作中积累了诸多经验，但在后续扶持上仍有一定的提升空间。本文通过问卷调查、实地走访和书面调研的方法，从全省9个市（州）选取了具有代表性的 23 个易地搬迁安置社区，对易地安置社区的养老公共服务体系建设的现状进行调查，厘清了社区养老公共服务体系存在的主要问题，并结合安置社区实际情况，从加强服务队伍建设，提升老年服务能力；高度重视老年教育，提高老人文化素养；开展有效技能培训，增加灵活就业岗位；盘活整合多方资源，多元提高居民收入；加大多元投资力度，强化智慧养老建设；加大社工培育力度，扶持本地社工成长六个方面有针对性地给出了政策与建议，以期高质量书写好易地扶贫搬迁后半篇文章。

关键词：　易地安置社区　养老　老年公共服务　贵州

一　选题缘由

实践证明，易地扶贫搬迁是全国打赢脱贫攻坚战的关键举措。国家从

---

* 本文为国家社科基金项目"技术治理视角下西南民族地区乡村治理体系重构"（项目编号：20XMZ048）、贵州省教育厅人文社科 2021 年度重点项目"技术治理视角下贵州乡村治理体系重构——以贵州省余庆县、福泉市、盘州市为个案"（项目编号：2021ZD007）的阶段性成果。

** 卫松，教授、博导，贵州民族大学社会学院副院长，主要研究方向为社会治理、社会政策；潘启梅，贵州民族大学硕士研究生，主要研究方向为民族地区行政管理。

2001 年开始实施易地扶贫搬迁政策，党的十八大以来扶贫搬迁不断加快进程。2012 年，国家发改委组织编制了《易地扶贫搬迁"十二五"规划》。2016 年，《全国"十三五"易地扶贫搬迁规划》出台，着力解决居住在"一方水土养不起一方人"地区贫困人口的脱贫问题。2019 年，"十三五"规划的易地扶贫搬迁建设任务已基本完成，930 万贫困人口乔迁新居，走出大山和自然条件恶劣的居住地，有 920 万人通过搬迁实现脱贫，各地工作重心从工程建设全面转向搬迁群众后续扶持。党的二十大报告指出，"中国式现代化是全体人民共同富裕的现代化"。脱贫、全面建成小康社会、现代化发展，一个民族、一个家庭、一个人都不能少。因此，研究易地安置社区养老公共服务体系建设是非常有必要的。

为深入贯彻习近平新时代中国特色社会主义思想，精准落实《中共中央 国务院关于打赢脱贫攻坚战的决定》，全面完成易地扶贫搬迁任务，建立和完善搬迁群众可持续发展体制机制，2019 年《中共贵州省委贵州省人民政府关于加强和完善易地扶贫搬迁后续工作的意见》提出要切实解决好"搬出来后怎么办"的问题，真正实现"搬得出、稳得住、能致富"的目标。2020 年《关于做好易地扶贫搬迁集中安置社区治理工作的指导意见》提出，通过建立健全安置社区群团组织、提升基础设施和公共服务水平，推动易地搬迁安置社区教育医疗文化事业不断发展，让搬迁群众享受更优质的公共服务资源。全面建立安置社区组织体系，完善社区综合服务设施。2021 年，贵州省正式发布《贵州省易地扶贫搬迁基本公共服务标准体系》，这是全国首个易地扶贫搬迁基本公共服务标准体系，旨在把标准转化为服务能力，促进易地扶贫搬迁管理水平不断提高。全省"十三五"时期共搬迁 192 万人（含恒大援建毕节市新增 4 万人），累计建成易地搬迁安置社区（点）949 个、安置住房 46.5 万套。

老年公共服务体系是易地搬迁安置社区组织体系的重要组成部分。2022 年《国务院关于支持贵州在新时代西部大开发上闯新路的意见》（国发〔2022〕2 号）文件，就贵州的老年公共服务体系构建提出：要制定基本养老服务清单，对不同老年群体分类提供养老保障、生活照料、康复照护、社会救助等适宜服务。通过完善公共服务体系助力贵州打造巩固脱贫攻坚成果样板区，促进贵州高质量发展，支持贵州在新时代西部大开发上闯新路。易地扶贫搬迁的后续扶持工作成为易地搬迁安置社区下一步的工作重点，需要通过建设易地搬迁安置社区基础设施和公共服务设施完善公共服务体系，进一步提升公共服务水平。本研究通过调研贵州部分易地搬迁安置社区的养老公共服务，了解易地搬迁安置社区在养老公共服务方面的供需矛盾，建构和完善易地搬迁安置社区老年公共服务体系，持续提升搬迁老年群体的获得感、幸福感、安全感，推动易地搬迁安置社区治理体系和治理能力现代化。

二　文献梳理

在老龄化的背景下，我国养老公共服务体系的研究已成为目前的研究热点，且现有的研究对养老公共服务给予了高度的关注。从发表趋势看，通过中国知网（CNKI）检索主题"养老公共服务"，发现文献的发表呈增长趋势，养老公共服务主题文献的发表主要集中于2012~2023年，发文量较多；但以"养老公共服务体系"为主题检索到的文献较少；同时以"安置社区"和"养老服务"为主题检索到的论文更少。为避免遗漏重要文献，选取文献的主题范围也包括了"社区养老""养老服务"等。

许多学者认为，我国养老服务模式发展的主要趋势是形成多元主体合作的方式，来实现共同供给养老服务。董亚红从系统论视角下的社会养老服务体系发展困境出发，提出养老服务体系是多元要素共同组成的体系，是具有某种功能的有机整体[1]。项丽萍认为社区养老服务工作的成功与否，很大程度上取决于是否拥有一个专业的服务管理团队[2]，特别是有没有团结协作跨专业的综合性照顾。李志明提出要建立"立足社区、服务居家"

---

[1] 董红亚：《我国社会养老服务体系的解析和重构》，《社会科学》2012年第3期。
[2] 项丽萍：《社会工作视角下机构养老服务创新的探索与实践——以义乌市怡乐新村为例》，《太原城市职业技术学院学报》2014年第6期。

的综合养老服务体系，依托社区做好居家养老服务，协调各方主体进行服务①。吴蓓要求把专业的养老机构的服务引入社区，提高老年人的社区参与度，再逐步开展和举办规范志愿助老活动，形成一种养老规范化制度，完善养老服务②。综上，许多学者认为体系的建立离不开多元主体间的紧密合作，要加强服务队伍建设，加大社工培育力度，从而完善养老公共服务体系。

还有学者认为，我国养老公共服务体系的建立与完善，与国家政策支持、老年人自身文化素质、基础设施的投入有关。为实现老年人享有高质量的基本养老公共服务，党的十九届五中全会明确提出了要实施"积极应对人口老龄化"的发展战略，并将其确定为国家发展战略。国务院印发的《"十四五"国家老龄事业发展和养老服务体系规划》明确指出：构建和完善兜底型、普惠性、多样化的养老服务体系。党的二十大报告提出，要发展养老事业和养老产业，推动我国养老产业多元化、多样化、多态化协调发展，优化孤寡老人服务，推动实现全体老年人群体享有基本养老服务③，完善养老公共服务体系，推进中国健康建设。刘菲认为要想扩大社区养老公共服务的规模，想要多渠道筹集资金，就得使社区养老服务社会化、专业化④，同时健全相关的法律法规。程文光指出我国养老公共服务还存在供给主体不明确的问题，从事养老公共服务的工作人员不足、普遍年龄较大、学历普遍不高，无法达到养老公共服务现代化要求⑤。崔恒展、张军指出同时

---

① 李志明：《中国养老服务"供给侧"改革思路——构建"立足社区、服务居家"的综合养老服务体系》，《学术研究》2016 年第 7 期。

② 《吴蓓代表：答好"为民造福"的时代答卷》，徐州市人民代表大会常务委员会网站，2023 年 5 月 9 日，http：//www.xzrd.gov.cn/dbgz/007003/20230509/ccbf0a42 - 928c - 477d - b0b9 - f6baacef7303.html。

③ 习近平：《高举中国特色社会主义伟大旗帜　为全面建设社会主义现代化国家而团结奋斗——在中国共产党第二十次全国代表大会上的报告》，人民出版社，2022。

④ 刘菲：《论完善社区养老服务》，《北方经济》2007 年第 16 期。

⑤ 程文光：《哈尔滨市农村养老问题的对策研究》，《中国外资》2012 年第 2 期。

并存的养老服务供给不足和需求不足的现象是影响养老服务业发展的重要因素①。王震认为目前供需失衡、利用率不足、过度行政化等问题②影响养老服务体系发展。罗津提出了社区居家养老的两个支柱，即社区以准公共物品形式提供的公共服务和民营养老机构以自然垄断形式提供的专业化生活照料③，可以有效化解社区居家养老的难题，提升社区养老服务能力。

综上，有效满足广大老年人的居家养老服务需求是积极应对人口老龄化国家战略背景下的重要任务。实践表明，以社区为依托的养老服务普遍符合老年人的需求偏好，促进老年人的在地养老是多数国家养老服务政策追求的目标。在完善社区养老公共服务体系的进程中，需要多元主体共同出力、政策文件的支持、基础设施的完善等，共同创造出安置社区养老公共服务体系的美好蓝图。

三　贵州易地安置社区养老公共服务体系建设现状

本研究从全省9个市（州）选取了具有代表性的23个易地搬迁安置社区进行了调研。23个易地搬迁安置社区共有常住人口175477人，45岁以上64279人，60岁以上25251人，抽取23个社区1327名老年人参与问卷调查，各市（州）参与调查的老年人占比如图1所示。在受访的老年人中，小学及以下学历742人（55.92%），初中学历363人（27.35%），高中、大专及以上222人（16.73%），小学及以下学历占比最大（见图2）。

通过走访贵阳市、铜仁市、六盘水市等5个市（州）11个社区，现场查看社区的基础设施、公共服务体系、老年学校等，掌握社区基本情况，召开座谈会，听取社区工作人员关于社区公共服务体系建设、社区工作痛点难

---

① 崔恒展、张军：《供需视角下的养老服务业发展研究》，《济南大学学报》（社会科学版）2016年第5期。
② 王震：《居家社区养老服务供给的政策分析及治理模式重构》，《探索》2018年第6期。
③ 罗津：《深度老龄化背景下城市社区居家养老的治理机制》，《上海交通大学学报》（哲学社会科学版）2021年第4期。

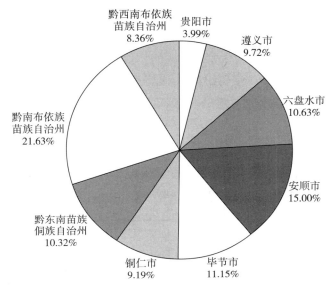

图 1　各市（州）参与调查的老年人占比情况

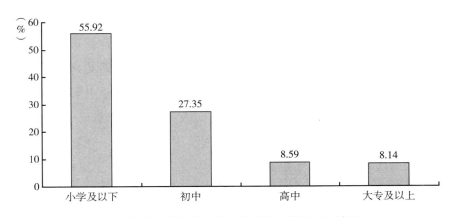

图 2　各市（州）参与调查的老年人学历占比情况

点等情况的汇报，并在社区与部分老年人进行深入交谈。在遵义市、安顺市等 4 个市（州）12 个社区，收集了易地搬迁安置社区养老服务资源统计资料（参与调研的社区如表 1 所示）。调查数据显示，贵州省在易地搬迁安置社区的养老公共服务方面取得一定的成效。

表1　调研社区统计

市（州）	社区名称
贵阳市	南溪苑社区,云锦尚城社区
遵义市	虹桥社区,松源社区,新龙孔社区
六盘水市	新城社区,幸福里社区
安顺市	同心社区,彩虹社区,鑫旺社区,城东社区
毕节市	柏杨林街道,锦绣社区
铜仁市	打角冲社区,龙生社区,梵瑞社区
黔南布依族苗族自治州	兴旺社区,映山红社区,奋进社区
黔东南苗族侗族自治州	思源社区,幸福社区
黔西南布依族苗族自治州	新菁社区,栗坪社区

（一）贵州易地搬迁安置社区精神文化生活服务情况

1.社区老年活动场所普及率高，满足老年人精神文化基本需求

社区老年活动场所的普及是提升易地搬迁安置社区老年人公共服务满意度的因素之一。本次调研发现，社区老年活动场所普及率为91%，只有9%的社区没有专门老年活动场所，如图3所示。老年亚文化理论认为，老年人作为一个群体，有着共同的行为准则、期望、信仰和习惯，并形成他们自己的亚文化群体[①]。老年人之间的交往交流交融多于与社会其他成员的交往，老年活动场所则扮演着关键角色。在调研社区中，82.1%的老年活动场所能够正常开展活动，为老年人提供服务，平均组织活动频数为29次/年。铜仁市江口县梵瑞社区利用综合服务中心、老年人活动中心等公共配套设施组织各类活动，让社区里的老年人在参与活动中共享文化资源，实现老有所为、老有所教、老有所学、老有所乐。

2.与人聊天成为打发闲暇的主要方式，老年人高层次精神文化生活待丰富

在满足了基本的衣食住行需求后，闲暇时间的增多使老年人对物质、

---

① 李宗华：《老年人社会参与的理论基础及路径选择》，《山东省农业管理干部学院学报》2009年第4期。

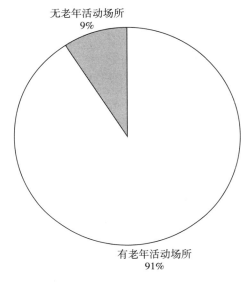

无老年活动场所
9%

有老年活动场所
91%

图3 老年活动场所统计

环境的追求越来越高，其消费的层次也在发生变化，会向往更高层次的精神文化生活，这需要社区组织并提供活动场所。如图4所示，在闲暇时间，社区里老年人的活动种类多，与人聊天比例最高。有部分受访者到日间照料中心参加养老、健康活动等。各种积极向上的活动能够丰富老年人的精神生活，提高老年人的生活质量，使老年人尽量保持晚年生活的独立性和社会性。

3. 老年人孤独感与年龄增长成正相关，对社会归属感和依赖感增强

随着年龄的增加，除了生理上的健康水平下降，老年人的心理也会受老化、患慢性病、精神文化生活单调、缺乏心理慰藉等因素影响，会出现焦虑、抑郁、孤僻、情绪不稳定等多种心理不健康症状。如图5所示，在70岁以上的人群中，约45%的老年人感受到孤独。同时，社会资本在减弱，老年人的社会融入变得更难，导致孤独感增加。

4. 社会交往重要性凸显，未婚和分居老年人孤独感高

老年人和谁居住、居住空间的构成、在居住空间完成的活动以及与其他群体的交流等对老年人生活产生影响。在未婚和分居群体中，60%以上老年

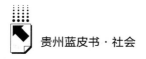

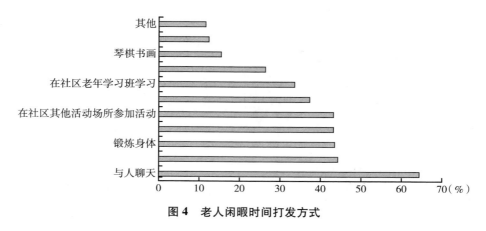

图4 老人闲暇时间打发方式

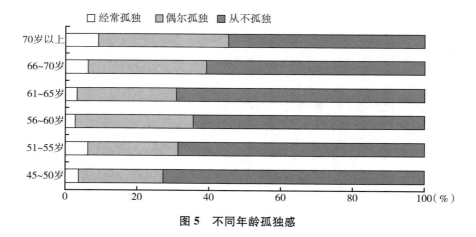

图5 不同年龄孤独感

人感到孤独（见图6），已婚比丧偶、离异、分居和未婚的孤独感明显更低，说明老伴的陪伴能有效降低孤独感。随着社会的发展，老年人的需求在不断扩充，不仅需要满足基本的居住、生活需求，还要追求丰富的精神文化生活和社会交往。

广泛开展安置社区精神文明建设、文化体育等活动，对于大力弘扬社会主义核心价值观、促进搬迁群众社会交往和互动、增强其归属感和认同感有积极作用。让老年人在参与过程中，提升生活质量，实现自我价值，达到积极老龄化的效果。

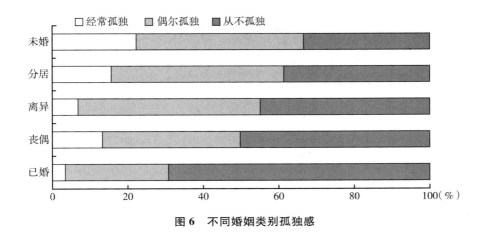

图6　不同婚姻类别孤独感

（二）贵州易地搬迁安置社区就业服务情况

就业是推进民族团结进步、共同繁荣发展的重要保证，世界卫生组织通过广泛调研制定《老年友好城市基本特征清单》，确定老年友好城市的一系列核心特征，其中一个主要的特征是"市民参与和就业"。为易地搬迁安置社区老年人提供就业培训、促进其就业，对于提高家庭经济收入、彰显老年人价值，构建老年友好社区、老年友好城市具有重要作用。

1.易地搬迁安置社区低龄、有劳动能力的老年人就业意愿强烈，但就业率不高

已有研究总结出我国乡村老年人相对城市老年人的突出特点之一是：乡村老年人继续工作，比例和时长均高于城市老年人。乡村老年人搬迁到安置社区后，原来"以地养老"的现状被打破，在各项消费支出增加、消费结构发生较大变化的情况下，就业成为老年人社会适应的主要途径（见图7、图8）。调查问卷数据显示，社区50.11%的老年人需要就业，且低龄老年人想就业的意愿较为强烈。但要承担隔代抚养任务因而工作时间不固定、文化水平较低、年龄大等因素造成用人单位不签合同不买保险，对身体条件较差的老人用人单位不敢雇用等，导致易地搬迁安置社区老年人无法走出去，就

业率低。社区养老服务资源统计资料显示，在被调查社区老年人中已就业老年人占比不足20%的社区有20个。因此，与年轻人相比，老年人是易地搬迁安置社区中最需要解决就业问题的群体。

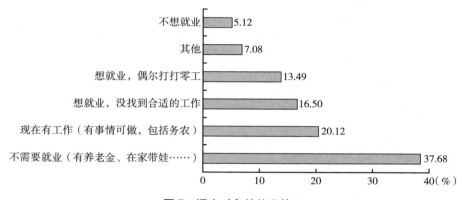

图7 调查对象的就业情况

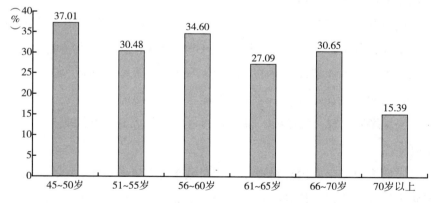

图8 不同年龄段想就业老年人的占比

2. 易地搬迁安置社区老年人更愿意在家门口就业，社区配套企业需提档升级

在老年人无法走出去、社区内可开发的老年人就业岗位数量和社区公益性岗位数量较少的情况下，探索家门口的就业更符合老年人的现实状况。调查问卷数据显示（见图9），82.97%的老年人愿意在本社区或就近工作。为

促进社区的经济发展，大多数易地搬迁安置社区引进了低端、密集型、粗放型、计件工资的扶贫车间、扶贫微工厂、扶贫企业，解决了部分老年人的就业问题。受疫情影响，订单不多或者波动较大、社区没有区位优势、效益不佳等导致一些工厂迟迟未复工复产或停办。例如，铜仁市碧江区正光街道打角冲社区藤编厂、六盘水市六枝特区岩脚镇新城社区锡纸厂、毕节市七星关区岔河戈乐手工艺加工扶贫车间等。

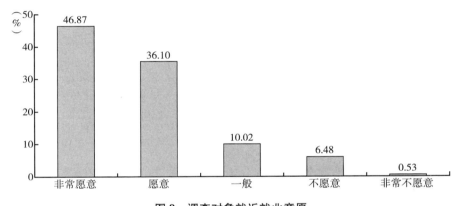

图 9   调查对象就近就业意愿

3. 开展就业技能学习培训促进老年人再就业，但文化素养低影响培训效果

终身学习的一个重要作用是可以促进生产老龄化，加强个人的工作能力及生存能力。职业技能培训是终身学习的重要组成部分，对于提升易地搬迁安置社区老年人就业技能、促进再就业具有重要作用。在实地走访的社区中，通过开展"短平快"的就业技能培训，帮助老年人在社区扶贫企业快速上岗就业，取得了较好的成效。

为完善社区的就业体系、拓宽社区群众就业渠道，一些社区开展了家政服务、育婴师、厨师等培训，但培训效果不佳。例如，贵阳市花溪区清溪街道南溪苑社区 2021 年开展家政服务培训 2 期，共培训 120 人，但由于老人文化水平低、无法走出去，无一人成功就业。调查问卷数据显示，社区老年人很擅长做家务（40.92%）、种植、养殖（29.54%）（见图 10）；想学习家庭医疗保健知识（48.76%）、智能化设备使用（39.71%）和种植、养殖

（38.81%）（见图11）。因此，应围绕市场需求、老年人需求和兴趣爱好开展就业技能培训，同步提升老年人文化素养，做好岗位衔接，多措并举促进再就业，帮助老年人实现对经济生产的适应，最终实现社会适应。

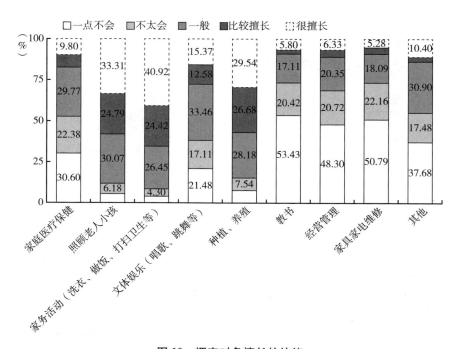

图10 调查对象擅长的技能

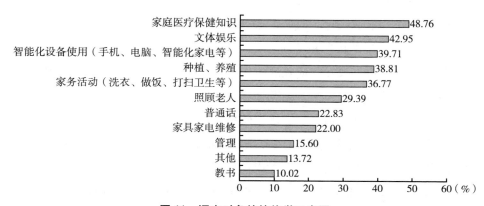

图11 调查对象的技能学习意愿

调查问卷数据显示，在就业培训的方式上，老年人更倾向于面对面的教学（87.57%），其次是手机学习（28.56%）、电视学习（26.75%）。技术接受模型也指出，用户对信息系统的使用态度受人们对系统的感知有用性和感知易用性决定。老年人对信息技术的感知有用性和感知易用性较低，所以在选择培训方式上较为保守、传统。

（三）贵州易地搬迁安置社区社会保障服务情况

对搬迁后社区保障满意度的调查发现，93.22%受访对象表示非常满意或满意（见图12）。通过加强安置社区服务体系建设、优化服务机制、引导商业服务布局、确保搬迁群众就近方便办事并享有与迁入地群众同等水平的基本公共服务和生活服务能够提高搬迁老年人的满意度和幸福感，对做好搬迁后社区的可持续发展工作有积极意义。

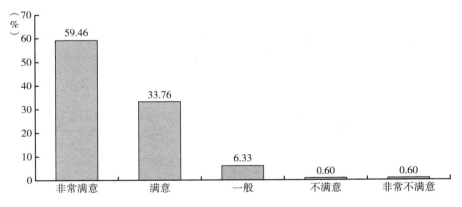

图12 对社区保障服务满意度调查

1.医疗机构普及率高，满足老年人的基本医疗需求

伴随着人均寿命的增加，人口老龄化程度加深，自理老年人、介助老年人、失能老年人的比例发生变化，介助老年人逐渐增多，对居家照护、医疗机构的需求则会增加。社区医疗机构的普及对于养老公共服务保障体系的建构有重大意义。此次调研社区医疗机构普及率为100%，平均每个社区拥有医疗机构1.5

个、医疗人员 15.5 人。但在部分安置社区，社区医生既要承担日常接诊任务，还要承担家庭医生职能，工作任务较重，影响社区医疗服务体系的运行。

2. 多方参与的老年医疗保障体系初步形成，老年群体在就医方面有保障

随着老年人寿命的延长，失能老人增加，多数老年人被慢性疾病困扰、有提高生活质量需求。越来越多的老年人希望得到长期照护，面对高额的医疗保健费用，老年人需要借助医疗保险、护理保险、福利服务等长期照护保障，幸福地度过晚年。根据调查，如图 13 所示，有 96.91% 的老年人拥有城乡居民基本医疗保险，其余的有商业医疗保险、公益互助保险以及其他保险，医疗保障服务水平提升明显，一个能满足老年人多样化照护需求、老年人经济上可承受的长期照护保障体系逐步建成。

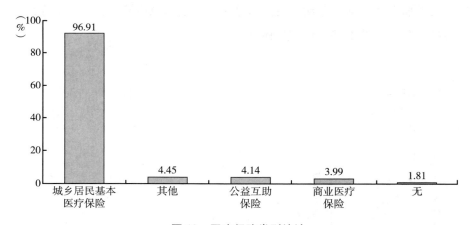

图 13 医疗保险类别统计

3. 社工机构普及率高，助力老年人社会交往

社区老年有关活动的组织和管理可以通过专业社工机构的协助来实现。在关注弱势老年人的生活照料的同时，也要丰富老年人的休闲娱乐活动。在本次调研的社区中，如图 14 所示，90.91% 的社区有社工组织入驻，多数老年群体对于社区内的上门照顾以及以聊天服务为主的社工服务是乐意和满意的。但在部分社区，社工组织服务的可持续性不强，部分社工组织的服务是民政部门以项目的形式购买的社会服务，一旦项目服务期限结束，验收合格，社工机构就可能失去资金支持，而组织和人员撤离将导致场所闲置、服务缺位。

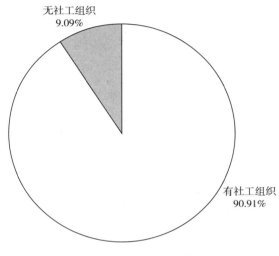

无社工组织
9.09%

有社工组织
90.91%

图 14　社工组织入驻情况

4. 经济来源结构有变化，养老金以及子女供养是养老收入的主要来源

历史上我国老年人的主要经济来源是老年人自己的劳动所得和来自家庭成员特别是子女的经济供养，但随着社会经济的发展，尤其是社会保障体系的完善，老年人养老完全改变了以往主要依靠家庭子女供养的传统养老方式，越来越依赖于离退休金。调查显示，子女供养的比例最大（55%），也有依靠养老金、退休金、国家转移支付、自己劳动获得以及土地、林地等资产出租所得养老。子女（孙辈）或其他亲属补贴、劳动收入也仍然是老年人两个重要的经济来源，但比重不断减少。这种不断变化的经济来源构成会影响老年人对生活和居住方式的选择。

（四）贵州易地搬迁安置社区信息技术服务情况

1. 大多数易地搬迁安置社区老年人会使用智能设备，常用功能较突出

老年人可以通过网络信息空间进行网络购物、网络娱乐、再教育等活动。

调查问卷数据显示（见图15、图16），易地搬迁安置社区中65.19%的老年人会用智能手机；经常使用智能手机的功能包括打电话发短信（69.71%）、微信聊天（47.17%）、看短视频（41.9%）和拍照录像（36.4%）；67.66%的老年人会用家中的智能设备，包括数字电视、监控、路由器、智能家电等。同时，从易地搬迁安置社区老年人的学习意愿来看，39.71%的老年人想学习使用智能化设备。易地搬迁安置社区老年人对于网络信息技术有一定的使用基础，且有意愿主动适应数字化生存，使得帮助易地搬迁安置社区老年人跨越数字鸿沟、提高其在数字化背景下的生活质量成为可能。

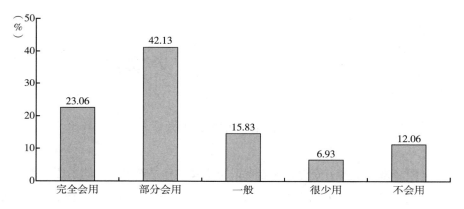

图15 调查对象智能手机使用情况

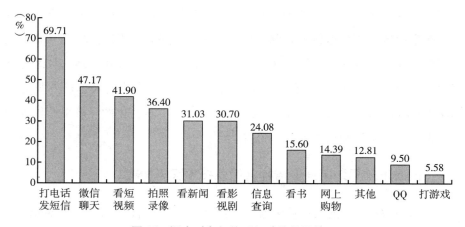

图16 调查对象智能手机功能使用情况

2. 社区智慧养老服务功能需全面提升，满足老年人的多样化服务需求

老年友好社区公共服务体系的构建要充分利用新一代信息技术，让老年人足不出户就能获得家政、维修、清洁等生活帮助以及家庭护理、健康监测和紧急救助，以弥补老年人生理功能、认知能力下降带来的日常生活不便。目前，部分易地搬迁安置社区正努力探索智慧养老服务，为老年人创造更加友好的软性环境。调查问卷数据显示，易地搬迁安置社区中66.62%的老年人知晓社区中有养老、方便老年人生活的智能设备（机器设备）；78.67%的老年人认为社区有必要提供针对养老需求的远程呼叫、远程咨询等服务。从实地走访和社区工作人员提供的资料来看，一些社区开展了智慧养老服务。例如，铜仁市碧江区正光街道打角冲社区联合移动公司为老年人免费配备智能手环，老年人长时间外出（超过2小时）未归时智能手环会自动将老年人的位置信息发送给紧急联系人，进入危险区域时智能手环会自动亮灯，保障了老年人的出行安全。

四 存在的问题及原因分析

在解决了搬得出后，如何留得住以及实现更高质量的生活，是安置社区工作要重点解决的问题。在老龄化快速深化中，老年群体受到越来越多的关注，是影响安置社区留得住的关键群体，而调研发现：安置社区老年群体的养老需求与供给之间还是存在差距，其养老公共服务方面主要存在如下问题。

（一）专业人才缺乏，专业知识不足

易地搬迁安置社区养老工作人员是搬迁社区养老服务的提供者，通过搬迁社区平台为老年群体提供日常照顾、医疗保健、家政服务以及突发事件处理服务。目前，搬迁社区养老工作人员由社区干部和社工担任，主要解决老年人难以解决的基本生活困难，在精神慰藉服务上供给不足。调查发现：社区干部或社工人数与老年人人数配比在1∶100以下的占比高达85%，配比

在 1∶100 以上的占比仅有 15%，工作人员与老年群体的人数差额巨大。这一部分工作人员既要完成日常管理事务，又要迎接各级检查，还要处理社区老年群体突发问题，工作中顾此失彼、力不从心。调查显示，虽然有94.12% 的老年人对搬迁后的生活状况表示满意，但由于社区干部和社工大多缺乏专业的护理知识和技能，养老公共服务仅限于基本的生活照料，缺乏对老年群体的专业护理，搬迁老年群体急需专业的医疗保健与紧急救护保障，现有的社区养老工作人员在人员配置水平和专业能力上都有待提高。部分社工组织主要通过民政部门购买服务或者作为高校教学实践基地进驻到社区，社区培育的、可持续服务的社工组织极少。

（二）文化素养较低，再就业难度大

就业是解决易地搬迁安置社区老年群体生活和养老等问题的重要一环。但易地搬迁老年群体由于文化程度低、年事较高、掌握的技能少，在向城镇转移后大部分人员达不到用工方的要求，即使就业也仅限于工资较低的体力劳动。同时，易地搬迁安置社区缺乏针对老年人专业知识和再就业技能的培训以及产业布局。也存在一部分易地搬迁老年群体，在获得一定的征地补偿和安置费用后，不愿从事时间长、工作量大、工资少的工作，容易出现不事生产、坐吃山空的情况。这就需要针对易地搬迁安置社区不同老年群体制定个性化政策和指导。

（三）生活成本增加，收入水平较低

易地搬迁户搬进安置社区后，消费方式发生了变化。由原来的农村自给自足的消费模式转变为市场化消费模式。吃穿住用行均需要支付费用，增加了水电费、燃气费、物管费等生活开支，使得生活成本大幅度提高。易地搬迁安置社区老年群体虽然仍保留原有的土地，但基于安置地与原有土地路途较远、通行不便等原因，不能通过种植、养殖来维持生活，只能减少生活支出。虽然易地搬迁老年群体有少部分低龄和比较健康的人员通过务工来贴补家用，但大多数收入基本来自子女供养、养老金、国家转移

支付和土地林地租金。随着人口老龄化程度加深，安置社区的养老形势会越来越严峻。

（四）智慧养老普及率较低，资金投入不够

目前，易地搬迁安置社区养老仍以家庭养老为主，易地搬迁老年群体在深度运用智能技术方面存在困难，缺乏对智慧养老等新型养老方式的了解，不能很好地融入智慧社会。政府对智慧养老的基础构建较为缓慢，在人力、物力上仍需进一步加大投入。《"十四五"国家老龄事业发展和养老服务体系规划》提出，要构建和完善兜底性、普惠型、多样化的养老服务体系，不断满足老年人日益增长的多层次、高品质健康养老需求[①]。由于我国老年人口数量庞大，仅依靠实体养老机构远远达不到服务数量与质量需求。因此，要依托智能信息技术，全面普及智慧养老，通过运用互联网、智能呼叫、GPS 定位等技术实现"系统+服务+老人+终端"的智慧养老模式，让老年人能够在家享受专业化、智能化的公共养老服务。

目前，易地搬迁安置社区的智慧养老服务仍有很长的路要走。一些易地搬迁安置社区对于智慧养老的概念不清晰、理解存在偏差，认为开展医疗服务、组织老年人集中收看电视节目即开展智慧养老服务，且大多数社区由于没有资金支持、软硬件设施跟不上，目前均没有开展智慧养老服务。已经开始探索的也限于起步阶段，例如黔西南州晴隆县三宝街道新箐社区搭建的平台，由于在运维上资金不足，部分设备存在掉线的情况，未能保障正常运转。

五 对策与建议

要实现安置社区养老公共服务水平提升，让老年人能高质量地生活，建议从如下几个方面入手。

[①] 《国务院关于印发"十四五"国家老龄事业发展和养老服务体系规划的通知》，中华人民共和国中央人民政府网，2022 年 2 月 21 日，https：//www. gov. cn/zhengce/content/2022-02/21/content_5674844. htm。

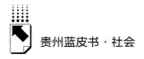

（一）加强服务队伍建设，提升老年服务能力

社区养老服务人才队伍的建设，首先，可以从政府层面制定养老服务人员的计划，从数量和质量上进行总体规划，积极引导普通高校、职业院校、老年大学等培养养老服务人才。培养过程中，着重发展老年医学、老年护理学、老年服务管理等课程，鼓励低龄老人为高龄老人服务，激励高校积极主动培养面向人口老龄化相关领域的人才，为智慧养老、适老化产品研发制造等新领域培养充足的人才。人员培养完成投入工作后，也要对人员进行动态的培训，使其不断地提高服务水平，规范其行为规范。其次，建立对社区养老服务人员的激励机制，要正视社区养老服务人员的工作内容，重视其劳动成果，努力完善养老服务人员的薪酬待遇和社会保险政策，通过建立基于工作能力、业绩贡献、行业素质的工资分配机制，积极引导养老服务工作人员，使得他们热爱自己的岗位。建立职业认证制度，引导他们积极主动地获取职业技能等级证书，加大职业宣传力度，促进社会认同这一职业，提高他们对从事这一行业的期望。同时，需要根据不同社区需要，根据国家基本公共服务标准，优化医疗卫生服务的布局，提升医疗卫生服务的可及性和可得性。

（二）高度重视老年教育，提高老人文化素养

搬迁老年人离开了原来的居住环境后，因知识结构单一、年龄偏大，在城镇生活很容易出现畏难情绪，加上贵州易地搬迁安置社区里有很多少数民族群体，搬迁后可能面临民族文化差异、自我情感孤立等社会融入的困境。这些都会影响安置社区老年人的身心健康。需要破除搬迁老年人的畏难和消极生活思想，要加大精神慰藉服务，激发老年人内生动力，发挥其主观能动性，提高其自身发展能力和综合素质。安置社区要通过开办社区老年学校、老年活动中心等，定期组织宣讲、开展活动、教育培训，让老年人学政策、学知识、学身边人身边事，让他们的思想紧跟时代步伐，切实提高文化素养，为融入城镇生活打下基础。从长远来看，安置社区老年人在家带孙辈的

比例非常高，提高老年人的知识水平和思想认识水平，相当于通过隔代教育提高孙辈的综合素质，有效防止规模化返贫。

（三）开展有效技能培训，增加灵活就业岗位

易地搬迁安置社区老年人往往受教育程度低，技能培训接受能力有限，和年轻人比没有体力优势和学识优势，再就业相对困难。针对这种情况，技能培训要注重精准施教，先开展贴近生活的文化素质提升课程，如识字认字、普通话学习、智能设备使用等，为职业技能培训打下基础，再通过有针对性的技能培训来提高老年人的能力。培训围绕老年人的技能特点，紧扣市场稀缺职位，针对老年人擅长的照顾老人小孩、种植养殖和家务活动持续培训，针对市场紧缺的护工、经营管理和家电维修专业领域加强培训。许多有劳动能力的老年人均具有较强的再就业意愿，但一方面要承担隔代抚养的任务，另一方面年龄偏大不愿意离家太远，因此家门口的就业更符合其需求。根据调研情况，建设在工业园区旁的安置社区里老年人再就业率普遍较高。如黔西南州兴义市的洒金街道栗坪社区，安置社区旁有一个林下菌药基地和服装厂，为社区老年人提供了就近就业的机会，社区 45 岁以上的劳动力实现 100% 就业。针对老年人再就业特点，可以加大招商引资的力度，通过加大对企业的优惠力度，使得工作难度不大、工作时间相对自由的企业愿意留在社区，逐步提高老年工人的计件工资。采取多种举措，能大幅度地缓解老年人的就业压力，丰富老年人的生活内容，提高老年人的生活质量。

（四）盘活整合多方资源，多元提高居民收入

目前，各地的易地扶贫搬迁政策有所不同，调查显示原来居住地的宅基地以及耕地有 60.71% 正在使用，并且产生了收益，不过剩下的近 40% 的宅基地以及耕地出现闲置情况。授人以鱼不如授人以渔。政府可以根据老年人的自身条件，除了提供公益岗位等就业岗位外，结合当地情况，对闲置的宅基地以及耕地进行统一规划盘活。充分利用好宅基地、耕地，因地制宜发展项目，其产生的收益让搬迁群众留得住、能致富，提升老年人养老的经济保

障能力。另外，政府可以增加财政投入，根据当地的生活成本逐步提高基本养老金的额度，满足搬迁老年群体基本生活需求，针对失能、半失能的老年群众建立专门的档案，进行更加精准的帮扶。

（五）加大多元投资力度，强化智慧养老建设

在互联网迅速发展的今天，智慧养老系统能对老年人进行安全监护、健康监护、生活照料等。如让老年人随身佩戴智能手表、携带老年手机，社区安装智能监控设备等，特别是独居老人，系统对老年人的位置进行追踪定位，当老年人发生突发情况时，能够迅速提供救助；老年人借助智能设备，能够在家自己检测每日的身体指标，上传到智慧养老系统后，通过大数据分析，有利于老年人疾病早发现、早治疗。但是这些智能设备需要投入大量的金钱，现有的投资力度完全不够，需要加大对智慧养老的投资力度，通过对智慧养老模式的深入探索，实现社区养老的资源整合。在智慧养老工作中，政府要强化支持老龄事业发展和养老服务的资金保障，引导社会资本介入。各地要根据实际，研究制定出可操作的运营补贴激励政策。同时，推动智慧养老发展，推动互联网平台精准识别老年人服务需求，支持社区养老服务机构平台化展示，鼓励社会各界开发更多方便老年人出行、健康管理的产品。

（六）加大社工培育力度，扶持本地社工成长

未来，社会工作服务将是基层社区公共服务的主要形式，社会组织是主要载体。在当下，人们对社工组织重视度不够，社工社会组织发育严重滞后于周边省份。民政部门招标购买服务时大多是省外机构中标，致力于根植社区的社工服务可持续发展的可能性较小。接下来，各地要高度重视本地社工组织机构培育、本土社会工作专业人才的培育。加大高校与社区的合作力度、扩大实践教学范围，以实践教学推动社工专业人才培育。

总之，要续写好易地安置社区后半篇文章，需要抓好老年人这个关键群体，在养老公共服务上做足功课，实现养老公共服务的供需对接，助力老年人实现对美好生活的向往。

铸牢中华民族共同体意识在贵州易地扶贫
搬迁社区治理中的作用研究*

高翔　苗静**

摘　要： 贵州易地扶贫搬迁社区大多数为多民族互嵌社区，有着典型的民族相互嵌入型社会结构和民族关系交融的基本特征，易地扶贫搬迁社区是基层治理中不可缺少的单位，在易扶社区治理中一定要考虑其多民族的特殊性，抓住治理的关键。本研究通过对九个多民族互嵌易扶社区的走访调研，分析铸牢中华民族共同体意识在易地扶贫搬迁社区治理中的意义以及易地扶贫搬迁社区铸牢中华民族共同体意识的基础，将铸牢中华民族共同体意识作为易地扶贫搬迁社区治理的重要抓手进行剖析，试图找到一些铸牢中华民族共同体意识在多民族互嵌易地扶贫搬迁社区治理中的路径，为易扶社区民族工作的有效开展贡献力量。

关键词： 铸牢中华民族共同体意识　易地扶贫搬迁社区　社区治理

一　问题提出

贵州省易地扶贫搬迁形成的移民新社区是有着典型的以民族结构相连和

---

* 本文是国家社科基金课题"铸牢中华民族共同体意识背景下彝汉文化交融实证研究"（项目编号：21BMZ041）的阶段性研究成果。

** 高翔，贵州财经大学公管学院副教授、硕士生导师，主要研究方向为民族社会学、民族社会工作；苗静，贵州财经大学公管学院社会工作专业硕士研究生，主要研究方向为民族社会工作。

民族关系交融为基本特征的社区，是贵州基层治理中不可缺少的单元，是各民族交往交流交融的重要场域，各个民族通过经济层面、社会活动层面和文化层面的多种交往交流活动，彼此间不断融合，逐步形成了一个居住空间相连、各种利益相关、民族情感相通的有机团结共同体。本研究选取黔西北及黔西南的9个易扶社区作为研究对象，9个社区都是多民族安置社区，共同的特点是搬迁居民民族种类多样、文化背景丰富，同时都面临着经济发展、就业帮扶、社会融入等多重挑战。易扶社区不仅要解决好"搬得出""稳得住"问题，而且要积极推进集中安置区可持续发展，促进各民族交往交流交融，引导搬迁群众逐步适应社区新环境、融入城市新生活，要深化多民族互嵌式社区建设，推动各族居民在空间、文化、经济、社会、心理等方面全方位嵌入，促进结构相连、利益相关、情感相通，引导各民族坚定对伟大祖国、中华民族、中华文化、中国共产党、中国特色社会主义的高度认同。为此，应充分发挥社区治理的作用，通过完善政策体系、加强公共服务设施建设、提升社会服务水平等举措，为易地扶贫搬迁社区居民提供更多发展机遇和条件，促进各族群众共建美好家园、共享改革成果，实现经济社会发展与民族团结进步的双赢。

二 铸牢中华民族共同体意识在易地扶贫搬迁社区治理中的意义

习近平总书记指出："我国56个民族是中华民族共同体，要同舟共济、迈向第二个百年奋斗目标。"① 铸牢中华民族共同体意识，既要在全国范围内形成合力，也要在具体的实践中做好"精准"文章，在易地扶贫搬迁社区治理中，铸牢中华民族共同体意识发挥着至关重要的作用。这种意识不仅有助于加强各民族之间的团结协作，更在深层次上推动了社区的和谐稳定与

---

① 《习近平：56个民族是中华民族共同体，要同舟共济、迈向第二个百年奋斗目标》，新华网，2021年7月23日，http://www.xinhuanet.com/politics/2021-07/23/c_1127688215.htm。

发展。中华民族共同体意识是全国各族人民一种主观能动反映客观实践的意识形态的认知与情感，也是一种自觉自知自主的行为活动，不仅是身份认同，也是文化认同，更是国家认同。

（一）铸牢中华民族共同体意识有助于凝聚易扶社区居民的人心和力量

易地扶贫搬迁本身就是为了解决贫困问题，将住在不宜人类居住环境的偏远山区村民集中搬迁，方便政府解决就业、教育以及医疗等问题，体现的是国家对于基层百姓的关心关爱。在社区中宣传民族团结教育，引导各族群众树立正确的国家观、历史观、民族观、文化观、宗教观，增进对伟大祖国的认同、对中华民族的认同、对中华文化的认同、对中国共产党的认同、对中国特色社会主义的认同，这种意识可以激发各族群众的归属感和自豪感，增强社区居民的凝聚力和向心力，为易地扶贫搬迁社区治理提供强大的精神动力和思想保障。同时，在易地扶贫搬迁社区治理中，铸牢中华民族共同体意识有助于促进社区居民的全面发展和共同富裕。通过完善政策体系、加强公共服务设施建设、提升社会服务水平等举措，为易地扶贫搬迁社区居民提供更多发展机遇和条件。

（二）铸牢中华民族共同体意识有利于推动易扶社区治理的现代化和科学化

在易地扶贫搬迁社区治理中，需要充分发挥各族群众的积极性和创造力，使其共同参与社区治理，形成共建共治共享的良好格局。通过铸牢中华民族共同体意识，可以引导各族群众树立共同体意识，将个人利益与集体利益、国家利益相结合，积极参与到社区治理中来，为社区治理注入新的活力和动力，有利于社区治理的现代化和科学化。

（三）铸牢中华民族共同体意识有助于推动社区文化的繁荣和发展

铸牢中华民族共同体意识能进一步激发社区文化的生机与活力。这种意识能够强化各民族成员间的文化认同，促进彼此间的理解与交流，形成一种和谐的文化氛围。在这样的氛围中，各种文化元素得以充分交流与融合，为社区文化的创新与发展提供源源不断的动力。同时，铸牢中华民族共同体意识还有助于提升社区成员的道德素养和文明素质，推动社区文明进步，为构建和谐社区提供坚实的思想基础。因此，强化中华民族共同体意识，可以有力地推动社区文化的繁荣与发展，为建设更加美好的社区环境和社会秩序作出积极贡献。

（四）铸牢中华民族共同体意识有助于防范化解民族领域风险隐患

在易地扶贫搬迁社区治理中，铸牢中华民族共同体意识有助于防范化解民族领域风险隐患。随着经济社会的发展和城市化进程的加速，易地扶贫搬迁社区治理面临着越来越多的挑战和风险。通过铸牢中华民族共同体意识，可以增强各族群众的国家意识和法律意识，促进民族团结和社会稳定。同时，可以加强民族团结进步创建工作，推动各民族交往交流交融，增进理解、增强互信，有效预防和化解民族矛盾和纠纷，维护社会和谐稳定。

三　贵州易地扶贫搬迁社区铸牢中华民族共同体意识的基础

本研究涉及的易地扶贫搬迁社区有毕节黔西市锦绣花都社区、威宁县雄山街道康平社区、五里岗社区，黔西南州册亨县高洛社区、兴义市麻山社区、阿泥社区、龙盛社区、洒金社区，晴隆县三宝社区。调研的 9 个社区都是多民族聚居易地扶贫搬迁社区，少数民族占比都在 25% 以上。

（一）"选在一起"：新房分配形成多民族互嵌社区

贵州易地扶贫搬迁社区致力于创造一个包容性强、和谐共生的社会环境，在社区规划中，政府不仅考虑社区内建筑的功能性和美观性，也注重其背后的社会意义，包括小区的命名以及楼栋的命名；调研的九个社区在分房过程中，都根据家庭成员的多少决定户型，然后再采取随机抽签的方式决定楼栋和楼层，这种看似简单的方法却蕴含了深远的考虑，让不同民族、不同背景的人们有机会比邻而居，打破了原有的社区空间，形成一个多民族互嵌的社区。这种设计不仅促进了民族间的交流与理解，更为文化的多样性和传承提供了肥沃的土壤；在日常生活中，各民族居民可以相互学习、分享彼此的传统习俗和生活方式，从而增进相互的认同感和归属感。在威宁县雄山街道康平社区调研时，苗族和彝族的社区居民在一起刺绣，并且互相借鉴民族绣法。同时，通过组织丰富多彩的文化活动，如民族节庆、文艺演出等，为居民提供了一个展示和交流的平台。

（二）"住在一起"：社区形成多民族互嵌的治理体系

"住在一起"是一种促进易地扶贫搬迁社区形成多民族交流交往交融治理体系的方式。通过"住在一起"，各民族之间的界限被打破，人们有更多的机会接触和了解其他民族的文化，有助于消除偏见和误解，增强文化包容性，使各民族之间更加和谐共处。在治理方面，"住在一起"有助于形成一种民族互嵌的社区结构，这种结构鼓励各民族共同参与社区事务，促进决策的民主化和公平性。通过集思广益，可以更好地满足各民族的需求，平衡不同群体的利益，实现社区的可持续发展。在文化交流方面，各民族之间的文化交融为社区带来了丰富的多样性，通过共同参与文化活动、艺术交流和节日庆典等形式，各民族的传统和习俗得到了更好的保护和传承。这种文化交流不仅增进了相互了解和友谊，还为社区的经济发展提供了新的机遇。在教育方面，"住在一起"的治理体系促进了教育公平。各民族的学生可以共同学习、成长，消除了因民族差异而产生的学习机会不平等现象。通过加强师资培训、优化教育资源配置等方式，提高了教育质量，为社区的未来发展培养了更多优秀的人才。此外，"住在一起"还有助于形成良好的社会秩序。在多民族互嵌的环境中，各民族之间的相互监督和帮助可以减少社会矛盾和冲突。

（三）"工作在一起"：各民族居民形成就业帮扶共同体

"工作在一起"强调各民族居民之间的合作和互助，通过形成就业帮扶共同体，共同促进经济发展和社会进步。在这个共同体中，不同民族居民可以互相学习、互相帮助，共同提高职业技能和就业能力。他们可以分享就业信息、交流工作经验，寻找更好的就业机会。此外，他们还可以共同开展创业活动，通过合作实现共赢。这种"工作在一起"的模式有助于加强各民族之间的交流与融合，增强彼此之间的了解和信任，提高各民族的就业率和生活水平，还有助于促进社会的和谐稳定和长治久安。比如在兴义市洒金社区，各民族居民一起在"社区就业创业培训基地"制作工艺品，一起交流制作工艺品的技术。另外，近年来，贵州强调"东西部协作"帮扶，广东以及上海等地的企业在易扶社区开展职业技能培训、创业扶持等，旨在提高社区居民的就业能力和创业意识。在共同的工作中，各民族居民可以更好地了解彼此的文化和习惯，增强彼此之间的认同感和信任感，有助于减少各民族之间的矛盾和冲突，促进社会的和谐与稳定。

（四）"学在一起"：各民族孩子共学共进、成长成才

在易地扶贫搬迁社区，"学在一起"是多民族交融的延续和深化。通过在教育方面推行多元一体的政策，让各民族的孩子在同一个学校、同一个班级中共同学习、共同进步。这种方式不仅有助于促进各民族文化的传承和发展，更能够培养孩子们的多元文化意识和包容心态。在校园里，各民族的孩子相互尊重、相互理解，形成了一个多民族交融的大家庭。通过共同的学习和生活，他们不仅掌握了丰富的知识，更培养了团结协作、互帮互助的精神。这种精神不仅有助于他们在学业上取得更好的成绩，更能够影响他们未来的职业发展和人生道路。同时，"学在一起"也为各民族家庭之间的交流搭建了平台，让家长们有机会分享育儿经验、交流民族文化，进一步加深了彼此之间的了解。

总之，"选在一起""住在一起""工作在一起"和"学在一起"，这四个方面构成了易地扶贫搬迁社区铸牢中华民族共同体意识的基础。在这个基础上，社区治理能够更加科学、高效，各民族居民能够更好地团结一心、共同发展。

四 多民族聚居易地扶贫搬迁社区治理的现实问题

9 个调研社区在分配安置房时，基本都是通过抽签的方式将同一个村落的人分散到各栋楼，形成了"原子化"的安置方式①，从原有的生活空间到了一个新的生活空间，安置区居民从生活空间、生活方式到文化表现形式上都发生了变化，带来了一系列社区治理问题，其中最为突出的问题为文化冲突影响、社区治理薄弱及社区居民认同感低等问题。

（一）民族文化冲突影响社区治理成效

首先，社区居民相互之间共同的、有约束力的文化信念作为一个社区的共同目标、一致的文化信念会推动社区和谐发展。然而进入社区后的新搬迁居民被打散分布到各栋楼，脱离了之前生活的文化环境。长期生活在边远乡镇的少数民族群众，主观上对他者文化有异己感以及对本民族文化有根基性情感，这种根基性情感来源于对以本民族文化为基础的共同体想象，对于其他民族文化的观感短时间内难以改变。因此，当社区内存在不同民族时，社区居民在社会交往过程中，出现对不同于己的他者文化不尊重情况，使得社区内不同民族之间彼此关系呈现冲突、敌视、对抗等现象，对易扶社区的治理成效产生了一定影响。如在锦绣花都社区，彝族喜欢喝酒，并且有的从早餐时就开始喝酒，这与彝族人长期生活在高寒山区有关，但是其他民族不理解彝族这种行为，社区多次出现彝族喝酒醉后和其他少数民族发生冲突的事件。

其次，民族文化冲突可能导致社区成员之间的不信任和隔阂。在易扶社区，不同民族之间的文化差异可能导致各种冲突，这种文化冲突可能表现为价值观的冲突、传统习俗的冲突、语言沟通的障碍等方面，从而影响社区的

---

① 丁波：《新主体陌生人社区：民族地区易地扶贫搬迁社区的空间重构》，《广西民族研究》2020 年第 1 期。

和谐与稳定。例如，彝族人在生活中没有食用狗肉的习惯，其传统文化中对狗很尊重，因为古时候的彝族是狩猎民族，狩猎又与猎狗分不开，因此彝族人与猎狗建立了深厚的感情，然而在锦绣社区、三宝社区里的苗族和布依族都有食用狗肉的习惯，由此就产生了文化冲突。在易扶社区里，由于社区居民大多来自边远乡镇，缺乏对其他民族文化的了解，人们可能对他者产生偏见和误解，阻碍社区成员之间的正常交流与合作。这些冲突如果不能得到妥善处理，可能会引发更广泛的社会问题，如社区分裂、不信任和冲突升级等。

再次，民族文化冲突可能影响社区资源的分配和利用。在民族文化冲突的背景下，易扶社区的治理需要更加注重多元文化的包容性和整合性。在资源有限的情况下，不同民族之间可能因为文化差异而产生争夺，导致资源分配不公，削弱社区的治理能力。例如，彝族有跳达体舞的习惯，而苗族有跳芦笙舞的习惯，但是社区只有一个文化广场能为社区居民提供活动场地，这个时候可能就会出现对社区资源抢夺的事件，如果社区处理不当，可能就会出现群体性事件。

最后，居民搬到社区后，原来在居民生活中已经内化的价值观念、道德规范在很大程度上被弱化了，而社区建立的新的社会规范、价值观念给了居民一种新的尝试，更多人会处于观望的状态，形成一道"民族文化屏障"。调研发现，在社区交往中，居民会不由自主地寻找本民族居民进行交往，苗族居民经常和苗族居民坐在一起吹芦笙、对山歌，而彝族居民也经常在一起喝酒聊天，尝试形成一个"共同的祖源记忆"，通过"共同的祖源记忆"寻找归属感，这种在社区常见的抱团排外的情感容易导致社区内"族群内卷化"格局，难以让社区居民产生对易扶社区的归属感，更不要提社区共同体的培育和身份认同，直接影响社区治理以及中华民族共同体意识的形养。

（二）社区居民融入难导致对社区认同度低、影响社区治理成效

居民对易地扶贫搬迁社区认同度低的原因需要破除表象，直面搬迁背后的多重因素。在社区走访中发现，一方面，文化的撕裂感让一些少数民族居

民在新的环境中很不适应。如在社区中，他们背井离乡，离开了熟悉的乡亲和习俗，面对的是一个全新的文化语境和生活方式，这种感觉如同被抛入一个陌生的世界，他们难以找到心灵的归宿。特别是对于社区内一些老年人来说，几十年的生活方式及价值规范已经形成固定模式，难以在短期内实现对新社区的认同，需要很长的适应时间或者需要有一个特殊的事件引起共鸣。另一方面，社区居民对自己未来的不确定感也是导致认同度低的重要原因。搬到易扶社区后失去土地和生计的居民，根本不会爱护小区环境和珍惜小区建设，任意踩踏草坪，随时破坏小区公共设施设备，有的把小区部分铝合金制作的标识标牌拿回家当废铁储存；花池边、草坪上随时可见醉酒者，随手乱扔垃圾、破坏小区环境等行为屡见不鲜也屡禁不止，社区居民对未来的生活充满了忧虑和恐惧，这种情绪像一块巨石压在心头，使他们难以对新环境产生亲切感。

（三）少数民族居民参与乏力和共治欠缺影响易地扶贫搬迁社区的自治水平

易地扶贫搬迁社区的社区治理往往会脱离社区共治情景营造，只是主观上通过抽签的形式整合了居民的空间聚合形式，难以顾及深层次的互嵌融合。在易扶社区治理的社区选举、社区决策、服务监督等方面的社区重要事件中，少数民族居民作为重要主体的参与率较低；大部分社区居民参与的内容主要侧重于社区文体活动、知识讲座、节日庆典等非政治性事务，多扮演配角角色。

另外，目前围绕铸牢中华民族共同体和民族团结活动开展的一系列活动，也主要是由民宗部门、统战以及街道来统一安排，部分少数民族参与了民俗歌舞等表演工作，比如在晴隆阿妹戚托小镇，作为全国唯一一家将易扶社区打造成4A级景区的社区，三宝社区每天晚上会有一台非常精彩的文艺演出，演员基本上是社区内的年轻人，演出的基本上是彝族的节目，其他民族很少参与，他们认为这些事情和他们并没有太多关系，很难吸引他们参与其中。

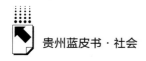

再有，当前易地扶贫搬迁社区内的社区自治组织发育程度不足，参与人数有限，特别是少数民族居民参与社会组织的人数少之又少，同时组织较为松散，不能充分发挥在促进民族互嵌社区治理中的组织引导作用。部分少数民族仍然以个体的族源世系和所负载的宗教文化特征为基础，如在三宝社区，该社区有一个贵州省慈善总会作为出资方的"老吾老驿站项目"，在该项目中基本上只有彝族和汉族老年人在驿站内开展活动，苗族老年人几乎不会参与到驿站中，社工做了多次动员和沟通，还是很难将苗族老人融入进来。因此，在多民族共同参与的互动、交流场域中，依然可能存在一种"我族"与"他族"的社会、文化和心理边界，影响着社区内各族群众之间的深层次交往，影响社区治理共同体的建立。

五　铸牢中华民族共同体意识在易地扶贫搬迁社区治理中的路径探索

易地扶贫搬迁是为了解决生活在自然环境恶劣、发展条件较差地区的贫困人口问题而采取的一项重要措施。在这个过程中，如何有效地实现社区治理，确保搬迁群众能够顺利融入新的环境，是一个需要深入探讨的课题，而铸牢中华民族共同体意识在社区治理过程中具有重要的作用，它能够凝聚各民族的力量，促进社区的和谐稳定发展。

（一）党建引领下多方主体协同共治，铸牢中华民族共同体意识

随着易地扶贫搬迁社区相关工作的完成，社区内民族多元化、文化多样化、人口密集化等特性使社区所承载的功能不断拓展升级，同时也为易扶社区治理提出了新的要求。易扶社区是联系党和政府以及社区居民的重要纽带，构建党建引领、政府主导、社会协同、居民自治的多元主体协同共治机制迫在眉睫，在社区内要联动社会组织、社会工作者、公益团队、社区志愿者、社区物业、居民等多方治理主体形成治理合力，积极引导社区各族居民广泛参与社区治理，激发各族居民在易扶社区内的主人翁意识，增强各族居

民对新社区的认同感、融入感与价值感，为社区治理发挥最佳功能奠定基础。

（二）铸牢中华民族共同体意识引领易扶社区治理顶层设计

在易扶社区治理中，铸牢中华民族共同体意识是引领顶层设计的核心原则。要使这一理念深入人心，首先应从制度层面加以保障，各级政府制定的民族团结进步事业的发展规划中应该包含易扶社区的民族团结进步事业，确保社区内的居民在共享国家繁荣发展的过程中得到公平的待遇，在政治、经济、文化等各个领域享有同等的权利。其次，在具体的执行层面，强化基层政权建设至关重要，在对基层干部的选拔和培养中应选拔在社区内具有高尚道德品质、高度责任感和民族团结意识的人才进入基层领导岗位，同时加强对他们的培训和教育，使他们更好地履行职责、融入社区。再次，社区应着力推进经济社会发展，通过基础设施建设、产业扶持等措施，提高居民的生活水平。在此过程中，各民族间的交流与合作也得以加强，有助于增进彼此的了解和认同。最后，教育作为民族振兴和社会进步的基石，在铸牢中华民族共同体意识中具有举足轻重的地位。通过开展丰富多彩的文化教育、科技培训等活动，能够显著提高居民的文化素质和技能水平，为社区的可持续发展注入源源不断的活力。通过举办民族文化展览、民族团结主题活动等形式，使居民深入了解中华民族共同体的历史渊源和文化底蕴，进一步增强他们的文化自信和民族认同感。只有紧紧围绕这一核心原则，制定科学的发展规划、强化基层政权建设、推进经济社会发展、加强教育培养等多方面举措并行，才能确保易扶社区治理工作取得显著成效，为中华民族共同体的伟大复兴奠定坚实基础。

（三）加强民族团结是实现易扶社区有效治理的关键

在易扶社区的治理过程中，民族团结是一项至关重要的任务。它是确保社区和谐稳定、共同发展的基石。只有当各民族之间建立起互相尊重、理解和合作的关系，才能形成一个和谐共处的社区。团结的精神有助于减少矛盾和冲突，增进民族间的信任和友谊，从而形成强大的凝聚力。在易扶社区的治理过程中，各民族成员的参与和协作至关重要。通过加强民族团结，可以促进不同民族之间的交流与合作，提高社区事务的透明度和参与度。这将使社区治理更加科学、民主和高效，更好地满足各民族成员的需求和利益。首先，加强民族平等和相互尊重的教育，培养各民族成员的跨文化交流能力。通过开展各种教育和培训活动，增进各民族之间的了解和友谊，促进相互之间的认同与融合。其次，建立健全民族事务的管理和服务机制，保障各民族的合法权益。这包括制定相关政策和法规，确保各民族在政治、经济、文化等方面的平等权利。再次，积极开展民族文化交流活动，促进文化多样性的繁荣发展。通过举办文化节庆、展览等活动，展示各民族的独特魅力，加强文化交流与合作。最后，在处理涉及民族关系的纠纷时，应坚持公正公平的原则，维护各族群众的合法权益。

（四）提高搬迁群众的文化适应性和归属感是实现易扶社区有效治理的重要途径

提高搬迁群众的文化适应性和归属感确实对于实现易扶社区的有效治理至关重要，可以通过一些具体的途径帮助实现这一目标。

1. 促进文化交流与融合

在易扶社区中，来自不同地区的搬迁群众可能拥有各自独特的文化背景和传统。为了促进文化交流与融合，可以组织各种文化活动，如文艺演出、民俗展示等，让搬迁群众有机会分享和了解彼此的文化，从而增强文化适应性和归属感。此外，可以通过举办文化沙龙、讲座等形式，引导搬迁群众尊重和包容不同的文化，培养他们相互欣赏和学习的习惯。

2. 提供文化适应性培训

为搬迁群众提供文化适应性培训，帮助他们更好地适应新的社区环境和生活方式。培训内容可以包括社区规范、法律知识、医疗卫生等，以帮助他们更好地融入社区。此外，还可以开展职业技能培训，提高搬迁群众的就业能力，使他们在新社区中能够自食其力。

3. 建立社区组织

建立各种社区组织，如老年人协会、妇女协会、志愿者协会等，让搬迁群众有更多参与社区活动的机会，增强他们的归属感。这些社区组织可以组织各种活动，如志愿服务、文化活动、教育培训等，以满足搬迁群众的不同需求。同时，鼓励搬迁群众参与社区事务的决策和管理，增强他们的参与意识和自治能力。

4. 加强社区基础设施建设

完善社区基础设施建设，如公共文化设施、体育设施等，为搬迁群众提供更多的文化娱乐和体育活动机会，增强他们的文化适应性和归属感。同时，加强基础设施建设，如改善交通、绿化环境等，提升搬迁群众的生活质量。

5. 关注搬迁群众的心理需求

易扶社区中的搬迁群众可能会面临各种心理问题，如焦虑、孤独等。因此，需要关注他们的心理需求，提供心理咨询和心理疏导等服务，帮助他们更好地适应新的生活环境。此外，可以通过开展心理健康教育，提高搬迁群众的心理素质，增强他们面对困境的勇气和信心。

6. 家庭和社会教育

加强家庭和社会教育，培养搬迁群众的良好道德品质和行为习惯，促进社区和谐氛围的营造。同时，加强对搬迁子女的教育关爱，确保他们能够接受良好的教育，为未来发展奠定基础。

7. 政策宣传和舆论引导

充分利用各种宣传渠道，积极宣传易扶社区的政策措施和取得的成果，提高搬迁群众对社区的认同感和自豪感。同时，加强舆论引导，传播正能量，营造良好的社会氛围。

总之，提高搬迁群众的文化适应性和归属感需要多方面的努力和措施。通过促进文化交流与融合、提供文化适应性培训、建立社区组织、加强社区基础设施建设、关注心理需求、加强家庭和社会教育以及政策宣传和舆论引导等方式，可以帮助实现易扶社区的有效治理，为搬迁群众创造一个和谐美好的新家园。

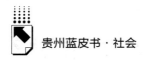

（五）建立完善的社区组织体系是实现多民族聚居易扶社区有效治理的重要保障

一个健全的组织体系能够更好地协调和管理易扶社区资源，提升治理效率，增进搬迁群众的福祉，确保社区居民更快更好融入社区，从而增强社区居民的共同体意识，可以采取以下措施。

1. 强化社区参与

鼓励各民族社区居民积极参与社区的各项活动和决策，提高他们的社区归属感。这不仅有助于培养他们的主人翁意识，更能增强他们对社区的责任感和认同感。具体措施可以包括：定期举办居民大会，让各族居民就社区事务发表意见和建议；组织各类社区活动，增进居民间的互动和交流，形成良好的社区氛围。

2. 关注特殊群体需求

重点关注各民族老年人、儿童、残疾人等特殊群体的需求，为他们提供有针对性的支持和帮助。这不仅体现了社会公平正义，也有利于构建和谐社区。具体做法包括：设立专门的关爱基金，资助特殊群体解决生活困难；建立完善的服务体系，为他们提供便利的生活照顾和医疗保健服务。

3. 建立反馈机制

为了更好地满足搬迁居民的需求，需要建立一个有效的反馈机制，让社区居民能够及时反映问题和提出建议，有助于及时发现和解决社区治理中存在的问题，提高治理的针对性和有效性。

4. 加强队伍建设

打造一支专业、高效的包括各民族群众在内的社区工作队伍，这些人应该对本民族的语言以及文化习惯等非常熟悉，在具体社区实务中能够为搬迁群众提供有特色的、更加优质的服务。社区可以定期开展培训，提高社区工作者的业务水平和综合素质，确保社区治理工作的顺利推进。

通过以上措施的实施，可以更好地提高搬迁群众的文化适应性和归属感，同时建立完善的社区组织体系，从而实现易扶社区的有效治理。

综上所述，铸牢中华民族共同体意识在易地扶贫搬迁社区治理中具有重要的作用。只有坚持以铸牢中华民族共同体意识为指导思想、加强民族团结、提高搬迁群众的文化适应性和归属感、建立完善的社区组织体系等措施，才能更好地实现社区的有效治理。这不仅能够改善搬迁群众的生活条件和环境，还有助于促进各民族之间的交流与融合、维护社会的和谐稳定发展。

六　总结建议

在易地扶贫搬迁社区治理中，要深刻认识到铸牢中华民族共同体意识的重要性，坚持以铸牢中华民族共同体意识为主线，不断加强和创新社区治理体系，通过深化宣传教育工作、积极推进经济社会发展、强化社区管理和服务等方面不断强化中华民族共同体意识，成功推动易地扶贫搬迁社区的和谐稳定和持续发展，为居民创造了更好的生活环境，提升居民的获得感、幸福感和安全感，使各民族群众在共居、共学、共事、共乐的环境中不断增进了解、深化友谊，让中华民族共同体意识成为社区各族人民对一种主观能动反映客观实践的意识形态的认知与情感，成为一种自觉自知自主的行为活动。

参考文献

《人民日报》评论员：《深刻认识铸牢中华民族共同体意识的重大意义——论学习习近平总书记中央民族工作会议重要讲话》，《人民日报》2021 年 8 月 30 日。

杨桓、刘莹：《民族互嵌式社区治理法治化实施困境与对策》，《湖北民族学院学报》（哲学社会科学版）2019 年第 1 期。

郑震：《空间：一个社会学的概念》，《社会学研究》2010 年第 5 期。

李建军、麦尔旦·艾则孜：《民族互嵌式社区治理路径探析——以 W 市社区为例》，《边疆经济与文化》2023 年第 3 期。

赵欣：《扎根视角下社会组织嵌入社区治理的机制》，《北方民族大学学报》2023 年第 1 期。

夏志强、陈佩娇：《城市治理中的空间正义：理论探索与议题更新》，《四川大学学报》（哲学社会科学版）2021 年第 6 期。

附　录
2023年贵州社会发展大事记

曾　亮[*]

1月

1 日　《贵州日报》刊载中共贵州省委书记徐麟、贵州省人民政府省长李炳军的《致全省干部群众的新年贺词》。

《贵州省社会信用条例》《贵州省中小企业促进条例》《贵州省科学技术协会条例》正式施行。

6 日　"多彩贵州　书香高原"2022 年贵州省全民阅读推广活动分享暨"贵州最美书店"发布活动在贵阳孔学堂举行。

7 日　2023 年春运正式开启。

由贵州省商务厅、贵州省发展改革委、贵阳市政府主办的"黔货辞旧岁·新春享优惠"2023 贵州新春年货节在贵阳市花果园兰花广场启动。

12 日　贵州省政协十三届一次会议开幕，会期为 5 天。

侗族大歌非物质文化遗产传承保护工程——《侗族大歌集成》文化系列丛书前 3 卷正式出版发行。

13 日　贵州省十四届人大一次会议开幕，会期为 5 天半。

18 日　黔港澳同心慈善专项基金启动仪式举行。

---

* 曾亮，贵州省社会科学院《贵州社会科学》编辑部副研究员、博士，主要研究方向为民族历史与文化。

420

20日　贵州省委、省政府举行2023年春节团拜会，贵州省领导同全省各族各界人士欢聚一堂、共迎佳节、共贺新春。

28日　2023年贵州省义务植树活动在省市县乡村五级同步举行。

2月

2日　贵州省人民政府办公厅公布《关于鼓励和支持社会资本参与生态保护修复的实施意见》。

4日　贵州省委农村工作会议在贵阳召开。

7日　贵州省公布2023年新闻发言人名录。

8日　由贵州省委宣传部、贵州省商务厅、贵州省文化和旅游厅、贵州省投资促进局、贵州省人民政府驻京办事处主办的2023年多彩贵州文商旅"三推介"活动在京举行。

16日　第七届贵州省见义勇为英雄模范表彰大会在贵阳召开。

22~24日　2023海外侨胞贵州行活动成功举行。

23日　贵州省2022年度十大科技创新成果发布。

26日　第七届贵州省文明旅游志愿者形象大使大赛总决赛在贵阳举行。

3月

1日　《贵州省信息基础设施条例》《贵州省赤水河流域酱香型白酒生产环境保护条例》正式施行。

4日　下午3时，全国政协十四届一次会议开幕。

5日　上午9时，十四届全国人大一次会议在人民大会堂开幕。

13日　2023年全省新闻出版（版权）工作会议在贵阳召开。

上午，贵州省12355青少年服务台法律援助站在贵阳市贵州瀛黔律师事务所公益法律事务中心挂牌成立。

23日　2023粤黔产业协作大会在深圳举行。

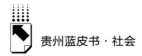

贵州安达科技能源股份有限公司在北京证券交易所举行上市仪式，成为贵州省首家北京证券交易所上市公司。

25~27日 贵州省首届"美丽乡村"篮球联赛总决赛在"村BA"出圈地黔东南州台江县台盘村举行。

28日 上午，第四届梵净山国际天然饮用水博览会·2023梵净山抹茶大会在铜仁市中南门历史文化街区开幕。

贵安大松山墓群成功入选2022年度全国十大考古新发现。该考古成果是贵州第八次入选全国十大考古新发现。

4月

3日 贵州民航产业集团有限公司在贵阳举行揭牌仪式。标志着贵州民航事业发展迎来一个重要里程碑。

6日 贵阳大数据交易所发布全国首个交易激励计划。

6~7日 以"共聚多彩贵州公园省、共建世界旅游目的地"为主题的第十七届贵州旅游产业发展大会在贵阳市花溪区举行。

14日 2023年全国双手采茶比赛在湄潭举办。

15~17日 第15届贵州茶产业博览会在湄潭县举行。

16日 贵州省妇女第十二次代表大会在贵阳隆重开幕。

22日 第十一届贵州人才博览会在贵阳开幕。

26日 共青团贵州省第十五次代表大会在贵阳开幕。

28日 贵州省庆祝"五一"国际劳动节暨表彰大会在贵阳举行。

5月

1日 《黔东南苗族侗族自治州乡村旅游促进条例》正式施行，这是贵州省首部服务于乡村旅游的单行条例。

8日 《2022年贵州省知识产权保护与发展状况》发布。

15 日　贵州省发布 2023 年第一号总林长令《关于加强森林草原资源保护工作的令》。

15 日　上午，首届贵州省社会科学普及周在贵阳正式启动。

26 日　贵州省建设铸牢中华民族共同体意识模范省工作推进会在贵阳召开。

26～28 日　2023 中国国际大数据产业博览会在贵州省贵阳市举办。

31 日　贵州省对台工作会议在贵阳召开。

6月

7 日　上午 9 时，贵州省 2023 年普通高校招生全国统一考试正式开考，34.1 万余名考生走进考场参加考试。

11～16 日　以"团结奋进新时代　建功贵州新未来"为主题的贵州省第十届少数民族传统体育运动会在贵阳市举行。

18 日　2023 中国贵州国际能源产业博览交易会在贵阳开幕。

19～22 日　中国共产主义青年团第十九次全国代表大会在北京召开。

21 日　汇集安顺历史上主要著述文献的系列丛书——《安顺文库》在安顺学院举行首发式，正式出版发行。

26 日　贵州省人民政府发布《关于进一步加快推动贵安新区高质量发展的意见》。

7月

7 日　以"奋进新征程，合作开新局"为主题的 2023 年泛珠三角区域合作行政首长联席会议在贵州省贵阳市召开。

8～9 日　2023 年生态文明贵阳国际论坛在贵阳举办，论坛发布《2023 贵阳共识》。

19 日　贵州省首座集中式大型储能电站投产，标志着西南地区新型电力系统转型迈上新台阶，是贵州省能源产业发展的一个重要节点。

24~25日 中国共产党贵州省第十三届委员会第三次全体会议在贵阳举行。

25日 贵州省半年经济工作会议在贵阳召开。

28日 "贵阳—霍尔果斯—哈萨克斯坦"贵阳直达中亚班列正式开行。

8月

5~9日 以"科技黔行　创新有我"为主题的首届贵州科技节举行。

8日 贵南高铁贵阳至荔波段开通运营。

23日 贵州首个"煤电联营"项目主体工程正式全面开工建设。

23~25日 第8届贵州·遵义国际辣椒博览会在遵义市新蒲新区举行。

26日 以"讴歌新时代　奋进新征程"为主题的2023多彩贵州文化艺术节在贵阳开幕。

29日 以"教育合作新愿景'一带一路'共繁荣"为主题的2023中国—东盟教育交流周在贵安新区开幕。

31日 贵南高铁全线正式开通运行。

9月

7日 贵州省耕地保护和粮食安全工作会议在贵阳召开。

8日 以"抢抓发展新机遇　共享开放新未来"为主题的2023全国优强民营企业助推贵州高质量发展大会暨第十届全球贵商大会在贵阳开幕。

9~12日 第十二届中国（贵州）国际酒类博览会在贵阳市举办。

14日 贵州省旅游工作会议在贵阳召开。

16日 2023国际山地旅游暨户外运动大会在黔西南布依族苗族自治州兴义市开幕。

19日 上午，2023年贵州·台湾经贸交流合作恳谈会在贵阳召开。

21 日　贵州省科学技术奖励大会在贵阳举行。

23 日　第十九届亚洲运动会开幕式在杭州举行。

26 日　2023"新时代的贵州人"发布仪式在贵阳举行。

27 日　2023贵州（安顺）屯堡文化节开幕式在平坝区天龙古镇举行。

10月

10~16 日　贵州省第七届残疾人运动会在六盘水市举行。

12 日　全国民族自治州关心下一代工作座谈会在贵州省黔东南苗族侗族自治州召开。

19 日　贵州发布多彩贵州重大文化工程。

20~22 日　第四届孔学堂图书博览会和第十一届全国出版物馆配馆建交易会在贵阳国际会议展览中心举办。

22 日　贵州"红飘带"（长征文化数字展示项目）启动试运营。

23 日　中国妇女第十三次全国代表大会在北京人民大会堂开幕。

25 日　全国和美乡村篮球大赛（村BA）总决赛启幕。

28~30 日　第十八届"挑战杯"全国大学生课外学术科技作品竞赛终审决赛在贵州大学举行。

11月

5 日　第六届中国国际进口博览会暨虹桥国际经济论坛在上海开幕。

11 日　以"阳明心学与企业家精神"为主题的首届孔学堂文明论坛在贵阳开幕。

15 日　贵州省网络安全和信息化工作会议在贵阳召开。

16 日　2023年贵州省质量发展大会在贵阳召开。

18~19 日　"科技现代化与科技创新"智库论坛暨中关村全球高端智库联盟理事大会在贵阳召开。

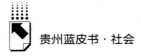

22 日　《青年发展蓝皮书——贵州青年发展报告（2023）》正式发布。

30 日　贵州省生态环境保护大会在贵阳召开。

12月

2 日　2023 年贵州民营企业 100 强发布会在贵阳举行。

4 日　2023 年贵州省"宪法宣传周"系列活动——第三届"十大法治人物"颁奖礼在贵阳举行。

6 日　贵州省新型工业化推进大会在贵阳召开。

7 日　贵州省第十四次、十五次哲学社会科学优秀成果奖颁奖大会在贵阳召开。

16 日　贵阳地铁 3 号线开通运营。

21 日　新建隆黄铁路四川叙永至贵州毕节段正式开通运营。

22 日　贵州省委经济工作会议在贵阳举行。

28 日　中国共产党贵州省第十三届委员会第四次全体会议在贵阳举行。

社会科学文献出版社

皮 书

智库成果出版与传播平台

❖ 皮书定义 ❖

皮书是对中国与世界发展状况和热点问题进行年度监测，以专业的角度、专家的视野和实证研究方法，针对某一领域或区域现状与发展态势展开分析和预测，具备前沿性、原创性、实证性、连续性、时效性等特点的公开出版物，由一系列权威研究报告组成。

❖ 皮书作者 ❖

皮书系列报告作者以国内外一流研究机构、知名高校等重点智库的研究人员为主，多为相关领域一流专家学者，他们的观点代表了当下学界对中国与世界的现实和未来最高水平的解读与分析。

❖ 皮书荣誉 ❖

皮书作为中国社会科学院基础理论研究与应用对策研究融合发展的代表性成果，不仅是哲学社会科学工作者服务中国特色社会主义现代化建设的重要成果，更是助力中国特色新型智库建设、构建中国特色哲学社会科学"三大体系"的重要平台。皮书系列先后被列入"十二五""十三五""十四五"时期国家重点出版物出版专项规划项目；自2013年起，重点皮书被列入中国社会科学院国家哲学社会科学创新工程项目。

权威报告·连续出版·独家资源

皮书数据库
ANNUAL REPORT(YEARBOOK) DATABASE

分析解读当下中国发展变迁的高端智库平台

所获荣誉

- 2022年，入选技术赋能"新闻+"推荐案例
- 2020年，入选全国新闻出版深度融合发展创新案例
- 2019年，入选国家新闻出版署数字出版精品遴选推荐计划
- 2016年，入选"十三五"国家重点电子出版物出版规划骨干工程
- 2013年，荣获"中国出版政府奖·网络出版物奖"提名奖

皮书数据库

"社科数托邦"
微信公众号

成为用户

登录网址www.pishu.com.cn访问皮书数据库网站或下载皮书数据库APP，通过手机号码验证或邮箱验证即可成为皮书数据库用户。

用户福利

- 已注册用户购书后可免费获赠100元皮书数据库充值卡。刮开充值卡涂层获取充值密码，登录并进入"会员中心"—"在线充值"—"充值卡充值"，充值成功即可购买和查看数据库内容。
- 用户福利最终解释权归社会科学文献出版社所有。

社会科学文献出版社 SOCIAL SCIENCES ACADEMIC PRESS (CHINA) 皮书系列

卡号：762616154633
密码：

数据库服务热线：010-59367265
数据库服务QQ：2475522410
数据库服务邮箱：database@ssap.cn
图书销售热线：010-59367070/7028
图书服务QQ：1265056568
图书服务邮箱：duzhe@ssap.cn

法律声明

"皮书系列"（含蓝皮书、绿皮书、黄皮书）之品牌由社会科学文献出版社最早使用并持续至今，现已被中国图书行业所熟知。"皮书系列"的相关商标已在国家商标管理部门商标局注册，包括但不限于LOGO（▇）、皮书、Pishu、经济蓝皮书、社会蓝皮书等。"皮书系列"图书的注册商标专用权及封面设计、版式设计的著作权均为社会科学文献出版社所有。未经社会科学文献出版社书面授权许可，任何使用与"皮书系列"图书注册商标、封面设计、版式设计相同或者近似的文字、图形或其组合的行为均系侵权行为。

经作者授权，本书的专有出版权及信息网络传播权等为社会科学文献出版社享有。未经社会科学文献出版社书面授权许可，任何就本书内容的复制、发行或以数字形式进行网络传播的行为均系侵权行为。

社会科学文献出版社将通过法律途径追究上述侵权行为的法律责任，维护自身合法权益。

欢迎社会各界人士对侵犯社会科学文献出版社上述权利的侵权行为进行举报。电话：010-59367121，电子邮箱：fawubu@ssap.cn。

社会科学文献出版社